z.e.u.s. materialien Biologie
Genetik · Gentechnik

z.e.u.s. materialien

Biologie

Herausgeber:
Horst Wisniewski
Kurt Freytag

Band 5
Genetik,
Gentechnik

Klassen 5 bis 10

Aulis Verlag
Deubner & Co KG

z.eit und
e.nergie bei der
u.nterrichts-
vorbereitung
s.paren.

Die Deutsche Bibliothek – CIP-Einheitsaufnahme

Biologie / Hrsg.: Kurt Freytag ; Horst Wisniewski. - Köln : Aulis-Verl. Deubner
(Z.E.U.S.-Materialien)

Bd. 5. Genetik, Gentechnik : Klassen 5 bis 10 / [die Autoren: Hans-Wilhelm Baer ...]. - 2001
ISBN 3-7614-2197-4

Die Autoren:

Hans-Wilhelm Baer, Hassfurt	(1.4.8; 1.5.9; 2.3.5; 3.3.4)
Peter-Klaus Beyer, Höhenkirchen	(1.3.3; 3.1.1; 3.1.2;3.1.4; 3.1.9; 3.2.1; 3.2.9; 3.2.11; 3.2.13)
Dr. Kurt Freytag, Schwalmstadt	(1.1.1)
Dr. Udo Hampl, Pörnbach	(1.1.6; 1.2.4–.5; 1.2.7; 1.4.3–.4; 1.4.9; 1.4.11; 1.5.3; 1.5.8; 2.2.5; 2.3.12; 3.1.6; 3.1.10; 3.2.4; 3.2.10; 3.2.19; 3.3.1–3; 3.3.6–7)
Doris Hedler, Simbach	(1.4.7; 1.5.5; 2.1.3; 2.3.1; 2.3.2; 2.3.7; 3.1.3; 3.2.12; 3.2.15)
Reinhold Rehbach, Kirchseeon	(1.1.4–5; 1.1.7; 1.2.3; 1.2.6; 1.2.9; 1.2.11; 1.3.1–2; 1.3.4; 1.4.1–2; 1.4.5–6; 1.4.12; 1.4.14; 1.5.4; 1.5.6–7; 1.5.10; 1.6.2; 2.1.2; 2.1.4–7; 2.2.2–4; 2.3.3; 2.3.8–9; 3.1.5; 3.1.7–8; 3.1.11; 3.2.6–8; 3.2.14;)
Hannelore Rössel, Königstein	(1.6.1; 1.6.3; 3.2.16–17)
Hubert Schmidt, München	(2.3.4)
Michael Schminke, Nürnberg	(1.2.1–2; 1.2.8; 1.3.5; 1.4.10; 1.4.13; 1.5.2; 2.1.1; 2.1.8; 2.2.1; 2.3.6; 2.3.10–11; 2.3.13; 3.2.2–3; 3.2.5; 3.2.18; 3.3.5; 3.4.1–2)
Dr. Horst Wisniewski, Freising	(1.1.2–3; 1.2.10; 1.2.12; 1.5.1; 2.3.14)

Best.-Nr. 40025

Satz: Silke Ascherfeld
Zeichnungen: Karola Niehoff-Lücke, Hannover / Graphik & Text Studio, Barbing
Produced by INTERPRESS, Hungary
ISBN 3-7614-2197-4

Inhaltsverzeichnis

Inhaltsverzeichnis

Inhaltsverzeichnis

Inhaltsverzeichnis

Vorwort

Liebe Kollegin,
Lieber Kollege,

große Klassen unvorhergesehene Vertretungstunden, allgemeiner Zeitmangel oder die Forderung nach Handlungsorientierung und Selbsttätigkeit der Schülerinnen und Schüler stellen uns Lehrkräfte in zunehmendem Maße vor nur schwer zu lösende Probleme im Schulalltag. Aufgrund dieser Schwierigkeiten sind die vorhegenden „z.e.u.s. materialien“ Biologie S 1 entstanden.

Was wollen die „z.e.u.s. materialien“?
Das vielfältige Angebot der „z.e.u.s. materialien“ kann Ihnen helfen den Biologieunterricht schülerorientiert und lebensnah zu gestalten. Die Unterrichtsmittel sind so ausgewählt und gestaltet, dass Sie für Ihren Unterricht ein interessantes und dem Anspruchsniveau Ihrer Schüler entsprechendes Ergänzungsangebot darstellen. Dazu können Sie alle Schülerseiten natürlich ohne Beschränkungen kopieren. Trotzdem sollen dadurch die Schul- und die Lehrerhandbücher auf keinen Fall verdrängt oder ersetzt werden. Vorrangiges Ziel der „z.e.u.s. materialien" ist es, den Unterricht zu bereichern und zu aktualisieren.

Sind die „z.e.u.s. materialien“ lehrplankonform?
Beim Erstellen der vorliegenden Materialsammlung wurden die Lehrpläne der Sekundarstufe 1 aller Bundesländer und des deutschsprachigen Auslandes berücksichtigt. Es ist dennoch selbstverständlich, dass nicht sämtliche Inhalte aller aktuellen Lehrpläne abgedeckt werden konnten. Dafür wurden jedoch Themen – wie beispielsweise der *gentische Fingerabdruck* – mit aufgenommen, die vermutlich erst in einiger Zeit in revidierten Lehrplänen auftauchen werden, bereits heute aber im Mittelpunkt des Interesses stehen.

Wie sind die „z.e.u.s. materialien“ aufgebaut?
Jede Einheit der Materialsammlung trägt eine Kopfleiste, aus der man das Thema, die Zielgruppe und die Art des Materials (z. B. Experiment) ersehen kann. Zudem ist sie stets in eine *Schülerseite* (S) und eine Lehrerseite (L) gegliedert.
Die Schülerseite, die unbeschränkt kopiert werden kann, enthält
- das zu bearbeitende Material,
- die zu lösenden Aufgaben,
- Freiräume für die Beantwortung der Aufgaben.

Auf der *Lehrerseite* finden sich kurz gefasste didaktische und methodische Hinweise, die Lösungen der Aufgaben der Schülerseite, Angaben zu weiterführender Literatur und – soweit dies nötig erscheint – fachliche Informationen.

Welche Einsatzmöglichkeiten bieten die „z.e.u.s. materialien“?
Auf der Lehrerseite ist jeweils die didaktische Absicht der einzelnen Materialie angegeben, dennoch sind nahezu alle Vorlagen immer auch auf andere Weise einsetzbar. Unter anderem können Sie wählen zwischen
- *Arbeitsblättern*, mit deren Inhalt sich die Schülerinnen und Schüler selbstständig auseinandersetzen sollen,
- *materialgebundene Aufgaben*, die als Grundlage eines erarbeitenden Unterrichtes dienen können,
- *Ergebnissicherungsblättern*,
- *Lernzielkontrollen* zur Überprüfung des Lernerfolges,

Vorwort

- *Leistungsmessungen* mit einem vorgeschlagenen Punkte- und Notenschlüssel,
- *Originaltexte,* mit deren Hilfe sich die Schülerinnen und Schüler wichtige Inhalte problemorientiert erarbeiten können,
- *Rätsel,* die den Unterricht auflockern,
- *Exeperimentieranleitungen* für Schülerversuche,
- *Bastelvorlagen* zum Erstellen von Modellen für die Hand der Schülerinnen und Schüler.

Großer Wert wurde zudem darauf gelegt, dass die Materialien nicht nur zur Einzelarbeit im Unterricht oder zur Lösung in Form einer Hausaufgabe einsetzbar sind, sondern dass sie auch sinnvolle Hilfen bei der *Partner-, Gruppen- und Freiarbeit* leisten können. All das fördert die Methodenvielfalt und erleichtert den Methodenwechsel, was einen abwechslungsreichen und interessanten Biologieuntenicht gewährleistet.

Gibt es die „z.e.u.s. materialien" auch als elektronisches Medium?
Als Ergänzung gibt es die „z.e.u.s. materialien" Biologie S I natürlich auch auf einer CD-ROM. Diese enthält alle Schülerseiten, die Sie nach Bedarf selbst verändern und umgestalten können, um sie so optimal an Ihren individuellen Unterricht anzupassen. Zusätzlich finden sich auf der CD-ROM noch 40 farbige Fotos und Graphiken, die sich beispielsweise als Farbfolien ausdrucken lassen. Sofern Sie einen Beamer besitzen, können Sie die Bilder natürlich auch direkt in den Unterricht integrieren.

Wir wünschen Ihnen sowie ihren Schülerinnen und Schülern viel Freude und Erfolg bei der Arbeit mit den „z.e.u.s. materialien".

Herausgeber, Autoren und Verlag

Gliederung des Gesamtwerkes

z.e.u.s. materialien
Biologie

Band 1:
Der Mensch I

Band 2:
Der Mensch II

Band 3:
Tierische Zellen, Wirbellose, Wirbeltiere

Band 4:
Pflanzliche Zellen, Pflanzen

Band 5:
Genetik, Gentechnik

Band 6:
Ökologie, Natur- und Umweltschutz

Band 7:
Verhalten, Evolution

1 Klassische Genetik

1.1 Chromosomen

Die Erkenntnis, dass Lebewesen aus befruchteten Eizellen entstehen, ist heute eine Selbstverständlichkeit. Dies war aber nicht immer so. In der Antike vertrat beispielsweise der griechische Naturphilosoph *Aristoteles* (384–322 v. Chr.) die Theorie der *Urzeugung*, die besagt, dass alle Lebewesen auch aus unbelebter Materie entstehen können.

> *[...] Es verhält sich aber auch bei Pflanzen so: die einen entstehen aus Samen, die anderen durch spontane Bildung, und zwar entstehen letztere so, dass entweder Erde in Fäulnis übergeht oder dass sie aus gewissen Teilen innerhalb anderer Pflanzen hervorgehen ... wie z. B. die Mistel.*
> *[...] Alle Schalentiere entstehen von selbst im Schlamm: in dem unrathaltigen die Austern, in dem sandigen die Muscheln.... in den Felsklüften die Seescheiden... Der Einsiedlerkrebs bildet sich spontan aus Erde und Schlamm, begibt sich dann in leere Schalen.*
> *[...] Auch in den Stoffen, welche Fäulnis am wenigsten unterworfen zu sein scheinen, entstehen Tiere, wie z. B. in altem Schnee. Alter Schnee rötet sich allmählich, daher haben auch die auf ihm befindlichen, behaarten Würmer diese Farbe.*

Diese Vorstellung von der Urzeugung hatte Jahrhunderte lang Bestand: Der Astronom *Johannes Kepler* (1571–1630) meinte: „Das ganze All ist von gestaltendem Geist beseelt. ... So verwandelt er den Schweiß ... in Flöhe und Läuse, den Tau in Heuschrecken und Raupen, den Morast in Frösche, die Erde in Pflanzen, das Aas in Würmer, den Kot in Käfer.“ Und *Christoph Lichtenberg* schrieb 1779: „Es können wirklich Tiere durch Fäulnis und Gärung entstehen.“ Der italienische Naturforscher *Lazzaro Spallanzani* (1729–1799) erhitzte Nährlösung und fand, dass die verschlossenen Gefäße anschließend keimfrei blieben. Dieser Versuch überzeugte andere Forscher nicht. Sie vermuteten, dass *Spallanzani* dabei ein „vitales Prinzip“, das in der Luft vermutet wurde, zerstörte.

Erst 1860 konnte der französische Biochemiker *Louis Pasteur* (1822–1895) durch einen einfachen Versuch die Vorstellung von der Urzeugung widerlegen. Er füllte einen Kolben mit einer Nährflüssigkeit und verschloss ihn mit einem Aufsatz, der zu einer langen, gebogenen Röhre ausgezogen war (siehe die abgebildete Briefmarke). Der Kolben wurde einige Zeit erhitzt. Nach dem Abkühlen blieb der Inhalt steril. In der Nährlösung entwickelten sich keine Mikroorganismen.

Aufgaben:
1. Was versteht man unter Urzeugung?
2. Welches biologische Problem sollte durch den Gedanken der Urzeugung gelöst werden?
3. Stelle mit eigenen Worten dar, in welcher Situation sich die Vertreter der Urzeugungs-Theorie befanden.
4. Weshalb konnte der Versuch von *Louis Pasteur* die Theorie der Urzeugung widerlegen?
   Welche Rolle spielte bei dem Versuch der Schwanenhals des Kolbens?

Methodisch-didaktische Hinweise:

Die Aufgaben verlangen gute biologische, aber auch einige physikalische Kenntnisse. Sie können Anlass sein, sich anhand von Literatur beispielsweise in einer Gruppenarbeit mit dem Problem der Urzeugung auseinander zu setzen. Ihre Lösung muss aber möglicherweise im Unterrichtsgespräch erörtert werden.
Die Texte stellen einige Ergebnisse des Denkens antiker Philosophen und Naturforscher des 17. und 18. Jahrhunderts über die Entstehung der Lebewesen zusammen. Da planmäßige Naturbeobachtungen aufgrund fehlender optische Hilfsmittel bis ins 17. Jahrhundert noch nicht die Regel waren (erste Lupenbeobachtung 1590, erste Mikroskope um 1670), blieben den Wissenschaftlern auch die wichtigen Zusammenhänge der Fortpflanzung und Entwicklung lange Zeit verschlossen.
Antony van Leeuwenhoek veröffentlichte 1673 seine Entdeckung der Kapillargefäße, der roten Blutkörperchen, der Protozoen und der Spermien sowie 1683 der Bakterien. Während *Robert Hook* 1667 die Zellen der Pflanzen entdeckte, entschlüsselte *Jan Swammerdam* die Fortpflanzung der Bienen, nachdem er die Geschlechtsorgane von Königin und Drohnen erkannt hatte. *Regnier de Graaf* (1641–1673) beschrieb erstmals die Eierstöcke des Kaninchens und erforschte die Follikel, die er für Eier hielt. Erst die Beobachtung der Vorgänge bei der Befruchtung des Seeigels durch *Oskar Hertwig* (1875) und ein einfacher Versuch von *Louis Pasteur* (1860) lenkte die Frage nach der Entstehung des Lebens in die richtigen Bahnen.
Die Darstellung der Briefmarke von 1973 soll zeigen, welche Bedeutung man auch heute noch dem Versuch von Pasteur zumisst. Sie soll zudem anregen, die vielfachen Motive auf unseren Postwertzeichen nicht achtlos zu übergehen, sondern gelegentlich über sie auch nachzudenken.

Lösung der Aufgaben:

1. Urzeugung meint, dass Leben auch aus unbelebter Materie entstehen kann.
2. Die Idee von der Urzeugung sollte das Problem lösen, wie immer wieder Lebewesen zum Vorschein kommen, ohne dass (mit den damals vorhandenen Hilfsmitteln) deren Ursprung (die befruchtete Eizelle) erkennbar war.
3. Die Autoren machten teilweise richtige Beobachtungen, deuteten diese aber aufgrund fehlender Beobachtungshilfen falsch. Beispielsweise beobachten sie zwar völlig korrekt, dass sich in unsauberer Wäsche Ungeziefer vermehrt, konnten dies aber noch nicht auf die dort abgelegten Eier zurück führen.
4. Durch Kochen werden alle in der Nährlösung enthaltenen Keime abgetötet. Um den Einwänden der Gegner *Spallanzani*s zu begegnen, musste der Kolben der Luft freien Zutritt lassen. Beim Abkühlen des Kolbens kondensierte etwas Wasserdampf im schwanenhalsartig gebogenen Kolbenaufsatz, so dass die von außen eindringende Luft dadurch von mitgerissenen Keimen gereinigt werden konnte.

Literatur:

Asimov, I. : Biographische Enzyklopädie der Naturwissenschaften und der Technik. Herder Verlag. Freiburg, Basel, Wien 1973.
Autorenkollektiv: Das Leben. Herder Verlag. Freiburg, Basel, Wien 1971.

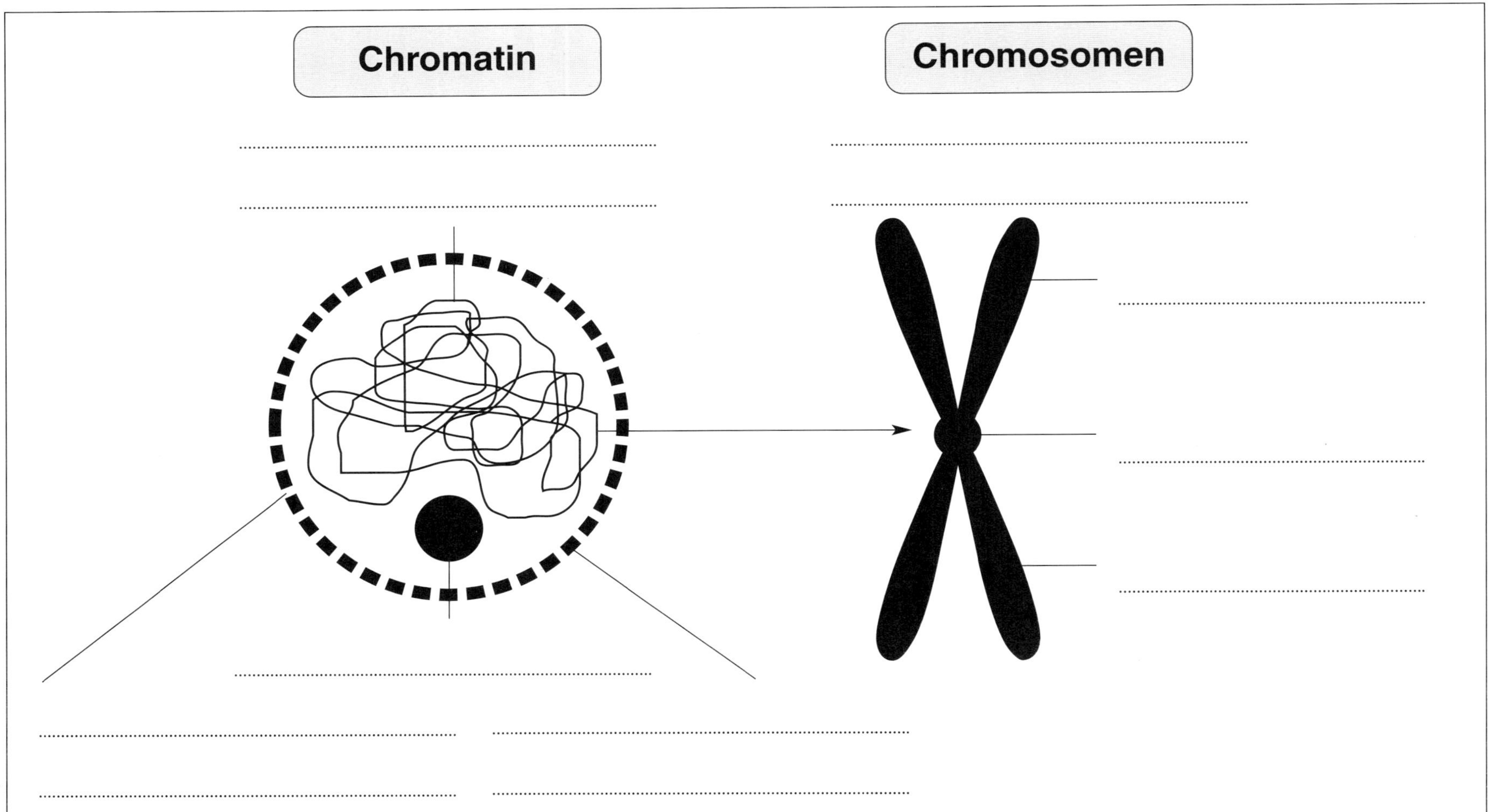

Aufgaben:

1. Ergänze das Schema mit folgenden Ausdrücken: Chromosomenarm – Erbsubstanz in Transportform – Erbsubstanz in Arbeitsform – Zentromer – Kernkörperchen – Abgrenzung zur Zelle – Kernpore – Kernmembran – Ø etwa 10–5 mm – Verbindung zur Zelle – Chromatide – verdichtetes Chromatin
2. Versuche herauszufinden, wie viele Chromosomen ein Mensch im Zellkern besitzt. Nimm ein Lexikon oder das Biologiebuch zu Hilfe.

Methodisch-didaktische Hinweise:

Die materialgebundene Aufgabe ist zur Wiederholung, Zusammenfassung oder als Ergebnissicherung gedacht. Sie lässt sich auch als Vorlage für ein Tafelbild verwenden und ohne großen Aufwand kann daraus zusätzlich eine Overlay-Folie erstellt werden. Voraussetzung für den Einsatz der Materialie ist das Wissen um die Bedeutung des Zellkerns.
Auf die Begriffe Arbeitsform und Transportform sollte man zumindest kurz eingehen.

Lösungen der Aufgaben:

1.

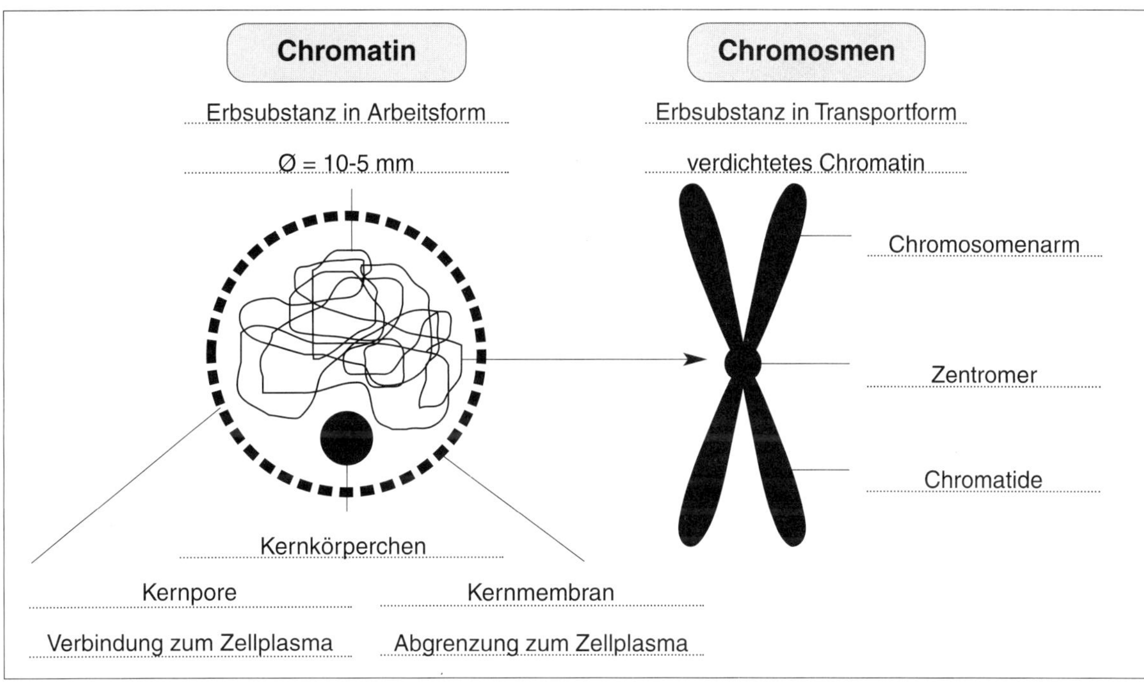

2. Der Mensch besitzt 46 Chromosomen in jedem Zellkern.

Literatur:

Verständliche Forschung: Erbsubstanz DNA. Spektrum Verlag. Heidelberg 1986.
Duve de, Chr.: Die Zelle – Expedition in die Grundstruktur des Lebens. Spektrum Verlag. Heidelberg 1989.

S V. 1.1.3 Chromosomen – Grobbau und Karyogramm

1. Auf dem nebenstehenden Bild siehst du ein Chromosom.

1.1 An welchen Buchstaben des Aplphabetes erinnert ein Chromosom?

....

....

1.2 Beschreibe die Struktur: ....

....

....

....

1.3 Das Chromosom ist 9 000-fach vergrößert. Miss seine Länge und berechne dann die wirkliche Größe.

....

....

....

....

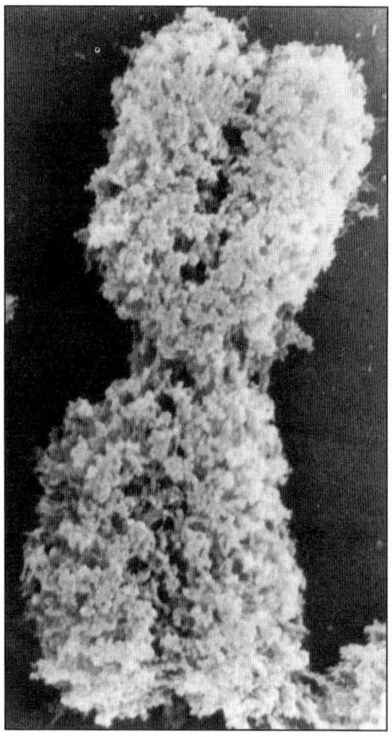

Quelle: E. V. Schärer-Züblin (Hrsg.): Gen-Welten Ernährung, Alimentarium, Vevey, 1998, S. 77 ▲

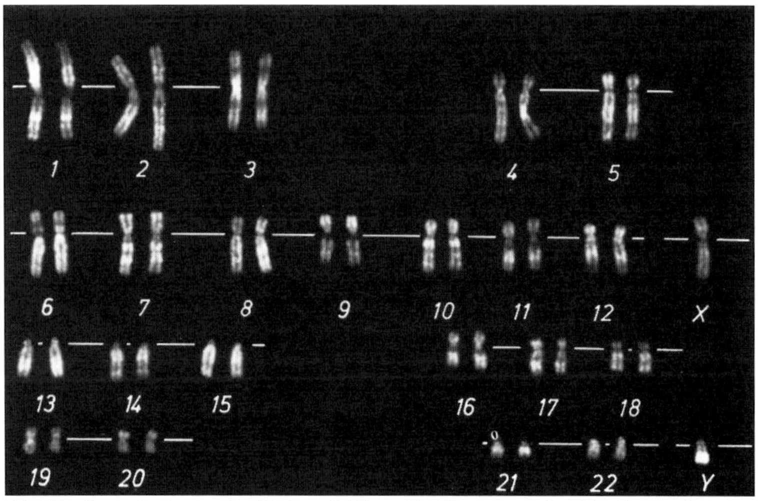

▲▼ *Quelle verändert nach : Murken, J./Cleve, H.: Humangenetik, Enke Verlag, Stuttgart 1996, Seite 35 © Georg Thieme Verlag, Stuttgart 1999.*

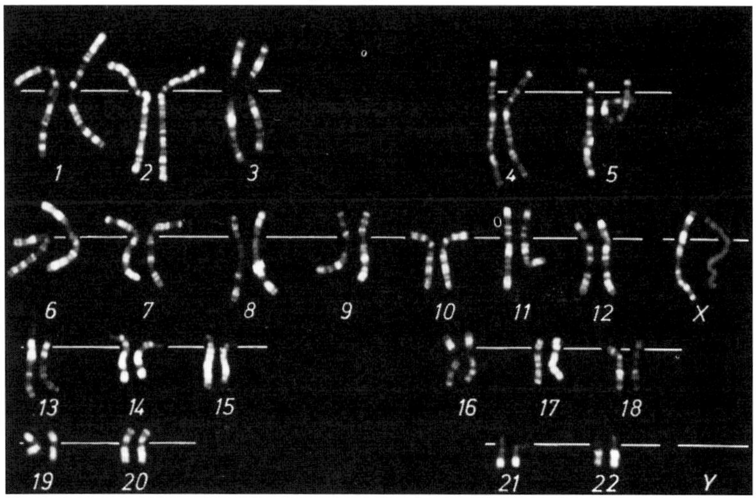

2. Auf den beiden Bildern erkennt man einen männlichen (♂) und einen weiblichen (♀) Chromosomensatz des Menschen.

2.1 Gemeinsamkeiten?

....

....

....

....

....

....

....

....

2.2 Unterscheide ?

....

....

....

....

....

....

....

Methodisch-didaktische Hinweise:

Mit Hilfe des Arbeitsblattes ist es den Schülern möglich, sich selbständig die Grundstruktur eines Chromosoms sowie den Unterschied zwischen männlichem und weiblichem Karyogramm anzueignen. Empfehlenswert ist es, dazu ein Chromosomenmodell – handelsübliches oder aus Styropor selbst hergestellt – als weiteres Mittel der Veranschaulichung zur Verfügung zu stellen.
Die Vorlage lässt sich sowohl für eine Einzelarbeit als auch für ein Lernen in der Gruppe verwenden.

Lösungen:

1.1 Das Chromosom erinnert an den Buchstaben X.

1.2 Zwei Einzelstränge (Hälften), die sich an einer Stelle berühren; Einzelstränge setzen sich aus Einzelteilen zusammen.

1.3 Länge: 9 cm; 9 cm : 9 000 = 1/1 000 cm = 1/100 mm.

2.1 46 Chromosomen – jeweils Chromosomen**paare** (23), davon 22 identische Paare.

2.2 Größenunterschiede zwischen den Paaren – Einschnürung (Zentromer) an unterschiedlichen Stellen – ein Chromosomenpaar verschieden: XX (weiblich) – XY (männlich).

Literatur:

Duve de, Chr.: Die Zelle – Expedition in die Grundstruktur des Lebens. Spektrum Verlag, Heidelberg 1989.
Daumer, K.: Genetik, Aulis Verlag, Köln 1984.

S V. 1.1.4 Riesenchromosom

Untersuchungsmaterial und Chemikalien

- Zuckmückenlarven (Chironomus tentans)
- Karmin-Essigsäure (oder Orcein-Essigsäure), 50%ige Essigsäure
  Vorsicht! Schutzbrille tragen!

Geräte

- Objektträger, Deckgläser, Präparierbesteck, Blockschälchen, Tropfpipette, Filterpapier, schwarzes Papier (als Unterlage),
- Brenner
- Binokular, Mikroskop (100 × Ölimmersion)

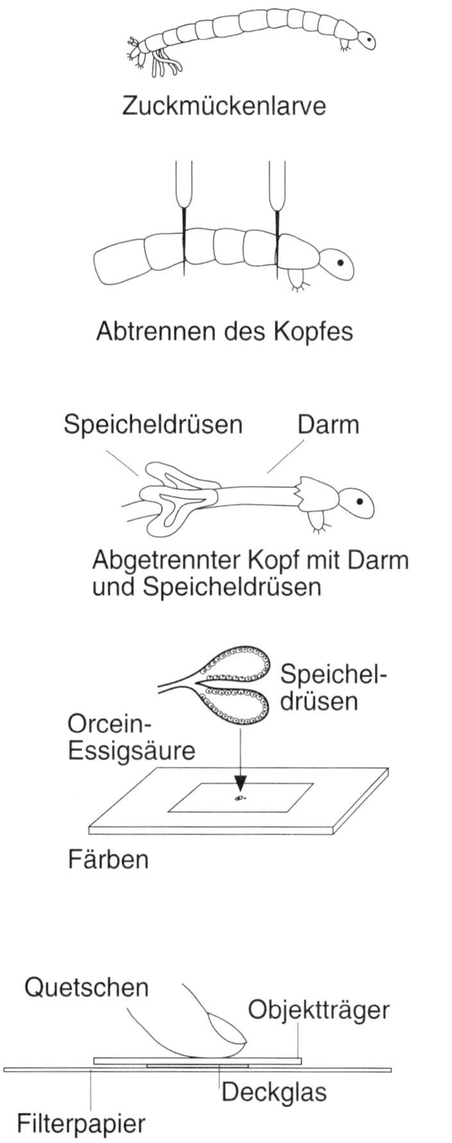

Präparation

① Die Mückenlarve in einem Tropfen Wasser auf einen Objektträger (auf schwarzer Unterlage) legen.
② Mit dem Binokular (oder einer Lupe) Vorder- und Hinterende der Larve feststellen.
③ Mit einer feinen Pinzette hinter dem Kopf zwischen 1. und 2. Brustsegment anfassen, mit einer gröberen Pinzette in der Körpermitte festhalten.
④ Durch den Zug mit der feinen Pinzette den Kopf samt Darm und Speicheldrüsen aus der Körperhülle reißen. (Die Speicheldrüsen sind als helle, wasserklare Bläschen seitlich des Darms sichtbar.)
⑤ Speicheldrüsen mit einer Präpariernadel vorsichtig vom anderen Gewebe ablösen und auf einen Objektträger legen.
⑥ Mit einigen Tropfen Karmin-Essigsäure (oder Orcein-Essigsäure) bedecken und Deckglas auflegen.
⑦ Leicht über dem Brenner erwärmen und dann frische Farblösung unter das Deckglas saugen.
⑧ Nach etwa 15 Minuten den Objektträger verkehrt auf das Filterpapier legen und von oben mit dem Daumen leicht quetschen.
Zu viel ausgetretene Farblösung durch 50%-ige Essigsäure ersetzen.
⑨ Abschließend noch einen Tropfen Farblösung zufließen lassen.
⑩ Mikroskopieren.

1. Betrachte das Präparat zunächst bei schwacher Vergrößerung (100 ×/ 400 ×). Stelle Anzahl, Gestalt und Größe der Riesenchromosomen fest. Fertige eine Skizze.
2. Bei starker Vergrößerung (100 × Ölimmersion) kann man Banden und Auftreibungen (Puffs) beobachten. Suche sie.
3. Zeichne von einem Chromosomenende her eine Detailskizze der Bandenfolge. Versuche diese Bandenfolge in einem Chromosom eines anderen Kerns wiederzufinden.
4. Suche eine Auftreibung (einen Puff) und skizziere.

Methodisch-didaktische Hinweise:
Die Präparation von Riesenchromosomen (z. B. der Chironomus-Larve) eignet sich gut, um auf relativ einfache Weise Bandenmuster und Gen-Aktivitätszentren sichtbar zu machen. Dabei kann der Schüler einen ersten Zusammenhang zwischen DNA-Aktivität und Chromosomenbau erkennen, da Riesenchromosomen ihre Bänderstruktur, Querstreifung und Puffmuster sehr deutlich zeigen. Auf die Entstehung von Riesenchromosomen durch Endomitose und die Bedeutung der Chromomeren sollte man – je nach Leistungsstand der Schüler – mehr oder weniger eingehen.

Hinweise zur Materialbeschaffung und Präparation:
Chironomus-Larven gibt es als rote Mückenlarven vom Herbst bis zum Frühjahr in Aquarienläden. Man findet sie auch im Sommer im Schlamm von Regenwassertonnen und in Tümpeln.
Zur Präparation eignen sich besonders Tiere im 4. Larvenstadium, was man an den deutlich verdickten vorderen Brustsegmenten erkennt. Will man den Schülern – etwa aus ethischen Gründen – die Arbeit mit den lebenden Tieren ersparen, kann man auch tief gefrorene Larven verwenden. Die Präparation (nach dem Auftauen in warmem Wasser) führt aber nicht zu gleich guten Ergebnissen wie mit Frischmaterial.

Hinweise zur Färbetechnik:
Außer Karmin-Essigsäure kann man auch Orcein-Essigsäure (1g Orcein in 100 ml einer 50%iger Essigsäure suspendieren, 15 Minuten unter Rückfluss kochen, filtrieren. Vorsicht! Säuren ätzen! Schutzbrille!). Sehr zu empfehlen ist auch eine simultane Doppelfärbung mit Fastgreen-Orcein. Der Orcein-Essigsäure wird dazu mit einer Lanzettnadel vorsichtig in einem Blockschälchen so viel Fastgreen in Substanz zugesetzt, bis die Lösung eine Mischfarbe zeigt. In einigen Tropfen dieser Kombinationslösung werden heraus präparierte Speicheldrüsen leicht erwärmt und dann zu Quetschpräparaten verarbeitet. Bei gelungenen Präparaten erscheinen die Chromosomen dunkelrot vor einem cytoplasmatischen Hintergrund.
Gut zu beobachten sind die Bänderstrukturen und die Puffmuster bei 1 000 × Ölimmersion. Bei ungeübten Schülern kann die Ölimmersionsmikroskopie auch vom Lehrer durchgeführt werden.

Lösungen:
Der Streckungszustand der vier Chromosomen kann in verschieden Kernen eines Präparates unterschiedlich sein.

Gleich sind in allen Kernen
- die beiden großen Puffs im kleinen Chromosom,
- die relative Lage der Einschnürungen,
- die Abfolge der Querbanden.

Literatur:
Daumer, K.: Genetik. bsv. München 1985.
Füller, K.: Biologisches Praktikum. C. C. Buchner. Bamberg 1984.

Aufgaben:

1. Die Chromosomen eines Menschen sollen zu einem Karyogramm geordnet werden. Schneide dazu die Chromosomen (in ca. 2 mm Abstand vom Umriss) mit einer kleinen Schere aus.
2. Ordne nach homologen Chromosomen und klebe sie entsprechend ihrer Nummerierung auf ein Blatt Papier. Alle Zentromere sollen auf einer horizontalen Achse liegen.
3. Welche 4 Ordnungskriterien kannst du erkennen?
4. Welche Aussage lassen sich über die Person machen, deren Chromosomensatz hier vorliegt?

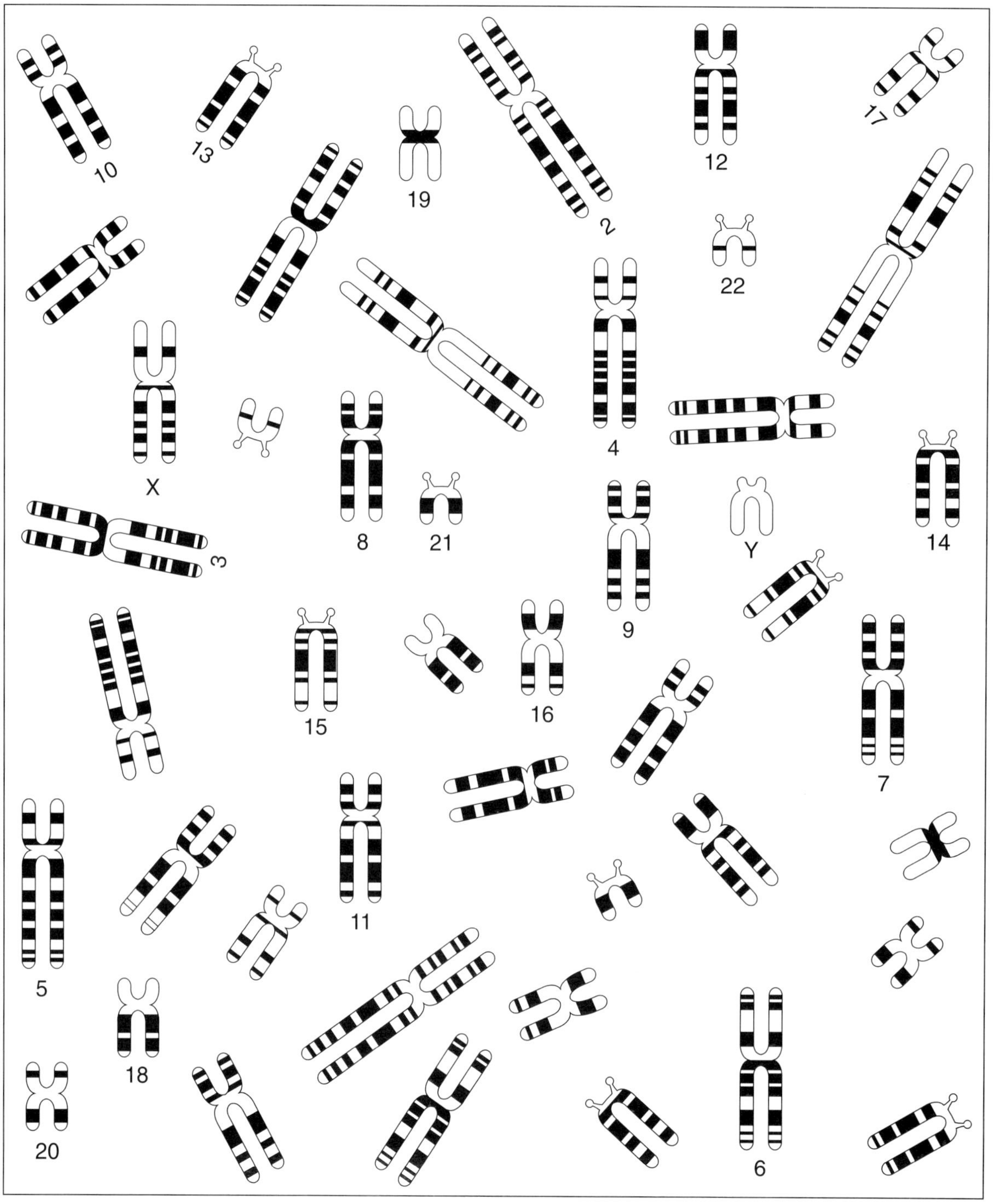

Methodisch-didaktische Hinweise:

Die Aufgabe eignet sich zur Erarbeitung im Unterricht oder als Hausaufgabe zur Einübung und Festigung der Kenntnisse. Vorkenntnisse muss der Schüler über den Grundaufbau eines Chromosoms und über die Bandenmuster haben. Die Ordnungskriterien eines Karyogramms kann sich der Schüler mit dieser Bastelarbeit selbst aneignen. Es wurde nur ein Chromosom beziffert, das andere Homologe muss gefunden werden.

Benötigte Materialien:
- kleine Schere
- 1 Blatt Papier

Lösungen:

3. Ordnungskriterien:
   - homologe Chromosomen
   - Größe der Chromosomen
   - Lage des Zentromers
   - gleiche Bandenmuster

4. Es handelt sich um einen (normalen) Mann: 46, XY

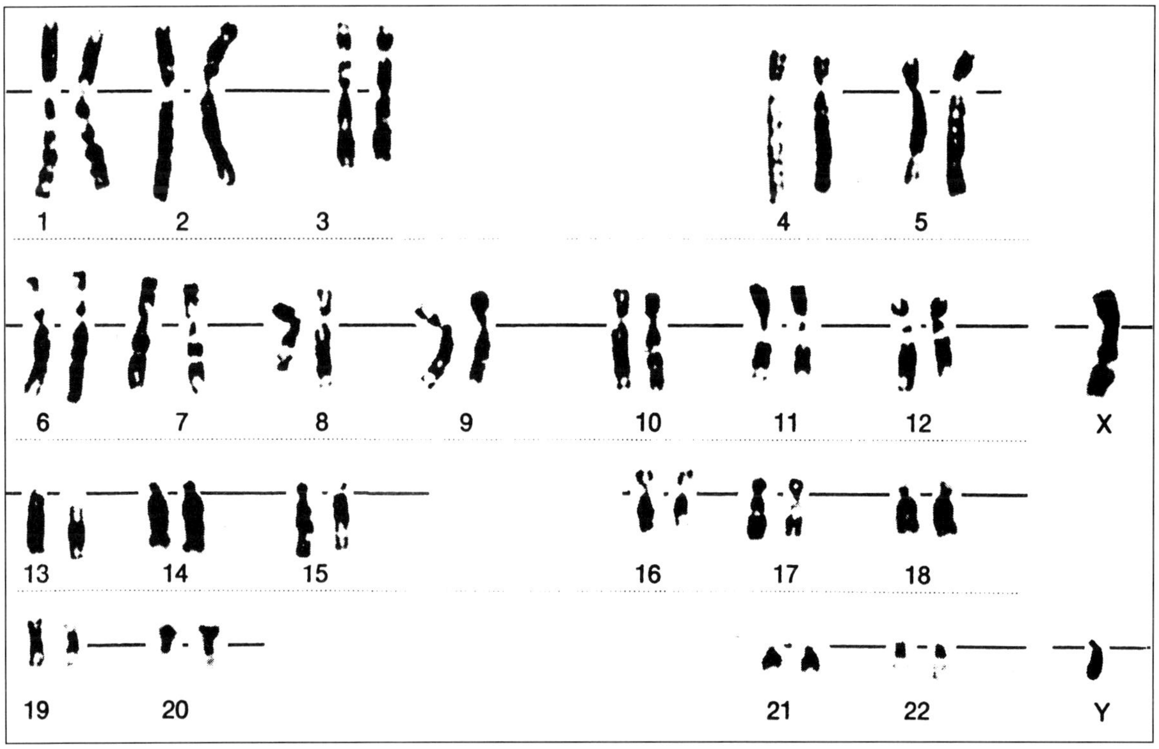

Quelle entnommen aus: Daumer, K.: Genetik, Aulis Verlag, Köln 1980, Seite 30

Literatur:

Campbell, N. A.: Biologie. Spektrum Verlag. Heidelberg 1997.
Erbsubstanz DNA. Verständliche Forschung. Spektrum Verlag. Heidelberg 1986.

S V. 1.1.6 Chromosomen

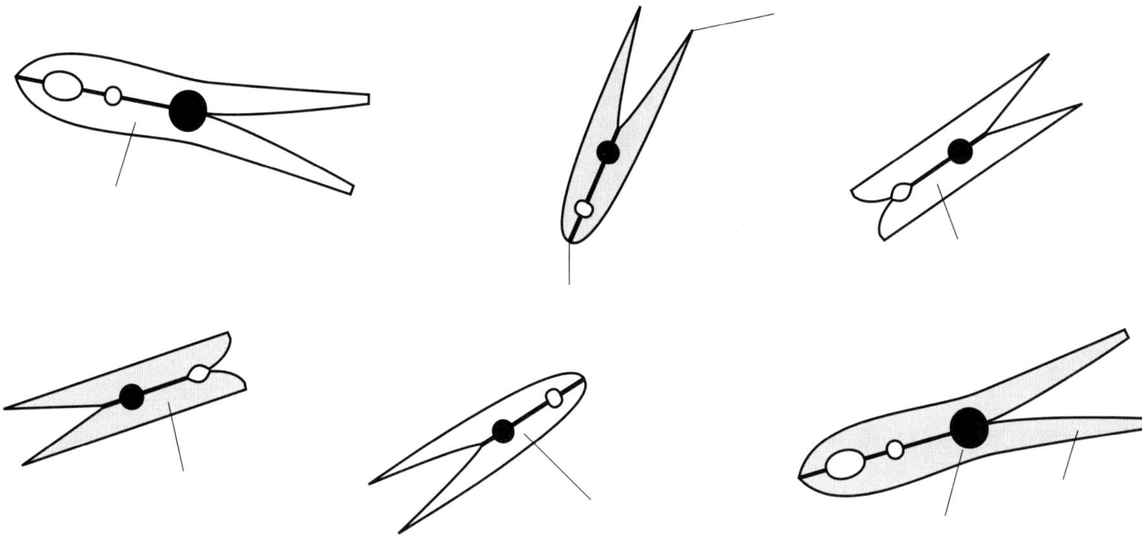

Die Wäscheklammern oben stehen stellvertretend für Chromosomen.

1. Ordne die folgenden Begriffe den entsprehenden Chromosomen bzw. den entsprechenden Chromosomenabschnitten zu.

2. Schneide dazu die beschrifteten Pfeile unten aus und klebe sie an die jeweils richtige Stelle.

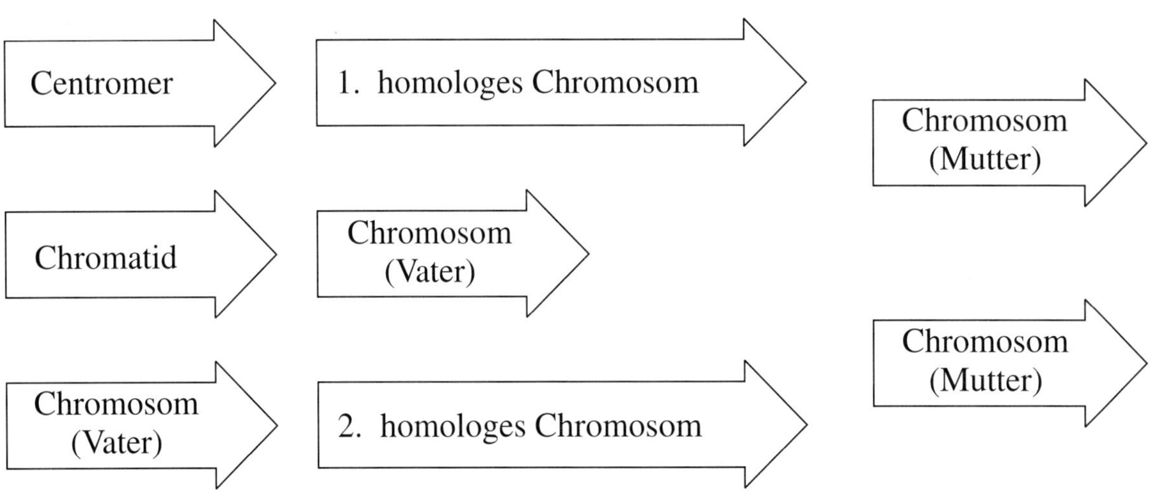

Methodisch-didaktische Hinweise:

Den makroskopischen Aufbau von Chromosomen kann man auf einfache Art und Weise mit Hilfe von Wäscheklammern schülergerecht veranschaulichen. Außerdem lassen sich mit den Klammern auch die individuellen Unterschiede der Chromosomen untereinander verdeutlichen:

- Wäscheklammern haben eine ähnliche Form wie Chromosomen.
- Die beiden Arme der Klammer entsprechen den beiden Chromatiden.
- Die Metallfeder im Gelenk der Klammer ist dem Zentromer vergleichbar.
- Zwei gleiche Wäscheklammern (Form / Größe) symbolisieren homologe Chromosomen, verschiedene Wäscheklammern stehen für verschiedene Chromosomen.
- Mit Symbolfarben kann man väterliche und mütterliche Chromosomen kennzeichnen, z. B. rote Wäscheklammern für mütterlich und blaue für väterlich.

Für den Einsatz im Unterricht sollte man die Metallfeder vorsichtig entfernen. Dadurch erhält das Modell eine weitere (wichtige) Ähnlichkeit mit dem Chromosom:
Die beiden Arme der Wäscheklammer halten im Gelenk (Zentromer) zusammen, können aber leicht voneinander getrennt werden, so wie es bei den Chromosomen während der Mitose und der Meiose geschieht.
Auf den Tageslichtprojektor gelegt, erhält das Modell eine anschauliche Größe. Es kann aber auch in Originalgröße in Gruppen- oder Partnerarbeit problemlos eingesetzt werden.

Benötigt werden:

Wäscheklammern verschiedener Form und Größe (paarweise) evtl. rot / blau

Lösung:

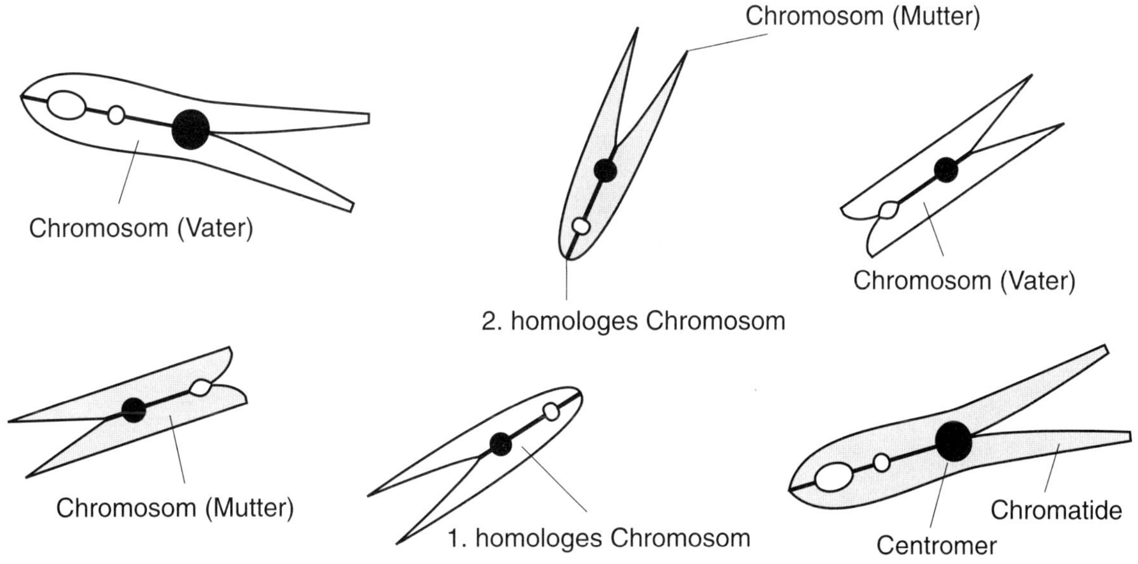

V. 1.1.7 Chromosomen – Feinbau

1. Beschrifte die Skizze

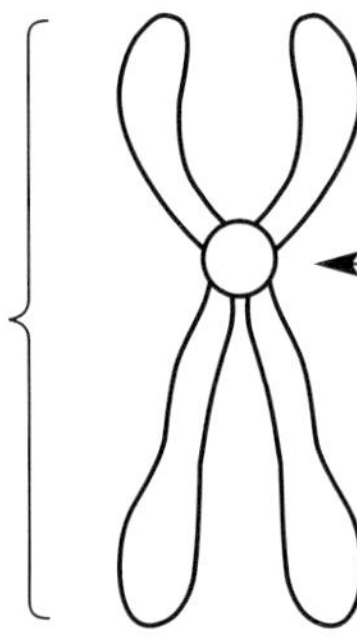

2. Charakterisiere die beiden Metaphasen-Chromosomen eindeutig.

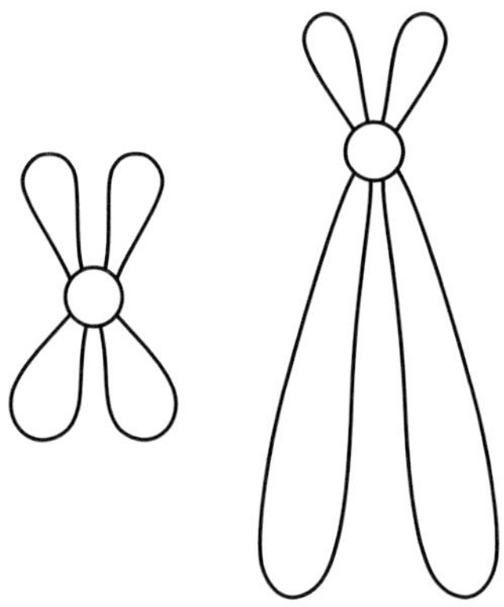

❶ ❷

❶ ....

....

....

....

❷ ....

....

....

....

3. Feinbau eines Chromosoms
3.1 Nummeriere die Bilder in der richtigen Reihenfolge. Beginne mit der schwächsten Vergrößerung.
3.2 Beschrifte (stichpunktartig), worum es sich jeweils handelt.

◯ 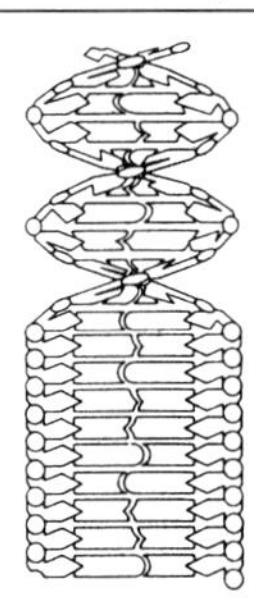	◯ 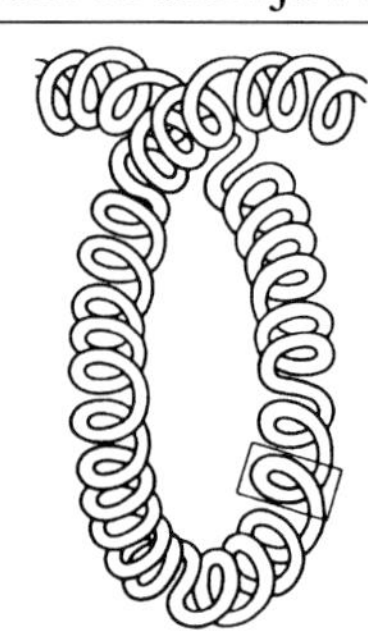	◯ 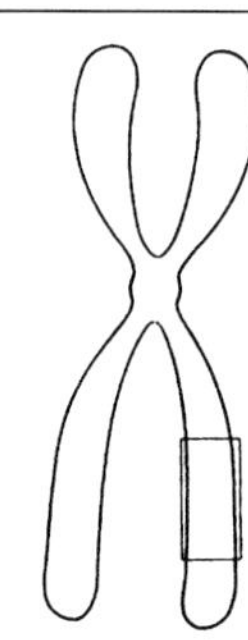 ....
◯ 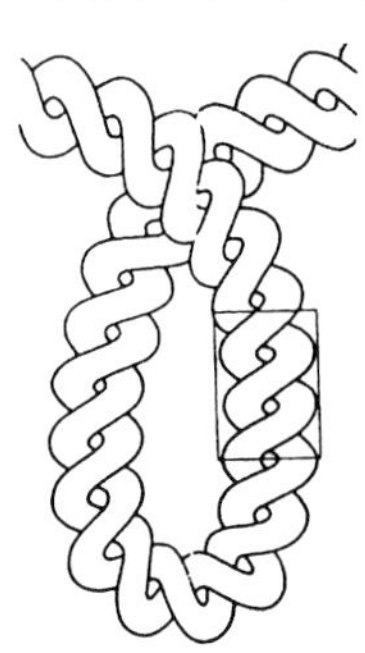	◯ 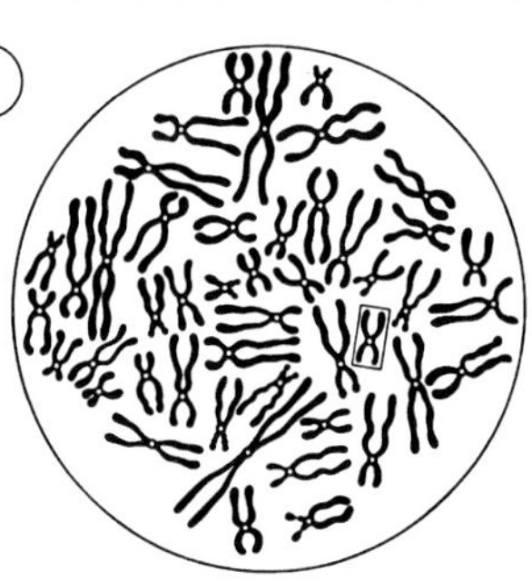	◯ 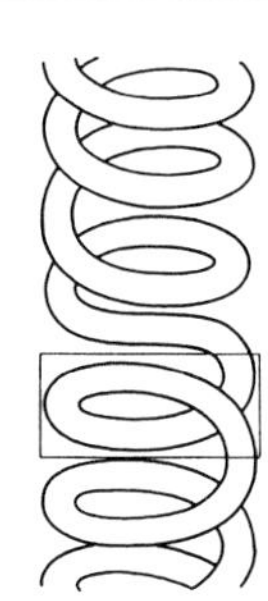 ....

Methodisch-didaktische Hinweise:
Die Aufgaben sind als Übung im Unterricht oder als Hausaufgabe gedacht. Zum Ordnen der verschiedenen Detaildarstellungen der Chromosomen könnte man die Einzelabbildungen auch ausschneiden lassen um sie dann auf ein Blatt Papier (oder ins Biologieheft) zu kleben.
Je nach Schulart und Leistungsvermögen der Schüler wird man bei Aufgabe 2 auch die Begriffe metazentrisch und akrozentrisch verlangen.

Lösungen:

1.

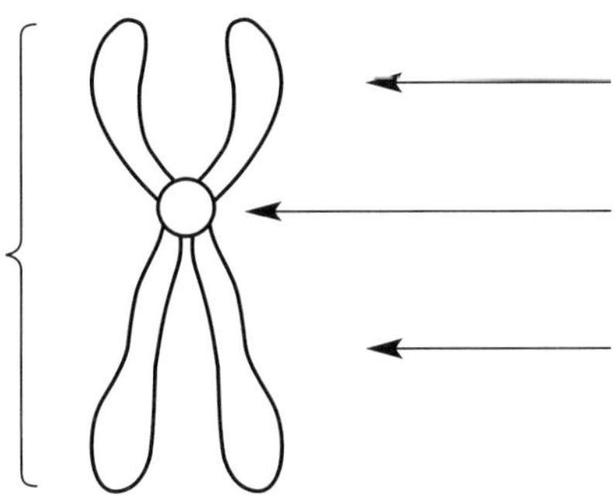

2. ❶ klein, Zentromer in der Mitte, gleich lange Arme
❷ groß, durch die Lage des Zentromers entstehen zwei kurze und zwei lange Chromosomenarme

⑥ 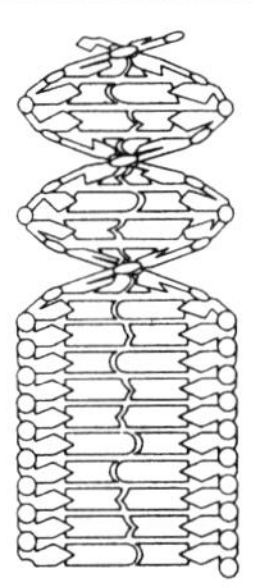 DNA: Modell (Vergrößerung: 3×10^7)	④ 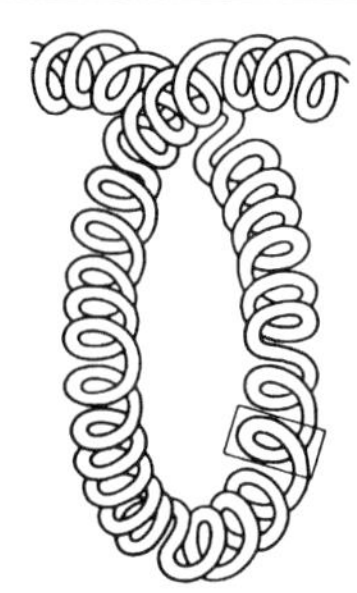 Chromatinfaden (Vergrößerung: 5×10^5)	② 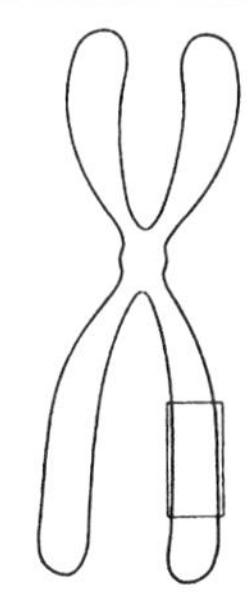 Zweichromatidchromosom (Vergrößerung: 2×10^4)
⑤ 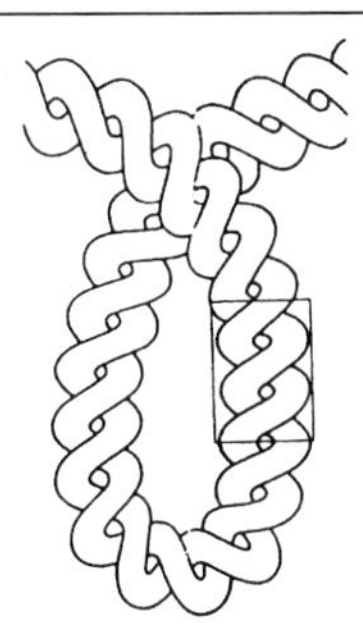 Elementarfibrille (Vergrößerung: 5×10^6)	① 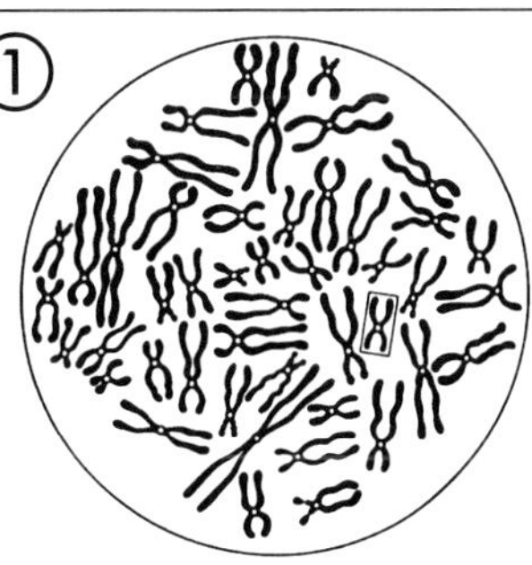 Chromosomensatz (Vergrößerung: 5×10^3)	③  Chromatide (Vergrößerung: 8×10^4)

Literatur:

Campbell, N. A.: Biologie. Spektrum Verlag. Heidelberg 1997.
Erbsubstanz DNA. Verständliche Forschung. Spektrum Verlag. Heidelberg 1986.

1 Klassische Genetik

1.2 DNA (Desoxyribonukleinsäure)

V. 1.2.1 Bau der DNA

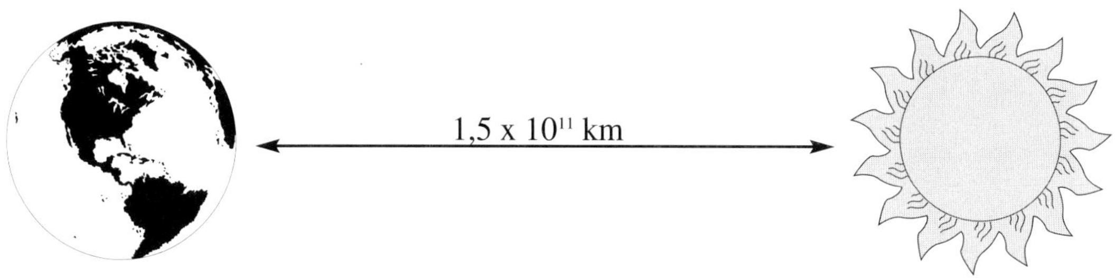

1. Bei uns Menschen wird die DNA einer diploiden Körperzelle aus ca. 6,4 Mrd. Nukleotidpaaren aufgebaut.
Ein Nukleotid ist etwa 0,34 nm lang.
Die Anzahl unserer Zellen beträgt etwa 10^{14} (100 Billionen).
Berechne, wie lang eine Doppelhelix aus der gesamten DNA-Menge eines Menschen wäre. Vergleiche diesen Wert mit der Entfernung Erde – Sonne.

....

....

2. Das Darmbakterium *Escherichia coli* benötigt für eine Zellteilung etwa 20 Minuten. In dieser Zeit muss auch die DNA des Chromosoms (vier Millionen Basenpaare) verdoppelt werden.
Berechne, wie viele Nukleotide pro Sekunde verknüpft werden müssen.

....

....

3. Die DNA kann mit einer in sich gedrehten Strickleiter verglichen werden.

3.1 Gebe stichpunktartig zwei Gründe an, warum die lineare Abfolge von Nukleotiden gut geeignet ist, Information zu speichern.

① ....

② ....

3.2 Begründe, inwieweit die quantitative Analyse der DNA (d. h. die Anzahl der verschiedenen Nukleotide) dafür spricht, dass die DNA ein Doppelstrang ist.

....

3.3 Nenne kurz drei Vorteile, die ein Doppelstrang-Molekül gegenüber einem einzelsträngigen hat.

① ....

② ....

③ ....

4. Lange Zeit war unklar, ob Proteine oder die DNA Erbinformation speichern.
Schildere kurz, inwieweit die Experimente von *Griffith* und *Avery* Klarheit schafften.

....

....

Methodisch-didaktische Hinweise:

Diese Aufgaben gehen zum Teil über den bloßen Bau der DNA hinaus und verlangen einen tieferen Einblick in den Zusammenhang zwischen Aufbau und Funktion der DNA. Die Ergebnisse der Berechnungen können bei entsprechend anschaulichen Vergleichen die Schüler möglicherweise zum Staunen anregen.

Lösungen:

1. $6{,}4 \times 10^9$ (Nukleotidpaare) $\times$ $0{,}34 \times 10^{-9}$ m (Länge eines Nukleotids) $\times$ 10^{14} (Anzahl der Zellen) = $2{,}2 \times 10^{14}$ m = $2{,}2 \times 10^{11}$ km:
   Das entspricht etwa dem 1,4-fachen Abstand Erde-Sonne ($1{,}5 \times 10^{11}$ km)

2. 20 Minuten entspricht 20×60 s = 1 200 s

   Verdopplungsgeschwindigkeit: 4×10^6 Nukleotide : 1 200 s = 3 333 Nukleotide/s

3.1 ① Platzersparnis
   ② leichte Lesbarkeit (siehe Schrift)

3.2 Regel von *Chargaff*: A : T = 1 : 1 und G : C = 1: 1

3.3 1. Stabilität
   2. semikonservative Replikation
   3. Reparatur nach Vorbild des komplementären Stranges möglich

4. Pneumokokken-Versuch: Harmlose Bakterien werden nach Kontakt mit der DNA pathogener Bakterien selbst zu Krankheitserregern (z. B. für eine Lungenentzündung).

Literatur:

Flindt, R.: Biologie in Zahlen. G. Fischer Verlag. Stuttgart - New York 1988.
Sippel, A. E. (Vorr.): Erbsubstanz DNA. Spektrum der Wissenschaft. Heidelberg 1986.

Mit „Schrotschüssen" ins bakterielle Erbgut

Erstes Lebewesen vollständig entschlüsselt/ Methode auch auf Menschen anwendbar

Der Mikrobe *Haemophilus influenzae* ist ein Ehrenplatz in der Wissenschaftsgeschichte sicher. Bisher war das Bakterium, das fälschlicherweise als Grippeerreger eingestuft wurde, nur Ärzten ein Begriff, da es vor allem bei Kleinkindern zu Mittelohr- und Hirnhautentzündungen führt [...]

Weltweite Berühmtheit erlangte es erst vor kurzem: *Haemophilus influenzae* ist das erste Lebewesen, dessen Erbgut vollständig entziffert worden ist.
Diesen Durchbruch erreichten zwei amerikanische Forscherteams um *Craig Venter* [...] und *Hamilton Smith* [...]. In der Rekordzeit von einem Jahr lasen sie die gesamte Abfolge der rund 1,8 Millionen Buchstaben, der sogenannten Basenpaare, des bakteriellen Bauplans[...].
Venter und *Smith* hatten nun ausgerechnet mit einer Methode Erfolg, die den Experten vom nationalen amerikanischen Gesundheitsministerium (NIH) so wenig aussichtsreich erschienen war, dass sie eine finanzielle Förderung verweigert hatten: mit dem sogenannten Schrotschuss-Verfahren. [...] Es zerlegt die gesamte DNS wie mit einem einzigen Schuss vieler Schrotkugeln durch genetische „Scheren" (sogenannte Restriktionsenzyme) in Tausende von Fragmenten; bei *Haemophilus influenzae* waren dies über 24 000 Einzelteile mit knapp 500 Basenpaaren pro Fragment. So kleine Fragmente können mit Sequenziermaschinen automatisch gelesen werden. Rund drei Monate benötigten die 14 Maschinen der amerikanischen Forscher für alle 24 000 Teilstücke. [...]
Die Informationen zahlreicher Fragmente überlappten einander – die Buchstaben am Ende eines Teilstückes fanden sich auch am Anfang eines anderen wieder. Im Prinzip brauchten die Forscher nur die geeigneten Puzzlestücke aneinander zu fügen, um das gesamte Erbgut zu rekonstruieren. [...]
Nachdem das Rechenprogramm des Computers das letzte Puzzleteil eingepasst hatte, gingen die Forscher daran, das Erbgut von *Haemophilus influenzae* nicht nur zu lesen, sondern auch zu übersetzen, d. h. zu verstehen, welche Zellbausteine durch die einzelnen Gene verschlüsselt waren und welche Aufgaben sie errfüllten. Sie fanden 1 743 Gene [...]. Darunter waren viele Proteine für Stoffwechsel und Stofftransport, für den Energieumsatz sowie für die Regelung und Übersetzung von Steuerungsbefehlen der DNS. [...]
Exemplarisch zeigt sich an *Haemophilus influenzae*, welche Möglichkeiten eine vollstandige Entzifferung des Erbgutes bietet. So können Genforscher nun die bislang unbekannten Gene dadurch studieren, dass sie sie „ausschalten" und untersuchen, welchen Effekt dies auf das Bakterium hat. Die Unterschiede zwischen Genen harmloser und gefährlicher Varianten können helfen, wirksame Arzneimittel zu entwickeln.
[...]
Die wirkliche Revolution der „Schrotschüsse" liegt aber in der hohen Geschwindigkeit und den niedrigen Kosten der Methode. *Venter* und *Smith* geben an, dass sie – abgesehen von der Entwicklung des Rechenprogrammes – insgesamt mit einem halben Dollar pro entziffertem Basenpaar auskamen. [...]
Venter und *Smith* sind zuversichtlich, dass die „Schrotschüsse" auch das menschliche Genomprojekt stark beschleunigen können. Seit Mitte der achtziger Jahre arbeiten Forscher in aller Welt an dem ehrgeizigen Projekt, die drei Milliarden Basenpaare der menschlichen DNS – mehr als 1 500 mal mehr als *Haemophilus influenzae* – vollständig zu entziffern. Das Schrotschuss-Verfahren bietet nun die realistische Chance den ursprünglich vorgesehenen Zeitplan, das heißt die Beendigung bis zum Jahr 2005, zu vernünftigen Kosten einhalten zu können.

Quelle: Eberlein, U. entnommen aus: Süddeutsche Zeitung, 07.09.95

1. Welches ist das erste Lebewesen, dessen Genom komplett entschlüsselt wurde?
2. Welche Krankheiten verursacht das Lebewesen, dessen Genom als erstes entschlüsselt wurde?
3. Wie groß ist das erste, vollständig entschlüsselte Genom (in Kilobasen: 1 kb = 1 000 Basen)?
4. Was versteht man unter „genetischen Scheren"?
5. Fasse das „Schrotschuss"-Verfahren in kurzen Worten (4 Schritte) zusammen.
6. Wieviele Gene umfasst das Genom des untersuchten Bakteriums?
7. Gebe die mittlere Basenzahl eines Bakterien-Gens an.
8. Gebe die mittlere Peptidlänge an. Berücksichtige dabei die Stopp-Codons (1 pro Peptid).
9. Welche Möglichkeiten bietet eine vollständige Entschlüsselung der DNS?
10. Wie teuer war die Entschlüsselung?
11. Wieviele Kilobasen groß ist das menschliche Genom?

Methodisch-didaktische Hinweise:

Der folgende Text, als Hausaufgabe von den Schülern anhand der Aufgaben schriftlich zu bearbeiten, eignet sich zur Wiederholung u. a. der Begriffe „Gen“, „Restriktionsenzyme“, „Proteinbiosynthese“ und gibt gleichzeitig einen Einblick in aktuelle Forschungsmethoden. Weiterhin dient der Zeitungsartikel der Hinführung zum Literaturstudium.
Die bei den Lösungen angegebenen kursiven Antworten gehen über den Text hinaus und können vom Lehrer als Ergänzung erwähnt werden.

Lösungen:

1. Haemophilus influenza (Bakterium)
2. Mittelohr- und Hirnhautentzündungen (*Meningitis*), *besiedelt den Atmungstrakt bereits vom Grippevirus geschwächter Menschen (fälschlicherweise für den Grippeerreger gehalten, siehe Name „influenza“)*
3. 1,8 Mio Buchstaben = 1 800 kb
4. Restriktionsenzyme
5. ① Kopieren
   ② Restriktionsenzyme zerschneiden DNA in diverse Fragmente
   ③ maschinelles Sequenzieren der Fragmente
   ④ überlappende Enden werden mittels Computer übereinandergesetzt
6. Genom aus 1 743 Genen
7. Durchschnittliche Basenzahl pro Gen: 1 800 000 Basen verteilt auf 1 743 Gene; etwa 1 000 Basen pro Gen
8. Durchschnittliche Länge der Peptide:
   1 000 Basen: 3 Basen pro Aminosäure ≈ (333 Aminosäuren)
   Das Peptid ist jeweils um eine Aminosäure kürzer, da das Stopp-Codon keine Aminosäure codiert ≈ 332 Aminosäuren
   Bei einem Bakterium als Prokaryoten muss nicht berücksichtigt werden, dass das Genom einen beträchtlichen Teil nicht codogener Abschnitte (Introns) enthält. Bei einem eukaryotischen Lebewesen ist die Länge eines Gens bzw. eines Peptides erheblich kürzer als es die DNA-Länge erwarten lässt.
9. Möglichkeit der Gen-Datenbanken, mit deren Hilfe ein großer Teil des Erbgutes anderer Organismen schneller zugeordnet werden kann;
   z.B. wenn es nötig ist, ein unbekanntes pathogenes Bakterium möglichst schnell zu entschlüssen
10. ½ US-$ × 1,8 Mio = 900 000 US-$
11. 3 Mrd Basenpaare = 3 000 000 kb

Literatur:

Dixon, B.: Der Pilz, der Kennedy zum Präsidenten machte. Spektrum, Akademischer Verlag. Heidelberg-Berlin-Oxford 1995.

S V. 1.2.3 Präparation von DNA

Untersuchungsmaterial und Chemikalien	Geräte
• frisches Kalbsbries • Spülmittel (Detergenz) (oder Natriumdodecylsulfat) • Ethanol (oder Brennspiritus)	• 3 Bechergläser (50 ml, 50 ml, 200 ml) • Glasstab (oder Glimmspan) • Teesieb (oder Trichter) • Verbandsmull • Schere

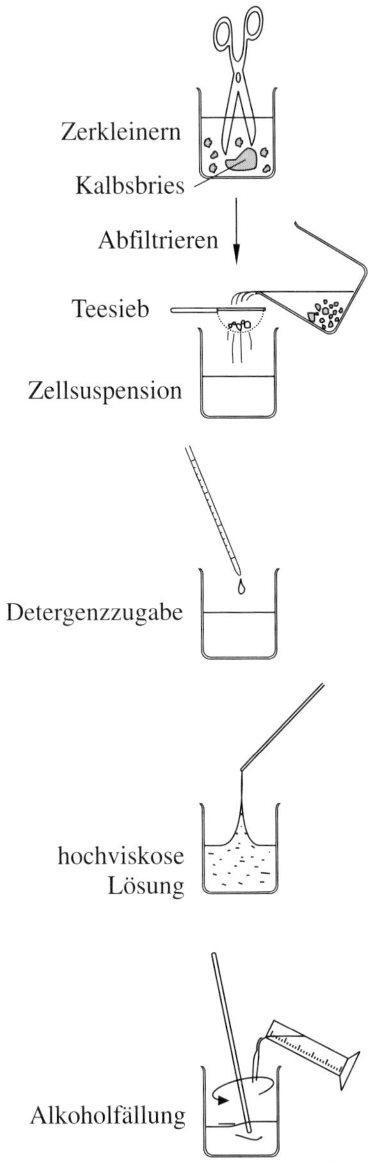

Präparation

① Etwa 10 g frisches (oder frisch aufgetautes) Kalbsbries in ein Becherglas (200 ml) mit 30 ml Wasser geben.

② Bries mit einer Schere so lange zerschneiden, bis eine kräftige, trübe Suspension entstanden ist.

③ Suspension durch ein Teesieb, in dem 2 Lagen Verbandsmull liegen, in das kleine Becherglas filtrieren.

④ Zum Filtrat einige Tropfen Spülmittel (oder Natriumdodecylsufat) geben und schwenken.
Beobachtung 1: ....
Beobachtung 2: ....

⑤ Viskosität mit dem Glasstab überprüfen.

⑥ Etwa 20 ml der viskosen Lösung mit der gleichen Menge Ethanol (oder Brennspiritus) überschichten.
Beobachtung:..

⑦ An der Grenzschicht mit dem Glasstab vorsichtig umrühren.
Beobachtung:..

1. Detergentienhaltige Spülmittel lösen Zell- und Kernmembranen auf. Das ist der Grund, warum die zunächst dünnflüssige Suspension viskos wird. Versuche, eine Erklärung zu finden.

....

....

2. Aus welchem Grund fällt an der Grenzschicht die DNA als weiße Masse aus?

....

....

Methodisch-didaktische Hinweise:

Etwas Abstraktes und sonst Unsichtbares wahrnehmbar machen zu können, das gelingt besonders einfach mit der Darstellung von DNA aus Kalbsbries (Thymusdrüse des Kalbes, deren Zellen fast vollständig aus Zellkernen bestehen). Dieses anschauliche Experiment kann man als Lehrerdemonstration, aber auch als Schülerversuch problemlos einsetzen. Im Vergleich zur Gewinnung von DNA aus Zwiebelwurzeln oder aus Tomaten ist es weniger aufwendig und schneller durchzuführen.
Der Versuch eignet sich nicht nur zur deduktiven Überprüfung von DNA-Merkmalen, sondern vor allen Dingen zur induktiven, forschenden Erarbeitung von ersten Eigenschaften der DNA.
Chemische Grundkenntnisse sind nicht unbedingt erforderlich, denn schließlich kommt es bei dem Experiment vor allem auf das Sichtbarmachen der DNA an. Dennoch ist es hilfreich, wenn Querbezüge zur Chemie hergestellt werden können (z. B. Makromolekül, Van-der-Waals-Kräfte, Denaturierung von Eiweiß).
Einen Teil der im Experiment gewonnene DNA kann man auch noch für den Versuch *UV-Strahlen und DNA* (Materialie 1.2.5) verwenden.

Hinweise zur Materialbeschaffung und Präparation:

Frisches Kalbsbries kann man sich (auf Bestellung) beim Metzger besorgen. Es ist einige Zeit auch tief gefroren haltbar. Sollte nach Zugabe des Spülmittels die Lösung noch dünnflüssig sein, war das Bries zu alt oder die Ausgangssuspension zu stark verdünnt. Zur Präparation von DNA müssen die Zell- und Kernmembranen aufgelöst werden. Dies geschieht durch das detergentienhaltige Spülmittel (oder durch Natriumdodecylsulfat). Anstelle des Ethanols kann man (v. a. aus Kostengründen) natürlich auch Brennspiritus verwenden.

Lösungen:

1. Durch die Behandlung mit dem Spülmittel (oder Natriumdodecylsulfat) lösen sich die Zellmembranen auf. Die DNA-Makromoleküle werden frei.

2. Alkohol denaturiert die DNA. Diese flockt aus.

Literatur:

Daumer, K.: Genetik. bsv. München 1985.
Füller, K.: Biologisches Praktikum. C. C. Buchner. Bamberg 1984.

Präparation von DNA

Benötigt werden:

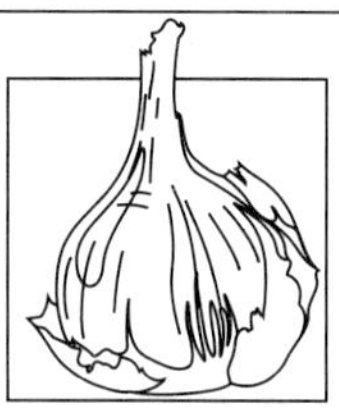

- Zwiebel
- Waage

- Pürierstab oder Mixer
- 2 Bechergläser (250 ml), in denen man mit dem Pürierstab arbeiten kann;
- Wasserbad (60° C)
- Behälter mit Eiswürfel
- 1 Trichter
- ca. 4 bis 5 Lagen Mull (Größe von Trichteröffnung abhängig)
- 1 Reagenzglas mit Stopfen

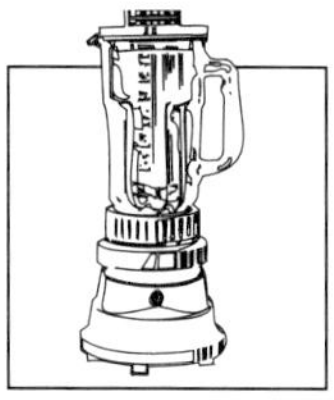

- Messpipette (5 ml) mit Peleusball
- Haken aus Draht
- Chemikalien:
  Isopropanol (eisgekühlt)
  Extraktionspuffer:
  8,8 g NaCl (0,15 M)
  44,1 g Tri-Natriumcitrat-Dihydrat
  100 ml Geschirrspülmittel (farblos)
  ca. 1 Liter destilliertes Wasser

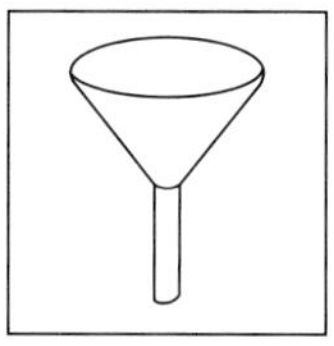

Durchführung:

1. Fülle die 100 ml des Geschirrspülmittels vorsichtig mit destilliertem Wasser auf 1 Liter auf.
2. Gib etwa 50 g der fein zerkleinerten Zwiebel in ein Becherglas und versetze sie mit 40 ml des Extraktionspuffers.
3. Stelle dieses Becherglas für 15 Minuten in das 60° C warme Wasserbad.
4. Kühle anschließend das Becherglas 10 Minuten lang in einem Behälter, der mit Eiswürfeln gefüllt ist.
5. Homogenisiere nun den Inhalt des Becherglases etwa 1 Minute lang mit Hilfe des Pürierstabes.
6. Filtriere den entstandenen Schaum durch den mit mehreren Lagen Mull gefüllten Trichter in das 2. Becherglas.
7. Fülle mit Hilfe der Pipette 1,5 ml dieses Filtrats in ein Reagenzglas und verdünne es mit 1,5 ml Wasser.

   Nun ist eine klare Lösung entstanden.

8. Gib 5 ml eisgekühltes Isopropanol in die Lösung, um die DNA auszufällen.
9. Verschließe das Reagenzglas mit dem Stopfen und drehe es mehrere Male auf den Kopf.
10. Die DNA steigt zur Oberfläche auf. Entnimm mit Hilfe des Hakens die DNA aus dem Reagenzglas.

Methodisch-didaktische Hinweise:

Die vorgestellte DNA-Präparation ist eine Alternative zum klassischen Versuch mit dem Kalbsbries (Thymusdrüse). Sie hat den Vorteil, dass man die Küchenzwiebel sehr schnell und einfach besorgen kann.
Der Versuch, bei dem die DNA als langer Faden ausfällt, dauert etwa 30 Minuten. Er eignet sich bestens für einen arbeitsgleichen Gruppenunterricht. Zum Verständnis des Experimentes (Makromolekül, van-der-Waals-Kräfte, Basen u. ä.) ist eine Zusammenarbeit mit dem Fach Chemie wünschenswert.
Wird der Versuch als Lehrerdemonstration eingesetzt, bietet es sich an, verschiedene Schülerinnen und Schüler die einzelnen Versuchsschritte unter Leitung der Lehrkraft durchführen zu lassen.

Kurzbeschreibung des Versuchs:

Eine möglichst fein geschnittene Küchenzwiebel wird in ein Becherglas gegeben und mit einer 60° C warmen, isotonischen, citratgepufferten sowie mit einer stark spülmittelhaltigen Extraktionslösung versetzt. Dadurch zersetzen sich die Wände der Pflanzenzellen zum großen Teil oder werden geschwächt. Mit Hilfe eines Pürierstabes zerstört man die restliche Zellwände. Die Bestandteile lösen sind im Extraktionspuffer. Nach der Filtration wird DNA durch Isopropanol ausgefällt.

Literatur:

Daumer, K.: bsv-Biologie für die Sekundarstufe II, Band Genetik. Bayerischer Schulbuchverlag, München, 1977
Murken, J. D. / Wilmowski. H.: Die Chromosomen des Menschen. Die Geschichte ihrer Erforschung. W. Fritsch Verlag. München 1983.

S V. 1.2.5 Wirkung von UV-Strahlen auf die DNA

Benötigtes Material:
- DNA-haltige Flüssigkeit (siehe 1.2.3)
- Glasstab (oder kleiner Borstenpinsel)
- Filterpapier
- konzentrierte Waschpulverlösung (mit optischen Aufhellern)
- UV-Lampe (Wellenlänge: 260-300 nm)

Durchführung:
1. Führe die Versuchsansätze zur Präparation von DNA (wie in 1.2.3) durch.
2. Tauche das Filterpapier nun in konzentrierte Waschpulverlösung, lass es vorsichtig abtropfen und anschließend trocknen. Eventuell kannst du mit einem Fön nachhelfen.
3. Male mit dem in die DNA-haltige Flüssigkeit eingetauchten Glasstab (oder dem Pinsel) ein großes Zeichen (z. B. ein Herz) auf das präparierte Filterpapier. Du kannst auch große Buchstaben (z. B. D-N-A) schreiben.
4. Bringe das getrocknete Filterpapaier in kurzwelliges UV-Licht. Das Klassenzimmer soll dazu abgedunkelt sein.

   VORSICHT: Blicke nicht in das Licht der UV-Lampe!

1. Beschreibe, wie das mit DNA beschriebene Filterpapier im UV-Licht aussieht.

....

....

....

2. Erkläre, weshalb das mit DNA beschriebene Papier im UV-Licht so aussieht?

....

....

3. UV-Strahlen sind sehr energiereich. Überlege, welche Folgen intensives Sonnenbaden haben kann.

....

....

....

4. In Australien ist es heute schon weit verbreitet, dass man beim Baden ein T-Shirt trägt. Erkläre.

....

....

....

....

Methodisch-didaktische Hinweise:

Für die Beschriftung des Filterpapiers ist eine mit DNA angereicherte Flüssigkeit erforderlich. Diese erhält man wie bei Einheit 1.2.3 beschrieben.

Enthält die Biologiesammlung keine UV-Lampe, so kann man sie sicher von den Fachschaften Chemie oder Physik entleihen.

Erläuterungen zum Experiment:

DNA absorbiert in starkem Maße UV-Strahlen. Die energiereichen Strahlen können den korrekten Einbau von Nucleotiden bei der Replikation stören, wodurch es unter anderem zur Dimer-Bildung (Bindung zwischen benachbarten Basen) innerhalb der DNA kommen kann. Da die Zellen der Haut den UV-belasteten Sonnenstrahlen am stärksten ausgesetzt sind, entstehen in den Hautzellen viele somatische Mutationen. Normalerweise werden diese durch ein körpereigenes Reparatursystem wieder behoben. Bei intensiver UV-Bestrahlung kann dieses Reparatursystem jedoch überfordert sein. Zudem unterlaufen ihm mitunter Fehler. Je häufiger jemand z. B. sonnenbadet, um so größer ist die Fehlerwahrscheinlichkeit und damit die Gefahr, dass krebsauslösende Mutationen entstehen.

Lösungen:

1. Das Filterpapier leuchtet nur in den Bereichen, in denen keine DNA aufgetragen wurde.

2. DNA absorbiert UV-Strahlung

3. Da die energiereichen UV-Strahlen von der DNA absorbiert werden, kann dies zu (somatischen) Mutationen innerhalb der DNA führen. Durch häufiges und intensives Sonnenbaden nimmt die Wahrscheinlichkeit zu, dass es zu Erbgutveränderungen in den Zellen kommt, die der Sonne am stärksten ausgesetzt sind. Die Folge kann Hautkrebs sein.

4. In den letzten Jahren kann man feststellen, dass insbesondere über der Südhalbkugel der Erde die Ozonschicht immer dünner wird. Dadurch verdünnt sich der natürliche UV-Filter immer mehr, was sich u. a. in einem deutlichen Anstieg der Hautkrebserkrankungen in Australien zeigt. Beim Baden ist die Haut der inzwischen gefährlich gewordenen Sonnenstrahlung besonders stark ausgesetzt. Deshalb schützen viele Australier ihren Körper beim Baden mit einem T-Shirt.

S V. 1.2.6

Bau der DNA

1. Ergänze alle Basensymbole mit den entsprechenden Abkürzungen.
2. Male die Symbole farbig aus (gleiche Farbe für die gleiche Base).
3. Zerschneide die Kette der Basensymbole in Einzelbasen.
4. Bilde mit den Basenmodellen und dem linken “Holm” folgenden DNA-Einzelstrang:
   AAG CCT ATC GGC TAG
5. Ergänze nun zum Doppelstrang. Wie lautet die ergänzte Basensequenz?

   ....
6. Welche Basenpaare passen jeweils zusammen?

   ....

   ....

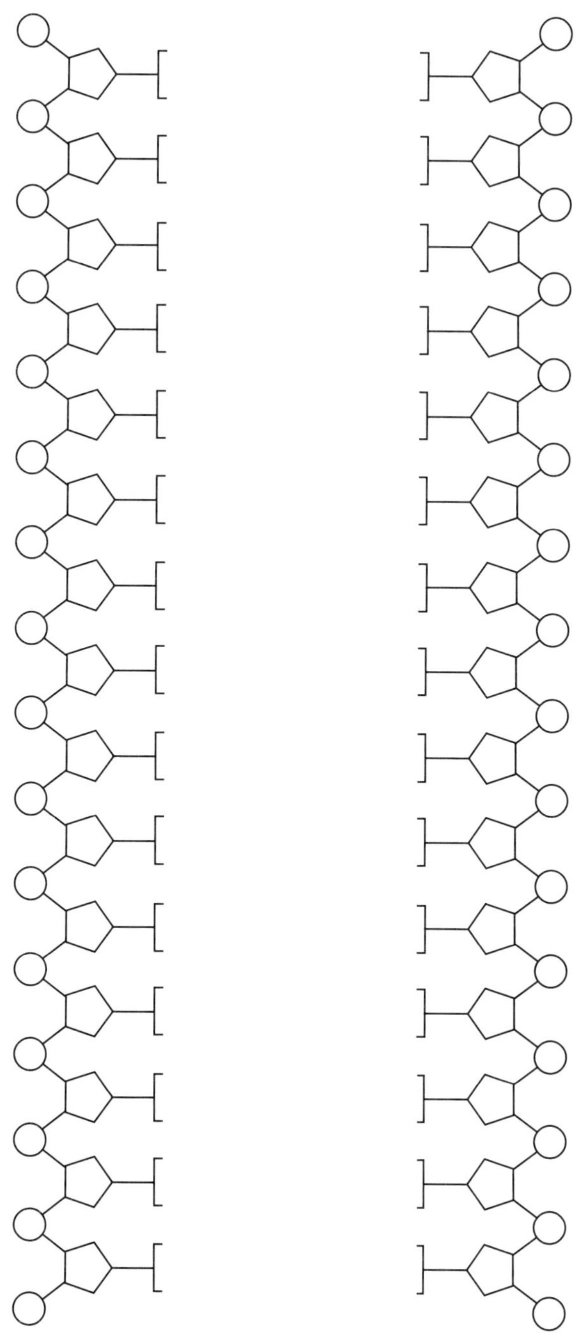

Adenin

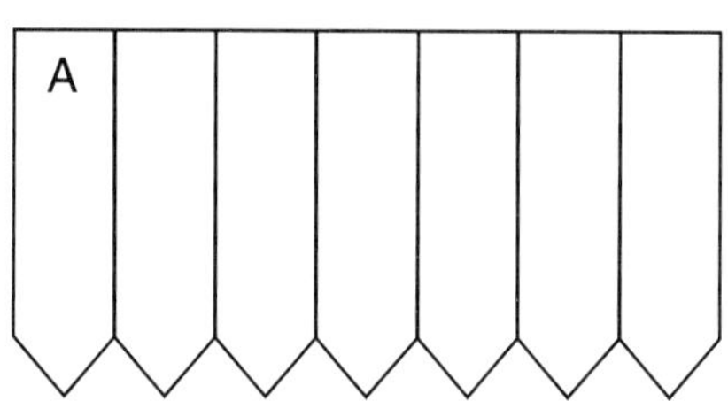

Thymin

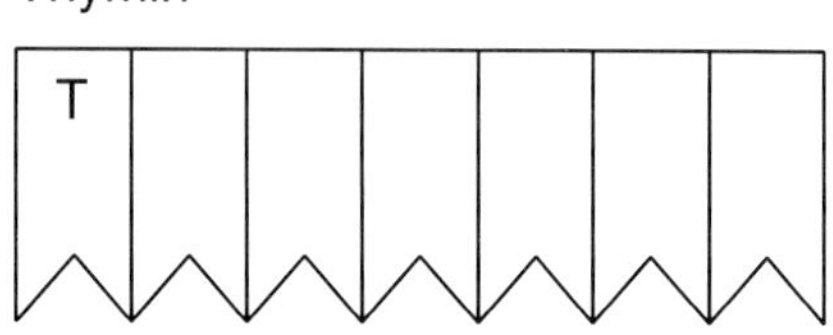

Cytosin

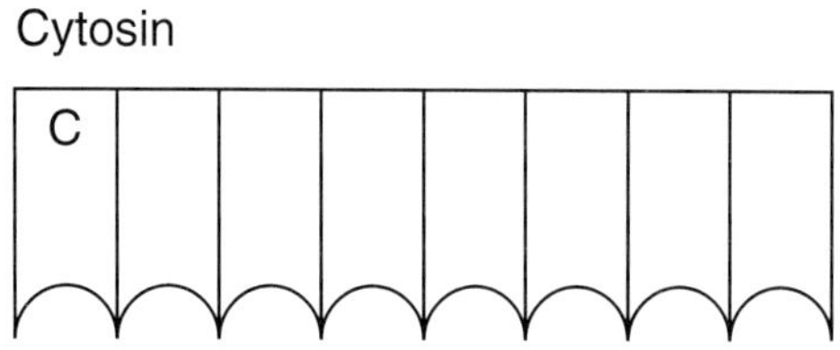

Guanin

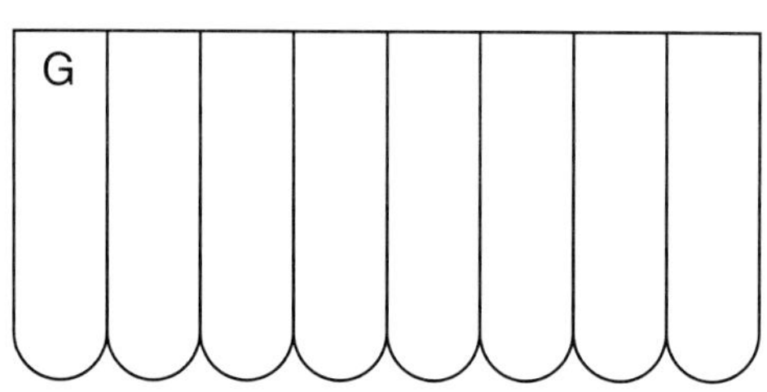

Methodisch-didaktische Hinweise:

Die Bastelvorlage dient vor allem zur Einübung und praktischen Handhabung der modellhaften DNA-Struktur. Dabei soll veranschaulicht werden, dass aufgrund der spezifischen Basenpaarung in einer Stranghälfte automatisch der Komplementärstrang festgelegt ist. Diese Erkenntnis ist Voraussetzung für die spätere Erarbeitung von Transkription und Translation.
Zur besseren Handhabung der Vorlage durch die Schüler empfiehlt es sich, die Basenvorlagen zunächst auf einen dünnen Karton aufzukleben und dann erst einzeln auszuschneiden.
Das Modell kann auch an anderer Stelle (z. B. bei der Mitose, der Translation oder der Transkription) wieder Verwendung finden.

Lösungen:
4. / 5.

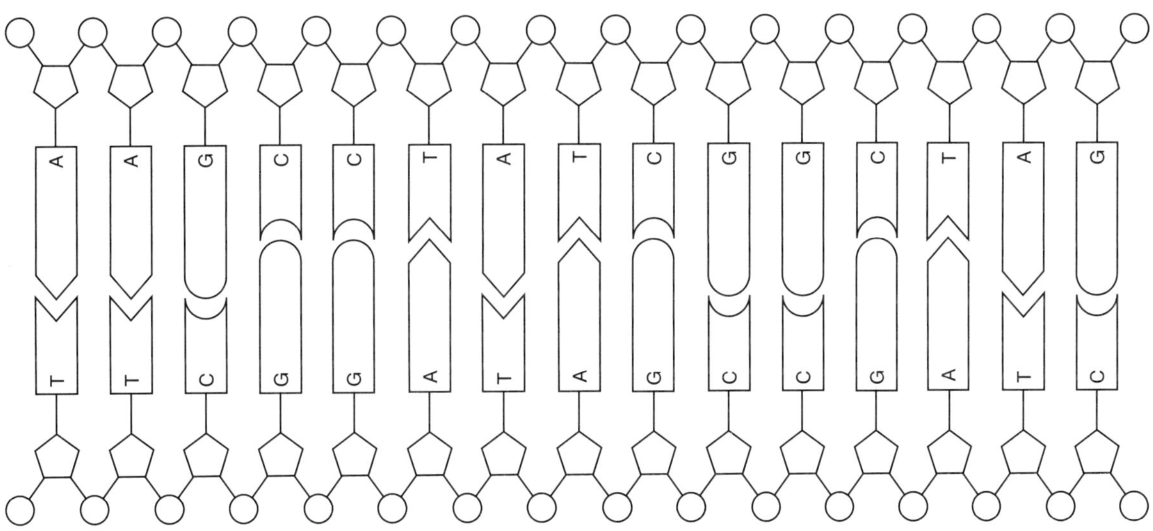

5. TTC GGA TAG CCG ATC
6. Adenin und Thymin sowie Guanin und Cytosin

Literatur:

Campbell, N. A.: Biologie. Spektrum Verlag. Heidelberg 1997.
Daumer, K.: Genetik. Aulis Verlag. Köln 1984.
de Rosnay, J.: Der Biokit. Schweitzer Verlag. München 1986.

S V. 1.2.7 DNA – Demonstrationsmodell

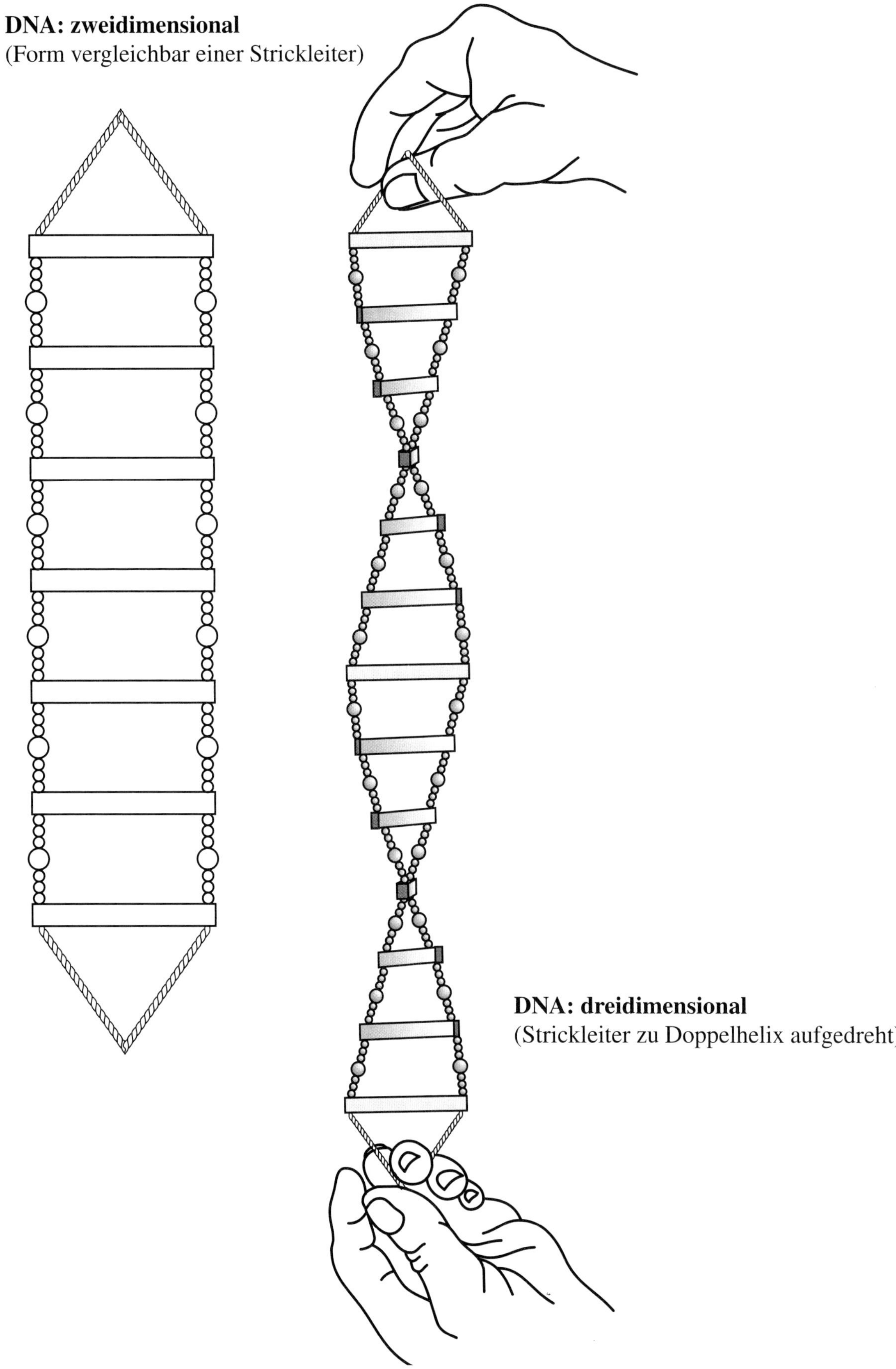

Methodisch-didaktische Hinweise:
Das Modell veranschaulicht in einfacher Weise sowohl den Aufbau, als auch die räumliche Struktur der DNA. Durch Spannen des Modells (Strickleiterform) und anschließendes, langsames Gegeneinanderdrehen kann man deutlich die Entstehung einer Doppelhelix darstellen. Je stärker die entgegengesetzten Drehbewegungen sind, um so näher bewegen sich die beiden Enden der Doppelhelix aufeinander zu.

Benötigtes Material
etwa 7 schmale Brettchen (10 cm x 1 cm x 0,3 cm); dünner Basteldraht;
12 gleichfarbige Papier- oder Styroporkügelchen (Ø etwa 1cm); Flüssigkleber; Farben

Anfertigen des Modells
Die Brettchen werden am linken und rechten Rand je zweimal etwa 1 cm tief eingeschnitten.(Hier wird später der Draht eingeklemmt.)

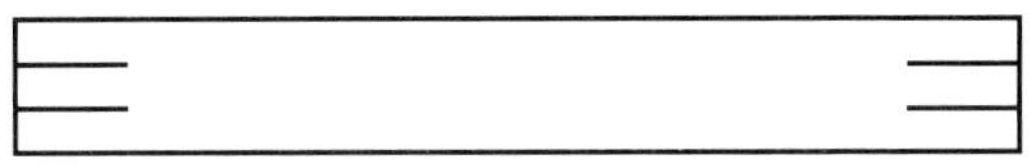

Anschließend werden die beiden Enden farbig markiert. Der Rest jeden Brettchens wird beidseitig mit einer Farbe für die jeweilige Base bemalt. Dabei sollen die komplementären Basen deutlich erkennbar werden.

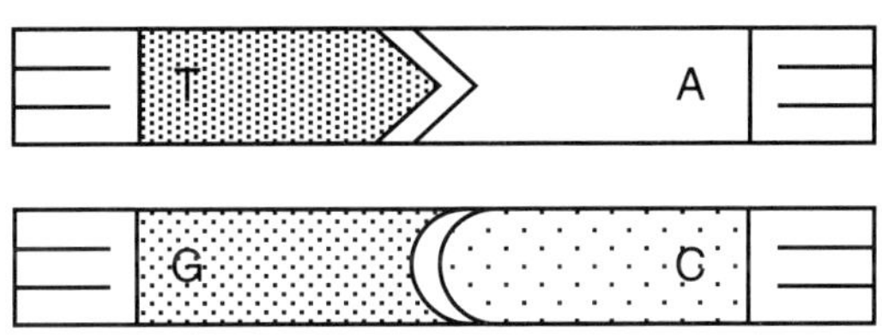

Nun verknüpft man die Brettchen auf beiden Seiten mit Draht (wie unten links zu sehen) zu einer Strickleiter. Dabei ist darauf zu achten, dass die Brettchen jeweils parallel und in gleichem Abstand zueinander verlaufen. Die Verbindungsstellen zwischen Brettchen und Draht werden mit einem Tropfen Kleber gesichert.

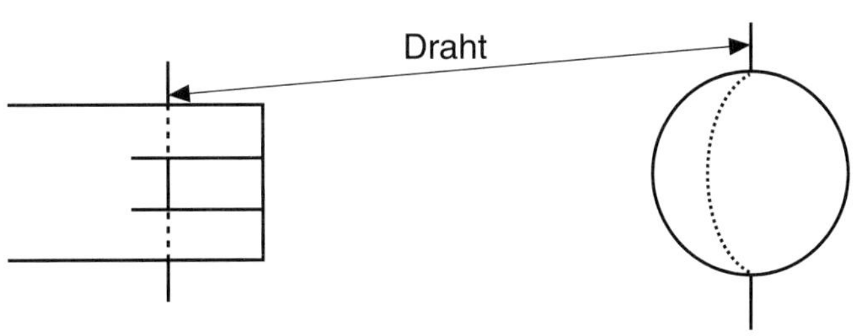

Mit einer Rasierklinge schneidet man die Papierkügelchen vorsichtig bis zur Mitte ein und schiebt sie, jeweils zwischen zwei Brettchen, auf den Draht. Mit Kleber kann man sie zusätzlich befestigen.

Zuordnung

Papierkügelchen:	Phosphorsäure
Brettchenende:	Zucker
Farbig gestaltete Brettchen:	sich komplementär ergänzende, organische Basen

S V. 1.2.8 Bau der DNA

1. Zeige mit Hilfe einer Skizze den schematischen Aufbau eines DNA-Doppelstranges.

Entwerfe einen DNA-Doppelstrang mit sechs Nukleotiden. (Die Hilfslinien geben die Lage der DNA-"Holme" bzw. "Sprossen" an.) Verwende Symbole für die Einzelbausteine und beschrifte die Zeichnung. Berücksichtige auch

- die relative Länge der Basen,
- die Anzahl der Wasserstoff-Brückenbindungen zwischen den Basen.

2. Bei der Untersuchung eines DNA-Doppelstranges erhält man folgendes Ergebnis:

   Länge: 1 700 Basen, davon 18% Thymin.

   Ermittele für diesen *Doppelstrang* durch nachvollziehbare Rechnung die Anzahl (N) der:

Einzelbausteine	Gedankengang	Ergebnis
Basen (insgesamt)	....	.... = ...
Nukleotide	....	= ....
Thymin-Moleküle	....	= ....
Adenin-Moleküle	....	= ....
Cytosin-Moleküle	.... = ...	= ....
Guanin-Moleküle	....	= ....
	Probe	+ ____________ = ...
Anzahl der Desoxyribose (D)- und Phosphat (P)-Moleküle	....	....

Methodisch-didaktische Hinweise:
Die erste Aufgabe beschreibt den Aufbau der DNA. Sie hat rein reproduktiven Charakter, wobei für die einzelnen Bausteine der DNA die üblichen Symbole bekannt sein müssen. Bei der zweiten Aufgabe ist eine Transferleistung zu erbringen.

Lösungen:
1.

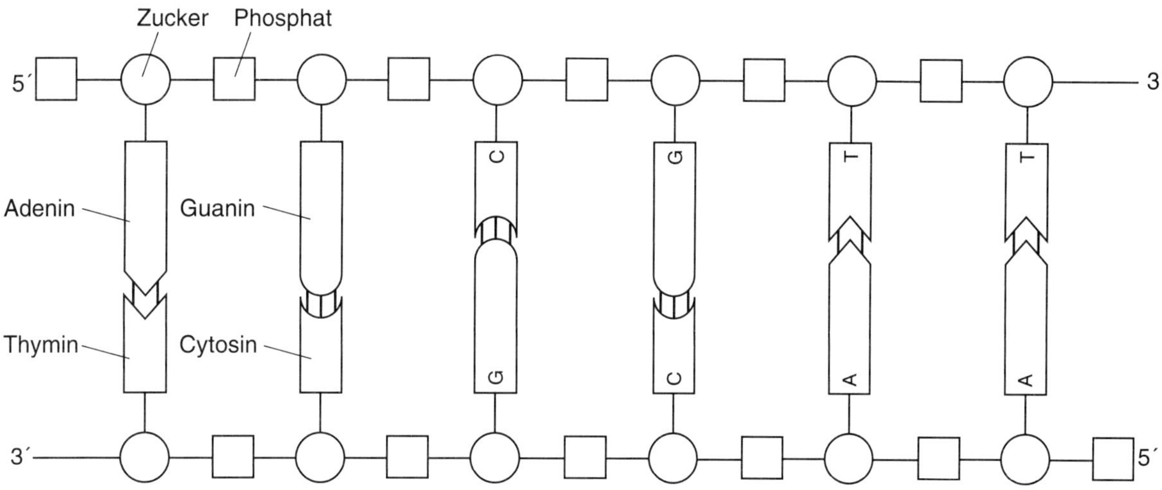

2.

Einzelbausteine	Gedankengang	Ergebnis
Basen (insgesamt)	1 700 Basen pro Einzelstrang; Doppelstrang:	= 3 400 Basen
Nukleotide	1 Base pro Nukleotid	= 3 400 Nukleotide
Thymin-Moleküle (18% von 3 400)	N (Thymin) = 0,18 x 3 400	= 612
Adenin-Moleküle	N (Adenin) = N (Thymin)	= 612
Cytosin-Moleküle N (verbleibende Basen) N (Cytosin)	3 400 – (2 x 612) = 2 176 2 176 : 2	1 088
Guanin-Moleküle	N (Guanin) = N (Cytosin)	= 1 088
	Probe	+ = 3 400
Anzahl der Desoxyribose (D)- und Phosphat (P)-Moleküle:	1 D und 1 P pro Nukleotid N (D) = N (P) = N (Nukleotide)	3 400

S V. 1.2.9 — Bau der DNA

1 Die Struktur der DNA wurde 1953 aufgedeckt.

1.1 Wie nennt man die abgebildeten Formen?

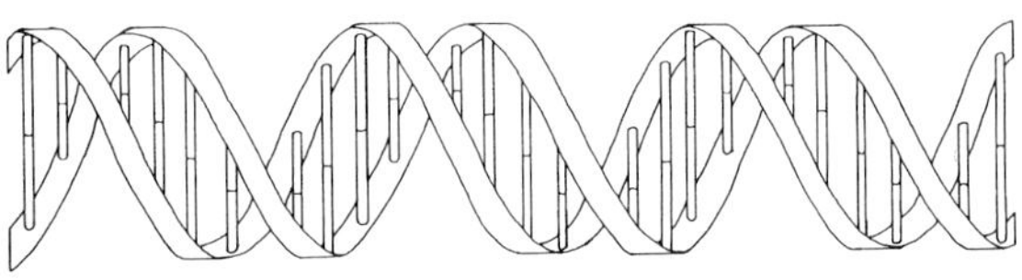

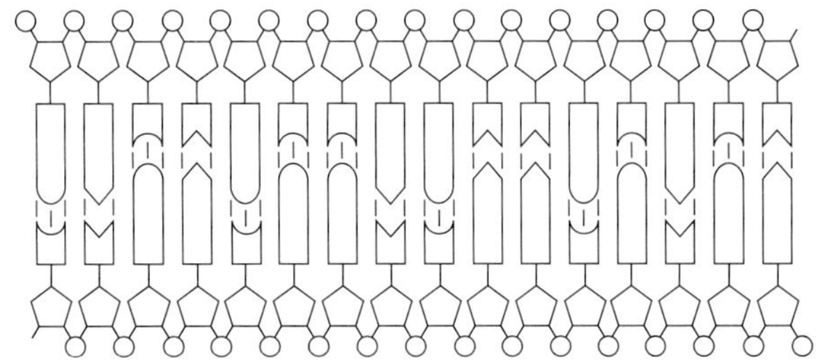

① .... ② ....

1.2 Aus welchen Bausteinen bestehen die "Holme"? Welche Gesetzmäßigkeiten liegen dort vor?

....

....

1.3 Wie nennt man die molekularen Bausteine der "Sprossen" der DNA allgemein?

....

2. Benenne die Symbole für die Bausteine der DNA.

.... Adenin ....

....

3.1 Wie wird die Dreierkombination von Phosphorsäure, Zucker und Base bezeichnet?

....

3.2 Benenne die abgebildeten Molekülbausteine konkret.

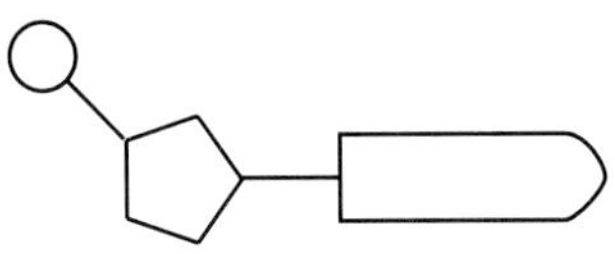

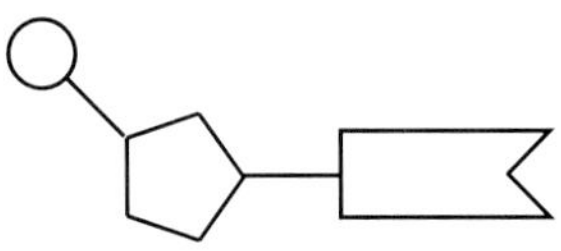

① .... ② ....

4.1 Was versteht man unter spezifischer Basenpaarung?

....

....

4.2 Nenne die Kombinationsmöglichkeiten: ....

Methodisch-didaktische Hinweise:

Die Aufgaben eignen sich zur Lernzielkontrolle etwa in Form einer Hausaufgabe, man kann sie aber ebenso zur Ergebnissicherung im Unterricht verwenden.
Das Thema *Aufbau der DNA* verlangt vom Schüler durch das Denken in Modellen ein großes Abstraktionsvermögen. Deshalb soll mit dieser Materialie der Modellcharakter der DNA-Symbole gründlich geübt und gefestigt werden. Da im Biologieunterricht die chemische Struktur der DNA meist nicht behandelt wird, empfiehlt es sich, die Modelle mit den tatsächlichen molekularen Strukturformeln (etwa auf Folie) zu vergleichen. Dies kann dem Schüler die starke Abstraktion einsichtiger machen. Die folgende Abbildung kann dazu als Vorlage dienen.

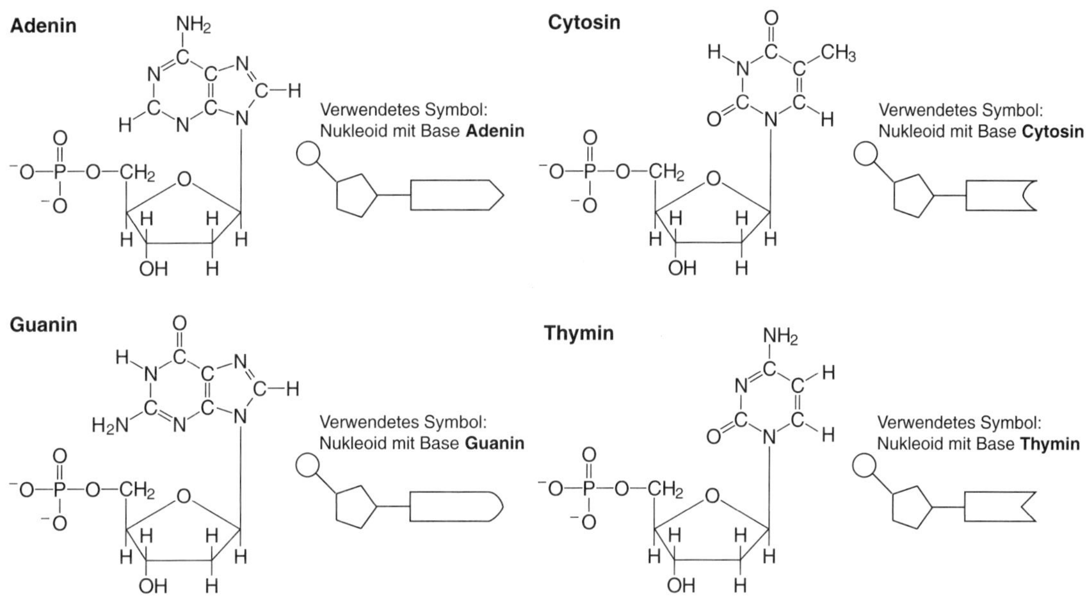

Lösungen:

1.1 ① DNA-Doppelhelix ② DNA-Doppelstrang
1.2 Zucker (Desoxyribose) und Phosphorsäure wechseln regelmäßig ab.
1.3 organische Basen
2.

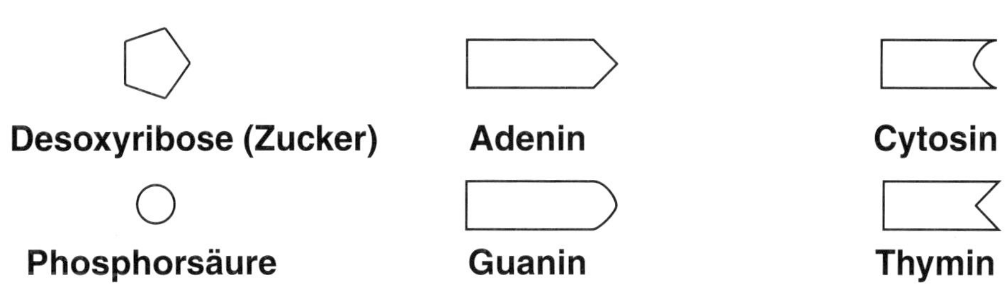

3.1 Nukleotid
3.2 ① Nukleotid mit der Base Guanin ② Nukleotid mit der Base Thymin
4.1 Nur jeweils 2 bestimmte Basen paaren miteinander.
4.2 Adenin-Thymin und Guanin-Cytosin

Literatur:

Verständliche Forschung: Erbsubstanz DNA. Spektrum Verlag. Heidelberg 1986.

Bau der DNA

1. Ergänze die Skizze so zu einem DNA-Doppelstrang, dass darin alle möglichen Bestandteile vorkommen. Beschrifte deine Zeichnung. (7 P)

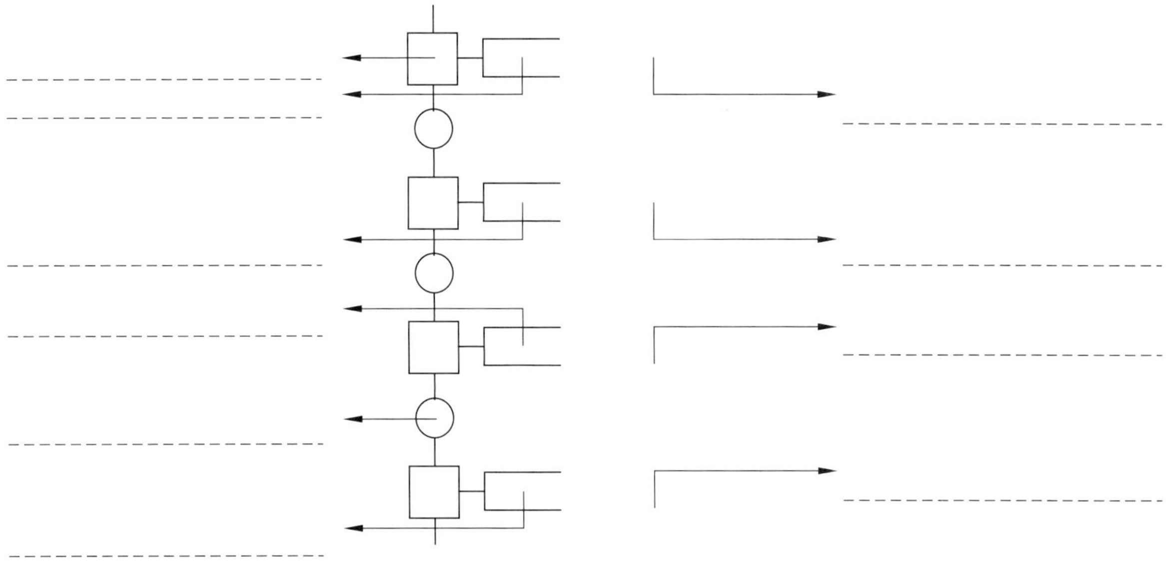

2.1 Nenne die Entdecker der DNA-Struktur. (3 P)

....

2.2 Wie wird die Struktur aufgrund der räumlichen Gestaltung genannt?

....

3. Kreuze an, was richtig ist. (1 P)

Die komplementären Basen sind verbunden durch

- van-der-Waals-Kräfte ❑
- Atombrücken ❑
- Wasserstoffbrücken ❑
- Stickstoffatome ❑
- Säurereste ❑

4. Überlege genau und verbinde mit Strichen, was zusammengehört. (3 P)

DNA	2 Meter
"Sprossen"	komplementäre Basen
"Holme"	besteht aus Chromosomen
DNA-Länge pro Zellkern	300 000 km
	Desoxyribonukleinsäure

Methodisch-didaktische Hinweise:

Neben der Verwendung der Vorlage zur Leistungsmessung eignet sie sich auch zur Lernzielkontrolle ohne Benotung oder zur Wiederholung etwa in Form einer Hausaufgabe.
Die Leistungsmessung ist relativ kurzgehalten, da sie davon ausgeht, dass im Schuljahr insgesamt mindesten vier Stegreifaufgaben geschrieben werden. Die Aufgaben sind in maximal 10 Minuten zu bearbeiten.
Bei der Gestaltung der Aufgaben wurde Wert gelegt auf eine Variabilität, die verschiedene Schülertypen berücksichtigt. Die Ergänzung der Skizze bei Aufgabe 1 erlaubt dem Schüler eigene Basenpaare zu bestimmen. Bei Aufgabe 4 sind nur drei Zuordnungen richtig.
Die Bewertung der Aufgaben 3 und 4 erfolgt aufgrund des nachstehenden Schemas:
maximal erreichbare Punktzahl (- minus -) falsche oder nicht gegebene Antwort

Der Notenschlüssel geht von folgenden Bedingungen aus:
- die Hälfte der erreichbaren Punkte (6) = letzte Vier
- ein Drittel der Punkte (4) = letzte Fünf

Danach ergibt sich dieser Schlüssel:
14/13 Punkte = 1 12/11 = 2 10/9 = 3 8/7 = 4 6/5 = 5 4/0 = 6

Lösungen:

2.1 James D. Watson / Francis Crick

2.2 Doppelhelix

3. Wasserstoffbrücken

4. Überlege genau und verbinde mit Strichen, was zusammen gehört.

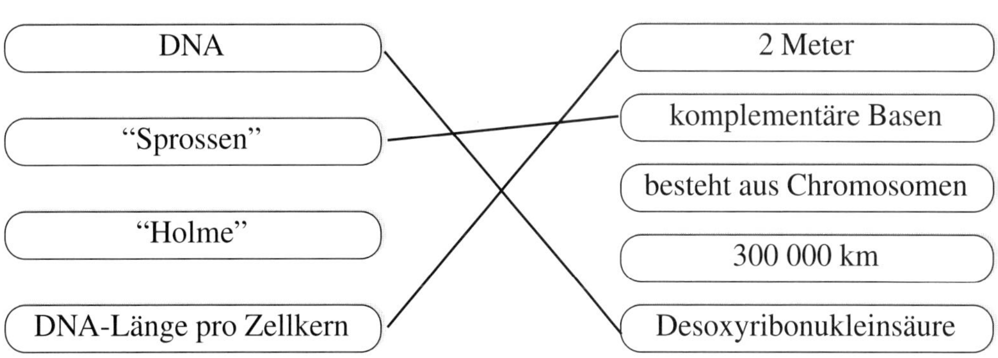

Literatur:

Verständliche Forschung: Erbsubstanz DNA. Spektrum Verlag. Heidelberg 1986.
Killermann, W.: Biologieunterricht heute. Auer Verlag. Donauwörth 1995.

Verdoppelung der DNA

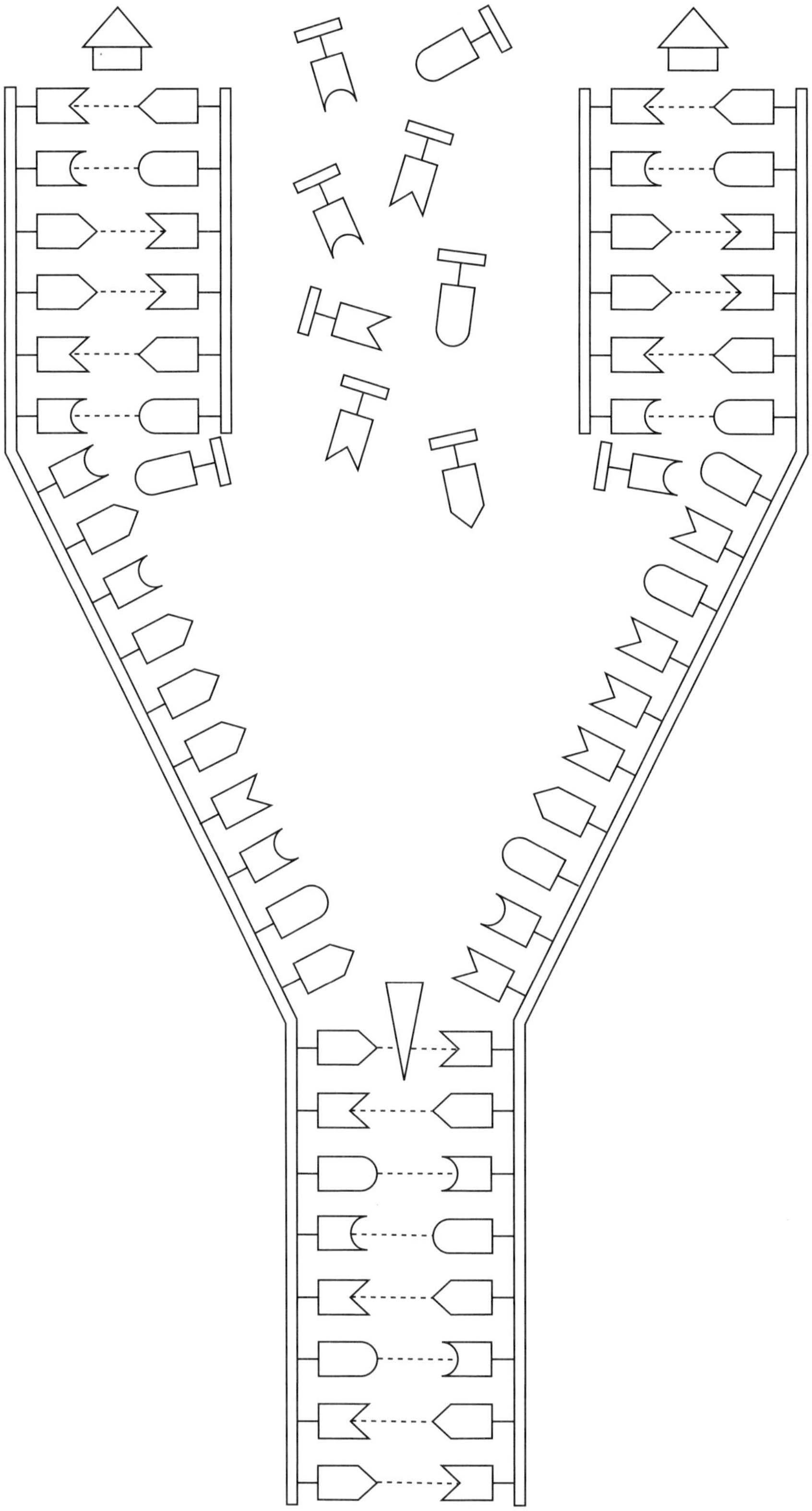

1. Ergänze zeichnerisch die fehlenden Basen, damit zwei DNA-Stränge entstehen. Kennzeichne die vier Basen durch unterschiedliche Farben.

2. Vergleiche die beiden neuen Stränge mit den ursprünglichen. Wie könnte man den Vorgang nennen, der zu den neuen Strängen führte?

Methodisch-didaktische Hinweise:
Nachdem die Schüler den Aufbau der DNA kennen, kann man diese Vorlage zur Erarbeitung des Prinzips der DNA-Replikation im Unterricht oder als Hausaufgabe verwenden. Dabei soll die Paarung der komplementären Basen als Voraussetzung für die Selbstverdoppelung der DNA erkannt werden.
Günstig ist eine farbliche Kennzeichnung der Basensymbole, da dadurch die Identität der beiden neuen DNA-Stränge noch deutlicher erkennbar ist.
Die Modellsymbole unterscheiden nicht nach langen und kurzen Basen und berücksichtigen auch nicht die Auftrennung der "Holme" in Zuckerbausteine und Phosphorsäure. Diese didaktische Reduktion fördert nicht nur das Verständnis der Replikation, sondern sie erleichtert dem Schüler auch die zeichnerische Ergänzung der Skizze.

Lösungen:
1.

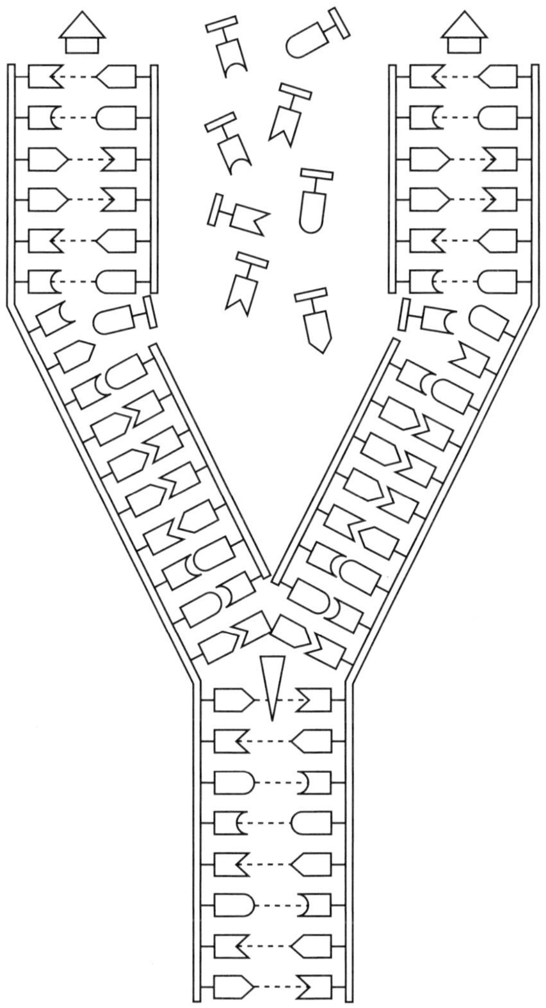

2. Identische Replikation (Reduplikation, Verdoppelung)

Literatur:
Campbell, N. A.: Biologie. Spektrum Verlag. Heidelberg 1997.
Daumer, K.: Genetik. Aulis Verlag. Köln 1984.
de Rosnay, J.: Der Biokit. Schweitzer Verlag. München 1986.

Die Entdeckung der DNA-Struktur

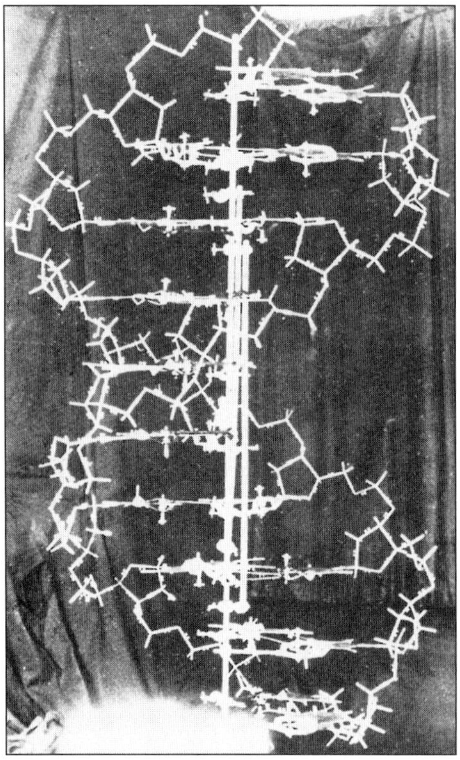

James D. Watson und *Francis Crick* gelten als die Entdecker der DNA-Struktur. Ihre Arbeiten beruhen aber auch auf den Forschungen von *Linus Pauling* (der die Molekülstrukturen der Proteine aufklärte) sowie von *Maurice Wilkins* und *Rosalind Franklin* (die Röntgenaufnahmen der kristallinen DNA anfertigten).
Die erste Veröffentlichung von *Watson* und *Crick* (Nature. Bd. 171. 1953) über die Entdeckung der DNA-Struktur beginnt mit folgendem Satz:
"We wish to suggest a structure for the salt of deoxyribose nucleic acid (D.N.A.). This structure has novel features which are of considerable biological interest."
Der Aufsatz endet mit folgender Feststellung:
"Es ist unserer Aufmerksamkeit nicht entgangen, dass die spezifische Paarung, die wir als wahr voraussetzen, sofort den Gedanken eines möglichen Kopiermechanismus des genetischen Materials anregt..."

◀ *Foto: Original-Demonstrationsmodell der Doppelhelix entnommen aus: Watson, J. D.: Die Doppelhelix, rororo Sachbuch , Rowohlt Verlag, Reinbek 1990, S. 184*

Wie es zur eigentlichen Entdeckung der DNA-Struktur kam, schildert *J. D. Watson*:

[...] Der Schlüssel zu Paulings Erfolg war sein Vertrauen auf die einfachen Gesetze der Strukturchemie. Die Alpha-Spirale war nicht etwa durch ewiges Anstarren von Röntgenaufnahmen gefunden worden. Der entsprechende Trick bestand vielmehr darin, sich zu fragen, welche Atome gern nebeneinander sitzen. Statt Bleistift und Papier war das wichtigste Werkzeug bei dieser Arbeit ein Satz von Molekülmodellen, die auf den ersten Blick dem Spielzeug der Kindergarten-Kinder glichen.
Wir sahen also keinen Grund, warum wir das DNA-Problem nicht auf die gleiche Weise lösen sollten. Alles was wir zu tun hatten, war, einen Satz Molekülmodelle zu bauen und dann damit zu spielen – wenn wir ein bißchen Glück hatten, würde die Struktur eine Spirale sein. Jede andere Art der Anordnung würde sich als ungleich komplizierter erweisen [...]
Bald beschäftigte sich Francis von morgens bis abends mit der DNA. Am ersten Nachmittag nach der Entdeckung, dass die A-T-Paare und die G-C-Paare die gleiche Form hatten, kehrte er zu Messungen für seine Dissertation (Doktorarbeit) zurück, aber alle seine Bemühungen waren fruchtlos. Ständig sprang er von seinem Stuhl auf, schaute bekümmert auf die Pappmodelle, spielte andere Kombinationsmöglichkeiten durch [...]
Es stellte sich nun die Frage, ob sich solche A-T- und G-C-Basenpaare leicht in die Skelettform einfügen ließen, die wir im Laufe der vergangenen zwei Wochen entworfen hatten. Auf den ersten Blick schien es zu klappen, denn ich hatte in der Mitte einen großen Raum für die Basen frei gelassen. Wir wußten jedoch beide, dass wir nicht am Ziel waren, bevor wir nicht ein vollständiges Modell gebaut hatten [...]
Nach etwa einer Stunde hatte ich die Atome an die Stellen gesetzt, die sowohl den Röntgenbefunden als auch den Gesetzen der Stereochemie entsprachen. Die Spirale, die sich daraus ergab, war rechtsläufig, und die beiden Ketten verliefen in entgegengesetzter Richtung.

Aufgaben:

1. Übersetze den Anfang der ersten wissenschaftlichen Veröffentlichung von *Watson* und *Crick* über die DNA. Stelle einen Zusammenhang her zwischen dem Anfang und dem Ende dieses Berichtes.
2. Beschreibe die Arbeitsmethode, mit der Watson und Crick die DNA-Struktur entdeckten.
3. Was verstehen Watson und Crick unter der Skelettform der DNA?
4. Welche Forscher waren (mit welchen Arbeiten) ebenfalls noch an der Aufklärung der DNA-Struktur beteiligt?

Methodisch-didaktische Hinweise:

Die Aufgabe ist als Ergänzung und Abrundung der Einheiten zur DNA-Struktur gedacht. Sie soll dem Schüler zeigen, dass

- hinter dem abstrakten Modell der DNA-Struktur auch kreative Menschen stehen,
- in der Wissenschaft große Entdeckungen nicht immer nur aufgrund exakter theoretischer Überlegungen gefunden werden, sondern dass etwa auch ganz unwissenschaftliches, ausdauerndes Spielen mit selbst gebastelten Modellen zum Erfolg führen kann.

Wichtig erscheint bei der Behandlung des Themas auch zu sein, auf die Beiträge von *M. Wilkins* und *R. Franklin* einzugehen, da deren Röntgenfotos wesentlich zur Aufklärung der DNA-Struktur beitrugen. Vielfach wird im Unterricht auch unterschlagen, dass den Nobelpreis für die Aufklärung der DNA-Struktur (1962) Watson und Crick zusammen mit Wilkins erhielten.

Lösungen:

1. Wir schlagen für das Salz der Desoxyribonukleinsäure (DNA) eine Struktur vor. Diese Struktur hat neuartige Merkmale, die von beträchtlichem biologischen Interesse sind. Die Struktur ermöglicht eine identsche Replikation.

2. *Watson* und *Crick* spielten mit Modellen und versuchten nach der Versuch-Irrtum-Methode die günstigste Anordnung der Einzelmoleküle innerhalb einer Molekülspirale zu finden.

3. Aufbau der Doppelhelix aus “Holmen” und “Sprossen”

4. *Pauling* (Aufklärung der Molekülstruktur bei Proteinen), *Maurice Wilkins* und *Rosalind Franklin* (fertigten Röntgenaufnahmen der kristallinen DNA);

Literatur:

Watson, J. D.: Die Doppelhelix. Rororo-Sachbuch 780. Rowohlt. Reinbek 1990.
Watson, J. D.: Molekularbiologie des Gens. Inter European Editions. Amsterdam 1975.
Nature. Bd. 171. 1953

1 Klassische Genetik

1.3 Der genetische Code

1.3.1 Der genetische Code

Die Übersicht zeigt den gesamten genetischen Code mit seinen 64 Basen-Tripletts. Die Leserichtung der Codons geht von innen nach außen. Beispiel: CCA = Pro / AGC = Ser
Die Übersicht benutzt als Nukleotide die RNA-Bausteine, da die m-RNA – in der Thymin durch Uracil ersetzt ist – als Matrize zur Eiweißsynthese dient.

Aminosäuren	
Phe	Phenylalanin
Val	Valin
Ala	Alanin
Glu	Glutaminsäure
Cys	Cystein
Leu	Leucin
Ser	Serin
Tyr	Tyrosin
Asn	Asparagin
Trp	Tryptophan
Ile	Isoleucin
Pro	Prolin
His	Histidin
Asp	Asparaginsäure
Arg	Arginin
Met	Methionin
Thr	Threonin
Gln	Glutamin
Lys	Lysin
Gly	Glycin

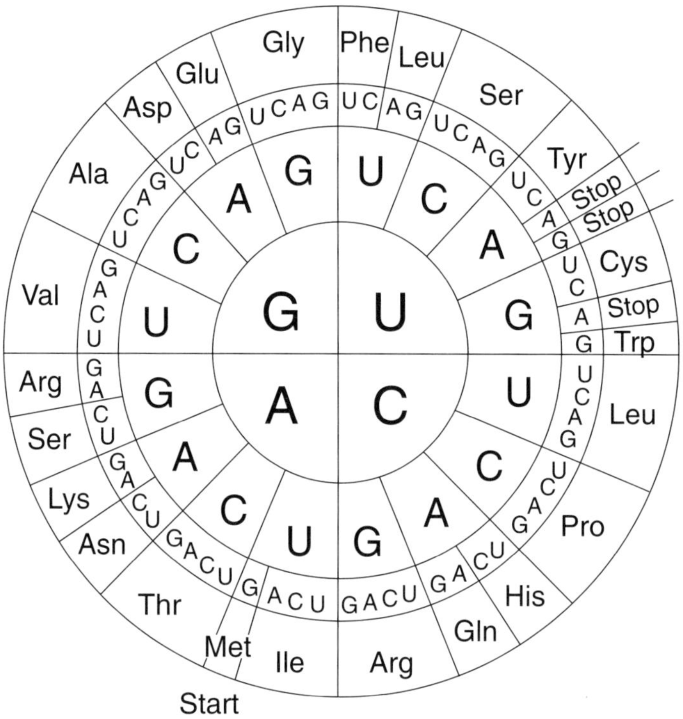

1. Übersetze die unten vorgegebene Basensequenz (aus einem Stück m-RNA) mit Hilfe des genetischen Codes in die entsprechende Aminosäurensequenz. Notiere die Aminosäuren unter den entsprechenden Basentripletts.
Kennzeichne auch das Ende und den Anfang eines Genabschnittes durch einen senkrechten Strich.

...	UCA	UGG	CCC	GAC	UAA	AUG	AAA	GAG	UUG	GUA	GCA	CAG	CUG	GAA	UGC	...
...	Ser															...

2. Durch eine Mutation soll beim 5. Triplett (UAA) die zweite Base (A) verloren gegangen sein. Dadurch verschiebt sich die gesamte Basensequenz um je eine Base.
Schreibe zunächst die neue, mutierte Basensequenz in Triplettreihenfolge und übersetze dann – wie bei Aufgabe 1 – in die Aminosäurensequenz. Vergleiche mit Aufgabe 1.

...	UCA	UGG	CCC	GAC											...
...	Ser														...

3 Erkläre, welche Folgen die Mutation von Aufgabe 2 hat.

....

....

....

Methodisch-didaktische Hinweise:

Nachdem im Unterricht das Grundprinzip des genetischen Codes (Transkription, Translation) behandelt wurde, kann dieses Arbeitsblatt zur praktischen Umsetzung des Gelernten dienen.
Man sollte die Schüler dabei darauf hinweisen, dass diese Arbeit heute bei der maschinellen Genanalyse und Gensynthese speziell entwickelte Computer ausführen.
Der verwendete genetische Code bezieht sich hier auf die m-RNA. Obwohl dies im Arbeitsblatt erklärt ist, sollte trotzdem nochmals kurz auf die Unterschiede von DNA und RNA eingegangen werden. Zusätzlich kann man dem Schüler eine Zusammenstellung der Aminosäuren und ihrer Abkürzungen als Kopie aushändigen.

Phe	Phenylalanin	Tyr	Tyrosin	Arg	Arginin
Val	Valin	Asn	Asparagin	Met	Methionin
Ala	Alanin	Trp	Tryptophan	Thr	Threonin
Glu	Glutaminsäure	Ile	Isoleucin	Gln	Glutamin
Cys	Cystein	Pro	Prolin	Lys	Lysin
Leu	Leucin	His	Histidin	Gly	Glycin
Ser	Serin	Asp	Asparaginsäure		

Lösungen:

1.

...	UCA	UGG	CCC	GAC	UAA	AUG	AAA	GAG	UUG	GUA	GCA	CAG	CUG	GAA	UGC	...
...	Ser	**Trp**	**Pro**	**Asp**	**Stop**	**Met**	**Lys**	**Glu**	**Leu**	**Val**	**Ala**	**Gln**	**Leu**	**Glu**	**Cys**	...

Ende → ← Beginn

2.

...	UCA	UGG	CCC	GAC	UAA	UGA	AAG	AGU	UGG	UAG	CAC	AGC	UGG	AAU	GC	...
...	Ser	**Trp**	**Pro**	**Asp**	**Stop**	**Stop**	**Lys**	**Ser**	**Trp**	**Stop**	**His**	**Ser**	**Trp**	**Asn**	**...**	...

Ende →

3. Das erste Genfragment kann noch abgelesen und translatiert werden, das zweite nicht mehr, da das Startcodon (Met) fehlt. Das zweite Gen fällt durch diese Punktmutation somit völlig aus.

Literatur:

Campbell, N. A.: Biologie. Spektrum Verlag. Heidelberg 1997.
Daumer, K.: Genetik. Aulis Verlag. Köln 1984.
de Rosnay, J.: Der Biokit. Schweitzer Verlag. München 1986.

Der genetische Code

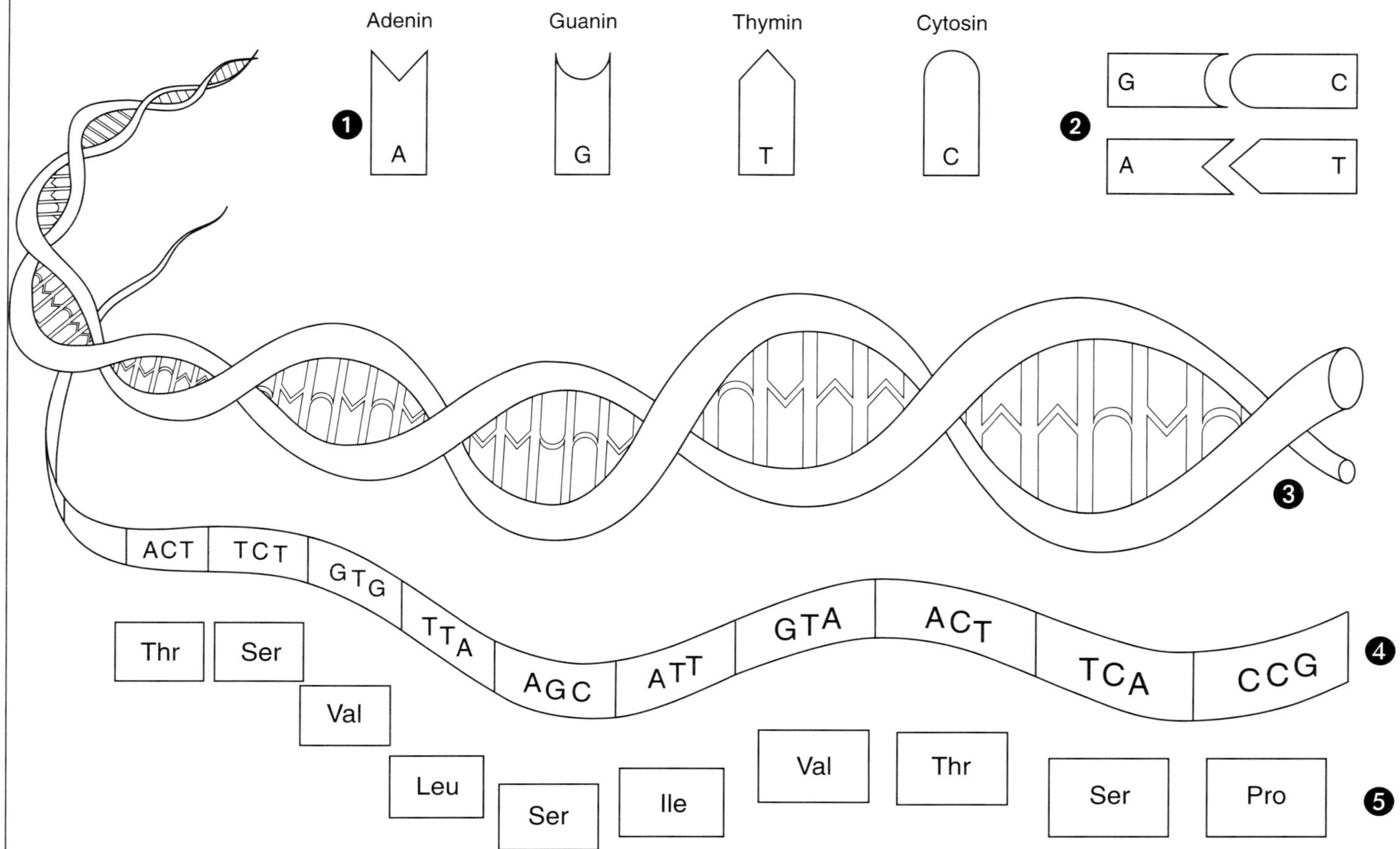

① ....
....

② ....
....

③ ....
....

④ ....
....

⑤ ....
....

1. Ergänze das Schema durch folgende Begriffe: Aminosäurensequenzbildung – organische Basen – spezifische Basenpaarung Boten-RNA mit Basentripletts – DNA-Doppelhelix
2. Gib an, wo in der Zelle die DNA und die Boten-RNA zu finden sind.
3. An welchen Orten in der Zelle kommt es zur Sequenzbildung der Aminosäuren?

Methodisch-didaktische Hinweise:

Die Abbildung kann man als Hilfe vor allem bei einer Wiederholung einsetzen.
Auf sehr übersichtliche Weise wird der Zusammenhang von Basenpaarung, Basensequenz, Transkription und Translation und Aminosäurensequenz dargestellt. Allerdings ist der Inhalt der Folie didaktisch stark reduziert. Im Unterricht muss daher noch die nähere Erläuterung erfolgen, wo und wie im Zellkern oder im Zellplasma die verschiedenen Vorgänge stattfinden. Der Aussageschwerpunkt liegt jedoch nicht in der genauen Darstellung der Proteinsynthese, sondern in einem zusammenfassenden Überblick dieses grundlegenden biologischen Vorganges.

Lösungen.

1. ① organische Basen
   ② spezifische Basenpaarung
   ③ DNA-Doppelhelix
   ④ Boten-RNA mit Basentripletts
   ⑤ Aminosäurensequenzbildung

2. DNA im Zellkern; Boten-RNA im Zellplasma

3. an den Ribosomen

Literatur:

Campbell, N. A.: Biologie. Spektrum Verlag. Heidelberg 1997.
Daumer, K.: Genetik. Aulis Verlag. Köln 1984.
de Rosnay, J.: Der Biokit. Schweitzer Verlag. München 1986.
Fond der Chemischen Industrie. Folienserie Biotechnologie / Gentechnik Nr. 20. Frankfurt/M.

Der genetische Code

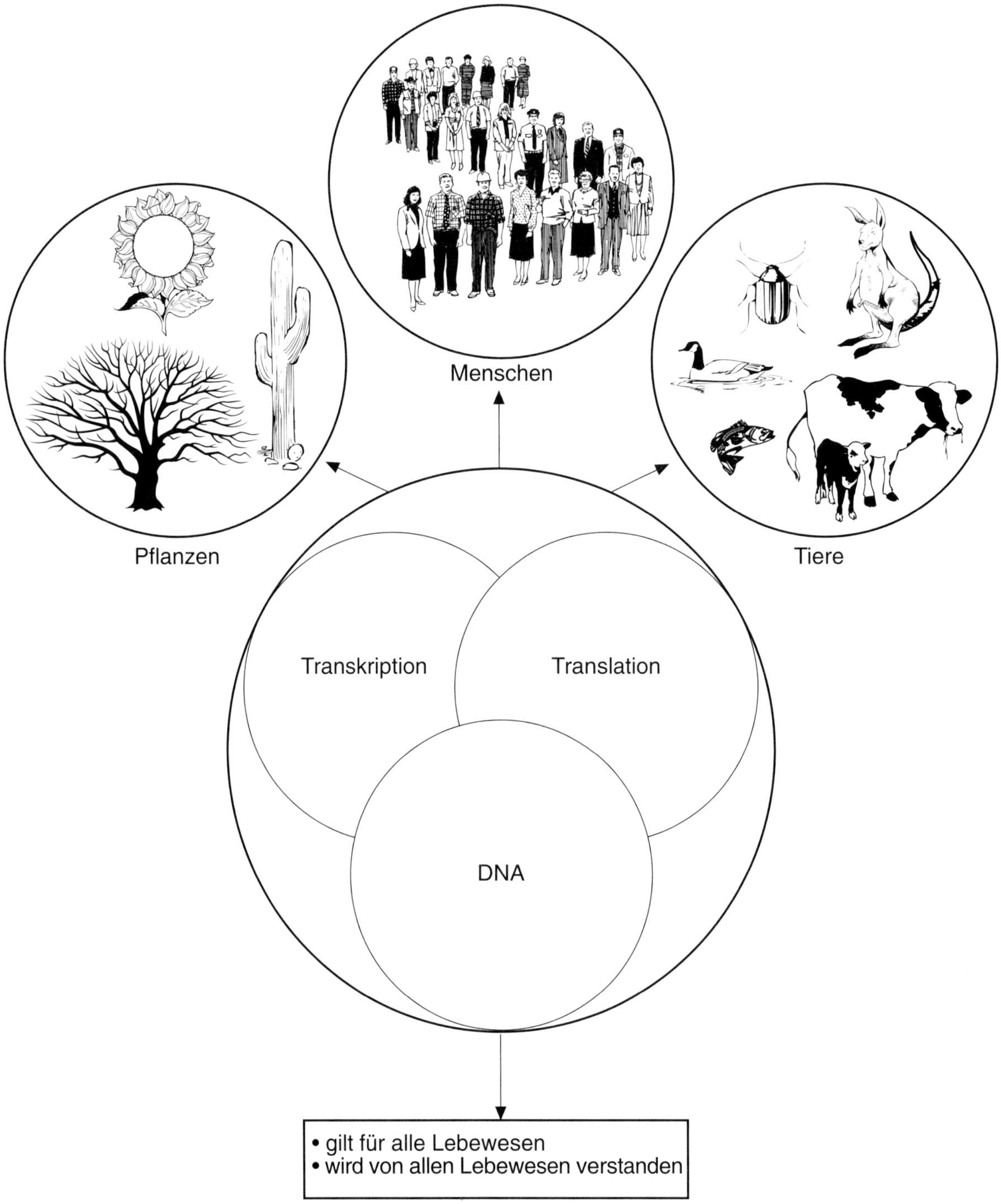

Aufgaben:

1. Stelle einen Zusammenhang her zwischen DNA, Transkription und Translation. Berücksichtige dabei auch die Orte der Zelle, denen die Begriffe zugeordnet werden müssen.
2. Überlege, welchen Grund es haben könnte, dass DNA, Transkription und Translation bei allen Lebewesen im Prinzip gleich sind.

Methodisch-didaktische Hinweise:

Die Vorlage ist als Tafelbild gedacht, das der Zusammenfassung und Ergebnissicherung dienen kann. Wichtig erscheint in diesem Zusammenhang, dass bei den Schülern durch die Materialie vor allem die Zusammenhänge zwischen DNA, Transkription und Translation nochmals verdeutlicht und vertieft werden. Dabei soll auch klar werden, dass diese genetischen Grundphänomene bei allen Lebewesen gleich sind. Beim Aufzeigen der Zusammenhänge kann man sich hauptsächlich auf die DNA des Zellkerns beschränken und die DNA der Ribosomen oder der Bakterien nur am Rande erwähnen.

Je nach Schulart und Wissensstand der Schüler könnte sich hier zudem eine Diskussion anschließen über

- den möglichen Grund der Übereinstimmung im genetischen Code (gemeinsamer Ursprung der Lebewesen, Evolution),
- die Vorteile dieser Übereinstimmung (z. B. Gentransfer zwischen nicht verwandten Arten).

Die Vorlage ist so gestaltet, dass sich aus ihr ohne große Schwierigkeiten auch eine dreiteilige Overlay-Folie für den Tageslichtprojektor anfertigen lässt.

Lösungen:

1. *DNA:* Desoxyribonukleinsäure, Träger der Erbinformationen, bei allen Lebewesen im Prinzip gleich aufgebaut, findet sich vor allem im Zellkern;
   Transkription: Umschreiben eines DNA-Abschnittes in m-RNA durch Anlagerung komplementärer Nukleotide an den codogenen Einzelstrang im Zellkern;
   Translation: Übersetzen der m-RNA in die Aminosäuresequenz eines Proteins an den Ribosomen;

2. gemeinsamer Ursprung aller Lebewesen

Literatur:

Campell, N. A.: Biologie. Spektrum Akademischer Verlag. Heidelberg, Berlin, Oxford 1997.
Daumer, K.: Genetik. Aulis Verlag. Köln 1984.
de Rosnay, J.: Der Biokit. Schweitzer Verlag. München 1986.

V. 1.3.4 Der genetische Code

Von einem Protein (Eiweißstoff) wurde die Aminosäurensequenz analysiert. Ein Ausschnitt davon ist unten abgebildet. Gesucht wird die zugrunde liegende genetische Information.

Aminosäuren: ...... Met —— Pro —— Leu —— His —— Pro —— Glu —— Arg ——

t-RNA: ......

m-RNA: ......

Aminosäuren: ...... Asp —— Arg —— Lys —— Gly —— Gly —— Cys —— Stop——

t-RNA:......

m-RNA:......

1. Schneide die Basen-Tripletts von unten aus (✂) und baue – wie oben begonnen – die Basensequenz der m-RNA auf. Wenn du sie aufklebst, erleichtert das deine Arbeit.

2. Beschrifte die Basensymbole mit den entsprechenden Abkürzungen. Achte darauf, dass in der RNA die Base Thymin (T) durch Uracil (U) ersetzt ist. Bemale die Basen in unterschiedlichen Farben.

   Basensymbole:

3. Zeichne zur m-RNA die komplementären t-RNA-Moleküle. Beschrifte die Basen und verknüpfe sie mit den vorgegebenen Aminosäuren.

Basentripletts der m-RNA zum Ausschneiden: ✂

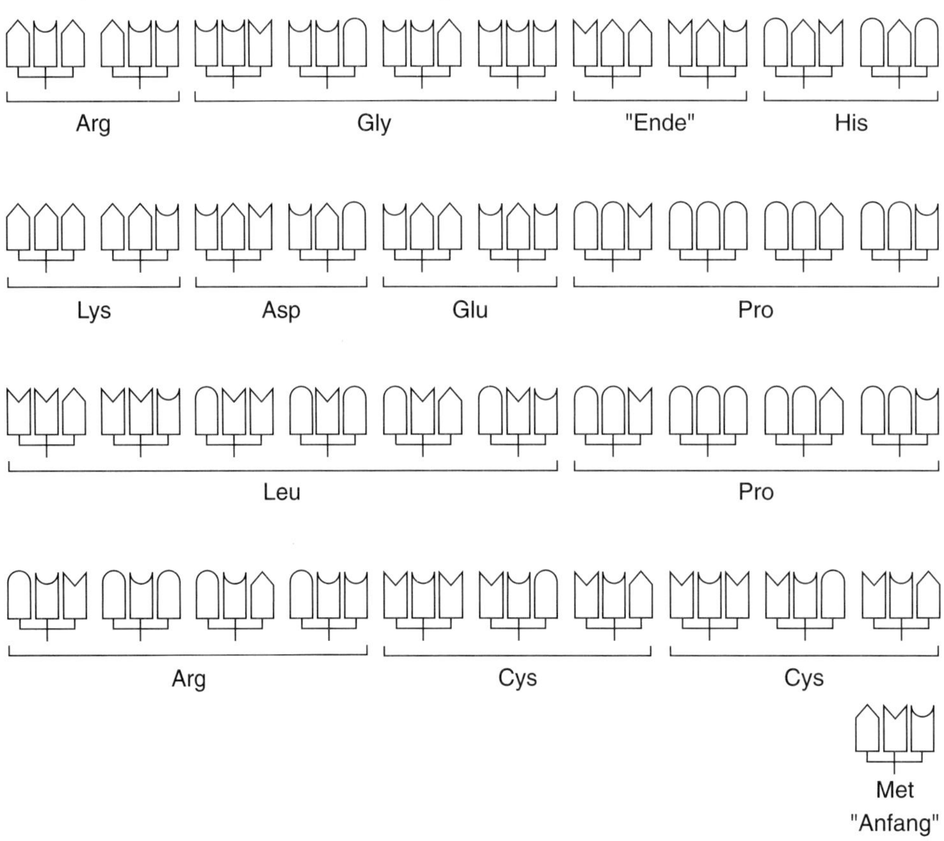

Methodisch-didaktische Hinweise:

Mit dieser Bastelvorlage, die man am Besten mit einem Kopiergerät vergrößert, können die Schüler die Entschlüsselung des genetischen Codes praktisch nachvollziehen und dabei die Umsetzung der genetischen Information in ein Protein wiederholen und vertiefen. Allerdings wird hier der umgekehrte Weg beschritten: Ausgehend von einer bekannten Aminosäurensequenz muss das entsprechende, codierte Gen gefunden werden.
Die Bastelvorlage eignet sich sowohl für die Einzelarbeit (Hausaufgabe) als auch für die Partner- oder Gruppenarbeit. Eventuell sollte man die Basentripletts der m-RNA vergrößern. Das erleichtert das Aussschneiden. Der Ablauf der Proteinbiosynthese und die Begriffe m-RNA sowie t-RNA müssen bereits bekannt sein.
Im Zusammenhang mit dieser Arbeit sollten die Schüler auch darüber informiert werden, dass es in der gentechnischen Praxis bereits üblich ist, von Sequenzierautomaten Proteine analysieren zu lassen und anschließend mit Hilfe des gefundenen Gen-Codes entsprechende Genabschnitte der DNA computergesteuert zu synthetisieren.

Benötigtes Material:

- Schere
- Papierkleber

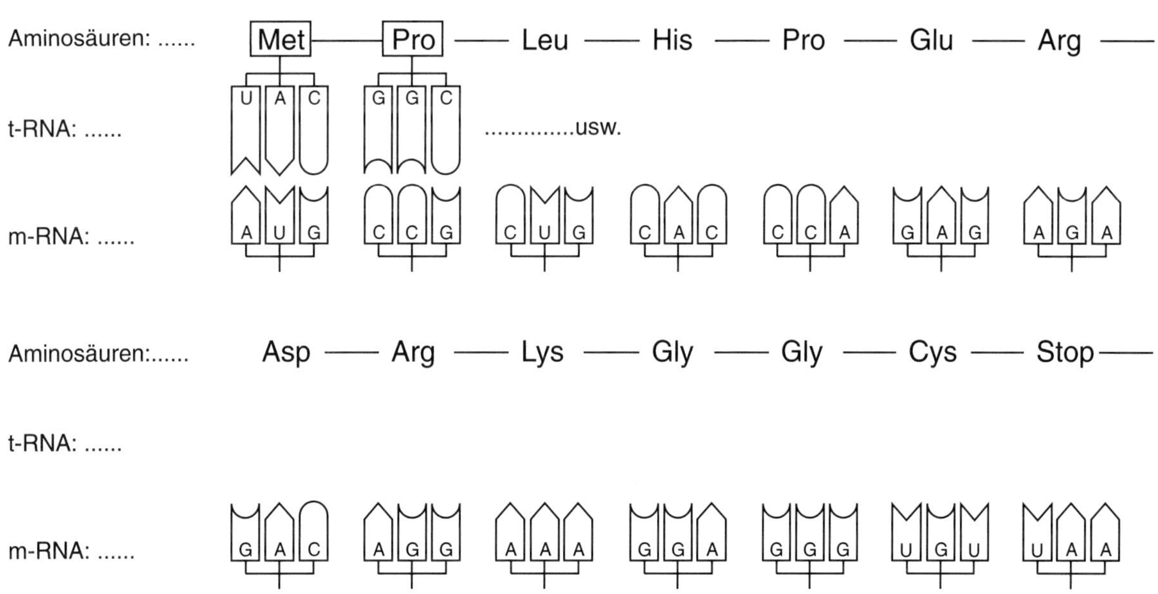

Lösungen:

Literatur:

Daumer, K.: Genetik. Aulis Verlag. Köln 1984.

① .... → → .... → ....

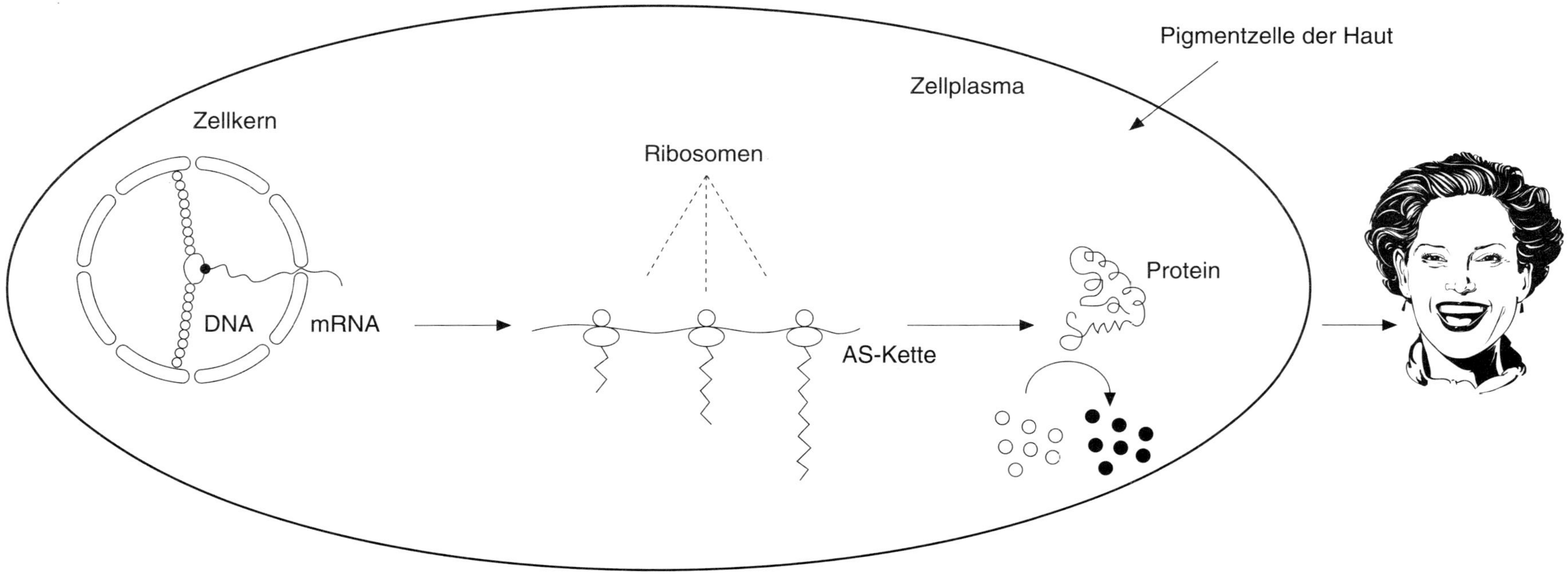

② .... → .... → .... →

RNA-Polymerase kopiert DNA-Abschnitt mit bestimmter Information („Gen“)

Ribosomen synthetisieren nach mRNA-Sequenz eine Aminosäurekette

Aminosäurekette ordnet sich zum Protein an; dieses wirkt hier als Enzym, indem es die Bildung von Melanin (Hautpigment) aus Tyrosin katalysiert

Die Haut erhält einen UV-Schutz und wird dunkler

③ .... → .... → .... →

Aufgabe:

Ordne folgende Begriffe der Zeichnung zu: Katalyse – Protein – Enzym – Merkmal – Translation – mRNA – Gen – Transkription – DNA

Methodisch-didaktische Hinweise:

Die Schülerseite eignet sich als Folienvorlage, als Tafelbild oder – in geringem Umfang – auch als Arbeitsblatt zur Veranschaulichung der Proteinbiosynthese. Die zuzuordnenden Begriffe (siehe Lösungen) können als Overlay-Elemente für die Folie dienen. Die günstigste Einteilung der Seite (quer) für den Hefteintrag ist: 7,5 cm / 7,5 cm / 7,5 cm / 4 cm.

Im Unterricht sollte erwähnt werden, dass die Abfolge *DNA* ➔ *RNA* ➔ *Protein* von *Francis Crick* zu einem zentralen Dogma der Biochemie erhoben wurde. Diese Erkenntnis verlor aber ihre Allgemeingültigkeit, seitdem Retroviren bekannt sind. Somit ist die Bezeichnung „Dogma“ heute nicht mehr gerechtfertigt.

Spätestens an dieser Stelle des Unterrichtes wird auch eine Definition des Begriffes Gen erfolgen:

Ein Gen ist durch drei Eigenschaften zu charakterisieren:

- Ausübung einer bestimmten Funktion:
  Strukturgene bedingen die Struktur und damit auch die Aufgabe von Proteinen (s. Zeichnung),
  Kontrollgene regulieren die Aktivität anderer Gene.

- Fähigkeit zur Rekombination
  Während der ersten Reifeteilung der Meiose werden die Allele eines Gens voneinander getrennt und bei der Befruchtung neu kombiniert. Durch Crossing over können auch Gene eines Chromosoms neu kombiniert werden.

- Möglichkeit der Mutation
  Durch Mutation entstehen neue Allele eines Gens, die unter Umständen zu veränderter Merkmalsausbildung führen.

Lösungen:

① Gen – Enzym – Merkmal
② DNA – mRNA – Protein
③ Transkription – Translation – Katalyse

Literatur:

Hagemann, R.: Allgemeine Genetik. Gustav Fischer Verlag. Jena 1984.
Passarge, E.: Taschenatlas der Genetik. Georg Thieme Verlag. Stuttgart – New York 1994.

1 Klassische Genetik

1.4 Mitose und Meiose

S V. 1.4.1	**Mitose**

Aufgaben:

1. Schneide die verschiedenen Mitosestadien aus und klebe sie in der richtigen Reihenfolge in die Kästchen auf der linken Seite.

   Die Buchstaben ergeben ein Lösungswort:..

2. Gestalte die Chromosomen farbig. Chromatiden desselben Chromosoms haben die gleiche Farbe.
3. Benenne und beschreibe die einzelnen Phasen.

	....	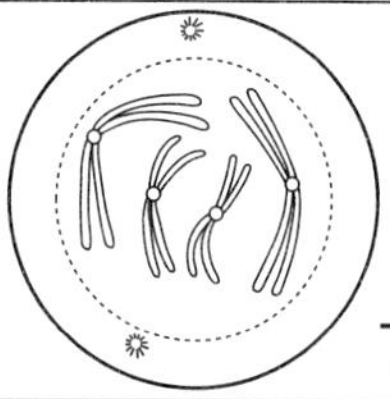 T
	....	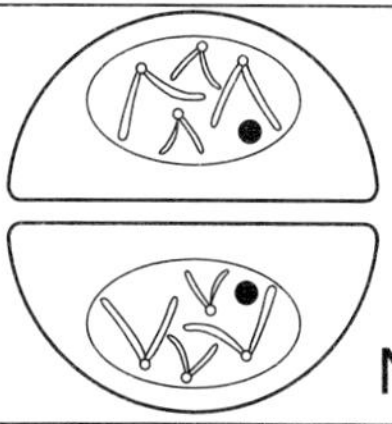 N
	....	 O
	....	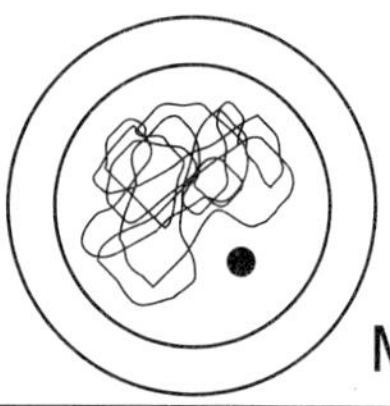 M
	....	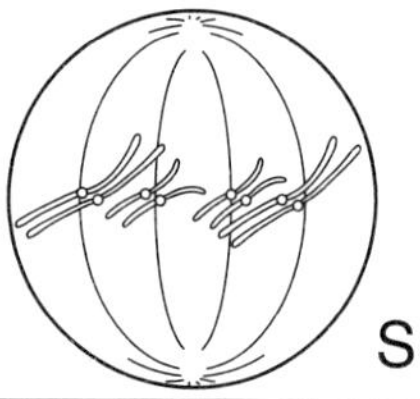 S
	....	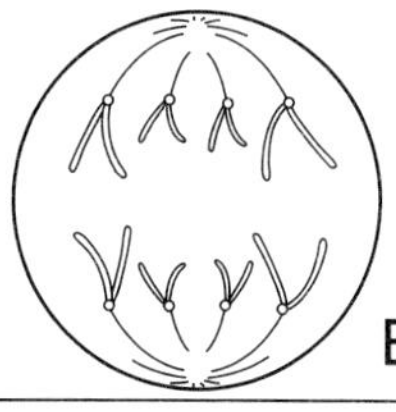 E
	....	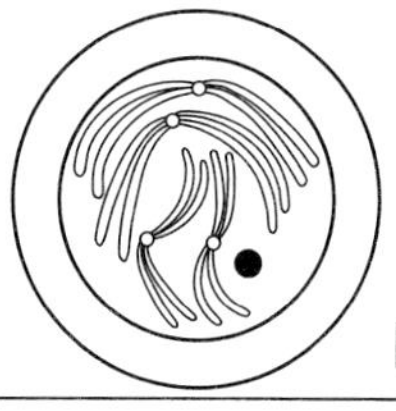 I

Methodisch-didaktische Hinweise:
Das Arbeitsblatt eignet sich zur Lernzielkontrolle oder zur Vertiefung und Festigung im Rahmen einer Hausaufgabe. Benützt man die Vorlage direkt in einem Unterricht, in dem die Dynamik einer Mitose veranschaulicht werden soll, wäre es denkbar, zunächst einen Realfilm einzusetzen und anschließend von den Schülern die Aufgaben bearbeiten zu lassen.

Lösungen:
Lösungswort: **MITOSEN**

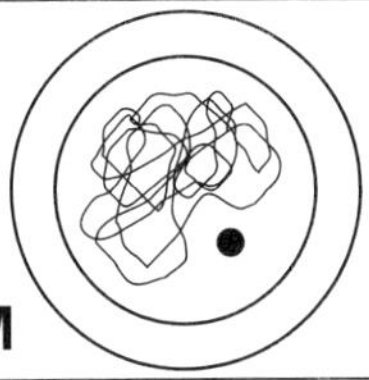 M	**Interphase:** • Arbeitsphase des Kerns • Chromatingerüst
 I	**Prophase:** • Chromosomen werden sichtbar
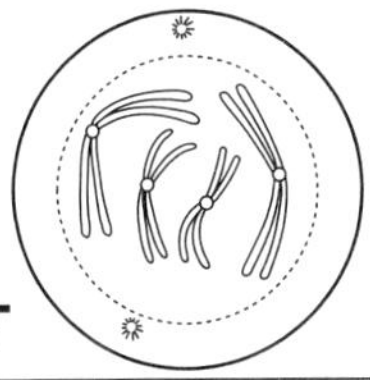 T	**Übergang von der Prophase zur Metaphase:** • Chromosomen verkürzen sich • Kermembranen löst sich auf
 O	**Metaphase:** • Chromosomen ordnen sich in der Äquatorialebene an • Spindelfasern verbinden sich mit den Chromosomen
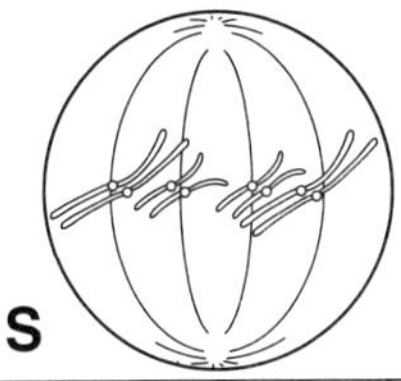 S	**Anaphase (Beginn):** • Chromosomen werden am Zentromer getrennt
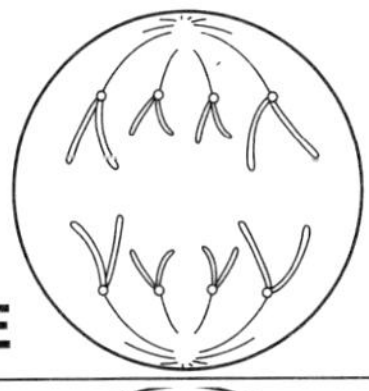 E	**Anaphase (Ende):** • Chromatiden sind getrennt • Spindelapparat verkürzt sich • Chromatiden wandern zu den Zellpolen
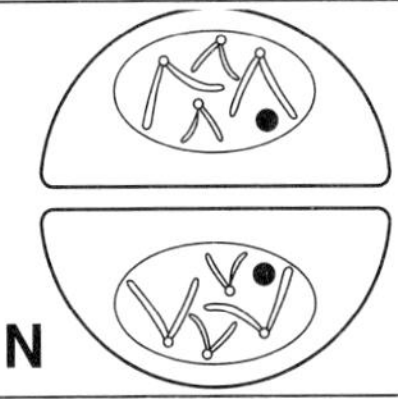 N	**Telophase:** • Kernmembranen bilden sich • Zellmembranen entstehen • zwei neue, erbgleiche Tochterkerne • zwei neue Zellen

S V. 1.4.2

Mitose

Untersuchungsmaterial und Chemikalien:
- 1 bis 2 cm lange Wurzelspitzen der Küchenzwiebel
- Färbelösung: Karmin-Essigsäure oder Orcein-Essigsäure (Vorsicht! Schutzbrille aufsetzen!)

Geräte:
- Becherglas
- Tropfpipette
- Objektträger und Deckgläser
- Pinzette, Präpariernadel, Rasierklinge
- Filterpapier
- Brenner
- Mikroskop (mit 100 x Ölimmersion)

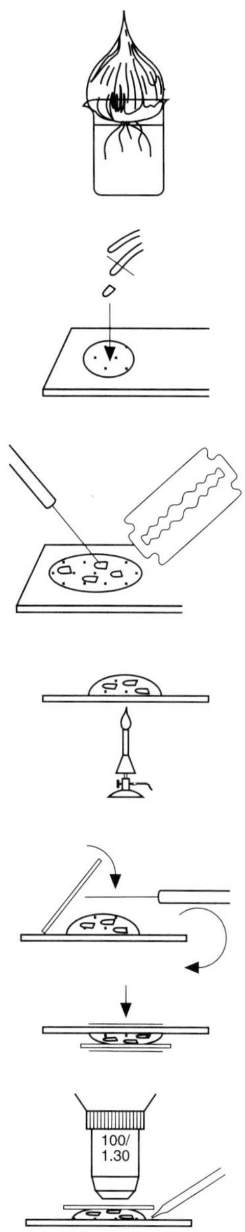

Vorbereitung:
Wurzelscheibe eine Küchenzwiebel 2 bis 4 Tage vor der Präparation frisch abschneiden und so auf das (mit Wasser gefüllte) Becherglas legen, dass die Wurzelscheibe das Wasser gerade noch nicht berührt.
Bei Zimmertemperatur stehen lassen, bis die frischen Wurzeln etwa 3cm lang sind.

Präparation:
① Von den Wurzeln etwa 5 mm lange Spitzen abschneiden.
② Spitzen mit einer feinen Pinzette auf einem Objektträger in 1 bis 2 Tropfen Färbelösung legen.
③ Wurzelspitzen in der Färbelösung mit einer scharfen Rasierklinge und einer Präpariernadel der Länge nach möglichst mehrfach spalten.
④ Objektträger mit dem Präparat mehrere Male schnell durch die Brennerflamme ziehen.
⑤ Mit der Präpariernadel die Härte des Zellmaterials überprüfen. (Ist das Präparat noch zu hart: vorsichtig weiter erwärmen; bei Austrocknung erneut Färbelösung zusetzen;)
⑥ Deckglas auflegen.
⑦ Präparat zwischen einem gefalteten Filterpapier mit der Deckglasseite nach unten auf den Tisch legen.
⑧ Mit dem Daumen mäßig auf die Mitte des Objektträgers drücken, um damit das Zellmaterial zu quetschen. Vorsicht! Deckglas darf seitlich nicht verschoben werden.
⑨ Beim Quetschvorgang ausgetretene Färbelösung ersetzen.
⑩ Mikroskopieren

Aufgaben:
1. Betrachte das Präparat zunächst bei 100-facher Vergrößerung. Wähle einen günstigen Ausschnitt mit möglichst vielen, deutlich erkennbaren Zellen.
2. Vergleiche bei 400- bis 1 000-facher Vergrößerung einzelne Zellen. Zeichne Zellen mit unterschiedlich aussehenden Zellkernen. Ordne diese Zellen charakteristischen Mitosestadien zu.

Methodisch-didaktische Hinweise:
Die Präparation von Wurzelspitzen der Küchenzwiebel eignet sich gut, um auf relativ einfache Weise alle Stadien einer Mitose direkt beobachten zu können. Die Untersuchung kann nicht nur durchgeführt werden, wenn im Unterricht die Grundvorgänge der Zellteilung schon erarbeitet wurden, sondern sie lässt sich auch als hilfreiches Mittel beim problemorientierten, entdeckenden Lernen einsetzen. Geübten Schülern bereitet die Präparation in der Regel keine Schwierigkeiten.

Hinweise zur Präparation:
In den Wurzelspitzen der Küchenzwiebel finden beim Austreiben laufend Zellteilungen statt, so dass in einem frischen Präparat alle Mitosestadien zu finden sind. Als günstig hat sich dabei herausgestellt, die Zwiebel vor der Präparation mindestens 12 Stunden dunkel zu stellen.
Durch das Kochen in der Färbelösung lösen sich die Mittellamellen der Zellwände auf, wodurch beim Quetschvorgang einzelne Zellen nebeneinander zu liegen kommen.
Bei der Färbung mit Karmin- oder Orcein-Essigsäure erscheinen die Chromosomen intensiv rot, das Cytoplasma schwach rot.
Das Ziehen des Präparates durch die Flamme muss geübt sein. Man muss dabei besonders darauf achten, dass die Färbelösung nicht verkocht oder der Objektträger nicht springt.
Zum Quetschen eignet sich auch ein gefaltetes Papiertaschentuch, da es einen zu hohen Pressdruck besser kompensieren kann.
Vorsicht! Karmin-Essigsäure ätzt. Schutzbrille!

Lösungen:

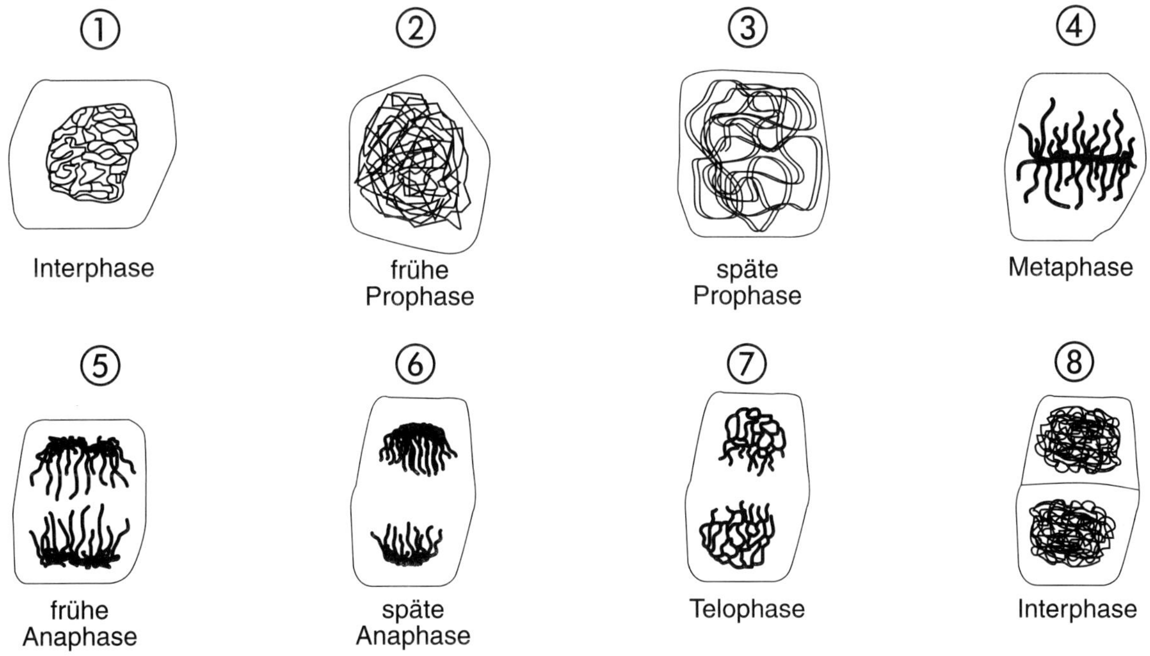

Literatur:
Daumer, K.: Genetik. bsv. München 1985.
Füller, K.: Biologisches Praktikum. C. C. Buchner. Bamberg 1984.

Mitose

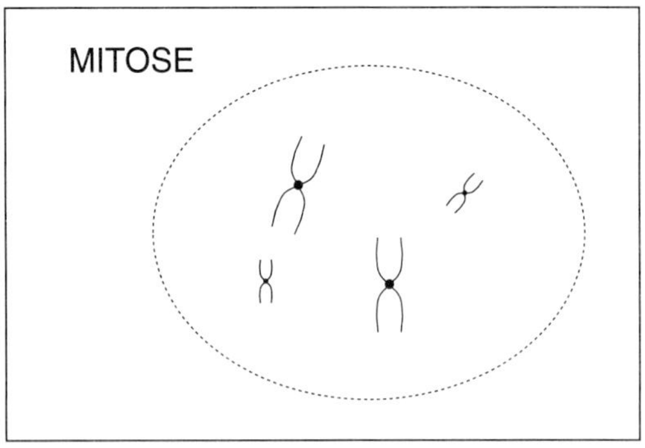

① Chromosomen befinden sich in der Transportform im Zellkern. Zellhülle löst sich auf.

☞ *Kernmembran wird mit wasserlöslichem Folienstift auf die OH-Folie gezeichnet.*

☞ *Wäscheklammern unregelmaßig im Zellkern verteilt;*

☞ *Kernmembran wird mit Hilfe eines angefeuchteten Papiertaschentuchs enfernt.*

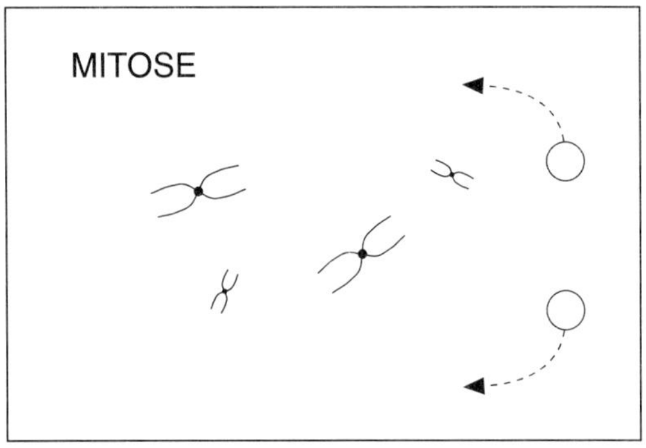

② Kernspindel bildet sich aus.

☞ *Zwei Pfennigmünzen werden – aufeinander liegend – seitlich auf die Folie gelegt und anschließend auseinander gezogen. Damit soll die sich bildende Kernspindel veranschaulicht werden. Die beiden Münzen werden nach oben bzw. nach unten zu den beiden Kernpolen geschoben.*

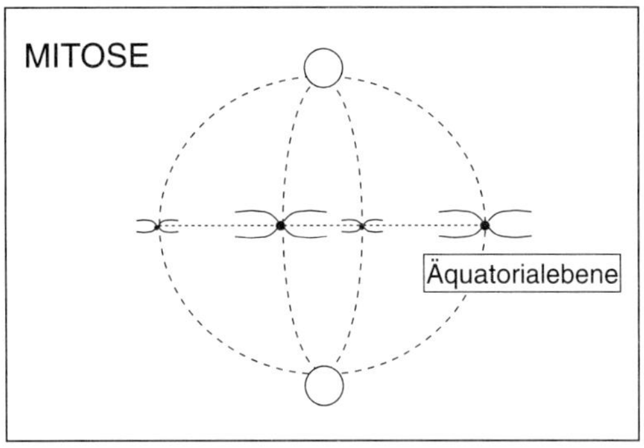

③ Chromosomen haben sich nebeneinander in der Äquatorialebene angeordnet. An den Zellpolen hat sich je ein Spindelapparat ausgebildet. Von diesen wandern Spindelfasern zu den Zentromeren der Chromosomen.

☞ *Mit Folienstift werden dünne Striche von den Münzen zu den Gelenken der Wäscheklammern gezogen.*

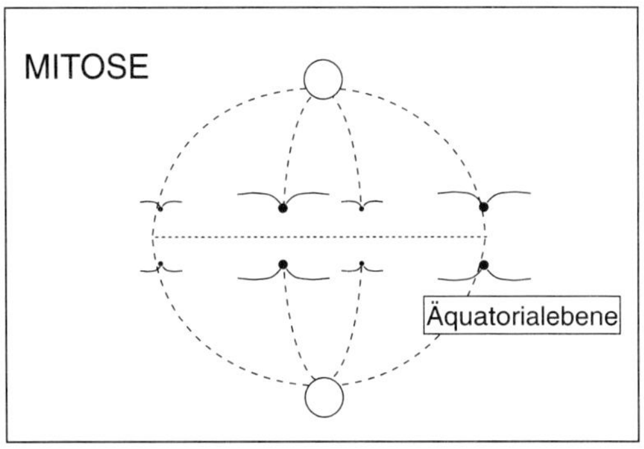

④ Chromatiden trennen sich und werden von den Spindelfasern zu den Zellpolen gezogen. An den Zellpolen sind nun gleich viele Chromatiden.

☞ *Die beiden Arme der Wascheklammern werden nach oben bzw. nach unten geschoben.*

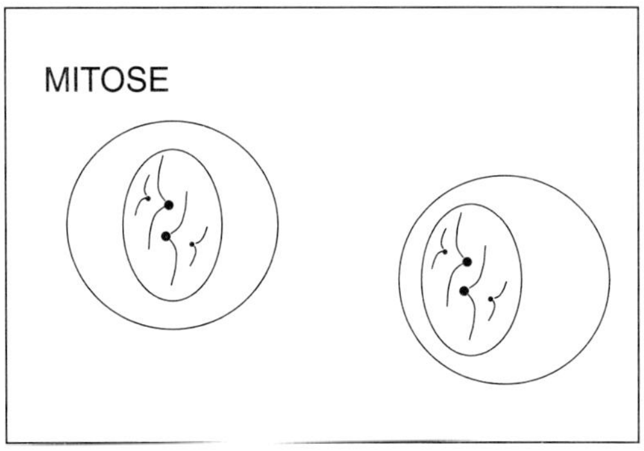

⑤ Zwei neue Kernhüllen bilden sich und die Zelle teilt sich. Zwei erbgleiche Zellen sind entstanden.

☞ *Mit Folienstift werden zuerst die beiden neuen Kernhüllen und dann die zwei neu entstandenen Zellen eingezeichnet.*

Methodisch-didaktische Hinweise:

Mit Hilfe des Folienmodells kann man den Ablauf der Mitose mit den Schülerinnen und Schülern zusammen handlungsorientiert erarbeiten. Der Vorteil gegenüber den „fertigen“ Abbildungen in den Schulbüchern liegt zum einen darin, dass man mit diesem Modell problemorientiert arbeiten, zum anderen einen dynamischen Bewegungsablauf simulieren kann.
Den Schülerinnen und Schülern muss der Unterschied zwischen der Transport- und der Arbeitsform der Chromosomen bekannt sein. Auf die Fachbezeichnungen der verschiedenen Mitose-Stadien kann, muss aber nicht genau eingegangen werden.

Zur Veranschaulichung der Ein- und der Zweichromatid-Chromosomen eignen sich Wäscheklammern besonders gut. Allerdings sollte man hier wegen der begrenzten Auflagefläche des Tageslichtprojektors kleinere Exemplare benutzen. Es sollten wenigstens vier (stellvertretend für den vollständigen Chromosomensatz) sein, wobei jeweils zwei die gleiche Form und Größe haben. Auf diese Weise kann man die homologen Chromosomen und den diploiden Chromosomensatz veranschaulichen. Statt Wäscheklammern kann man auch aus Folie geschnittene Zweichromatid-Chromosomen verwenden.

Um den Schülerinnen und Schülern eine räumliche Vorstellung vom Ablauf der Mitose zu vermitteln, kann man die Anordnung der Chromosomen in der Äquatorialebene mit Hilfe einer runden Plastikschüssel darstellen, die mit einem Deckel (z. B. Tupperware) verschlossen ist. Diese Schüssel entspricht einem halbierten Zellkern. Der Deckel stellt die gedachte Schnittebene dar, vergleichbar dem Schnitt durch die Erdkugel (Globus) in Höhe des Äquators. Ein beschriftetes Folienkärtchen vervollständigt das Folienmodell.
Die Wäscheklammern (= Chromosomen) werden ringförmig so an den Deckelrand (= Äquatorialebene) der Schüssel gelegt, dass sie mit ihrer Spitze zur Deckelmitte zeigen. Blickt man die Schüssel von vorne an, dann hat man die Blickrichtung, in der man die Chromosomen am Tageslichtprojektor sieht.

Die Zweichromatid-Chromosomen lassen sich auch aus Styropor anfertigen. Besprüht man diese auf einer Seite mit Wasser, so kann man sie an die Wandtafel ,,kleben“, verschieben, also ähnlich arbeiten, wie oben mit den Wäscheklammern beschrieben.

Benötigtes Material:

1 Overhead-Folie; 4 kleine Wäscheklammern, 2 Pfennigmünzen, Folienstift; runde Plastikschüssel mit Deckel, Globus;
Die Zweichromatid-Chromosomen können auch aus Plastilin geformt werden.

S V. 1.4.4 Meiose

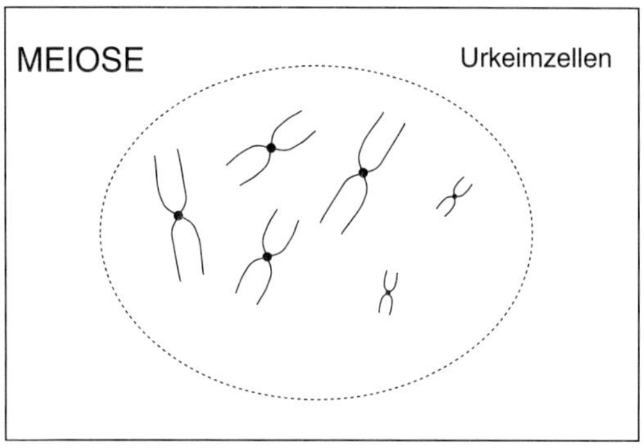

① Chromosomen sind im Kern der **Urkeimzelle** verteilt. Chromosomensatz ist **diploid**. Kernhülle löst sich auf.

☞ *3 unterschiedliche Paare Wäscheklammern sind unregelmaßig im Zellkern verteilt.*

☞ *Kernhülle wird mit Hilfe eines angefeuchteten Papiertaschentuchs entfernt.*

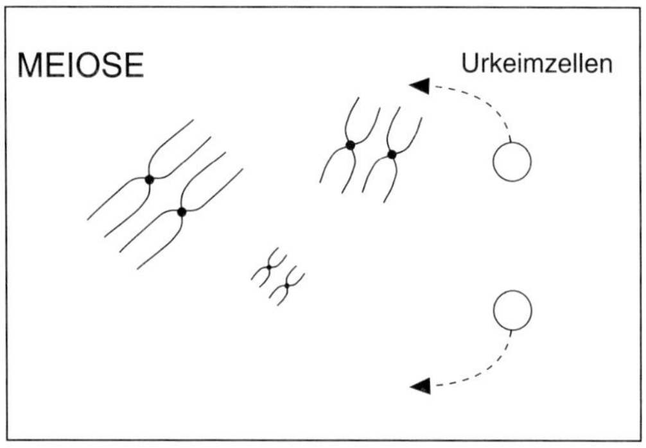

② Kernspindel bildet sich aus.

☞ *Zwei Pfennigmünzen werden – aufeinander liegend – seitlich auf die Folie gelegt und anschließend auseinander gezogen. Damit soll die sich bildende Kernspindel veranschaulicht werden. Die beiden Münzen werden nach oben bzw. nach unten zu den beiden Kernpolen geschoben.*

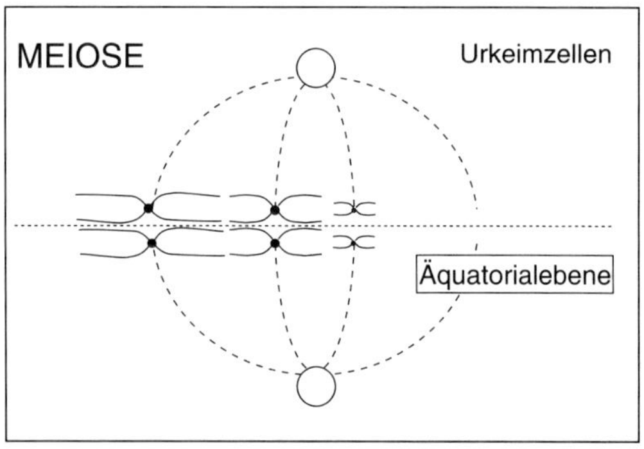

③ *Homologe* Chromosomen haben sich *paarweise* in der Äquatorialebene angeordnet. An den Zellpolen hat sich je ein Spindelapparat ausgebildet. Von diesen wandern Spindelfasern zu den Zentromeren der Chromosomen.

☞ *Mit Folienstift werden dünne Striche von den Münzen zu den Gelenken der Wäscheklammern gezogen.*

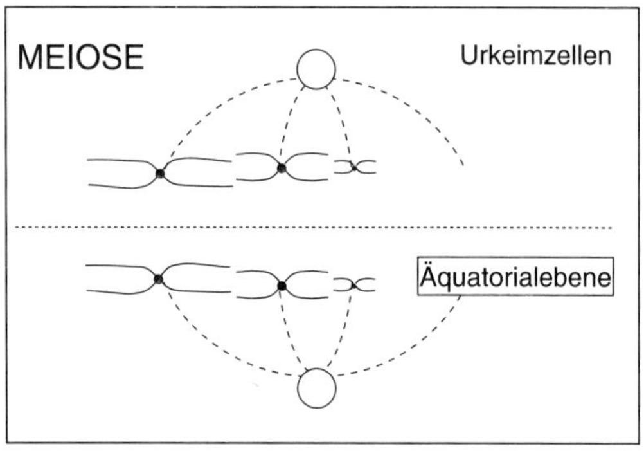

④ Homologe Chromosomen werden als Ganzes voneinander getrennt (1. Reifeteilung)

☞ *Ganze Wäscheklammern werden nach oben bzw. nach unten zu den Zellpolen hin bewegt.*

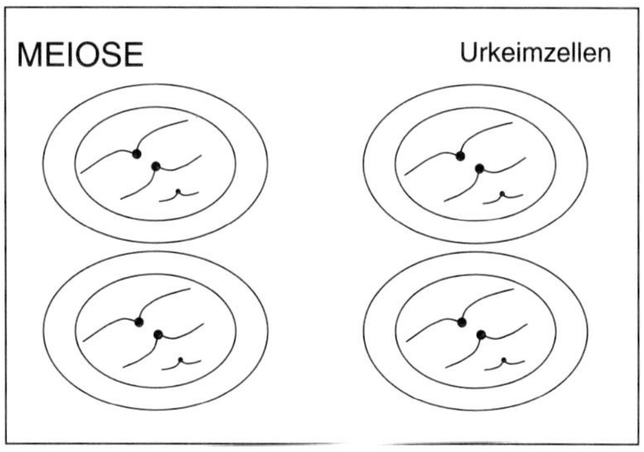

⑤ Die beiden Chromatiden trennen sich in einer 2. Reifeteilung voneinander. Es sind 4 Zellen mit haploidem Chromosomensatz entstanden: im männlichen Geschlecht 4 Spermazellen, im weiblichen bleibt nur 1 Eizelle übrig.

☞ *Die Arme der Wäscheklammern werden auseinander geschoben. 4 bzw. 1 reife Keimzelle(n).*

Methodisch-didaktische Hinweise:
Dieses Folienmodell ist dem Modell 1.4.3 sehr ähnlich und kann auf ihm aufbauen. Das erleichtert den Schülerinnen und Schülern das Verständnis der Vorgänge, die bei der Meiose stattfinden und ermöglicht es ihnen, verschiedene Phasen der Reduktionsteilung selbständig zu durchdenken und zu entwickeln.
Bei der Besprechung der Meiose ist es wichtig darauf hinzuweisen, dass alle diese Vorgänge in den Urkeimzellen der Eierstöcke bzw. der Hoden ablaufen und zur Bildung von Geschlechtszellen führen.
Mit Hilfe des Modells kann man auf relativ einfache Art und Weise zeigen, dass die paarweise Anordnung der Chromosomen in der Äquatorebene dem Zufall überlassen bleibt. Dadurch wird für die Schülerinnen und Schüler einsichtig, wie bei jeder Meiose die mütterlichen und die väterlichen Chromosomen neu kombiniert auf die Keimzellen verteilt werden.
Um den Schülerinnen und Schülern eine räumliche Vorstellung vom Ablauf der Mitose zu vermitteln, kann man die Anordnung der Chromosomen in der Äquatorialebene mit Hilfe einer runden Plastikschüssel darstellen, die mit einem Deckel (z. B. Tupperware) verschlossen ist. Diese Schüssel entspricht einem halbierten Zellkern. Der Deckel stellt die gedachte Schnittebene dar, vergleichbar dem Schnitt durch die Erdkugel (Globus) in Höhe des Äquators. Ein beschriftetes Folienkärtchen vervollständigt das Folienmodell.
Die Wäscheklammern (= Chromosomen) werden dazu ringförmig so an den Deckelrand (= Äquatorialebene) der Schüssel gelegt, dass sie mit ihrer Spitze in die Deckelmitte zeigen. Blickt man die Schüssel von vorne an, dann hat man die Blickrichtung, in der man die Chromosomen am Tageslichtprojektor sieht.

Weitere Einsatzmöglichkeiten bietet das Folienmodell, um z. B. die Entstehung von
- Down-Syndrom
- Turner-Syndrom
- Klinefelter-Syndrom

durch eine ungleichmäßige Chromosomenverteilung während der Meiose zu verdeutlichen (Genommutationen).

Benötigte Materialien:
1 Overhead-Folie; 6 kleine Wäscheklammern, wobei jeweils 2 gleich aussehen; 2 Pfennig-Münzen; Folienstift; Plastikschüssel mit Deckel; Globus

Die Zweichromatid-Chromosomen kann man auch aus Plastilin formen.

Ausweitung:
Unterscheidet man bei den homologen Chromosomen noch zwischen väterlichen und mütterlichen (2 verschiedene Symbolfarben z. B. blau und rot), dann kann man mit diesem Modell die Umordnung der Chromosomen während der verschiedenen Meiosen veranschaulichen (Geschwister haben **verschiedene** Eigenschaften).

S V. 1.4.5 Meiose

Aufgaben:

1. Schneide die verschiedenen Meiosestadien aus und klebe sie in der richtigen Reihenfolge in die Kästchen auf der linken Seite.

   Die Buchstaben ergeben ein Lösungswort:..

2. Gestalte die Chromosomen farbig. Verwende für jedes Chromosomenpaar eine andere Farbe.
3. Benenne und beschreibe die einzelnen Phasen.

	....	 M
	....	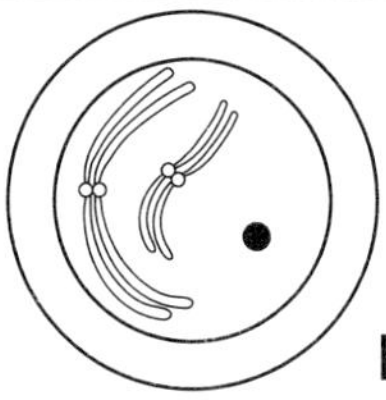 H
	....	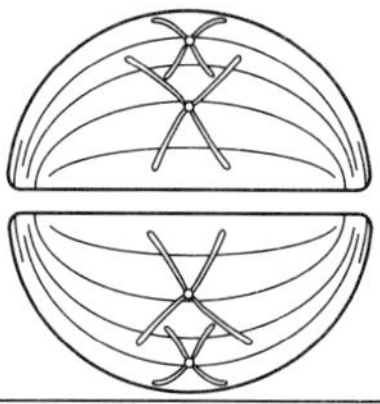 L
	....	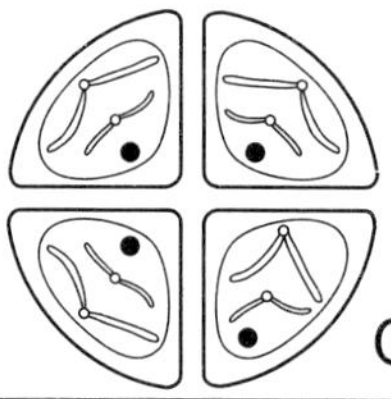 G
	....	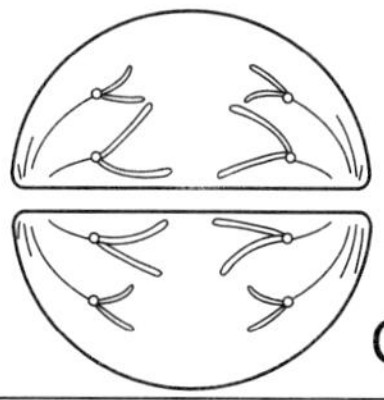 O
	....	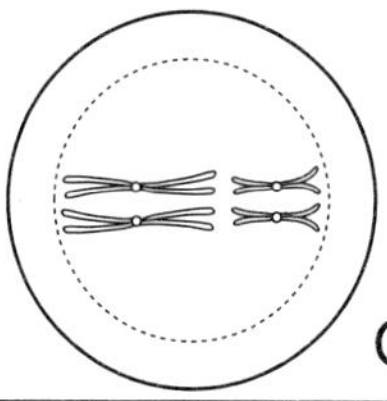 O
	....	 O

Methodisch-didaktische Hinweise:
Das Arbeitsblatt eignet sich zur Lernzielkontrolle oder zur Vertiefung und Festigung im Rahmen einer Hausaufgabe. Eine farbliche Gestaltung der Chromosomen soll den Unterschied zur Mitose – was die Chromosomenanordnung in der Äquatorialebene und das Trennungsprinzip betrifft – deutlich machen.

Lösungen:
Lösungswort: **HOMOLOG**

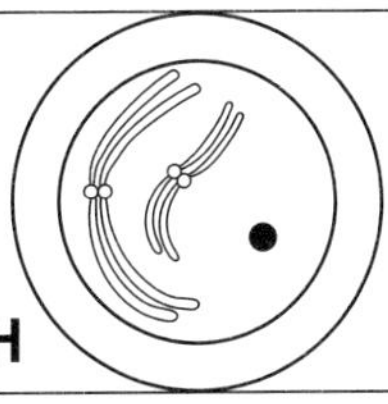 H	**Prophase I (erste Reifeteilung):** • Chromosomen sichtbar, verkürzt • homologe Chromosomen bilden Paare
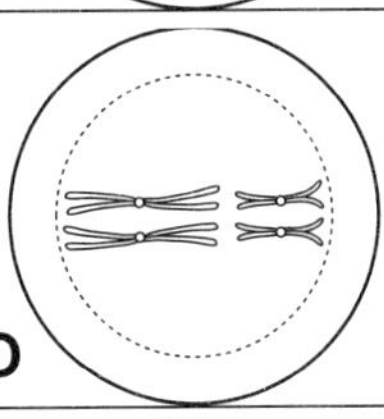 O	**Metaphase I:** • homologe Chromosomen paarweise übereinander in der Äquatorialebene • Tetraden
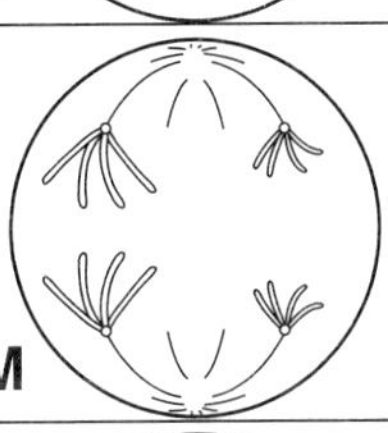 M	**Anaphase I:** • homologe Chromosomen werden getrennt • homologe Chromosomen weichen auseinander
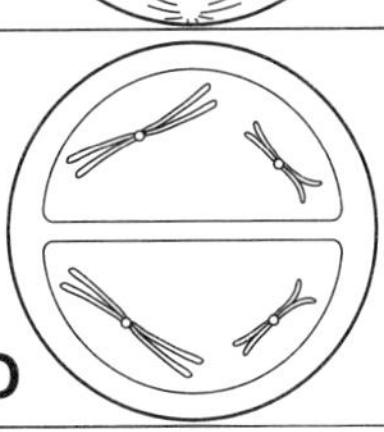 O	**Telophase I:** • Kernmembranen bilden sich um die Tochterkerne • Ausbilden der Zellmembranen um die Tochterzellen
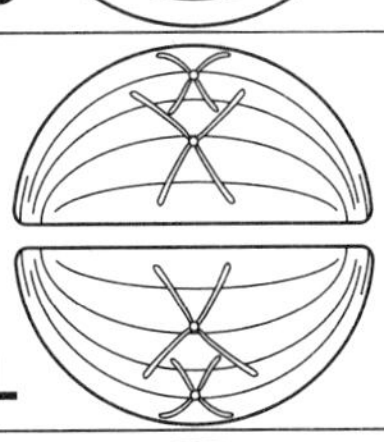 L	**Zweite Reifeteilung (Metaphase II):** • Mitose der Tochterzellen • Anordnung der Chromosomen in der Äquatorialebene • Ausbilden von Spindelfasern
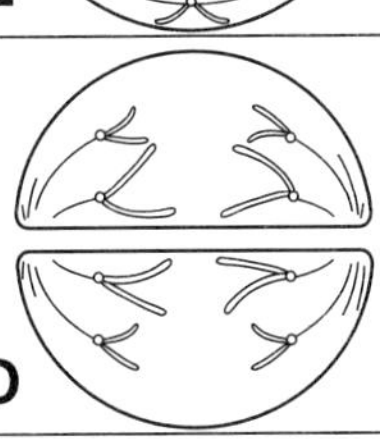 O	**Anaphase II:** • Chromatiden werden getrennt • Chromatiden wandern zu den Zellpolen
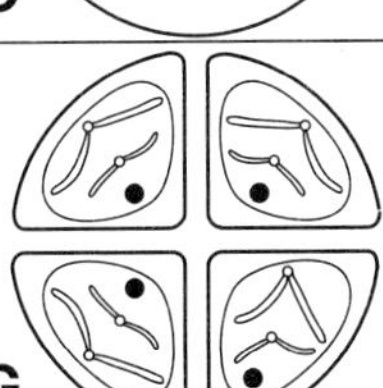 G	**Telophase II:** • Kernmembranen bilden sich • Zellmembranen entstehen • vier neue, erbverschiedene Tochterkerne und -zellen • einfacher Chromosomensatz (1n)

Meiose
Crossing over

1. Beschreibe, was in der Zeichnung mit den Chromosomen geschieht.

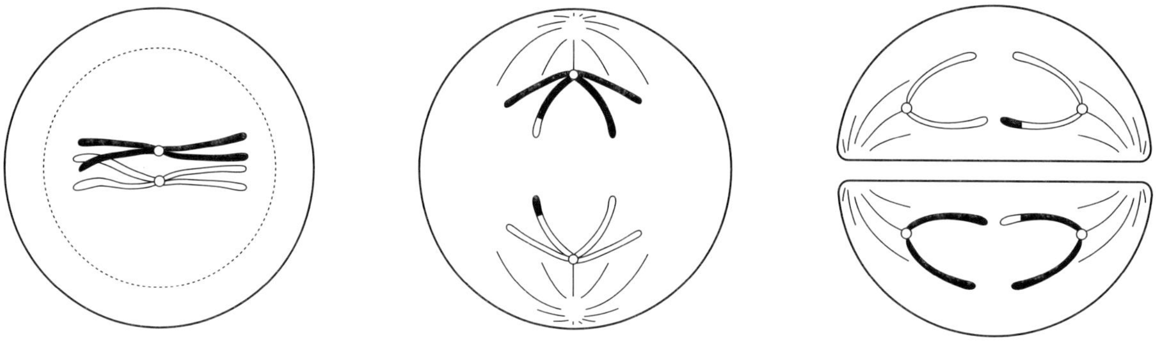

....

....

2. Mit Hilfe der Bastelarbeit (Aufgabe 5) kannst du deine Antwort zusätzlich veranschaulichen.

3. Welche genetische Bedeutung hat das *Crossing over*? ....

....

4. Wie viele genetisch unterschiedliche Keimzellen entstehen im Schema von oben durch das *Crossing over* bei der Meiose?..

5. Bastelanleitung:
   ① Klebe die homologen Chromosomen auf einen dünnen Karton und schneide sie aus.
   ② Schneide die Chromosomen-Schenkel an den gekennzeichneten Stellen auseinander.
   ③ Tausche die entsprechenden Stücke aus und klebe sie in der neu kombinierten Form mit Tesafilm auf der Rückseite wieder zusammen. Diesen Vorgang nennt man Crossing over.

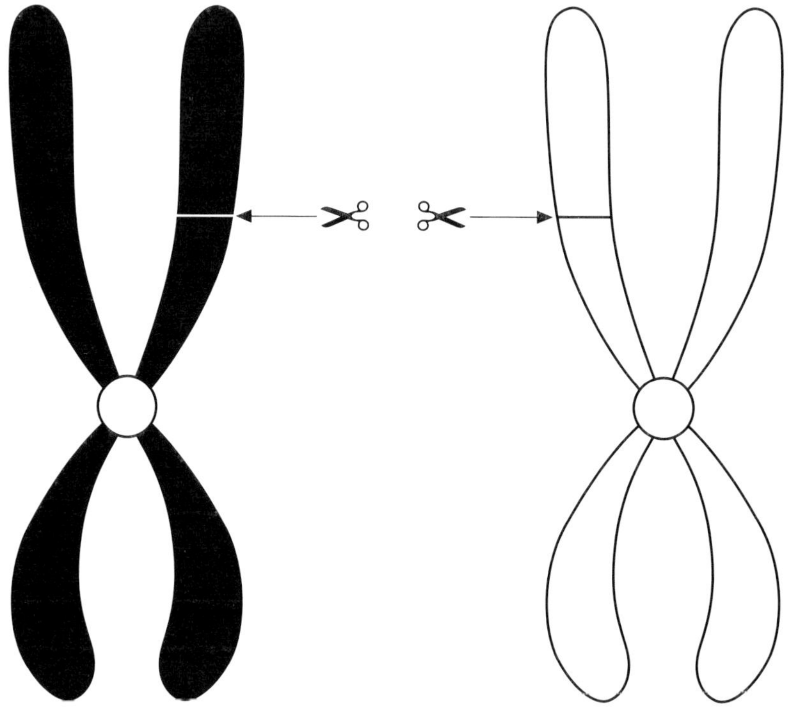

Methodisch-didaktische Hinweise:

Mit dem vorliegenden Material können sich die Schüler – beispielsweise im Gruppenunterricht – die Vorgänge beim *Crossing over* während der Meiose selbständig erarbeiten. Dabei wird sowohl das instrumentale als auch das geistige, handlungsorientierte Lernen gefördert.
Schwerpunktmäßig sollen die Schüler vor allem das Phänomen der Neukombination von Erbanlagen bei der Meiose erkennen.
Die Bastelvorlage kann – vergrößert und auf Styropor geklebt – auch zur Klärung und Aufarbeitung an der Wandtafel verwendet werden.

Benötigtes Material:
- Schere
- Papierkleber, Tesafilm
- dünner Karton
- Farbstifte

Lösungen:

1. Chromatiden homologer Chromosomen überlappen sich. An homologen Stellen brechen sie und tauschen die Bruchstücke untereinander aus.
3. Durch *Crossing over* werden väterliche und mütterliche Gene ausgetauscht. Dadurch entstehen in den Keimzellen neue Genkombinationen, die in den ursprünglichen Zellen nicht vorhanden waren.
4. Aus einer Urkeimzelle entstehen vier Keimzellen, die in ihren Erbanlagen (in den Chromosomen) alle verschieden sind.
5. Ergebnis der Bastelarbeit:

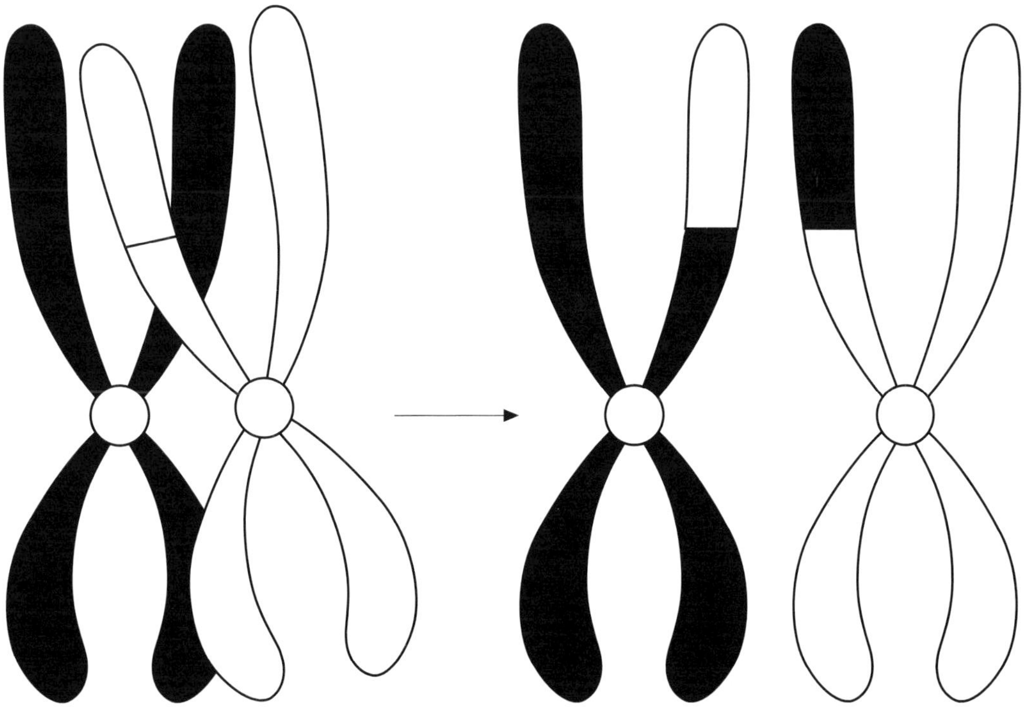

Meiose

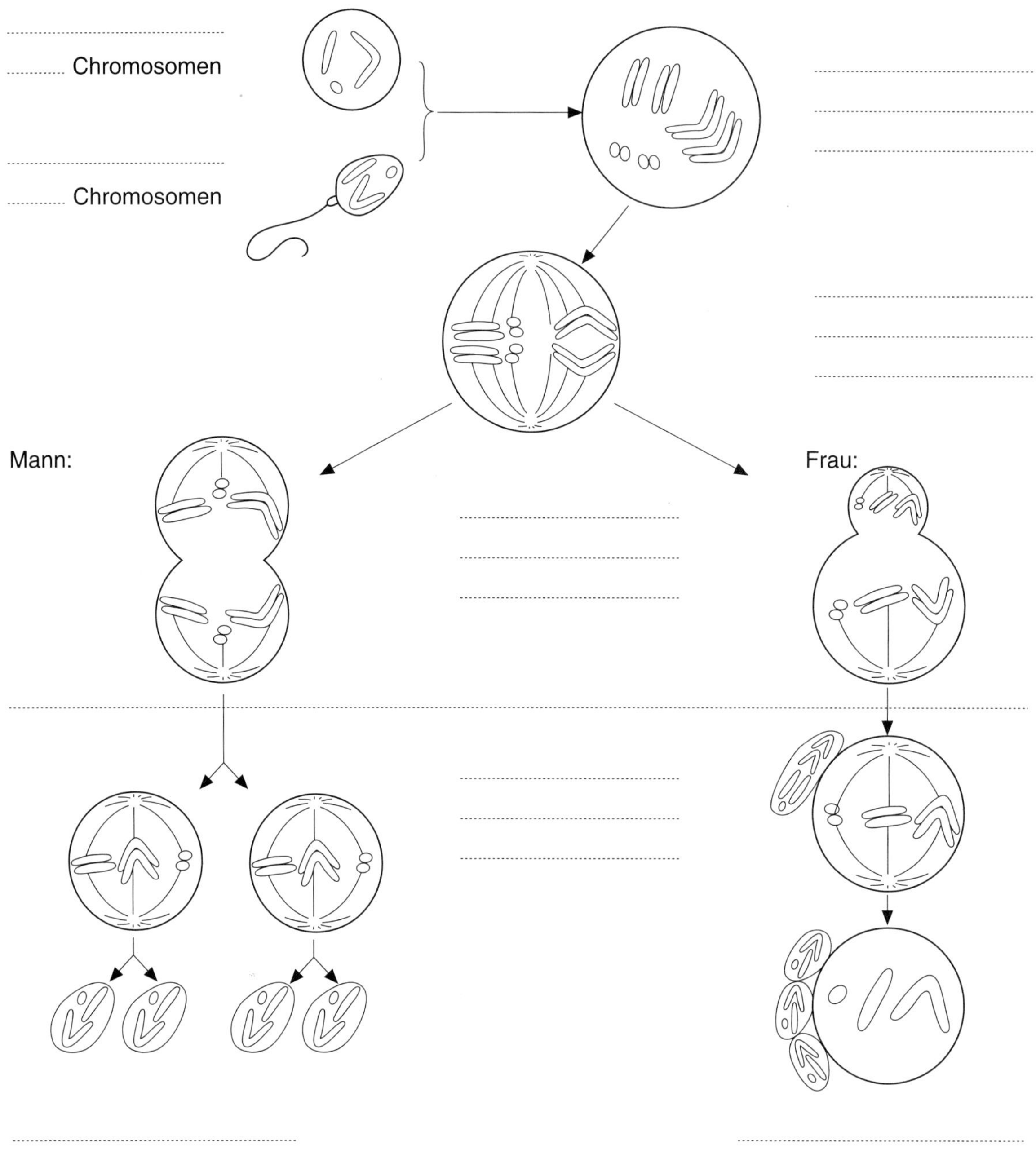

Aufgaben:

1. Markiere mütterliche und väterliche Chromosomen der Keimzellen und der befruchteten Eizelle in unterschiedlichen Farben (z. B. blau und rot). Beachte, dass die Keimzellenbildung auch zur Durchmischung des Erbguts dient! (Zur Wahrung der Übersichtlichkeit sind in der Skizze nur je drei der Chromosomen pro Keimzelle dargestellt.)
2. Beschrifte die vereinfachte Skizze vom Ablauf der Meiose beim Menschen in Stichpunkten.
3. Die Keimzellenbildung unterscheidet sich bei Mann und Frau im Hinblick auf den zeitlichen Beginn und das Ergebnis. Nenne die Unterschiede.
4. Begründe die Aussage, Körperzellen sind zur geschlechtlichen Fortpflanzung ungeeignet.

Methodisch-didaktische Hinweise:
Die Aufgabe ist als Ergebnissicherung oder Lernzielkontrolle geeignet. Die Skizze zeigt im Gegensatz zum Schulbuch stark vereinfacht die wesentlichen Kennzeichen des Ablaufs der Meiose. Es ist selbstverständlich, dass man bei der Arbeit im Unterricht die einzelnen Phasen ausführlich dargestellt.

Lösungen:

1/2.

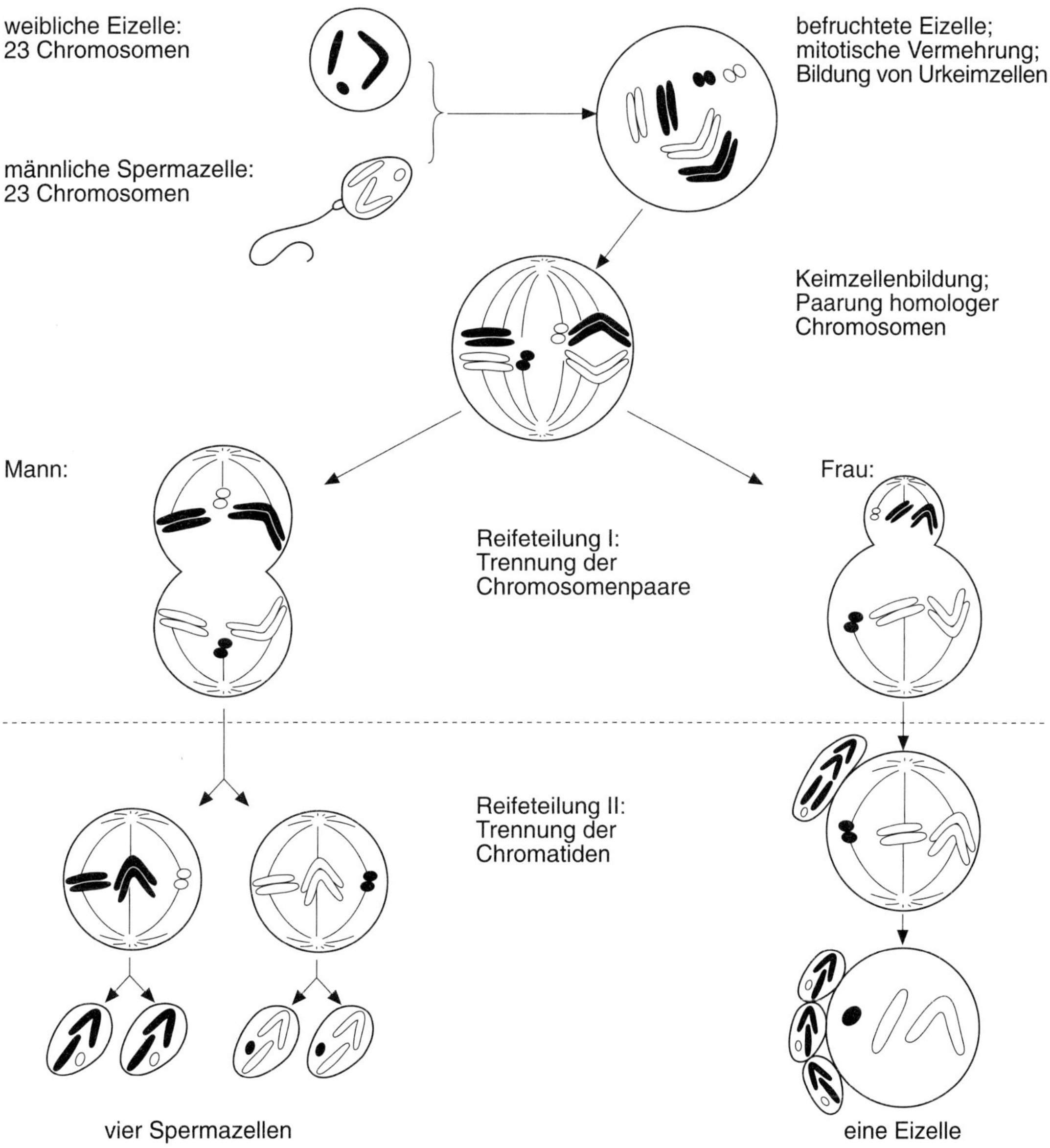

3. **Frau:** Beginn noch vor der Geburt, Trennung der homologen Chromosomenpaare mit Eintritt der Geschlechtsreife. Ergebnis: Aus einer Ureizelle entsteht eine befruchtungsfähige Eizelle.
3. **Mann:** Beginn mit Eintritt der Geschlechtsreife; aus einer Urspermazelle entstehen vier Spermien.
4. Ohne Meiose würde sich der Chromosomensatz bei jeder Zeugung verdoppeln.

S V. 1.4.8 Neukombination des Erbgutes

Modellversuch zur Neukombination des genetischen Materials bei der Meiose
Die Münzen entsprechen Chromosomen, auf denen sich bestimmte Gene befinden. Durch die Großbuchstaben (= Eiche/Adler auf den Münzen) werden die väterlichen, durch die Kleinbuchstaben (= Zahlenwert auf den auf Münzen) werden die mütterlichen Chromosomen dargestellt..

1 Pfg-Münze:	Eiche	– A:	entspricht einem Y- Chromosom
	Zahl	– a:	entspricht einem X-Chromosom
2 Pfg-Münze:	Eiche	– B:	entspricht Erbmerkmal „dunkles Haar“
	Zahl	– b:	entspricht Erbmerkmal „blondes Haar“
5 Pfg-Münze	Eiche	– C:	entspricht Erbmerkmal „lange Wimpern“
	Zahl	– c:	entspricht Erbmerkmal „kurze Wimpern“
10 Pfg-Münze:	Eiche	– D:	entspricht Erbmerkmal „Sommersprossen“
	Zahl	– d:	entspricht Erbmerkmal „keine Sommersprossen
50 Pfg-Münze:	Eiche	– E:	entspricht Erbmerkmal „Hakennase“
	Zahl	– e:	entspricht Erbmerkmal „gerade Nase“
1 DM-Münze:	Adler	– F:	entspricht Erbmerkmal „dunkle Haut“
	Zahl	– f:	entspricht Erbmerkmal „helle Haut“

1. Werfe die Münzen nacheinander hoch und fange sie wieder auf. Notiere die Buchstaben:

   ....

2. Trage dein Ergebnis in das Schema ein. Ringle dazu den entsprechenden Buchstaben ein.
3. Vergleiche deine Buchstabenkombination mit der deines Nachbarn und mit denen der anderen Mitspieler. Welches Verhältnis von Jungen und Mädchen ergibt sich dabei innerhalb der ganzen Klasse?
   .... : ....

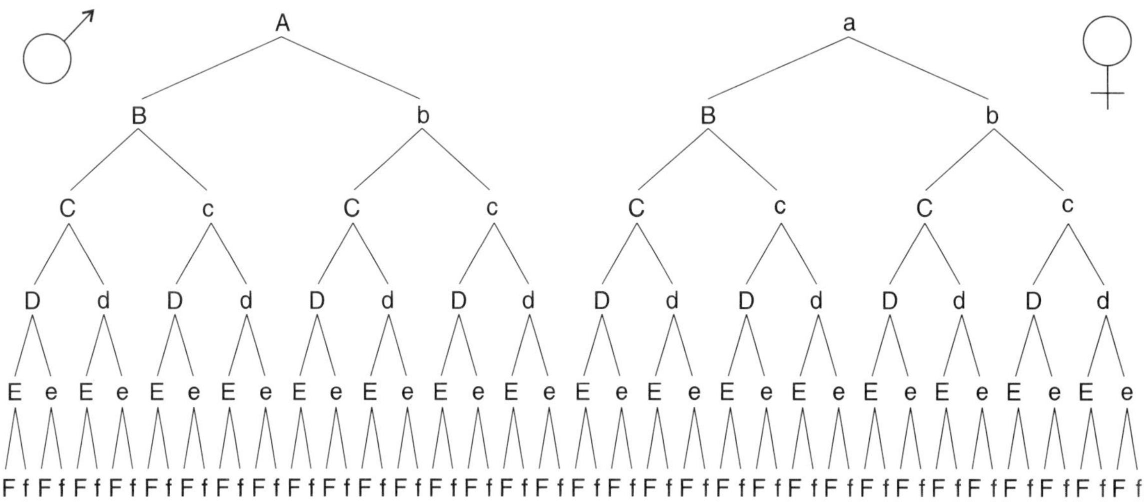

Methodisch-didaktische Hinweise:
Dass nicht die Mutation der alleinige Motor der Evolution ist, sondern auch die Rekombination bei der Meiose, sollen die Schüler bei diesem spielerischen Versuch entdecken. Es soll dabei gezeigt werden, dass selbst für Geschwister vielfältige Genkombinationen möglich sind.
Um das Spiel so einfach wie möglich zu gestalten, werden 6 verschiedene Münzen benutzt, die 6 Chromosomen entsprechen. Jeweils eine Seite einer Münze stellt ein väterliches Chromosom dar, die andere Seite das mütterliche. Um die Ergebnisse einfacher fixieren und auswerten zu können, entspricht bei jedem Chromosom Vorder- und Rückseite einem Buchstaben (Kleinbuchstabe = Zahlenwert, Großbuchstabe = Eiche / Adler).
Im Arbeitsblatt sind jedem Chromosom spezifische Gene zugeordnet, um die Einmaligkeit des Individuums zu dokumentieren:

1 Pfg-Münze:	Eiche – A:	entspricht einem Y- Chromosom
	Zahl – a:	entspricht einem X-Chromosom
2 Pfg-Münze:	Eiche – B:	entspricht Erbmerkmal „dunkles Haar“
	Zahl – b:	entspricht Erbmerkmal „blondes Haar“
5 Pfg-Münze	Eiche – C:	entspricht Erbmerkmal „lange Wimpern“
	Zahl – c:	entspricht Erbmerkmal „kurze Wimpern“
10 Pfg-Münze:	Eiche – D:	entspricht Erbmerkrnal „Sommersprossen“
	Zahl – d:	entspricht Erbmerkmal „keine Sommersprossen
50 Pfg-Münze:	Eiche – E:	entspricht Erbmerkmal „Hakennase“
	Zahl – e:	entspricht Erbmerkrnal „gerade Nase“
1 DM-Münze:	Adler – F:	entspricht Erbmerkmal „dunkle Haut“
	Zahl – f:	entspricht Erbmerkmal „helle Haut“

Als Aufgabe 1 sollen die Schüler – etwa in Partnerarbeit – die entsprechende Buchstabenkombination ermitteln.
Durch einen Vergleich der Ergebnisse miteinander soll bei Aufgabe 2 die Vielzahl der möglichen Genkombinationen deutlich werden (hier 2 Gene pro Chromosom = 64 Möglichkeiten). Außerdem kann man (Aufgabe 3) nachweisen, dass das Geschlechterverhältnis etwa den Wert 1:1 erreicht.

Um die Genkombination (= Buchstabenkombination) „mit Leben“ zu erfüllen, können die Schüler zum Abschluss (z. B. als Hausaufgabe) ihr eigenes Gesicht mit den spezifischen Kennzeichen malen. Dies verdeutlicht nicht nur die genetische Variationsbreite, sondern stellt auch einen originellen Wandschmuck im Klassenzimmer dar.

Die anschließende Erarbeitung der Begriffe *Genkoppelung* und *Crossing over* stellt eine sinnvolle Erweiterung der Thematik dar.

Literatur:
Kühn, F.: Chromosomen Bingo. Praxis der Naturwissenschaften – Biologie 5 /41. Aulis Verlag. Köln 1992

Mitose und Meiose im Vergleich

	Mitose	Meisose
Andere Bezeichnung?		
Wo findet sie jeweils statt?		
Anordnung der Chromosomen in der Äquatorialebene		
Wann findet sie jeweils statt?		
Wie viele Zellen sind am Ende entstanden?		
Welchen Chromosomensatz haben die Zellen?		
Wie heißen die Zellen?		
Welche Bedeutung hat sie jeweils?		

Aufgaben:

1. Vergleiche Mitose und Meiose beim Menschen miteinander. Fülle dazu die obenstehende Tabelle aus.
2. Beim Menschen sterben täglich etwa 2% seiner rund 60 Billionen Zellen ab. Berechne, die Anzahl der Zellen, die zum Ersatz der abgestorbenen Zellen notwendig sind.

....

Methodisch-didaktische Hinweise:

Die Aufgabe kann als zusammenfassender Vergleich am Ende der Besprechung von Mitose und Meiose genutzt werden. Dadurch sollen die Bedeutung der beiden Vorgänge betont und deren Verständnis gefestigt werden.
Diese Ergebnissicherung kann in Form einer Tafelanschrift während der Stunde oder als Hausaufgabe erfolgen.

Lösungen:

1.

	Mitose	Meiose
Andere Bezeichnung?	Kernteilung	Reifeteilung, Reduktionsteilung
Wo findet sie jeweils statt?	in allen Körperzellen	in den Eierstöcken bzw. Hoden
Anordnung der Chromosomen in der Äquatorialebene	einzelnen, ungeordnet	homologe Chromosomenpaare
Wann findet sie jeweils statt?	ab der Befruchtung bis zum Tod	während der Geschlechtsreife: Mann: ab der Pubertät Frau: Beginn vor der Geburt des Kindes; Ende vor dem Eisprung
Wie viele Zellen sind am Ende entstanden?	zwei	vier bzw. eine (+ 3 Polkörperchen)
Welchen Chromosomensatz haben die Zellen?	diploid	haploid
Wie heißen die Zellen?	Körperzellen	Keim- oder Geschlechtszellen
Welche Bedeutung hat sie jeweils?	• identische Weitergabe der Erbinformationen • Wachstum durch Zellvermehrung • Zellerneuerung (Regeneration)	• Bildung von befruchtungsfähigen Geschlechtszellen • Reduzierung des Chromosomensatzes • Neukombination des Erbgutes

2. Es müssen etwa 1,2 Billionen Zellen mit Hilfe von Mitosen ersetzt werden.

V. 1.4.10 Mitose und Meiose im Vergleich

Aufgaben:

1. Ein Spulwurm hat ein Genom von 2 n = 4.

1.1 Zeige anhand beschrifteter Skizzen, wie viele Chromosomen bzw. Chromatiden die Zellkerne in den unten beschriebenen Phasen des Zellzyklus enthalten.

1.2 Verwende die üblichen Symbole:  für ein 2-Chromatid-Chromosom,

 für ein 1-Chromatid-Chromosom.

		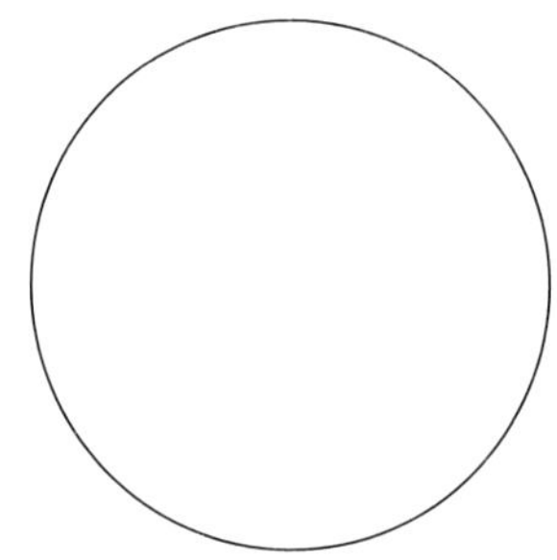
Prophase-Zellkern (d. h. zu Beginn einer Mitose)	Telophase-Zellkern (d. h. nach einer Mitose)	Telophase-II-Zellkern (d. h. nach einer Meiose)

2. Erdbeeren kann man auf vier verschiedenen Wegen vermehren.
Es soll das Erbgut der Mutterpflanze mit dem jeder der vier Tochterpflanzen verglichen werden.
Ergänze die Tabelle.

Weg der Vermehrung	**Grad der Übereinstimmung des Erbgutes zwischen Mutter- und Tochterpflanzen (in %)**	**Begründung**
1. Die Eizelle in der Narbe kann fremdbestäubt werden (Insekt oder Wind überträgt Pollen).	.... %	....
2. Ein Pollen (haploid) wird diploidisiert und keimt dann zu einer Pflanze.	.... %	....
3. Eigener Pollen bestäubt Narbe (Selbstbestäubung).	..................%	....
4. Ausläufer der Erdbeerpflanze werden abgeschnitten und eingepflanzt.	.... %	....

Methodisch-didaktische Hinweise:

Die folgende Vorlage dient der Wiederholung und Anwendung der Kenntnisse der Schüler von Mitose und Meiose. Sie eignet sich auch als Lernzielkontrolle (Hausaufgabe oder Stegreifaufgabe).

Lösungen:

1.

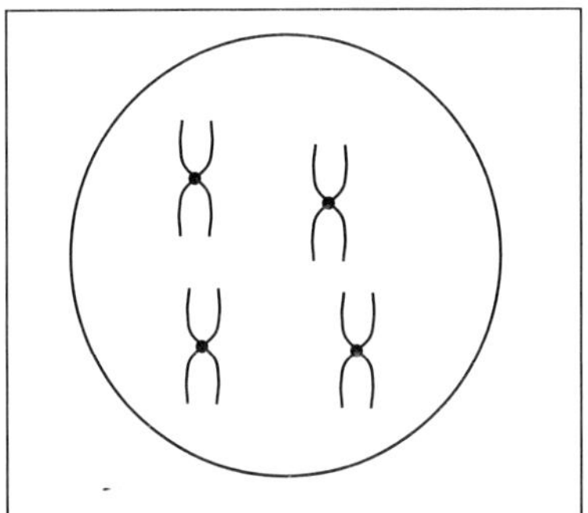

Prophase-Zellkern (d. h. zu Beginn einer Mitose)

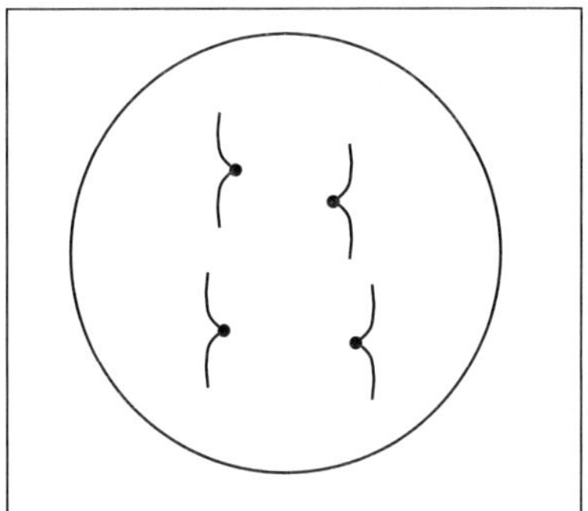

Telophase-Zellkern (d. h. nach einer Mitose)

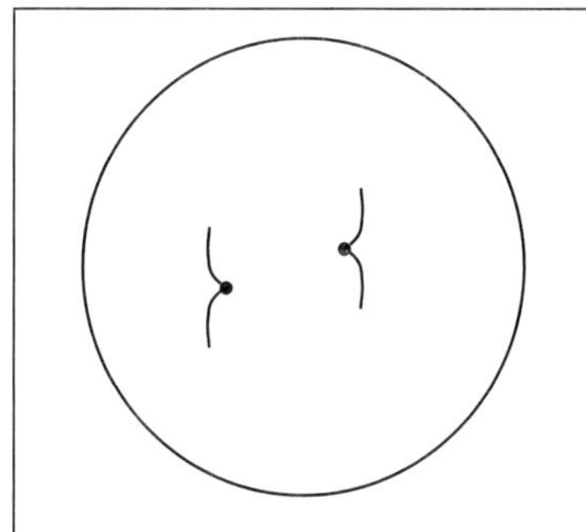

Telophase-II-Zellkern (d. h. nach einer Meiose)

2.

Weg der Vermehrung	Grad der Übereinstimmung des Erbgutes zwischen Mutter- und Tochterpflanzen (in %)	Begründung
1. Die Eizelle in der Narbe kann fremdbestäubt werden (Insekt oder Wind überträgt Pollen).	50 %	Halbierung der Erbinformat in der Meiose
2. Ein Pollen (haploid) wird diploidisiert und keimt dann zu einer Pflanze.	50 %	Bei Diploidisierung eines Pollens (50 % der Erbinformationen): keine neuen zusätzlichen Allele
3. Eigener Pollen bestäubt Narbe (Selbstbestäubung).	50–100 %	zwei Extreme möglich: • identische Keimzellen verschmelzen ➜ 50 % • völlig verschiedene verschmelzen ➜ 100 %
4. Ausläufer der Erdbeerpflanze werden abgeschnitten und eingepflanzt.	100 %	aus eigenen diploiden Zellen (mitotisch) wachsend

V. 1.4.11 Mitose und Meiose im Vergleich

Aufgaben:

1. Vergleiche Mitose und Meiose miteinander. Worin unterscheiden sie sich in den folgenden Merkmalen? Fülle dazu die Tabelle aus.

	Mitose	**Meiose**
Deutsche Bezeichnung?		
Wo im Körper findet sie jeweils statt?		
Welche Bedeutung hat sie jeweils?		

2. Wenn man sich verletzt, dann ist die Wunde nach einiger Zeit (hoffentlich) wieder verheilt. Hat dieser Heilungsprozess etwas mit Mitose oder Meiose zu tun? Erläutere deine Entscheidung.

   ....

   ....

   ....

3. Entscheide, ob es sich unten um 4 Stadien der Mitose oder der Meiose handelt.

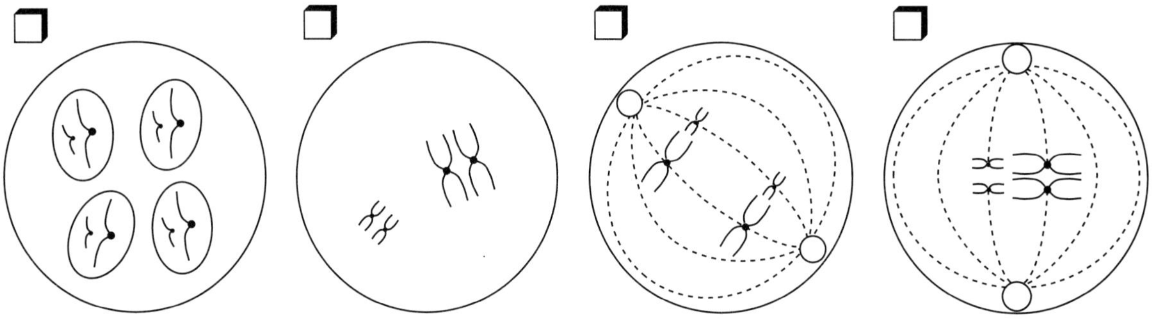

   Begründung:

   ....

   ....

   Du hast sicher erkannt, dass die Stadien in der falschen Reihenfolge angeordnet sind. Welche Nummern gehören in die Kästechen, damit die Stadien in der richtigen Reihenfolge nummeriert sind?

4. *„Am Ende der Meiose stehen bei der Frau 4 Keimzellen. Folglich müssten beim Menschen Vierlingsgeburten die Regel sein!"* Nimm zu dieser Behauptung kritisch Stellung.

   ....

   ....

   ....

   ....

Methodisch-didatktische Hinweise:

Der Test kann sowohl als Lernerfolgskontrolle (Stegreifaufgabe), als auch als Hausaufgabe eingesetzt werden.
In diesem Zusammenhang soll darauf hingeweisen werden, dass Leistungsmessung und -bewertung nicht immer mit Benotung verbunden sein muss.

Lösungen:

1.

	Mitose	**Meiose**
Deutsche Bezeichnung?	Kernteilung	Reifeteilung, Reduktionsteilung
Wo im Körper findet sie jeweils statt?	in allen Körperzellen	in den Eierstöcken bzw. Hoden
Welche Bedeutung hat sie jeweils?	• identische Weitergabe der Erbinformationen • Wachstum durch Zellteilung (Zellvermehrung) • Zellerneuerung (Regeneration)	• Bildung von befruchtungsfähigen Geschlechtszellen • Bildung eines haploiden Chromosomensatzes • Neukombination des Erbgutes

2. Die Wundheilung hängt von der Mitose ab. Bei der Mitose werden neue Zellen gebildet. Kommt es zu einer Verletzung, dann laufen im Wundbereich besonders viele Zellteilungen, also Mitosen, ab.

3. Meiose;
Begründung: Es paaren sich die homologen Chromosomen. In die Kästchen gehören von links nach rechts die folgenden Nummern: 4 – 1 – 3 – 2.

4. Im weiblichen Geschlecht entsteht aus einer diploiden Eimutterzelle (weibliche Urkeimzelle) nur 1 haploide, plasmareiche Eizelle. Die restlichen 3 verkümmern (zugunsten der plasmareichen Zelle).

S V. 1.4.12 Mitose und Meiose im Vergleich

Aufgaben:

1.1 Entscheide, ob es sich um einen Vorgang bei der Mitose oder bei der Meiose handelt. Kreuze an.

① 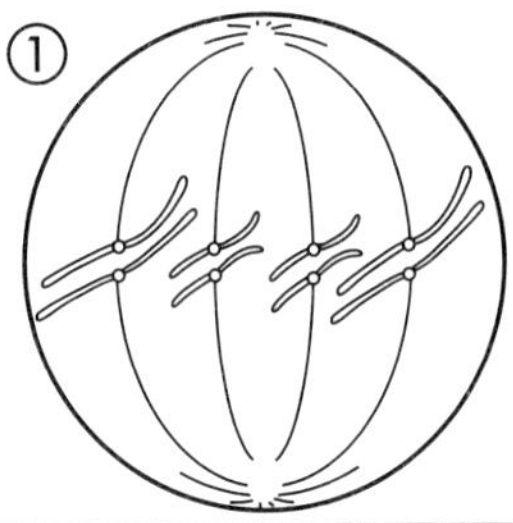	② 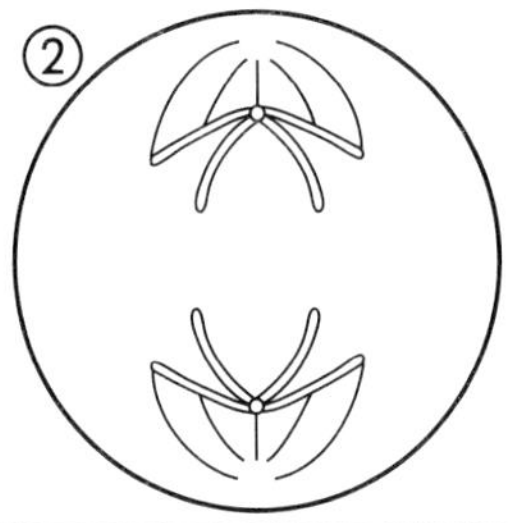	③ 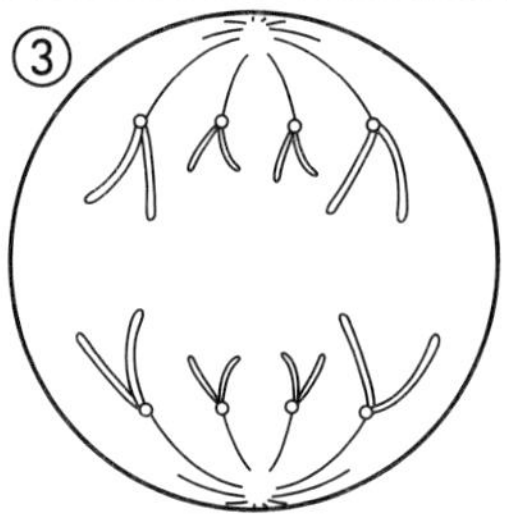	④ 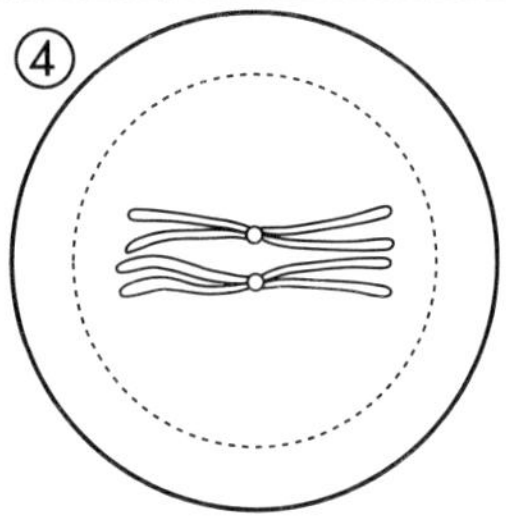
❒ Mitose ❒ Meiose	❒ Mitose ❒ Meiose	❒ Mitose ❒ Meiose	❒ Mitose ❒ Meiose

1.2 Gib an, um welches Teilungsstadium es sich dabei handelt.

① .... ② ....

③ .... ④ ....

2.1 Nenne die Zellen, die bei der Mitose und bei der Meiose entstehen.

Mitose: .... Meiose: ....

2.2 Welche der folgenden menschlichen Zellen entstehen durch Mitose, welche durch Meiose?

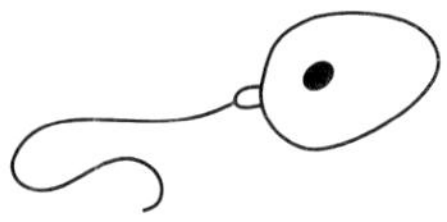

....

2.3 Zeichne in die Zellkerne jeweils ein Paar homologe Chromosomen in der Metaphase ein.

Mitose: 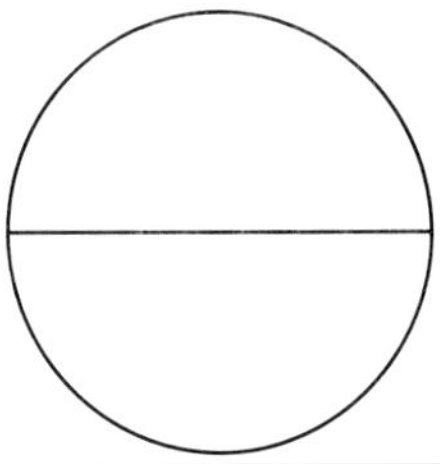

Meiose: 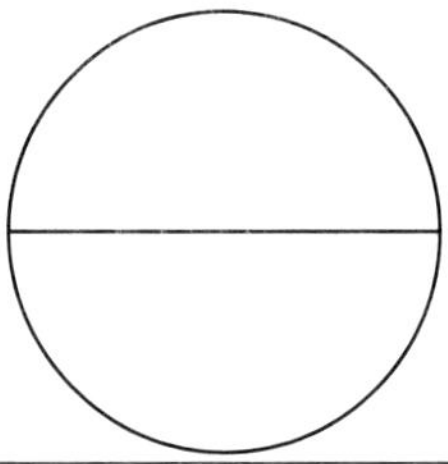

3. Ergänze die Tabelle.

	Mitose	Meiose
Ergebnis		
Bedeutung		

Methodisch-didatktische Hinweise:
Wenn sowohl Mitose als auch Meiose im Unterricht erarbeitet wurden, ermöglicht das Arbeitsblatt eine vergleichende Zusammenschau. Sie stellt wesentliche Unterschiede zwischen den beiden Zellteilungsvorgängen heraus.

Lösungen:

1.1

☒ Mitose ☐ Meiose	☐ Mitose ☒ Meiose	☒ Mitose ☐ Meiose	☐ Mitose ☒ Meiose

1.2 ① Metaphase ② Reduktionsteilung ③ Anaphase ④ Metaphase

2.1 Mitose: Körperzellen Meiose: Keimzellen

2.2

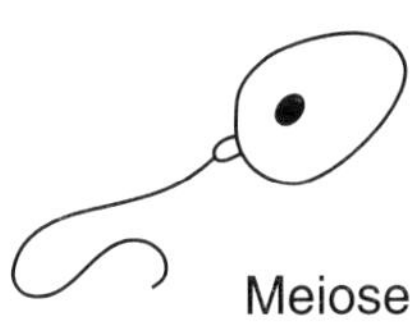

Meiose

Mitose

2.3

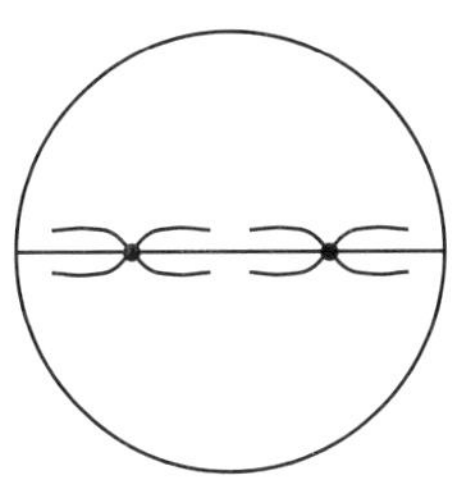

Mitose

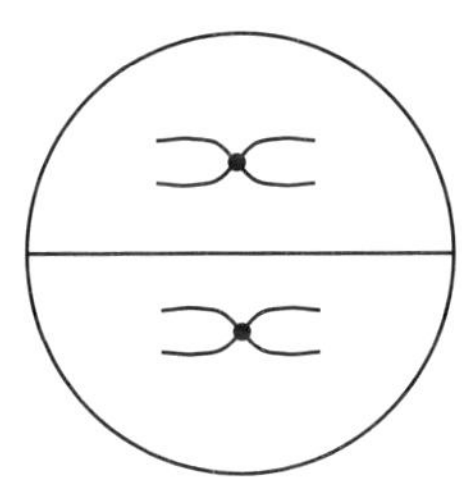

Meiose

3.

	Mitose	Meiose
Ergebnis	2 diploide Körperzellen (Tochterzellen) mit identischem Erbgut	4 haploide Keimzellen mit unterschiedlichem Erbgut
Bedeutung	unveränderte Weitergabe des Erbgutes	Durchmischung und Neukombination des Erbgutes

Literatur:

Verständliche Forschung: Erbsubstanz DNA. Spektrum Verlag. Heidelberg 1986.

S V. 1.4.13 Mitose und Meiose im Vergleich

1. Ein Zellkern zwischen zwei Teilungen wurde früher als „Ruhekern" bezeichnet. Erkläre stichpunktartig, warum diese Bezeichnung nicht zutreffend ist.

....

....

....

2. Der Beginn der Mitose (Metaphase) soll mit dem der Meiose (Metaphase I) verglichen werden. Zeige anhand einer Skizze des Zellkernes (Genom: 2n = 4) den wesentlichen Unterschied.
   Verwende die üblichen Symbole:  für 2-Chromatid-Chromosom  für 1-Chromatid-Chromosom

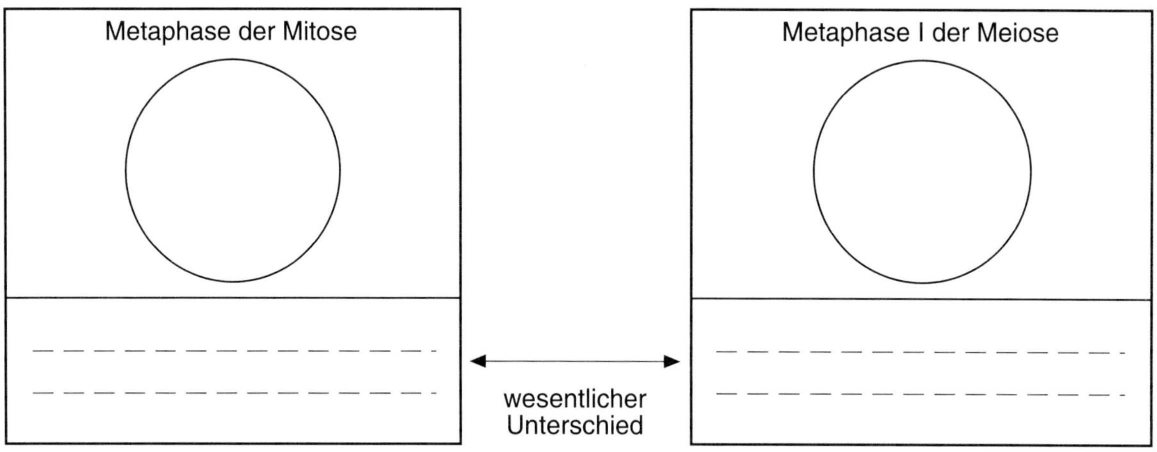

3. Das Ende der Mitose soll mit dem Ende der ersten Reifeteilung der Meiose (Reduktionsteilung) verglichen werden.
   Zeige mit Hilfe einer Skizze des Zellkernes (Genom: 2n = 4) den wesentlichen Unterschied und fülle Tabelle aus.

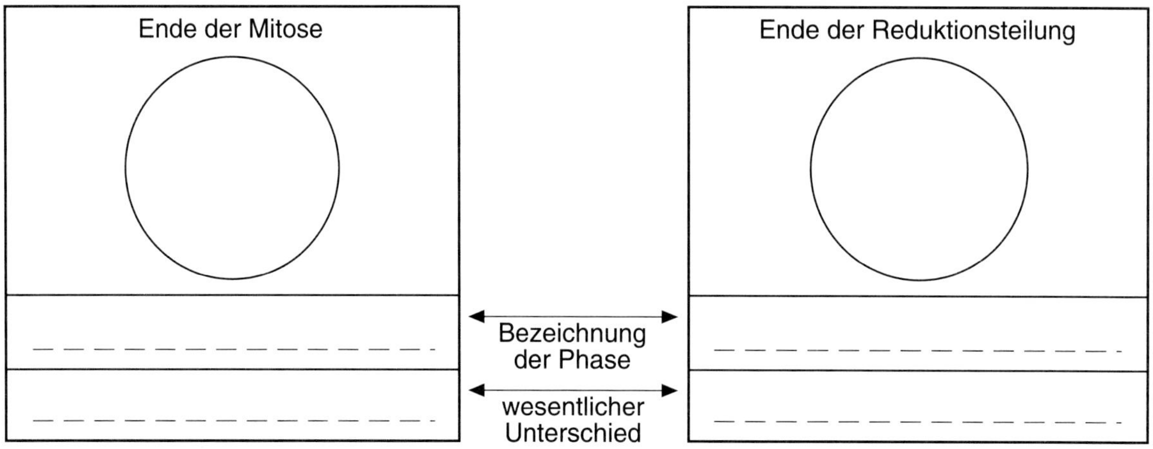

Methodisch-didatktische Hinweise:
Neben der Verwendung der Aufgaben zur Lernzielkontrolle (= Hausaufgabe oder Leistungsmessung) lässt sich die Vorlage auch in einer Vertretungsstunde ohne Probleme einsetzen.

Lösungen:

1. Die sogenannte Interphase ist der Zustand der eigentlichen Zellaktivität:
   - die Chromatiden werden verdoppelt,
   - m-RNA wird synthetisiert (Proteinbiosynthese).

2.

Metaphase der Mitose		Metaphase I der Meiose
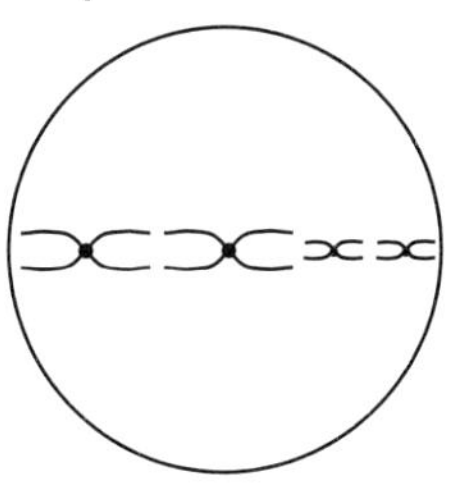		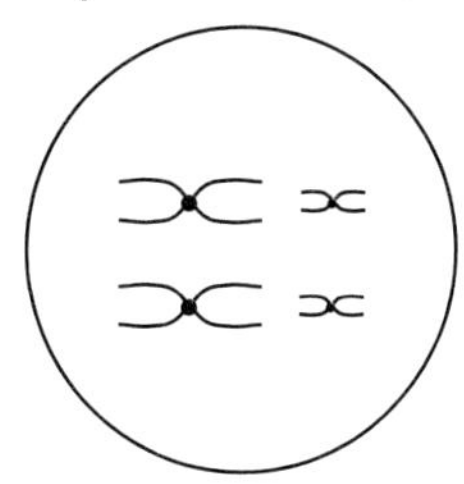
Anordnung der Chromosomen in der Äquatorialebene	◄──► wesentlicher Unterschied	Paarung homologer Chromosomen in der Äquatorialebene

3.

Ende der Mitose		Ende der Reduktionsteilung
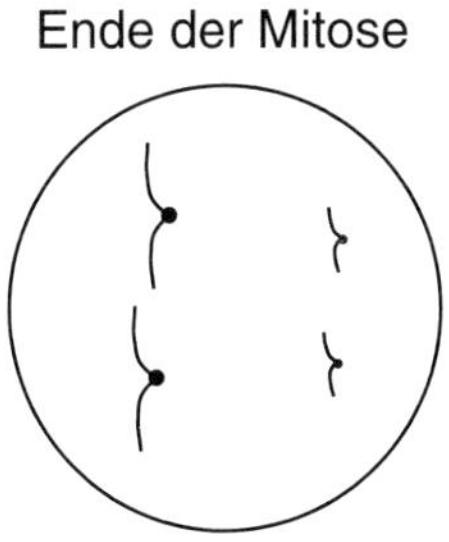		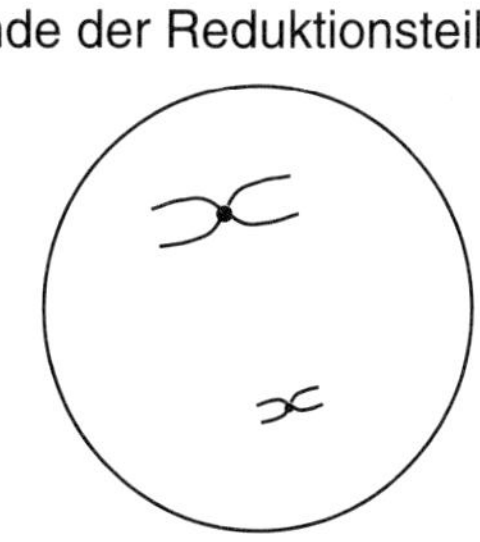
Telophase	◄──► Bezeichnung der Phase	Telophase I
2n Einchromatid-Chromosomen	◄──► wesentlicher Unterschied	1n Zweichromatid-Chromosomen

Mitose und Meiose im Vergleich

1. Klebe die Chromosomenpaare auf einen dünnen Karton und scheide sie dann aus.
2. Bemale die homologen Chromosomen jeweils in einer unterschiedlichen Farbe, um väterliche und mütterliche Chromosomen unterscheiden zu können.
3. Zeichne auf einen festen Papierbogen einen Kreis als Symbol für eine Zelle. (Hinweis: Zur Simulation der Mitose müssen die Chromosomen auch an der gestrichelten Linie auseinander geschnitten werden.)
4. Stelle folgende Stadien einer Mitose dar: Prophase, Metaphase, Anaphase, Telophase.
5. Stelle folgende Stadien der Meiose dar:
   - 1. Reifeteilung (Prophase)
   - 1. Reifeteilung (Metaphase)
   - Reduktionsteilung (Anaphase 1)
   - 2. Reifeteilung (Anaphase 2)
   - 2. Reifeteilung (Telophase)
   - Tetradenstadium
6. Versuche, mit den Modellen die verschiedenen Kombinationsmöglichkeiten der Chromosomen in der Metaphase 1 der Meiose herauszubringen. Schneide dazu an den gestrichelten Linien die Chromosomen auseinander.

6.1 bei 2 Chromosomenpaaren: ....

6.2 bei 3 Chromosomenpaaren: ....

6.3 bei 4 Chromosomenpaaren: ....

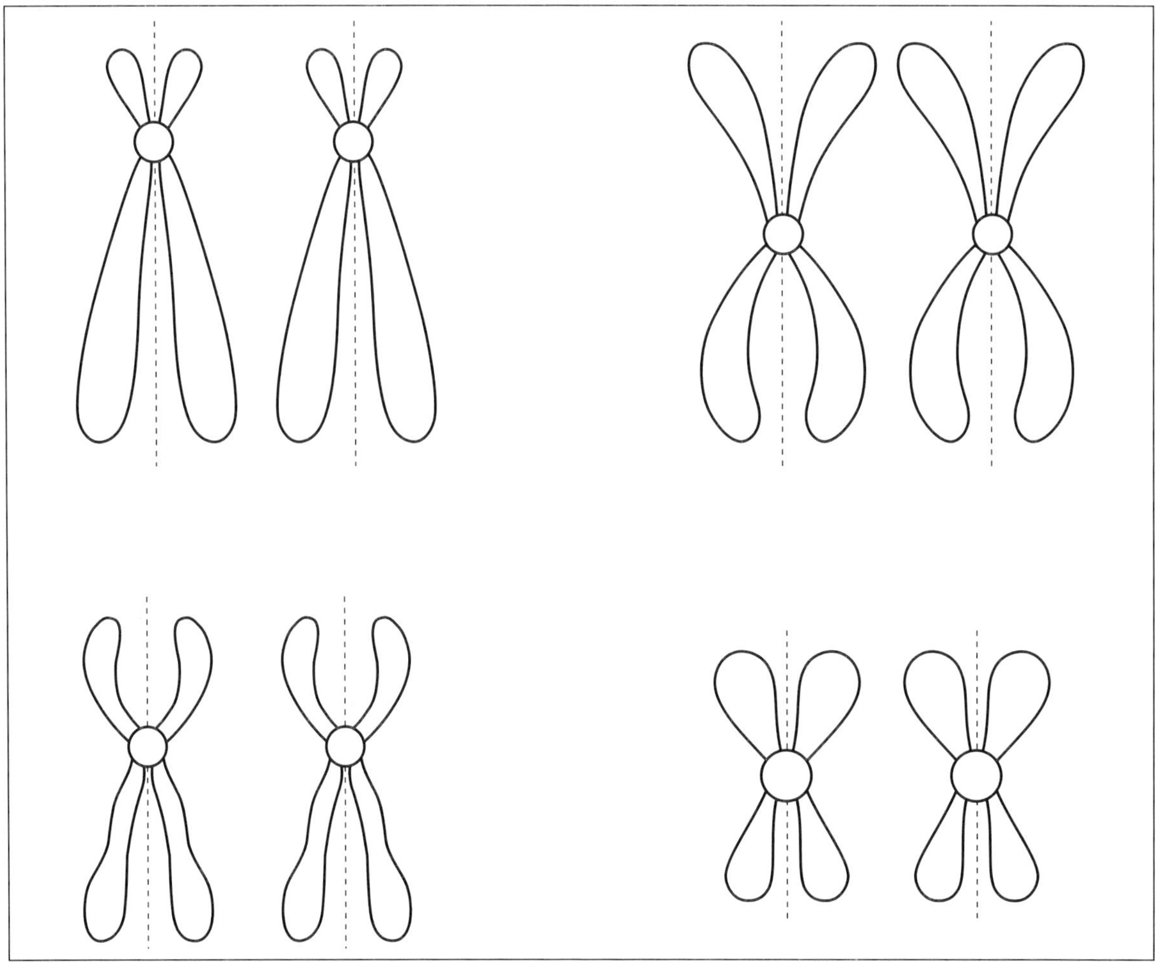

Methodisch-didatktische Hinweise:

Mit der Bastelvorlage lassen sich die Themen wie Chromosomen, Mitose oder Meiose handlungsorientiert gut veranschaulichen. Wenn die Modelle entsprechend stabil gefertigt sind, kann man sie immer wieder – auch bei anderen Themen – verwenden. Die Aufgaben dieser Vorlage eignen sich auch für eine Partner- oder Gruppenarbeit. Um der Durchführung dabei einen spielerischen Wettbewerbscharakter zu geben, ist es möglich, dass beispielsweise bei der Gruppenarbeit reihum jeweils ein Schüler eine Aufgabe stellt und ein anderer diese zu lösen versucht. Der Rest der Gruppe beurteilt, diskutiert und bepunktet anschließend das Ergebnis. Dabei sollen die Schüler auch eigene Aufgabenstellungen entwerfen.

Lösungen:

6.1 4 Möglichkeiten
6.2 8 Möglichkeiten
6.3 16 Möglichkeiten

Literatur:

Verständliche Forschung: Erbsubstanz DNA. Spektrum Verlag. Heidelberg 1986.

Quecksilber glänzt genauso wie alle Metalle. Aber es ist das einzige Metall, das bei Zimmertemperatur *flüssig* ist (Bild 11). Es wird erst bei –39 °C fest. Am Südpol, wo Temperaturen von –70 °C herrschen, wäre das Quecksilber so hart, daß man damit Nägel einschlagen könnte.

Von allen Flüssigkeiten ist Quecksilber die schwerste. Ein Liter Wasser wiegt 1 kg, ein Liter Quecksilber über 13 kg!

Quecksilber kann schon bei Zimmertemperatur verdunsten. Atmet man Quecksilberdämpfe längere Zeit hindurch ein, zeigen sich gefährliche **Vergiftungserscheinungen.** Deshalb ist beim Umgang mit Quecksilber größte **Vorsicht** geboten!

Wenn Quecksilber doch einmal zu Boden fällt, „zerspringt" es zu winzigen Kugeln und verteilt sich. Es läßt sich nicht mit einem Besen zusammenfegen und darf auch nicht mit den Fingern berührt werden. Um das Quecksilber einzusammeln, schiebt man es vorsichtig, z. B. mit einem Stück Pappe, zusammen und nimmt es dann mit einer Quecksilberzange (Bild 12) auf.

Weil Quecksilber so gefährlich ist, enthalten die meisten Thermometer heute kein Quecksilber mehr. (Vielfach verwendet man Alkohol.) Das Metall wird hauptsächlich in der chemischen Industrie gebraucht.

11

12

Umweltschutz-Tip: Verbrauchte Batterien zurück!

Quecksilber-Batterien, die als sogenannte Knopfzellen in Photo- und Filmgeräten verwendet werden, gehören nicht in den Hausmüll!

Zum Schutz der Umwelt und zur Rückgewinnung des wertvollen Rohstoffes Quecksilber haben Batterie-Hersteller und Batterie-Importeure mit dem Bundesministerium des Inneren vereinbart, verbrauchte Quecksilber-Batterien beim Handel einzusammeln. Damit wollen sie sie der Wiederverwertung zuführen.

1 Klassische Genetik

1.5 Mendelsche Regeln

Versuche

über

Pflanzen-Hybriden,

von

Gregor Mendel.

(Separatabdruck aus dem IV. Bande der Verhandlungen des naturforschenden Vereines.)

Im Verlage des Vereines.

Brünn, 1866.

Aus Georg Gastl's Buchdruckerei, Postgasse Nr. 446.

Titelseite des Sonderdrucks aus den »Verhandlungen des naturforschenden Vereins« von 1866

▲ *Quelle: Entnommen aus: Institutum Bohemicum (Hrsg.): Johann Gregor Mendel. Band 4. München 1984, S. 57*

Versuche über Pflanzenhybriden (1866)

Künstliche Befruchtungen, welche an Zierpflanzen deshalb vorgenommen wurden, um neue Farbvarianten zu erzielen, waren die Veranlassung zu den Versuchen, die hier besprochen werden sollen. [...] Die vorliegende Abhandlung bespricht die Probe eines Detailversuches. Derselbe wurde sachgemäß auf eine kleine Pflanzengruppe beschränkt und ist nach Ablauf von acht Jahren im wesentlichen abgeschlossen. Ob der Plan, nach welchem die einzelnen Experimente geordnet und durchgeführt wurden, der gestellten Aufgabe entspricht, darüber möge eine wohlwollende Beurteilung entscheiden. [...] Die Versuchspflanzen müssen notwendig

1. konstant differierende Merkmale besitzen.
2. Die Hybriden derselben müssen während der Blütezeit vor der Einwirkung jedes fremdartigen Pollens geschützt sein [...]
3. Dürfen die Hybriden und ihre Nachkommen in den aufeinander folgenden Generationen keine merkliche Störung der Fruchtbarkeit erleiden. [...]

Die Merkmale, welche in die Versuche aufgenommen wurden, beziehen sich:

1. auf den Unterschied in der Gestalt des reifen Samens. Diese sind entweder kugelrund oder rund ... oder sie sind unregelmäßig kantig, tief runzelig.
2. auf den Unterschied in der Färbung des Endosperms.
3. auf den Unterschied in der Färbung der Samenschale. [...]

Aus einer Autobiographie anlässlich eines (nicht bestandenen) Lehrerexamens (1850)

Loebliche k. k. Prüfungs-Commißion!

Den hohen Verordnungen des Ministeriums für Cultus und Unterricht gemäß, unterbreitet der ehrfurchtsvoll Gefertigte eine kurze Skizze seines Lebens.

Derselbe ist ... in Heinzendorf in Schlesien, wo sein Vater Besitzer eines kleinen Bauerngrundes war, im Jahre 1822 geboren. Nachdem er den Elementarunterricht in der dortigen Dorfschule und später an dem Piaristen-Collegium in Leipnik erhalten hatte, wurde er im Jahre 1834 am Troppauer k.k. Gymnasium in die I Grammatical-Classe aufgenommen. [...] Als derselbe das Gymnasium im Jahre 1840 absolvirt hatte, war es eine erste Sorge, sich die nöthigen Mittel zur Fortsetzung seiner Studien zu sichern. Er machte deshalb in Olmütz wiederholte Versuche seine Dienste als Privatlehrer anzubieten, aber alle seine Bemühungen blieben bei dem Mangel an Freunden und Empfehlungen erfolglos. Der Kummer über diese getäuschten Hoffnungen und die bange Aussicht, welche ihm die Zukunft darbot, wirkten so mächtig auf ihn ein, daß er erkrankte und zur Erholung ein Jahr bei seinen Eltern zubringen mußte. [...] Der ehrfurchtsvoll Gefertigte fühlte, daß es ihm nicht möglich sei, solche Anstrengungen noch weiter zu ertragen, er sah sich daher nach geendigten philosophischen Studien gezwungen, in einen Stand zu treten, der ihn von den bitteren Nahrungssorgen befreite. Seine Verhältniße entschieden seine Standeswahl. Er verlangte und erhielt im Jahre 1843 die Aufnahme in das Augustiner-Stift St. Thomas in Altbrünn.

Aufgaben:

1. Was war der Anlass für *Mendels* Kreuzungsversuche mit Pflanzen?
2. Über welchen Zeitraum erstreckten sich die Experimente von *Mendel*, die zu seinen Regeln führten?
3. Warum ist Punkt 2 der Versuchsbedingungen besonders wichtig?
4. Charakterisiere kurz die Lebensumstände von *Gregor Mendel* bis zu seinem Eintritt ins Kloster.
5. Was war der Anlass für *Gregor Mendel*, ins Kloster einzutreten?

Methodisch-didaktische Hinweise:

Die Behandlung der beiden Texte von *Gregor Mendel* setzt voraus, dass die Schüler die Vererbungsregeln bereits kennen. Sie sollen zeigen, unter welch schwierigen Bedingungen mitunter wissenschaftliche Ergebnisse erzielt werden.
Ergänzend zu den Texten sollten die Schüler auch erfahren, dass *Mendel*

- eine große Anzahl von Beobachtungen und Experimenten für notwendig hielt, um zu gesicherten wissenschaftlichen Ergebnissen zu kommen, wobei er vermutlich im Laufe der Jahre etwa 13 000 Erbsenpflanzen und 350 000 Erbsensamen züchtete, untersuchte und überprüfte,
- sich der statistischen Methode bediente und so auch als Begründer der Biometrie angesehen werden kann.

Lösungen:

1. Anlass zu den Versuchen waren die Kreuzungsexperimente, die gemacht wurden, um Farbvariationen bei Zierpflanzen zu erzielen.
2. acht Jahre
3. Die Reinerbigkeit muss erhalten bleiben.
4. Sohn armer Eltern – arbeitslos – krank
5. seine Mittellosigkeit

Literatur:

Institutum Bohemicum (Hrsg.): Johann Gregor Mendel. Band 4. München 1984.
Falkenhan, H.-H. (Hrsg.): Handbuch der praktischen und experimentellen Schulbiologie. Band 5. Aulis Verlag. Köln 1976.

Vervollständige die Schemata zur 1. und 2. mendelschen Regel.
Lebewesen: **Saaterbse**, untersucht auf **Samenfarbe** (Gen)
Allele: dominant: **gelb (A)** – rezessiv: **grün (a)**

Erste mendelsche Regel

P = ...

Phänotyp — gelb — X (gekreuzt mit) — grün

Genotyp

mögliche Keimzellen

F_1 = ...

Phänotyp

Genotyp

Zweite mendelsche Regel

.... × ....

Phänotyp

Genotyp

mögliche Keimzellen

Keimzellen		

F_2

Phänotypen

Genotypen

Verhältnis der Genotypen .... : .... : ....

Verhältnis der Phänotypen .... : ....

Methodisch-didaktische Hinweise:
Diese Vorlage lässt sich als Arbeitsblatt oder Lernzielkontrolle einsetzen. Ein zusätzlicher Hefteintrag könnte neben einigen Daten aus dem Leben *Gregor Mendels* auch die Definitionen seiner Regeln enthalten:

- *Gregor Mendel* (1822-1884): Augustinermönch in Brünn (heute Brno in Tschechien); Lehrer, Botaniker, Naturforscher (unternahm mehr als 10 000 Kreuzungsversuche);
- Erste mendelsche Regel:
  Die Nachkommen (F_1) reinerbiger Eltern sind in Bezug auf das betrachtete Merkmal gleich (Uniformität), unabhängig davon, welcher Elternteil welches Merkmal trägt (Reziprozität).
- Zweite mendelsche Regel:
  Kreuzt man die F_1-Generation unter sich, so treten (bei hinreichend großer Nachkommenzahl) in der F_2-Generation die Merkmale der P-Generation in einem charakteristischen Zahlenverhältnis auf (Spaltung).

Erste *mendel*sche Regel

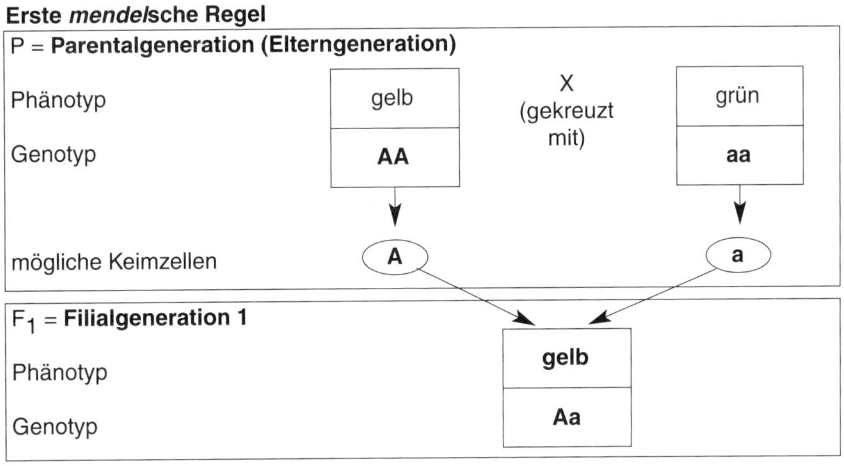

Zweite *mendel*sche Regel

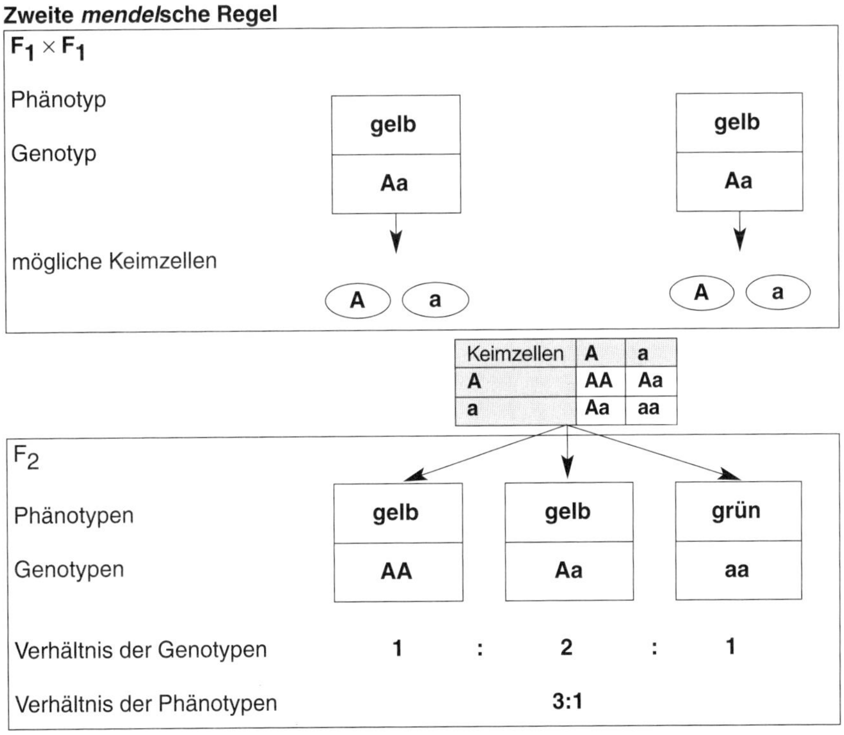

Erste und zweite mendelsche Regel

Gesucht wird ein Ort, der im Leben des unten abgebildeten Naturforschers eine zentrale Rolle spielte.

▲ *Quelle des Fotos: Deutsches Museum, München*

1. Mit diesen Pflanzen führte der nebenan abgebildete Naturforscher im 19. Jahrhundert die meisten seiner Kreuzungsversuche durch.
2. Das Gegenteil von dominant
3. So wird in Kurzform die 2. Regel des Naturforschers bezeichnet.
4. Wofür steht bei dem Wort „Uniformitätsregel“ der Wortteil „uniform“?
5. Ein anderes Wort für Blütenstaub
6. Die 1. Regel, die der abgebildete Naturforscher aufstellte, setzt voraus, dass die Elterngeneration ....ist.

(Die grau unterlegten Buchstaben ergeben das Lösungswort.)

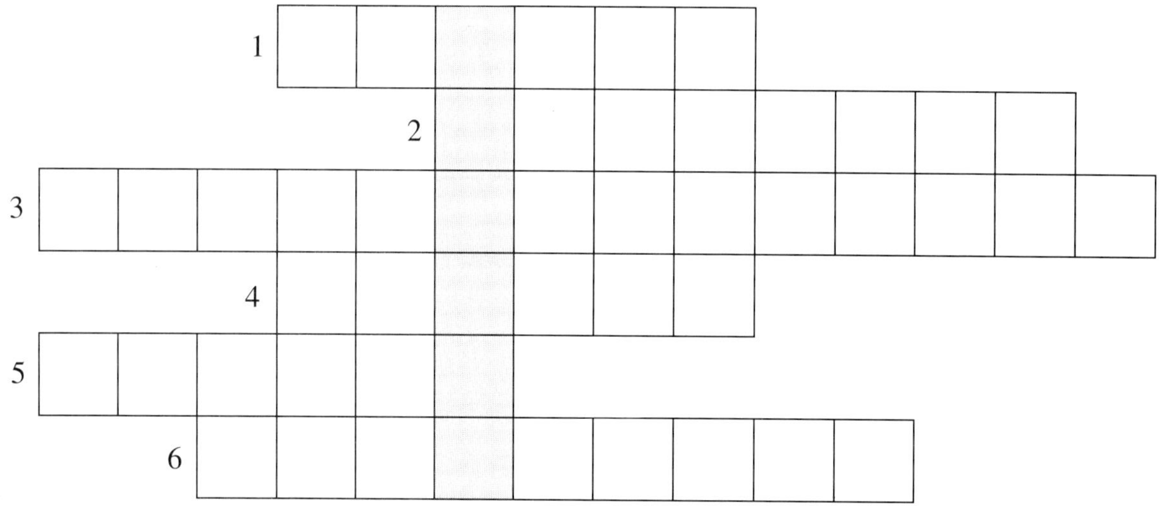

Das Lösungswort lautet: ....

Welche Beziehungen bestehen zwischen dem Lösungswort und dem oben abgebildeten Naturforscher?

....

....

....

....

Methodisch-didaktische Hinweise:

Die Lösung dieses einfachen Kreuzworträtsels beansprucht nur wenige Minuten. Es kann deshalb am Stundenende als Schlusszusammenfassung genutzt werden. Dabei werden alle wichtigen Begriffe noch einmal in einen Beziehungszusammenhang gebracht und erneut gefestigt.
Bei den Erläuterungen zum Lösungswort soll – über den Biologieunterricht hinaus – das Lebenswerk *Mendels* noch einmal vorgestellt werden. Zudem kann man auch fächerübergreifend arbeiten, indem die Schülerinnen und Schüler die Lage Brünns an der Wandkarte / im Atlas beschreiben.
Das Kreuzworträtsel kann man auch als Hausaufgabe verwenden.

Lösung:

1				E	R	B	S	E	N					
2						R	E	Z	E	S	S	I	V	
3	S	P	A	L	T	U	N	G	S	R	E	G	E	L
4				G	L	E	I	C	H					
5	P	O	L	L	E	N								
6			R	E	I	N	E	R	B	I	G			

Das Lösungswort lautet **BRÜNN**.

Brünn ist eine Stadt in der heutigen Tschechischen Republik (Tschechien). Im Leben von *Gregor Johann Mendel* spielte Brünn eine zentrale Rolle:

- Er trat als Augustinermönch in das Kloster Brünn ein.
- Er unterrichtete an der Oberrealschule des Ordens in Brünn Mathematik und Naturwissenschaften.
- Er war Prior des Klosters in Brünn.
- Er führte seine Kreuzungsversuche im Klostergarten von Brünn durch.
- Er starb am 6. Januar 1884 in Brünn.

Augaben:

1. Ergänze den dargestellten Erbgang bei der Tulpe. Male ab der F_1-Generation die Kronblätter in den passenden Farben aus (R = rot = dominant / w = weiß = rezessiv). Trage auch die Genotypen ein.

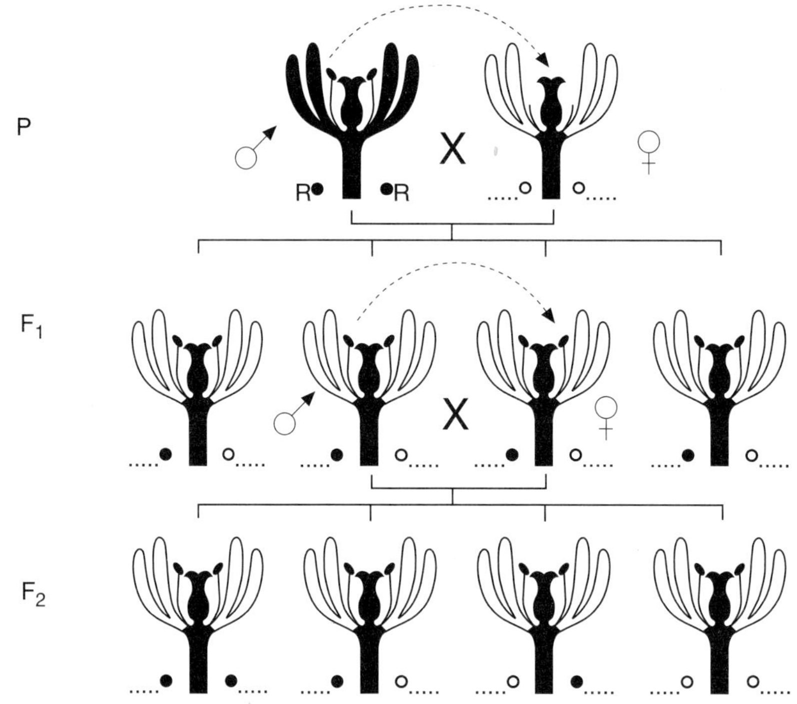

2. Formuliere mit eigenen Worten die Mendelschen Regeln.

Erste mendelsche Regel: ....

....

Zweite mendelsche Regel: ....

....

....

3. Wie würde sich die Farbe der Kronblätter bei einer intermediären Vererbung ändern? Vervollständige das Erbschema und erkläre.

Erklärung: ....

....

....

....

....

....

....

....

....

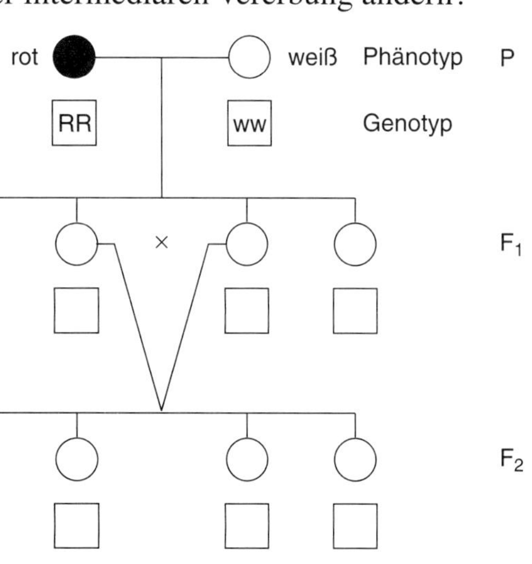

Methodisch-didaktische Hinweise:
Das Arbeitsblatt kann man zur Lernzielkontrolle einsetzen. Es ermöglicht aber auch die Wiederholung und Festigung der ersten beiden mendelschen Regeln. Da im Unterricht die Thematik meist anhand von Erbsen oder Wunderblumen behandelt wird, soll hier ein anderes Beispiel vorgestellt werden.

Lösungen:

1.

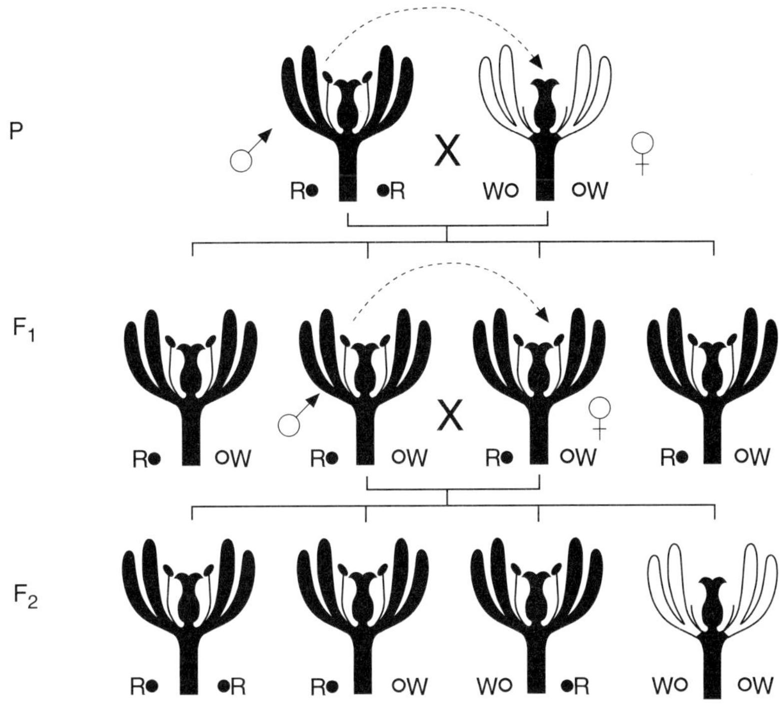

2. Erste mendelsche Regel: Kreuzt man zwei reinerbige Individuen einer Art, die sich in einem Merkmal unterscheiden, so sind die Nachkommen in der F_1-Generation in Bezug auf dieses Merkmal alle gleich: Uniformitätsregel

   Zweite mendelsche Regel: Kreuzt man die Mischlinge der F_1-Generation untereinander, dann spalten die Merkmale in der F_2-Generation in einem festen Zahlenverhältnis wieder auf.

3. Alle mischerbigen Pflanzen wären rosa.

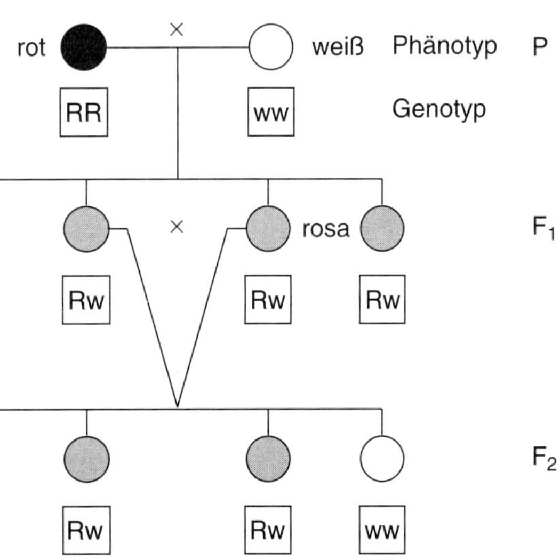

Vererbung der Blütenfarbe der Wunderblume

Aufgaben:

1. Reinerbige Wunderblumen, die weiß (ww) und rot (rr) blühen, werden gekreuzt. In der Folgegeneration entstehen ausschließlich rosa blühende Pflanzen.
   Beschrifte die Phänotypen der P- und der F_1-Generation im folgenden Schema.

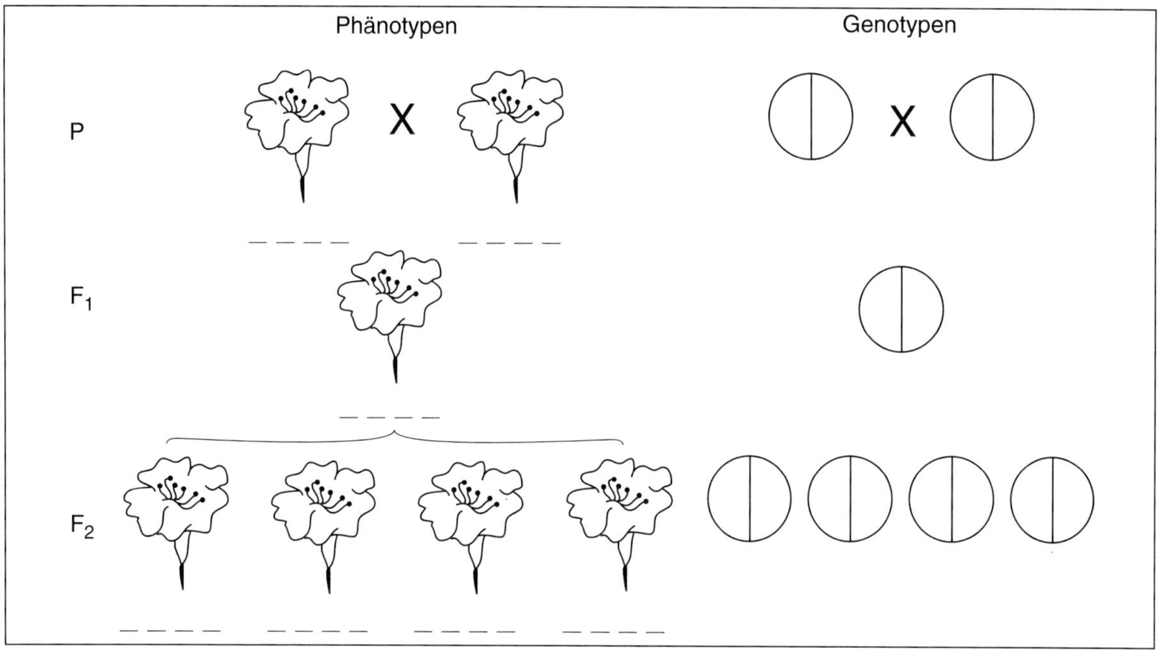

2. Ermittle die Genotypen der F_1-Generation mit Hilfe des linken Kreuzungsquadrates. Trage die Genotypen in die Kreise (oben im Kasten) ein.

P		

F_1		

3. Bestimme die Genotypen der F_2-Generation mit Hilfe des rechten Kreuzungsquadrates. Ordne den Blüten die entsprechenden Farben zu.

4. Prüfe und begründe die folgende Aussage:
   Die 1. und 2. mendelsche Regel trifft auch auf den intermediären Erbgang zu.

   richtig ❐ falsch ❐ Begründung: ....

   ....

5. Welche Unterschiede bestehen zwischen der intermediären Vererbung und der dominant-rezessiven?

   ....

   ....

Methodisch-didaktische Hinweise:
Im Anschluss an die dominant-rezessive Vererbung folgt die Erarbeitung des intermediären Erbgangs am Beispiel der Wunderblume. Voraussetzung ist die Kenntnis der 1. und 2. mendelschen Regel.
Zusätzlich zur Beschriftung der Skizze können die Blüten auch mit den entsprechenden Farben ausgemalt werden.

Lösungen:
1

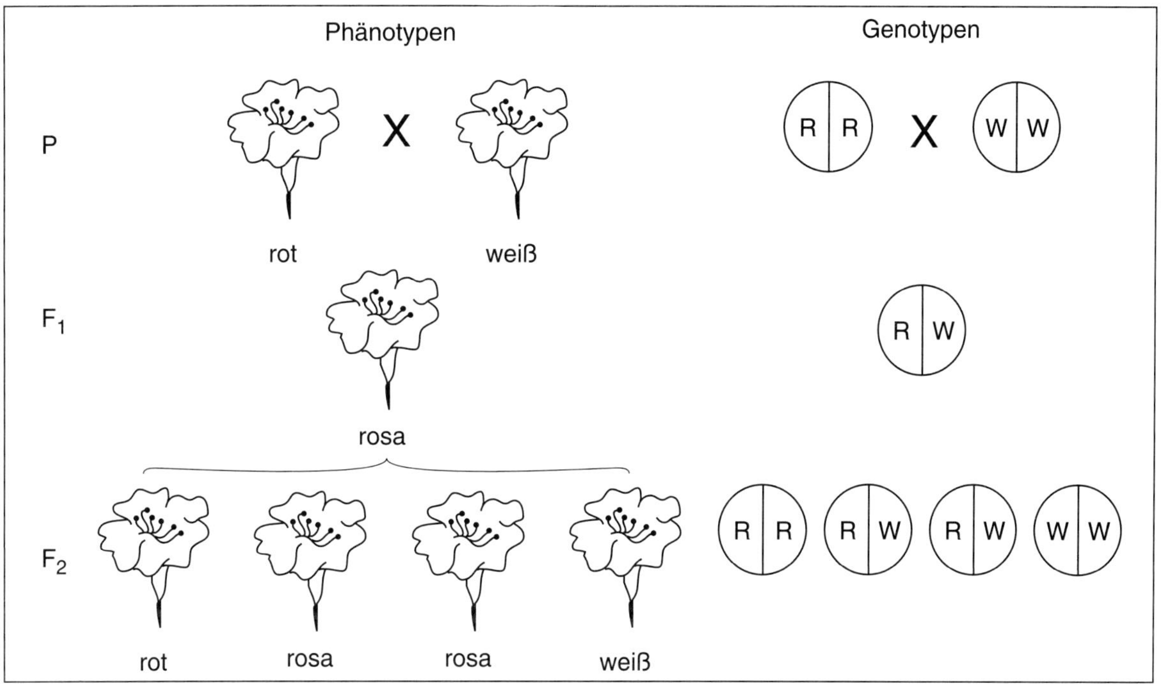

2 / 3

P	R	R
W	RW	RW
W	RW	RW

F_1	R	W
R	RR	RW
W	RW	WW

4. Richtig! Alle Individuen der F_1-Generation sind sowohl im Geno- als auch im Phänotyp gleich.

5. Aus den Phänotypen lassen sich eindeutig die Genotypen ableiten. Das Verhältnis der Genotypen: intermediär: 1:2:1
dominat/rezessiv: 3:1

Dritte mendelsche Regel

1. Gekreuzt werden zwei Erbsensorten, die sich jeweils in zwei Merkmalen unterscheiden (gelb und rund × grün und runzelig).
   Die Elterngeneration ist für beide Merkmale reinerbig (GGRR und ggrr)

1.1 Fülle zunächst das Kreuzungsschema für die P- und die F1-Generation aus.
   - Trage dazu die passenden Genotypen und die Keimzellenkombinationen ein.
   - Male die Phänotypen in den jeweils richtigen Farben aus (grün oder gelb).

1.2 Gib für die F_2-Generation alle möglichen Genkombinationen an und zeichne dazu die passenden Phänotypen. Das Ergebnis entspricht der 3. mendelschen Regel.

Erläuterung:

1. Merkmal
Samenfarbe (G = gelb; g = grün)

2. Merkmal
Samenform: (R = rund; r = runzelig)

P
- Phänotyp: ○ × ○
- Genotyp: GGRR ggrr
- Keimzellen: ○ ○

F_1
- Genotyp: ☐
- Phänotyp: ○ × ○
- Genotyp: ☐ ☐
- Keimzellen: ○ ○ ○ ○ ○ ○ ○ ○

F_2

mögliche Genotypen- und Phänotypenverteilung

♀ \ ♂ ○	○	○	○	○
GR				
Gr				
gR				
gr				

Ergebnis:
Zahlenverhältnis der Phänotypenverteilung

○ : ○ : ○ : ○

—— : —— : —— : ——

Kreuze die Neukombination an.

2. Warum heißt die 3. mendelschen Regel auch Unabhängigkeitsregel?

....

....

3. Formuliere mit eigenen Worten die 3. mendelschen Regel.

....

....

....

Methodisch-didaktische Hinweise:
Mit diesem Arbeitsblatt können sich die Schüler die 3. mendelsche Regel selbst erarbeiten, denn Kreuzungsschemata oder Zuordnungen von Geno- und Phänotypen sind aufgrund der Behandlung der ersten beiden *mendel*schen Regeln bereits bekannte Fakten. Hilfestellung wird man eventuell bei der Keimzellenbildung des dihybriden Erbganges geben müssen, da hier von den Schülern ein gewisses Kombinationsdenken gefordert wird.
Es empfiehlt sich, im Anschluss an dieses Arbeitsblatt die Vererbung weiterer Merkmalskombinationen vorzustellen (z. B. Fellfarbe und Fellart beim Meerschweinchen, Körperfarbe und Flügellänge bei der Drosophila). Auch der Einsatz von Computerprogrammen, die zu diesem Thema verschiedentlich angeboten werden, bereitet den Schülern meist nicht nur große Freude, sondern sie können auch zum gründlichen Verständnis der 3. mendelschen Regel beitragen.

Lösungen:

1.

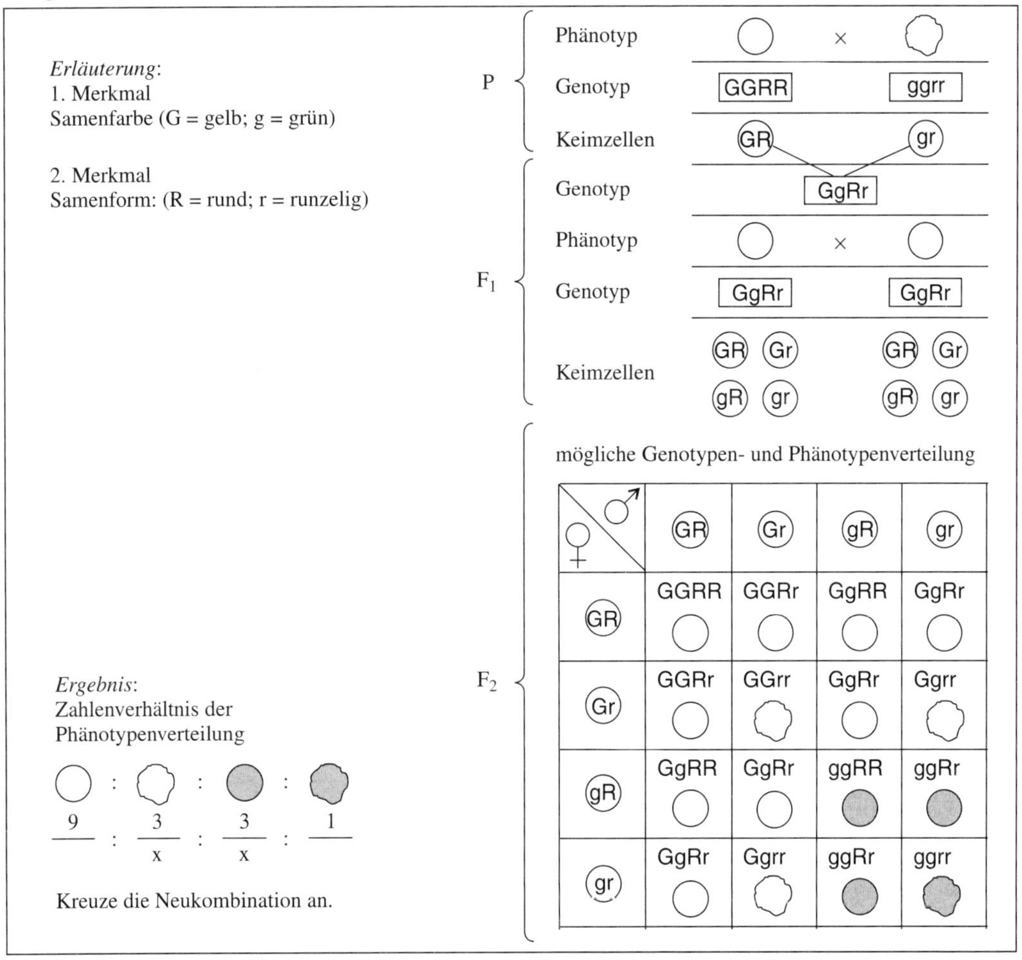

2. Einzelne Gene werden unabhängig voneinander vererbt. Dies führt zu neuen Merkmalskombinationen.

3. Kreuzt man zwei Lebewesen, die sich in mehr als einem Merkmal reinerbig unterscheiden, treten in der F_2-Generation alle möglichen Kombinationen von Merkmalen der P-Generation auf.

S V. 1.5.7 Dritte mendelsche Regel

Die Farbe des Gefieders wird bei einigen Hühnerrassen *intermediär* vererbt.

1. Vervollständige den intermediären Erbgang durch Angabe der Genotypen und der Keimzellen (S = Gen für schwarzes Gefieder / W = Gen für weißes Gefieder) in den Kreisen.
2. Schneide die Phänotypen von ganz unten aus und klebe sie passend (in die Rechtecke) dazu.

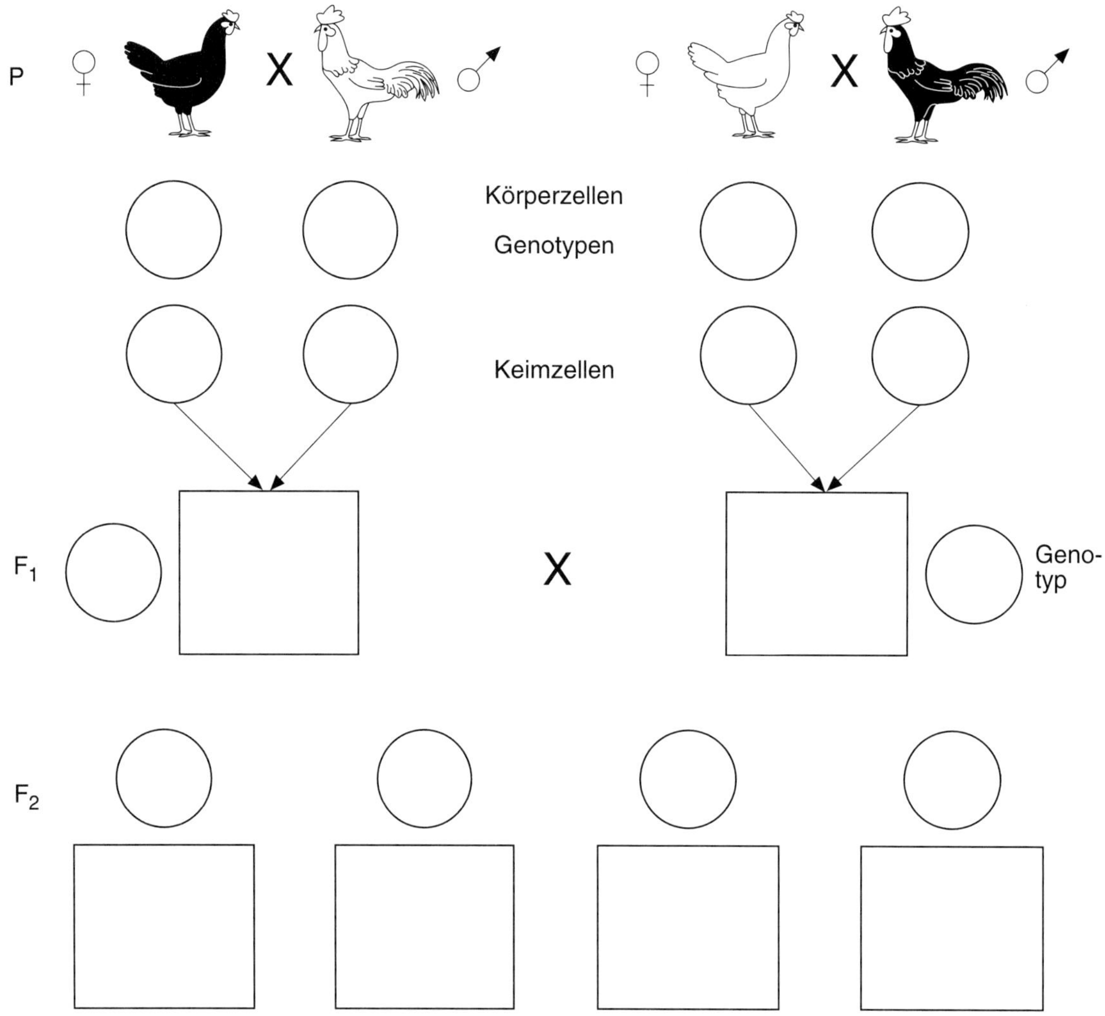

✂ ....

Methodisch-didaktische Hinweise:
Die Aufgabe eignet sich als Hausaufgabe oder zur Partnerarbeit im Unterricht. Sie soll an einem konkreten Beispiel die dritte mendelsche Regel einüben und anwenden. Zur besseren Übersicht empfiehlt es sich, die weiblichen Tiere im Kreuzungsschema in die linke Spalte, die männlichen Tiere in die rechte zu kleben.

Material:
Schere
Papierkleber

Lösungen:

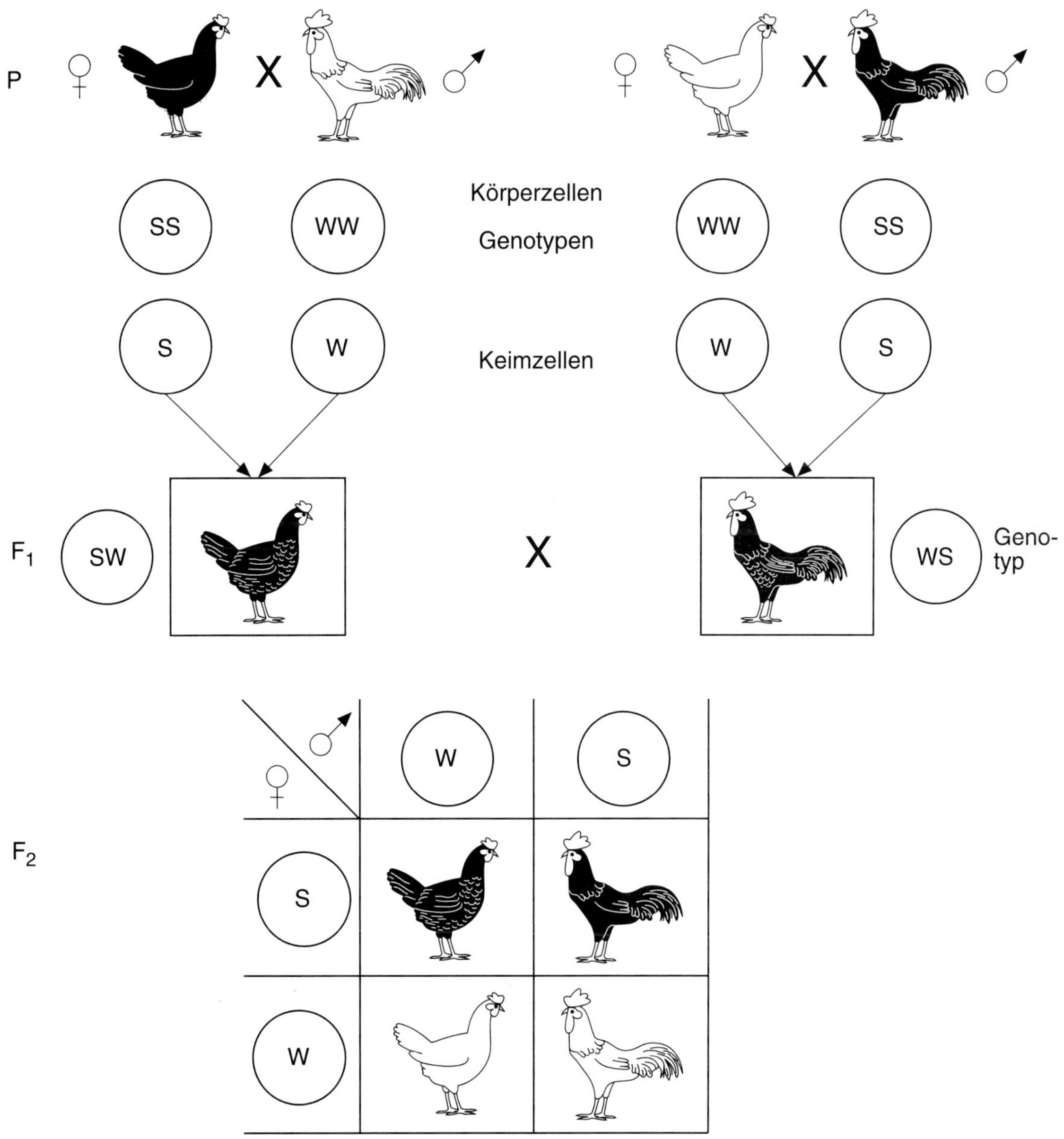

S V. 1.5.8 Erste bis dritte mendelsche Regel

▲ *Quelle des Fotos: Deutsches Museum, München*

1. Dieser Forscher führte im 19. Jahrhundert im Klostergarten von Brünn Experimente an Pflanzen durch. Nenne seinen Vor- und Nachnamen:

....

....

Er machte bei seinen Experimenten eine überraschende Entdeckung:

....

....

2. Nenne die „Kurzbezeichnungen" von zwei Regeln, die der Naturforscher herausgefunden hat.

....

Formuliere **eine** dieser Regeln:

....

....

....

3. Ein Kunde bestellt bei einem Gärtner einen größeren Posten Tulpen, die alle rosa (RW) blühen sollen. Der Gärtner möchte die Blumen selbst züchten. Er hat drei Sorten von Tulpen, die sich in der Blütenfarbe und im Genotyp voneinander unterscheiden:

weiß (WW) • rot (Rw) • rot (RR)

Der Gärtner weiß, dass du ein erfahrener Genetiker bist und möchte deshalb von dir wissen, welche Blumen er miteinander kreuzen soll, damit er den Auftrag möglichst schnell erfüllen kann. Was rätst du ihm? (Begründe deinen Rat.)

.... × ....

Begründung: ....

....

4. Kreuze eine Erbsensorte mit runden Samen (Rr) mit einer Sorte, die runzlige Samen (rr) hat. Wie sehen die Samen in der F_1-Generation aus?

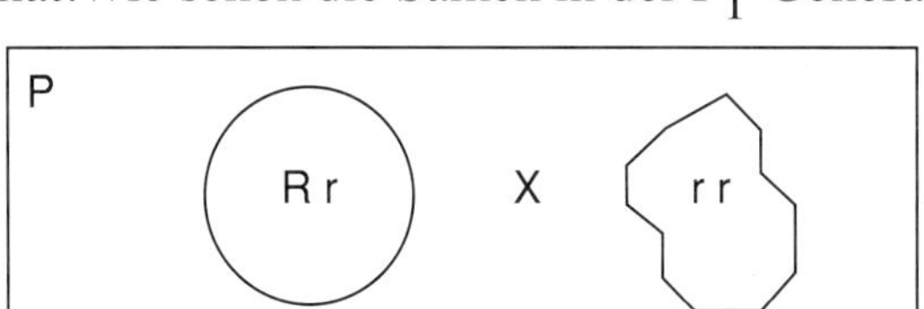

→

Keimzellen		

Beschreibe die möglichen Phänotypen in F_1. Welche Regel greift hier? Begründe.

....

....

Methodisch-didaktische Hinweise:
Der Test kann nach der Besprechung der Wissenseinheiten zur Vertiefung des Wissens über
- Leistung und Leben von Gregor Mendel,
- Gesetzmäßigkeiten bei der Vererbung (Mendel 1–3)

eingesetzt werden. Er eignet sich aber auch als schriftlicher Leistungsnachweis, zum Beispiel in Form einer Stegreifaufgabe oder als unbenotete Leistungskontrolle (schriftliche Hausaufgabe).
Den Schülerinnen und Schülern sollte der Umgang mit den Kreuzungstabellen bekannt sein. Bei der Aufgabe 4 handelt es sich um eine Rückkreuzung. Bei diesen Kreuzungen werden die folgenden Generationen mit R_1, R_2 ... bezeichnet. Da man Rückkreuzungen im Unterricht jedoch nicht immer bespricht, wird hier die Bezeichnung F_1 gewählt, die den Schülerinnen und Schülern bereits bekannt sein sollte.

Lösungen:
1. Johann Gregor Mendel; er erkannte, dass bei der Vererbung Gesetzmäßigkeiten auftreten;
2. Uniformitätsregel – Spaltungsregel – Unabhängigkeitsregel
   Uniformitätsregel: Kreuzt man reinerbige Individuen, die sich in einem Merkmalspaar unterscheiden, dann sind die Nachkommen in der F_1-Generation in Bezug auf dieses Merkmal untereinander gleich.
   Spaltungsregel: Kreuzt man die Individuen der F_1-Generation untereinander, dann spalten die Merkmale in der F_2-Generation in einem bestimmten Zahlenverhältnis auf.
   Unabhängigkeitsregel: Kreuzt man Individuen, die sich in mehreren Merkmalen reinerbig unterscheiden, dann treten in der F_2-Generation sämtliche Merkmalskombinationen der Elterngeneration auf.

3. Der Gärtner muss weiße (WW) mit roten Pflanzen des Genotyps RR kreuzen (Elterngeneration), um in F_1 ausschließlich rosa blühende Tulpen zu erhalten (WR). Es handelt sich um einen intermediären Erbgang, welcher der Uniformitätsregel folgt. Bei einer Kreuzung von WW mit Rw erhält man nur 50% der gewünschten Pflanzen.

4.

Keimzellen	R	r
r	Rr	rr
r	Rr	rr

Rr: mischerbig; Rund ist dominant und führt zur Merkmalsausprägung
rr : reinerbig rezessiv; runzelig. Hier greift keine der 3 mendelschen Regeln, da eine Ausgangsformen nicht reinerbig (Mendel 1; 3) ist.

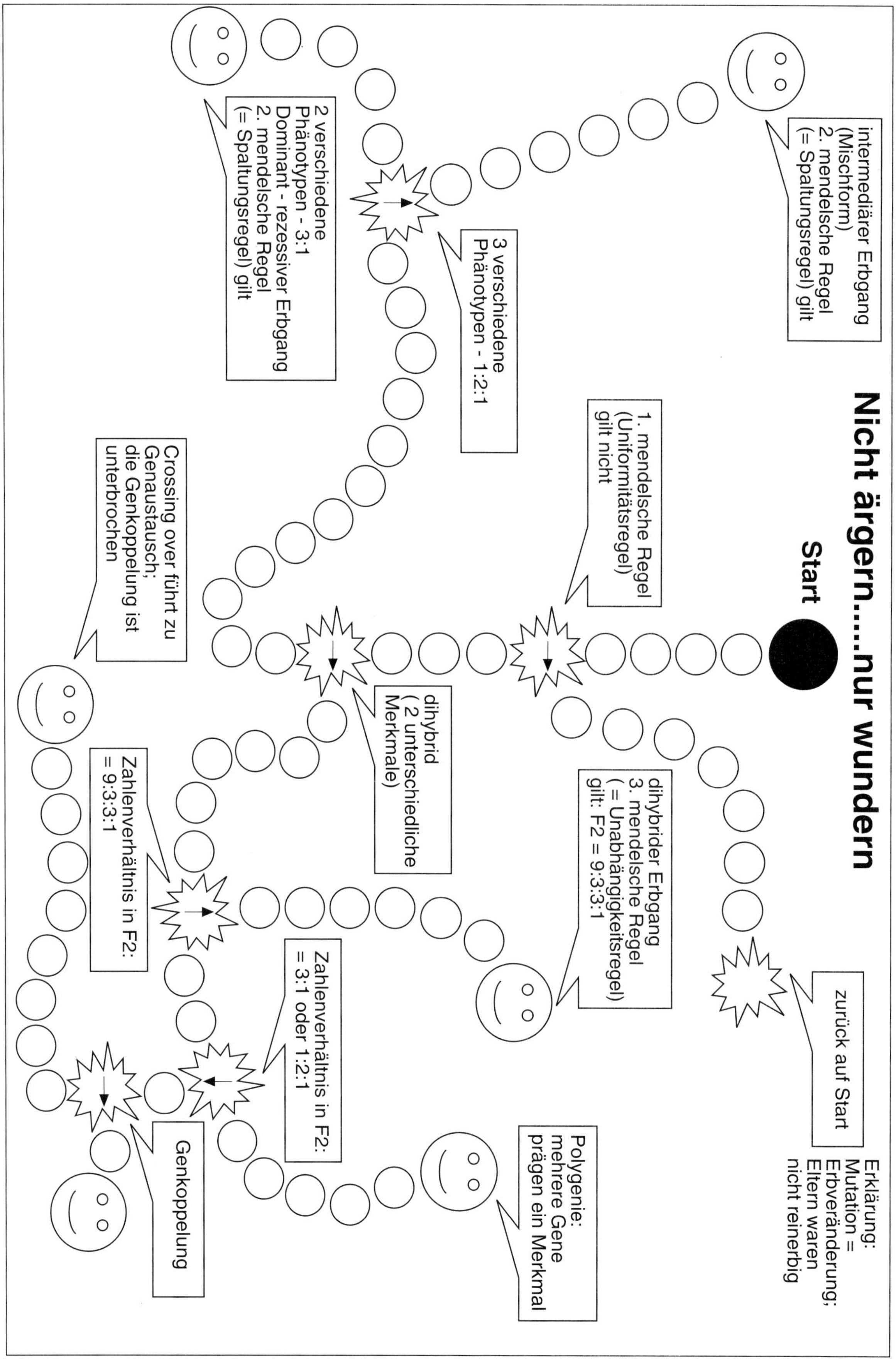
Nicht ärgern.....nur wundern
Start
1. mendelsche Regel (Uniformitätsregel) gilt nicht
intermediärer Erbgang (Mischform) 2. mendelsche Regel (= Spaltungsregel) gilt
3 verschiedene Phänotypen - 1:2:1
2 verschiedene Phänotypen - 3:1 Dominant - rezessiver Erbgang 2. mendelsche Regel (= Spaltungsregel) gilt
Crossing over führt zu Genaustausch; die Genkoppelung ist unterbrochen
dihybrid (2 unterschiedliche Merkmale)
dihybrider Erbgang 3. mendelsche Regel (= Unabhängigkeitsregel) gilt: F2 = 9:3:3:1
zurück auf Start
Erklärung: Mutation = Erbveränderung; Eltern waren nicht reinerbig
Zahlenverhältnis in F2: = 9:3:3:1
Zahlenverhältnis in F2: = 3:1 oder 1:2:1
Polygenie: mehrere Gene prägen ein Merkmal
Genkoppelung

Methodisch-didaktische Hinweise:
Die Genialität und der Fleiß *Gregor Mendels* zeigten sich etwa 50 Jahre nach Veröffentlichung seiner Versuche. Abweichungen von den aufgestellten Regeln sind erklärbar, ohne dass seine Verdienste um die Grundlagen der Genetik dadurch geschmälert werden.

In spielerischer Form – als „Mensch ärgere Dich nicht“ – sollen die Schüler die verschiedenen Erbgänge, ihre Unterschiede und Gemeinsamkeiten kennenlernen. Um das Spiel aber nicht zu kompliziert zu machen, bleiben Rückkreuzungen (monohybrid 1:1/ dihybrid 1:1:1:1) unberücksichtigt. Beim dihybriden Erbgang ist nur das Zahlenverhältnis 9:3:3:1 angegeben. Andere Zahlenverhältnisse, die sich daraus ableiten lassen (z. B. 9:3:4 / 9:7 /12:3:1), wurden weggelassen.

Das Spiel ist für 2 bis 4 Schüler gedacht.

Material:
- Spielfeld (am besten auf DIN A 3 vergrößert)
- 1 Spielstein für jeden Spieler (in unterschiedlichen Farben)
- 1 Würfel

Spielregeln:
- Jeder Schüler der Gruppe erhält einen Spielstein.
- Durch Würfeln rückt er eine bestimmte Anzahl von Feldern vor.
- Mehrere Spieler können das gleiche Feld besetzen.
- Gelangt der Spieler auf ein Feld mit einem Pfeil  , so muss er in Pfeilrichtung vorrücken.
- Es darf immer nur vorwärts gerückt werden.
- Wer zuerst den Smiley  erreicht hat, ist der Gewinner.

V. 1.5.10 Erste bis dritte mendelsche Regel

Die Fellfarbe des Meerschweinchens wird dominant-rezessiv vererbt (S = schwarz = dominant).

1. Wie sehen die Nachkommen (F_1) der beiden nebenan abgebildeten reinerbigen Tiere aus?

Phänotypen: ....

Genotypen: ....

Begründung: ....

....

2. Die nebenan abgebildeten Tiere (F_1) entstammen einer Kreuzung (schwarz × weiß). Wie können deren Nachkommen aussehen?

Mögliche Phänotypen: ....

....

Begründung: ....

....

....

3. Von einem schwarzen Meerschweinchen ist unbekannt, ob es rein- oder mischerbig ist. Beschreibe kurz einen Kreuzungsversuch, der geeignet ist, eine eindeutige Entscheidung über den Genotyp zu fällen.
   Ergänze dazu das Erbschema mit Phäno- und Genotypen.

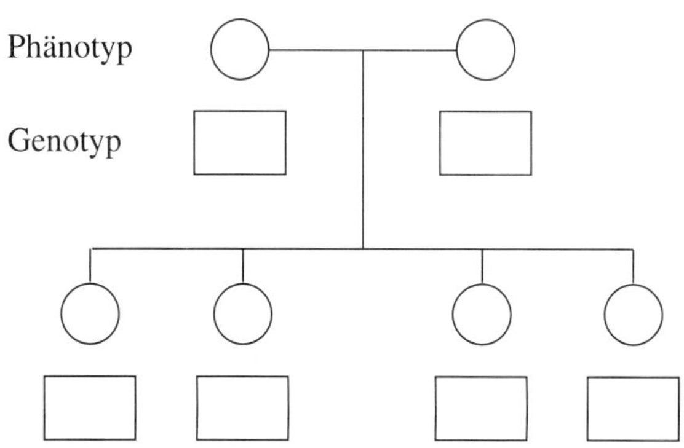

....

....

....

....

....

....

....

....

....

Methodisch-didaktische Hinweise:
Anhand der Aufgaben der Vorlage sollen die Schüler erkennen, dass
- die Zahlenverhältnisse der Vererbungsgesetze nicht bei einer kleinen Stichprobenzahl erwartet werden können, sondern sich erst bei sehr hohen Nachkommenzahlen statistisch den Regeln nähern,
- die Test- oder Rückkreuzung eine Möglichkeit darstellt, unbekannte Genotypen zu bestimmen.

Eine Ergänzung der Thematik könnte eine Computersimulation sein (die von verschiedenen Verlagen angeboten wird), mit der man in kürzester Zeit Tausende von Kreuzungen durchführen kann und zu statistisch abgesicherten Ergebnissen kommt.

Lösungen:
1. Phänotypen: alle schwarz (SS)
   Genotypen: alle mischerbig (Sw)
   Begründung: 1. mendelsche Regel

2. Phänotypen: schwarz oder / und weiß
   Begründung: Bei geringer Nachkommenschaft entscheidet allein der Zufall.

3. Kreuzung des unbekannten Typs mit reinerbigem weißem Exemplar:
   – Sind alle Nachkommen schwarz: unbekannter Typ ist reinerbig;
   – Sind alle Nachkommen weiß oder / und schwarz: unbekannter Typ ist mischerbig;
   Art der Kreuzung: Test- oder Rückkreuzung

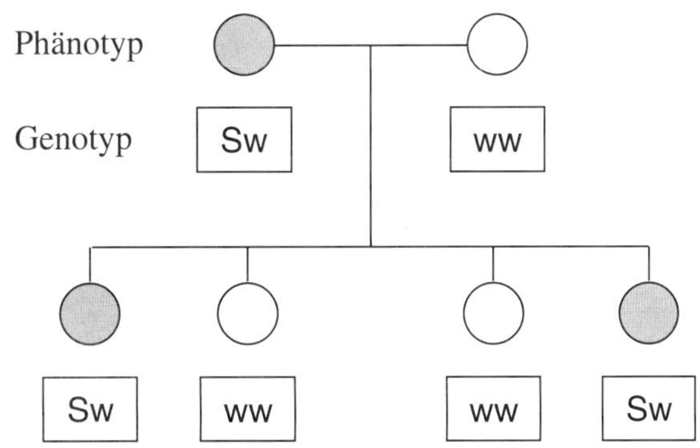

1 Klassische Genetik

1.6 Begriffe und Personen

S V. 1.6.1 Begriffe aus der Genetik

Von Allel bis Zentromer

24 Begriffe aus der Genetik werden in dem folgenden Rätsel gesucht. Wenn du sie senkrecht eingetragen hast (Ä= AE, Ü = UE), erhältst du im waagrechten, stark umrandeten Feld das Lösungswort. Was versteht man darunter?

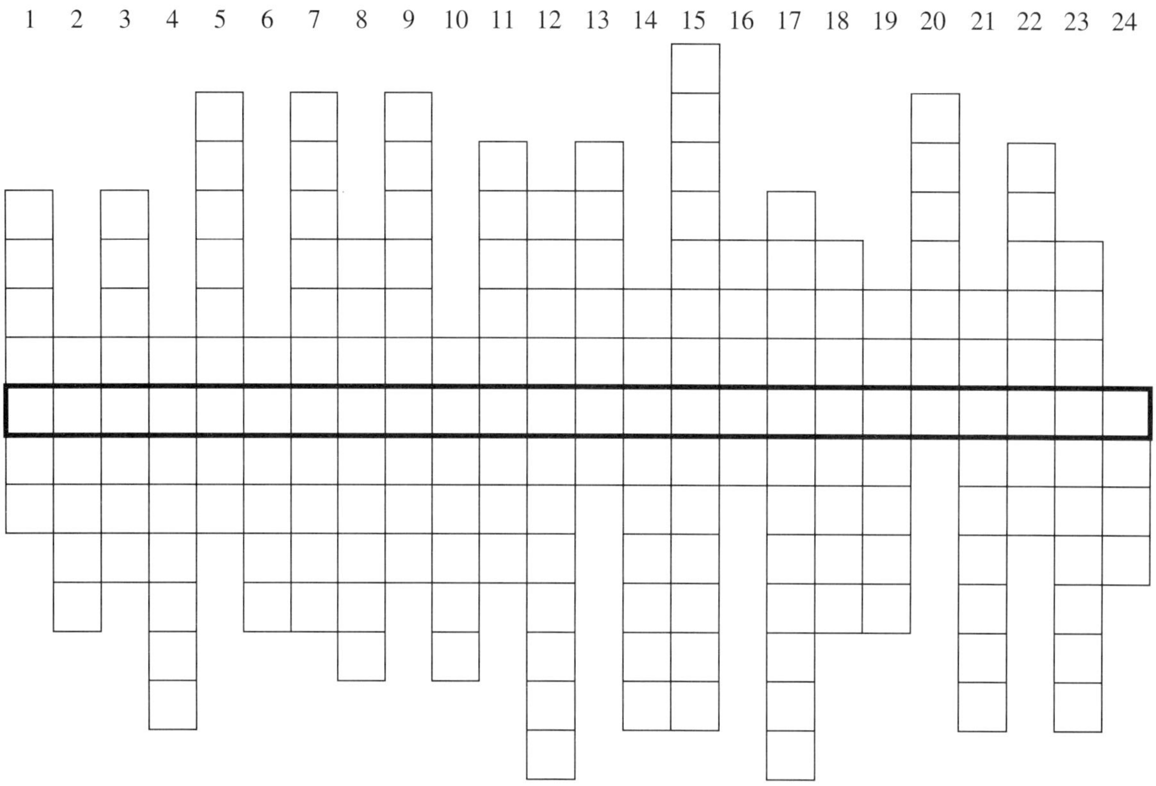

1 Fachausdruck für erbgutverändernd
2 Zellteilungsart, die zur Bildung von Keimzellen führt (Reifeteilung)
3 sich durchsetzende Erbmerkmale
4 unterdrückte Erbmerkmale
5 Erscheinungsbild
6 Zellteilungsart, bei der jede Tochterzelle die gleiche Chromosomenzahl wie die Mutterzelle hat
7 die Träger der Erbanlagen
8 gezielte, genetisch stabile Veränderung von Lebewesen durch den Menschen
9 moderne, praxisbezogene Forschungsrichtung der Genetik
10 Erbbild
11 bedeutet, dass die Allele eines Gens gleich sind
12 umweltbedingte Veränderung im Erscheinungsbild eines Lebewesens
13 doppelter Chromosomensatz
14 die Verbindungsstelle der Chromosomenhälften
15 Name der 2. mendelschen Regel
16 Informationsgehalt eines Gens
17 eine Art des Erbgangs
18 Veränderung einer Erbanlage
19 Mischling aus verschiedenen Pflanzenrassen oder -arten
20 einfacher Chromosomensatz
21 die Hälfte eines Chromosoms
22 eine Züchtungsmethode
23 bedeutet, dass die Allele eines Gens verschieden sind
24 die Gesamtheit aller durch ungeschlechtliche Vermehrung aus einem Individuum hervorgegangenen Lebewesen

Methodisch-didaktische Hinweise:
Aufgrund der ausgewählten Begriffe und der Formulierung der entsprechenden Fragen eignet sich das Rätsel besonders zur Zusammenfassung und Wiederholung der klassischen Genetik. Bei den erfragten Fachausdrücken handelt es sich ausnahmslos um sehr gängige Begriffe. Man kann das Rätsel im Unterricht oder als Hausaufgabe lösen lassen. Die Bearbeitungszeit beträgt etwa 15 Minuten.
Zum Lösungswort sind einige erläuternde Bemerkungen angebracht, da die Schüler mitunter zwar die Bezeichnung *genetischer Fingerabdruck* kennen, in der Regel aber keine fachlichen oder praxisrelevanten Einzelheiten.

Lösung:

1	2	3	4	5	6	7	8	9	10	11	12	13	14	15	16	17	18	19	20	21	22	23	24
														S									
				P		C		G						P					H				
				H		H		E		R		D		A					A		K		
M		D		A		R		N		E	M	I		L		I			P		R		
U		O		E		O	Z	T		I	O	P		T	A	N	M		L		E	M	
T		M		N		M	U	E		N	D	L	Z	U	L	T	U	H	O	C	U	I	
A	M	I	R	O	M	O	E	C	G	E	I	O	E	N	L	E	T	Y	I	H	Z	S	
G	**E**	**N**	**E**	**T**	**I**	**S**	**C**	**H**	**E**	**R**	**F**	**I**	**N**	**G**	**E**	**R**	**A**	**B**	**D**	**R**	**U**	**C**	**K**
E	I	A	Z	Y	T	O	H	N	N	B	I	D	T	S	L	M	T	R		O	N	H	L
N	O	N	E	P	O	M	T	I	O	I	K		R	R		E	I	I		M	G	E	O
	S	T	S		S	E	U	K	T	G	A		O	E		D	O	D		A		R	N
	E		S		E	N	N		Y		T		M	G		I	N	E		T		B	
			I				G		P		I		E	E		A				I		I	
			V								O		R	L		E				D		G	
											N					R							

Lösungswort: GENETISCHER FINGERABDRUCK

Zusatzinformationen zum Lösungswort:
- Kleinste DNA-Mengen aus Haarwurzelzellen, Blut, Speichel oder Sperma kann man mit Hilfe der Polymerase-Kettenreaktion (PCR) kopieren und vervielfältigen. Dadurch lassen sich ausreichende DNA-Mengen für die Erstellung genetischer Fingerabdrücke gewinnen.
- Das Untersuchungsverfahren lässt sich auch bei sehr altem Erbmaterial anwenden. So hat man mit der PCR und anschließendem DNA-Fingerprinting unter anderem festgestellt, dass Kaspar Hauser kein Abkömmling des Hauses Baden war.
- Laut Mitteilung des Bundeskriminalamtes Wiesbaden (Mai 2000) können dank eines dort entwickelten, empfindlichen Verfahrens nun auch Haarstücke ohne Haarwurzel zur Anfertigung genetischer Fingerabdrücke genutzt werden, obwohl das Erbmaterial derartiger, abgestorbener Zellen nicht mehr völlig intakt ist.

Die Geheimschrift des Lebens

Wenn du alle Fragen richtig beanwortet hast, findest du ganz leicht das Lösungswort im grauen Feld. (Beachte: ä = ae, ö = oe)

Waagerecht

1 anderer Ausdruck für Doppelhelix
2 Erbanlagen die zur Merkmalsausbildung führen
3 Verschlüsselung der Erbinforniationen
4 Weitergabe der Erbinformationen
5 komplementäre Base des Adenins
6 Basen-Dreiergruppe
7 die vier „Buchstaben“ der DNA
8 komplementäre Base des Cytosins
9 das Gegenteil von Gonosomen
10 ein Gen beeinflusst mehrere Merkmale
11 komplementäre Base des Guanins
12 andere Bezeichnung für anfärbbares Körperchen
13 Bezeichnung für Geschlechtschromosomen
14 Bestandteil der „DNA-Holme“
15 Chromosomenhälfte

Senkrecht

16 Fachausdruck für Vererbungslehre
17 geordnetes Chromosomenbild
18 viele Gene bestimmen ein Merkmal
19 Grundstoff der Säure im „DNA-Holm“
20 komplementäre Base des Thymins
21 Verbindungsstelle der Chromosomenhälften
22 dort findet man das Erbgut

Methodisch-didaktische Hinweise:

Das Kreuzworträtsel eignet sich als Lernzielkontrolle in spielerischer Form. Es ist am Ende des Unterrichtes oder als Hausaufgabe einsetzbar. Folgende Themen müssen vorher behandelt sein: Chromosomenbau, Gen, DNA, genetischer Code. Die Schüler dürfen zur Lösung ihr Heft oder das Lehrbuch benützen.

Lösungen:

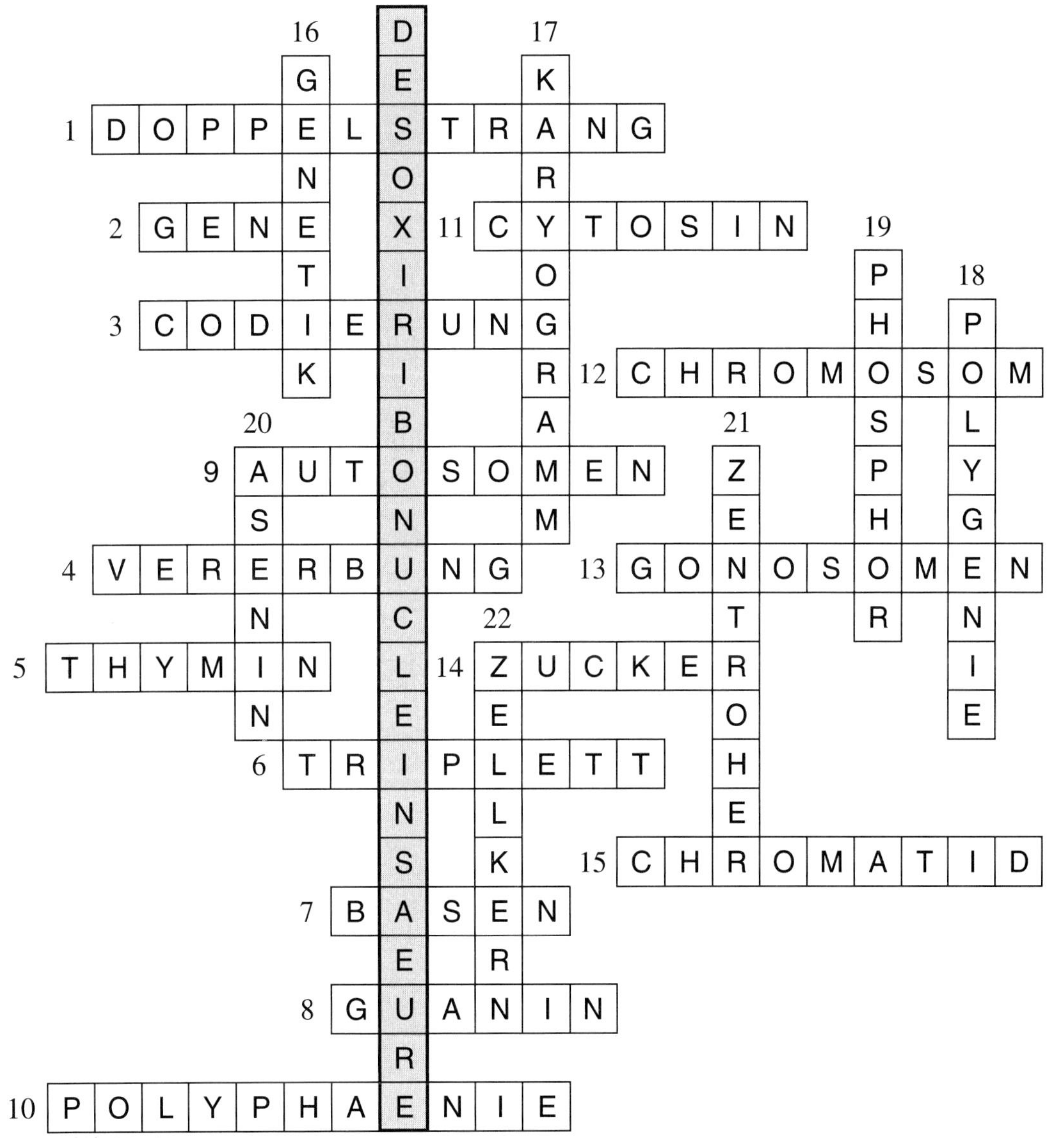

S V. 1.6.3 Geschichte der Genetik

Die folgenden 16 Genetiker haben Bahnbrechendes auf dem Gebiet der Vererbungslehre geleistet. Gelingt es dir, den – weitgehend chronologisch sortierten – Steckbriefen die richtigen Namen zuzuordnen? Trage sie an den entsprchenden Stellen in das Rätselgitter ein. Wie lautet das Lösungswort?

AVERY
BORLAUG
CHARGAFF
CORRENS
CRICK
GRIFFITH
JACOB
KLINEFELTER
MENDEL
MONOD
MORGAN
OCHOA
SENGBUSCH
SPEMANN
SUTTON
WATSON

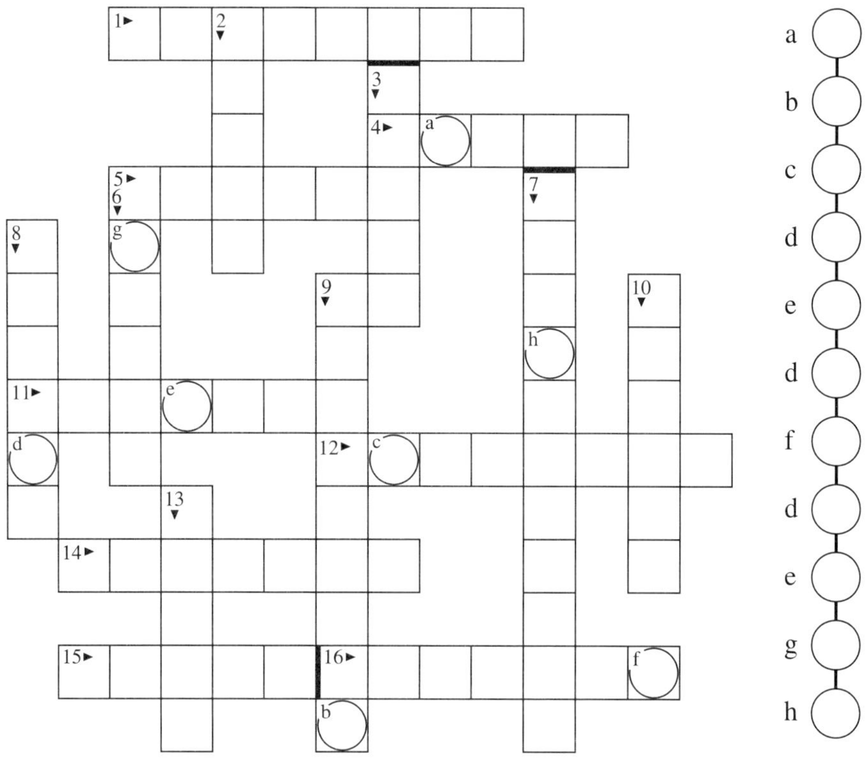

⑥ Begründer der klassischen Vererbungslehre (1822 bis 1884), Kreuzungsversuche mit Erbsen; die Bedeutung seiner Forschungsergebnisse wurde zu seinen Lebzeiten nicht erkannt

⑯ entdeckte 1900 gleichzeitig mit Tschermak und de Vries, aber unabhängig von diesen, die in Vergessenheit geratenen mendelschen Gesetze neu; vermutete bereits 1900, dass die Erbanlagen auf Chromosomen liegen

⑩ formulierte 1904 parallel zu Boveri, aber unabhängig von ihm, die Chromosomentheorie der Vererbung, nach der die Chromosomen die Träger der Erbanlagen sind

⑤ wurde besonders durch seine Forschung an der Fruchtfliege (Drosophila) bekannt, stellte in den 20er Jahren des 20. Jahrhunderts die erste Genkarte auf; 1933 Nobelpreis für Medizin

⑪ erforschte die Keimesentwicklung von Amphibien mit seinen berühmten Schnür- und Transplantationsversuchen; 1935 Nobelpreis für Medizin

⑨ Botaniker, züchtete in den 30er Jahren die Süßlupine als wichtige Futterpflanze; beschäftigte sich auch mit der Züchtung anderer Nutzpflanzen und Nutztiere

⑭ züchtete den mexikanischen Wunderweizen; 1970 Friedensnobelpreis für seinen Beitrag zur Linderung des Hungers in der Welt

⑦ Arzt, beschrieb die Symptome der Chromosomenanomalie XXY beim Menschen; das betreffende Syndrom wurde nach ihm benannt

⑫ beobachtete 1928 den Übergang von Erbmaterial toter Bakterien (Pneumokokken) auf lebende und damit erstmals eine so genannte Transformation

② nahm die Bakterienversuche von Griffith wieder auf und wies 1944 nach, dass die Erbinformationen von Pneumokokken mittels der DNA übertragen werden, die DNA somit Träger der genetischen Information ist

① Biochemiker, untersuchte die Zusammensetzung der DNA mit Hilfe der Chromatographie

⑧ + ⑬ klärten die Struktur der DNA auf (Doppelhelix); 1962 zusammen mit Wilkins Nobelpreis für Medizin

④ Biochemiker, entdeckte zusammen mit Kornberg den Mechanismus der Biosynthese der DNA und der RNA und synthetisierte sie; 1959 zusammen mit Kornberg Nobelpreis für Medizin

③ + ⑮ entwickelten gemeinsam ein Modell zur Steuerung der Genaktivität von Bakterien; 1965 Nobelpreis für Medizin zusammen mit Lwoff.

Methodisch-didaktische Hinweise:
Obwohl das Rätsel vom Inhalt her sehr anspruchsvoll ist, lässt es sich aufgrund seiner Konstruktion ausgesprochen leicht lösen. Es ist dazu gedacht, gegen Ende des Genetikunterrichtes eine Stunde Wissenschaftsgeschichte anzuschließen und so zu verdeutlichen, wie sich im Verlauf der 2. Hälfte des 20. Jahrhunderts der Forschungsschwerpunkt der Genetik (und anderer Bio-Wissenschaften) hin zur molekularen Ebene verschoben hat.

Zum Lösen des Rätsels:
Die 16 Fragen spiegeln in ihrer Aufeinanderfolge punktuell die histrorische Entwicklung der Genetik wider. Deshalb beginnt das Rätsel auch nicht mit der Frage zu ① des Rätselgitters, sondern mit der Frage zu ⑥, dem Begründer der klassischen Vererbungslehre.
Von den 16 Namen, die in alphabetischer Reihenfolge auf der Schülerseite angegeben sind, ist in Klasse 10 meist nur der Name *Mendel* bekannt (mitunter auch noch *Klinefelter*, *Watson* und *Crick*). *Mendel* wird meist als Erstes in das Raster eingetragen. Alle übrigen Namen lassen sich dann nach und nach auf die jeweils passenden Stellen des Kreuzwortgitters „verteilen". Das Ausfüllen des Rätselrasters hat für die Beantwortung der Fragen also den Stellenwert einer Lösungshilfe. Dass das Lösen des Rätsels ohne Lesen der Fragen möglich ist, finden die Schüler schnell heraus. Mitunter beginnen sie beim Eintragen der Namen auch mit dem längsten Wort (*Klinefelter*, 11 Buchstaben), tragen dann den Namen mit 9 Buchstaben ein (*Sengbusch*), dann die beiden mit 8 Buchstaben (für deren eindeutige Verteilung jetzt bereits Buchstaben vorliegen). Das Verfahren wird fortgesetzt, bis auch die kürzesten Namen mit nur 5 Buchstaben an die passenden Stellen gebracht sind.
Bei beiden Vorgehensweisen ist das Rätsel in maximal 10 Minuten fertig ausgefüllt, d. h. Fragen und Antworten sind dann einander zugeordnet. Erst danach beginnt die inhaltliche Aufbereitung und Auswertung des Rätsels.

Zur Auswertung des Rätsels:
- Die ersten Fragen (⑥, ⑯, ⑩, ⑤) und evtl. noch Frage ⑦ dürften inhaltlich eine Wiederholung sein.
- Ob die Keimesentwicklung der Amphibien (Frage ⑪) im Zusammenhang mit der Genetik – als Beispiel der Wirkung von Genen – behandelt wurde, ist fraglich. Hier kann der Lehrer das Problem der Regulation von Genen ansprechen.
- Die beiden Fragen zur Züchtung von Nutzpflanzen (⑨ und ⑭) lassen sich gegebenenfalls ausbauen.
- Die Molekulargenetik (ab den Fragen ⑫ und ②) kann propädeutisch behandelt werden.

Lösung:

⑥	Mendel	⑫	Griffith	
⑯	Correns	②	Avery	
⑩	Sutton	①	Chargaff	
⑤	Morgan	⑧ }	Watson	
⑪	Spemann	⑬ }	Crick	
⑨	Sengbusch	④	Ochoa	
⑭	Borlaug	③ }	Monod	**Lösungswort:**
⑦	Klinefelter	⑮ }	Jacob	CHROMOSOMEN

2 Humangenetik

2.1 Vererbung

Vererbung der Blutgruppen

Die Antikörper der Immunabwehr erkennen körperfremde Zellen an ihren Oberflächenproteinen (Antigenen) und verklumpen die Eindringlinge.
Gegen eigene Antigene („Erkennungsuniform") werden keine Antikörper gebildet.

Karl Landsteiner entdeckte 1901 das AB0-System: Auch Blutkörperchen tragen Antigene (A, B, beide oder keines), deren Ausbildung genetisch gesteuert wird.

1. Ordne die folgenden Begriffe den Spalten der ersten (waagrechten) Zeile zu:
mögliche Genotypen, Blutgruppe, Keimzellen, Phänotyp;
(Eine der Spalten erhält zwei Begriffe.)

2. Ergänze den Rest der Tabelle.

....	....	....	Häufigkeit (Mitteleuropäer)
A	AA oder A0	nur A bzw. A oder 0	....
B	....	....	....
AB	....	....	....
O	....	....	....

3. Zeige auf, wie viele verschiedene Allele für das AB0-System verantwortlich sind.

....

4. Begründe, ob man hier von dominanten und rezessiven Allelen sprechen kann.

....

5. Bei den Ureinwohnern Australiens tritt niemals die Blutgruppe B auf.
Erläutere, ob man bei ihnen die Blutgruppe AB findet.

....

6. Bei einem Vaterschaftsprozess haben die zwei möglichen Väter V_1 und V_2 die Blutgruppen A und AB.
Die Mutter besitzt die Blutgruppe B und das Kind die Blutgruppe 0. Wer kann der Vater sein?

....

7. Wie groß ist die Wahrscheinlichkeit, dass Eltern, die beide die Blutgruppe AB besitzen, ein Kind der Blutgruppe B bekommen? Ergänze dazu das Erbschema.

m \ w		

Wahrscheinlichkeit: .... = ... %

Methodisch-didaktische Hinweise:

Am Erbgang der Blutgruppen erkennen die Schüler, dass es bei verschiedenen Allelen nicht immer eine Dominanzhierarchie geben muss.
Außerdem wird deutlich, dass das Fehlen eines Merkmals (hier: keine Antigene) auf ein Fehlen entsprechender Allele zurückgeht.
Die Vorlage eignet sich sowohl als Arbeitsblatt im Unterricht als auch zur Ergebnissicherung etwa in Form einer Hausaufgabe.

Lösungen:

1./2.

Blutgruppe (Phänotyp)	**mögliche Genotypen**	**Keimzellen**	**Häufigkeit (Mitteleuropäer)**
A	AA oder A0	nur A bzw. A oder 0	ca. 40 %
B	BB oder B0	nur B bzw. B oder 0	ca. 10 %
AB	nur AB	A oder B	ca. 6 %
O	00	nur „0“	ca. 40 %

3. Zwei: A und B; „0“ heißt lediglich, dass kein Allel vorhanden ist.

4. Nein: A und B kommen unabhängig voneinander zur Ausprägung („Kodominanz“).

5. Nein, denn dann müsste auch die Blutgruppe B auftreten.

6. V_1 kann der Vater sein, da nur er das „Allel für 0“ besitzt.

V_1 \ M	B	0
A	AB	A0
0	B0	00

7.

m \ w	A	B
A	AA	AB
B	AB	BB

Wahrscheinlichkeit: $^1/_4$ = 25 %

S V. 2.1.2 Vererbung der Blutgruppen

1. Trage in das Vererbungsschema die fehlenden Geno- und Phänotypen ein. Wenn du vorher die jeweiligen Genorte für die Blutgruppenanlagen (Allele) in die Chromosomen einzeichnest, hilft dir das bei der Lösung.

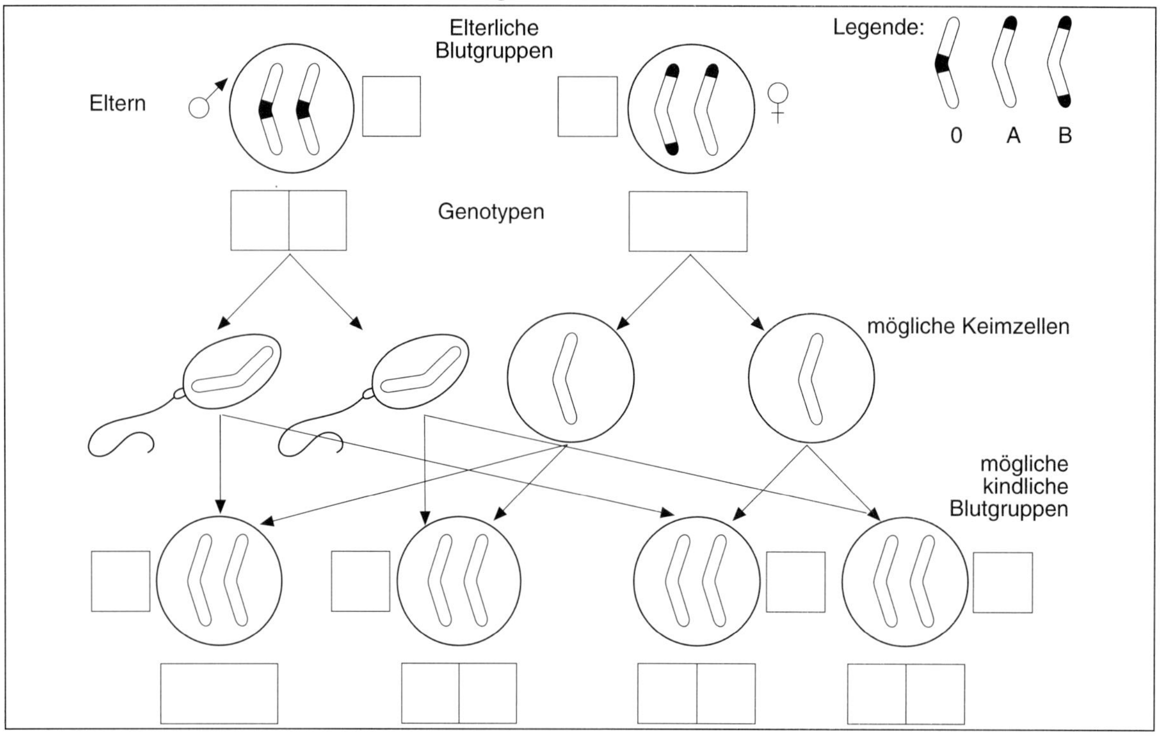

2. Ergänze in den Kreuzungsschemata Phänotypen (Blutgruppen) und Genotypen.

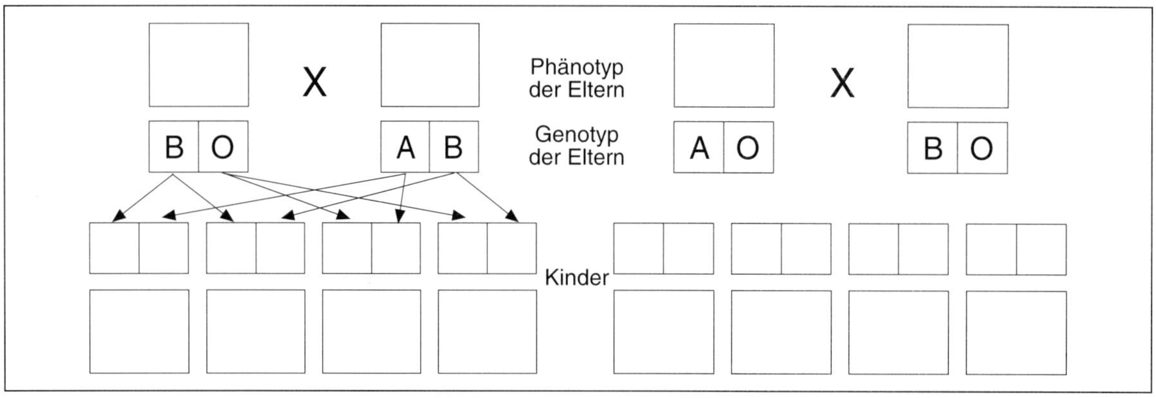

3. Ein Vater hat die Blutgruppe A, seine Frau die Blutgruppe 0. Erstelle zwei mögliche (unterschiedliche) Erbschemata.

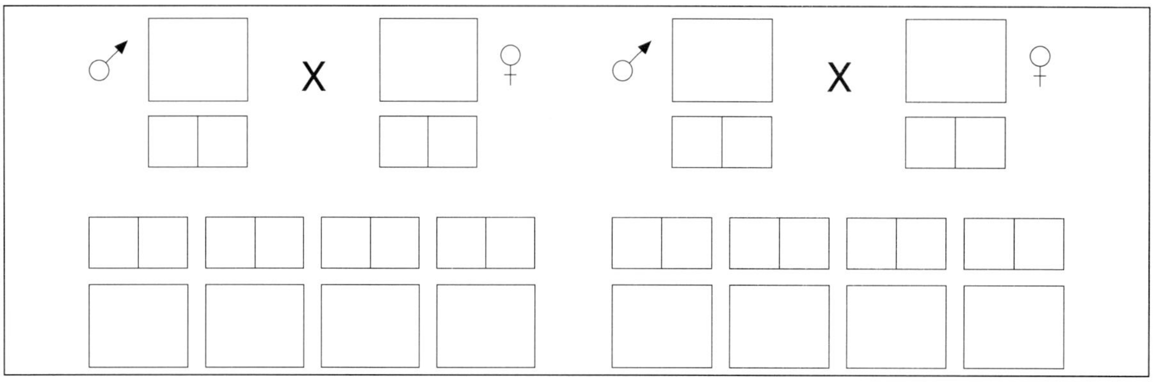

Methodisch-didaktische Hinweise:

Die Vorlage ist vor allem für die Einzel- oder Partnerarbeit im Unterricht oder zur Bearbeitung als Hausaufgabe gedacht. Sie verdeutlicht die Vererbung von Merkmalen beim Menschen. Voraussetzung für die Bearbeitung ist die Kenntnis der mendelschen Regeln sowie der Grundbegriffe der Vererbung. Sofern dies den Schülern noch nicht bekannt ist, muss die Information über die Dominanz und Rezessivität der Erbanlagen A, B und 0 erfolgen. Auch der Hinweis, dass zwischen Blutgruppe (z. B. A) und dem Allel A zu unterscheiden ist, sollte hier nicht fehlen.
Bei Aufgabe 1 werden alle Allele auf den Chromosomen der Körperzellen (der Elterngeneration) bereits vorgegeben. Die Schüler müssen hierzu die Blutgruppen phäno- und genotypisch finden, um das Erbschema richtig ausfüllen zu können.
Zur besseren Übersicht empfiehlt sich eine farbliche Gestaltung der Genorte. Eine Erklärung der Legende zur schematischen Darstellung der Allele ist empfehlenswert.

Lösungen:

1.
2.
3.

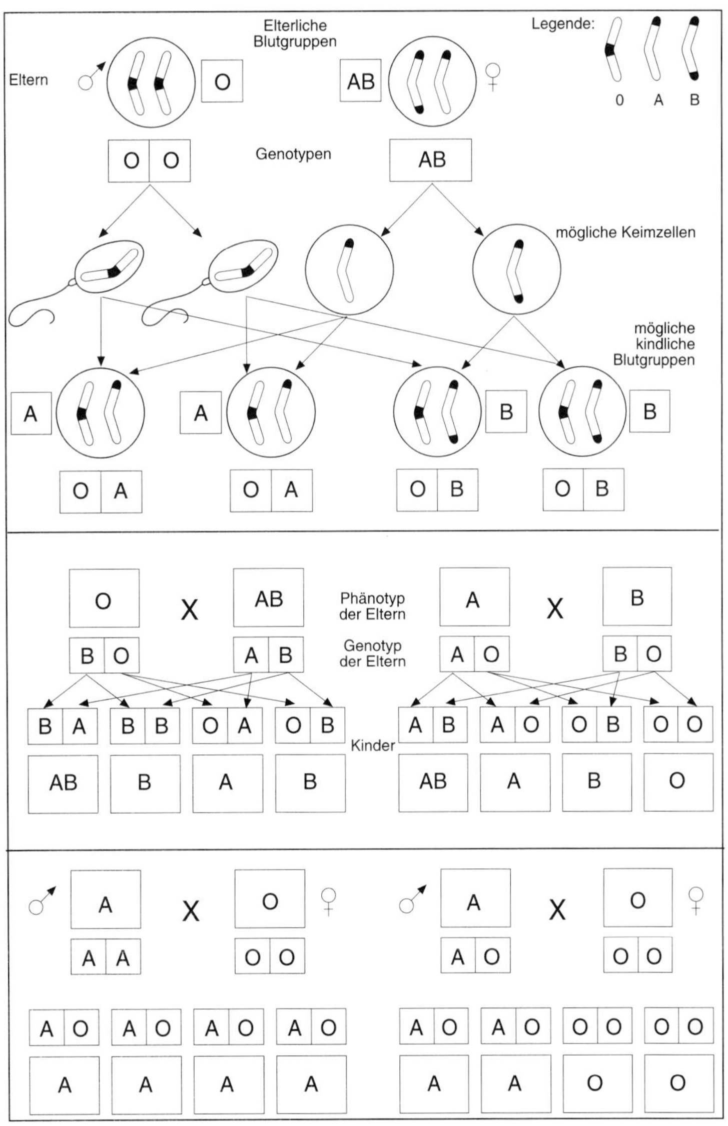

Literatur:

Murken, J. / Cleve, H.: Humangenetik. Enke Verlag. Stuttgart 1996.
Gehendges, F.: Kopieratlas Biologie – Menschenkunde Humangenetik. Aulis Verlag Deubner. Köln.

Vererbung der Blutgruppen
Wer ist der Vater ?

Fallbeispiel
Eine Frau bekommt ein Kind. Ihr Partner will ganz sicher gehen, dass er der Vater des Kindes ist. Er beantragt deshalb einen Vaterschaftsnachweis.
Der Vaterschaftsgutachter lässt daraufhin die Blutgruppen der Mutter, des Partners und des Kindes bestimmen. Auch die Blutgruppe eines Mannes, der möglicherweise als Vater in Frage kommt, wird ermittelt. Dabei stellen sich folgende Ergebnisse ein:

	Mutter	Vater	möglicher Vater	Kind
Blutgruppe	AB	B0	BB	B0

1. Es existieren drei verschiedene Anlagen für Blutgruppen: A, B, 0. Sie unterscheiden sich unter anderem durch die Art der Antigene der roten Blutkörperchen.
Bestimme die möglichen Genotypen der Blutgruppen mit Hilfe des nebenstehenden Kombinationsquadrates:

2. Im AB0-Blutgruppensystem existieren vier Blutgruppen (Phänotypen) A, B, AB und 0. Kläre das Verhalten der einzelnen Anlagen zueinander. Beachte, dass die Blutgruppe 0 nur reinerbig auftritt. Streiche hierzu die falsche(n) Antwort(en)!

Anlage A verhält sich zu Anlage B	❐ dominant	❐ rezessiv	❐ kodominant
Anlage A verhält sich zu Anlage 0	❐ dominant	❐ rezessiv	❐ kodominant
Anlage B verhält sich zu Anlage 0	❐ dominant	❐ rezessiv	❐ kodominant
Anlage 0 verhält sich zu Anlage A	❐ dominant	❐ rezessiv	❐ kodominant
Anlage 0 verhält sich zu Anlage B	❐ dominant	❐ rezessiv	❐ kodominant

3. Trage die Phänotypen, die man bei den Blutgruppen kennt, in die Tabelle ein.
Ordne ihnen die möglichen Genotypen zu:

Phänotypen	Genotypen

4. Die Untersuchung zeigt eindeutig, dass der Ehemann der Vater ist. Nenne die Gründe für die Richtigkeit dieser Aussage.

....

....

....

Methodisch-didaktische Hinweise:

Die in dem Arbeitsblatt angesprochene Thematik aus dem Bereich der angewandten Genetik kann den Schüler unter Umständen selbst betreffen. Zudem ist sie ein Beleg, dass Erbgänge nicht immer in reiner Form sondern auch kombiniert vorliegen können. Dies zeigt ihm die Komplexität der Vererbung menschlicher Merkmale auf. Von einem möglichen Vergleich der Blutgruppen der Schüler mit denen ihrer Eltern im Rahmen des Unterrichtes ist allerdings abzuraten, da dadurch Probleme mit den Eltern entstehen könnten.

Lösungen:

1.

	A	B	0
A	AA	AB	A0
B	AB	BB	B0
0	A0	B0	00

2. Anlage A verhält sich zu Anlage B ☐ dominant ☐ rezessiv ☒ kodominant
   Anlage A verhält sich zu Anlage 0 ☒ dominant ☐ rezessiv ☐ kodominant
   Anlage B verhält sich zu Anlage 0 ☒ dominant ☐ rezessiv ☐ kodominant
   Anlage 0 verhält sich zu Anlage A ☐ dominant ☒ rezessiv ☐ kodominant
   Anlage 0 verhält sich zu Anlage B ☐ dominant ☒ rezessiv ☐ kodominant

3.

Phänotypen	**Genotypen**
A	AA, A0
B	BB, B0
AB	AB
0	00

4. Die Mutter kann Keimzellen mit der Anlage A oder B weitergeben. Das Kind erhält von ihr die Anlage B.
   Der Partner kann Keimzellen mit der Anlage 0 oder B weitergeben. Das Kind erhält von ihm die Anlage 0.
   Der mögliche Vater kann nur Keimzellen mit der Anlage B weitergeben und scheidet daher aus.

Literatur:

Murken, J. / Cleve, H.: Humangenetik. Enke Verlag. Stuttgart 1996.

S V. 2.1.4 | **Vererbung der Blutgruppen**

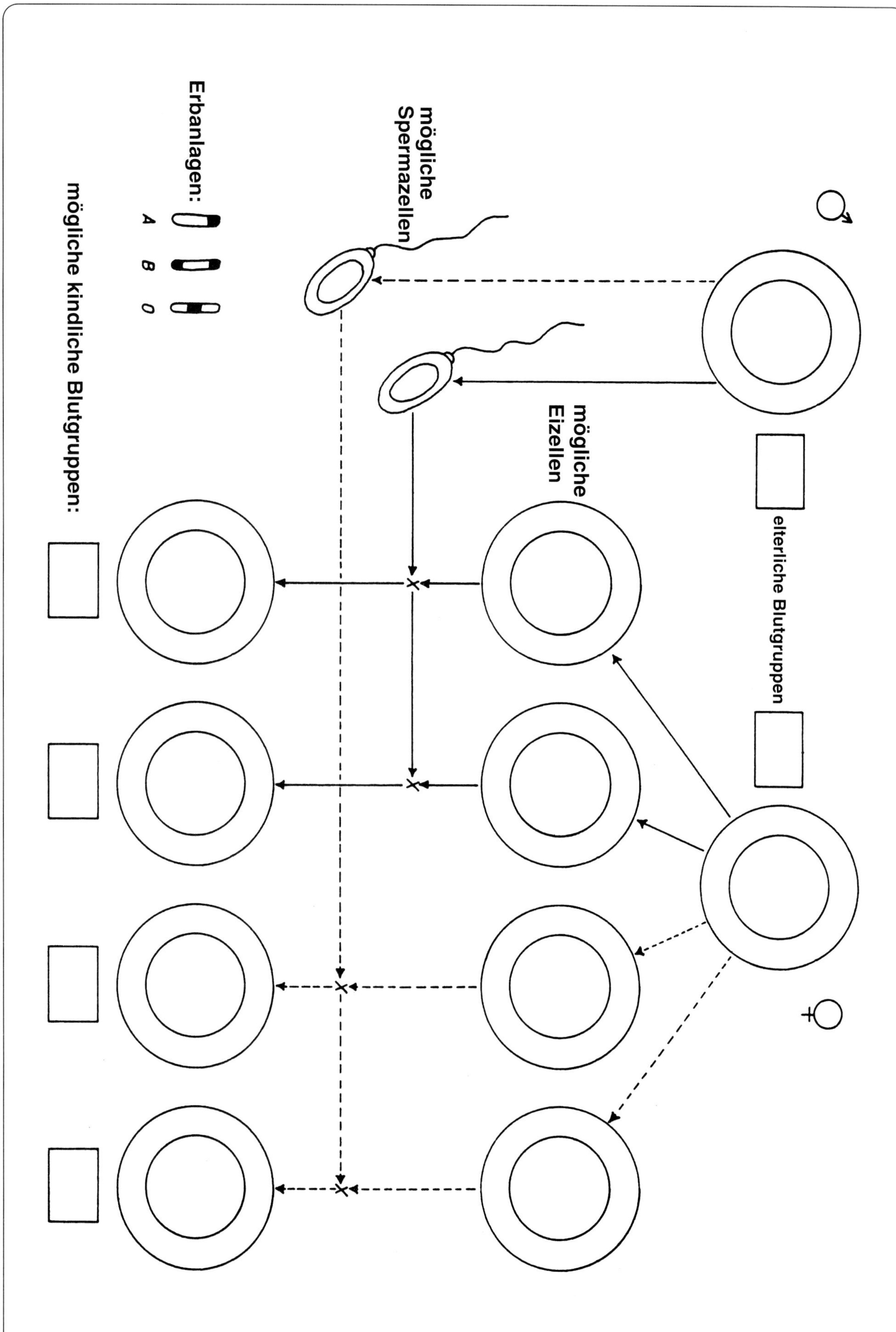

Methodisch-didaktische Hinweise:

Das Schema eignet sich sowohl zur Demonstration der Vererbung der Blutgruppen durch den Lehrer als auch zum Einsatz bei der Partner- oder Gruppenarbeit.
Besonders effektiv lässt sich die Vorlage einsetzen, wenn man sie als Folie (für die Lehrerdemonstration) oder auf Papier (für die Hand des Schülers) in ihre Einzelteile zerschneidet. So können dynamisch die verschiedenen Möglichkeiten der Vererbung der Blutgruppen entwickelt werden. Dazu muss man die Erbanlagen auf den Chromosomen (aufgrund der unterschiedlichen Allele) verschiedenartig kennzeichnen (siehe unten).
Damit die Vorlage sinnvoll einsetzbar ist, müssen die Schüler folgende Begriffe und Vorgänge bereits kennen: mendelsche Regeln (1 und 2) dominant, rezessiv, kodominant, Genotyp, Phänotyp, Meiose, Zygotenbildung.

Beispiel für den Einsatz der Vorlage

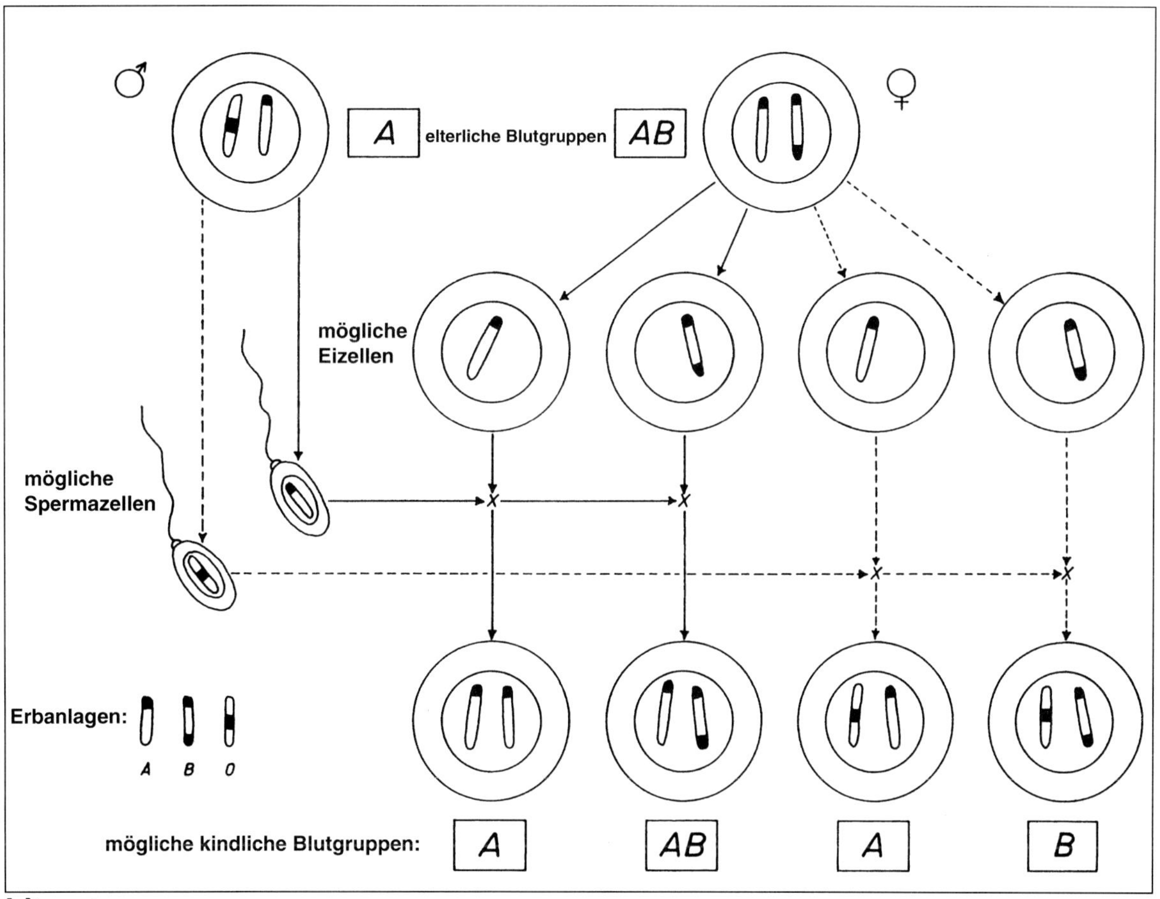

Literatur:

Mörike, K. S. / Betz, E. / Mergenthaler, W.: Biologie des Menschen. Quelle & Meyer. Heidelberg 1989.
Murken, J. / Cleve, H.: Humangenetik. Enke Verlag. Stuttgart 1996.
Gehendes, F.: Kopieratlas Biologie – Menschenkunde Humangenetik. Aulis Verlag Deubner. Köln 1992.

V. 2.1.5 Vererbung der Blutgruppen

1 In der Legende sind die Genorte für die Blutgruppen des Menschen (A, B, 0) schematisch gekennzeichnet. Ergänze das Schema.

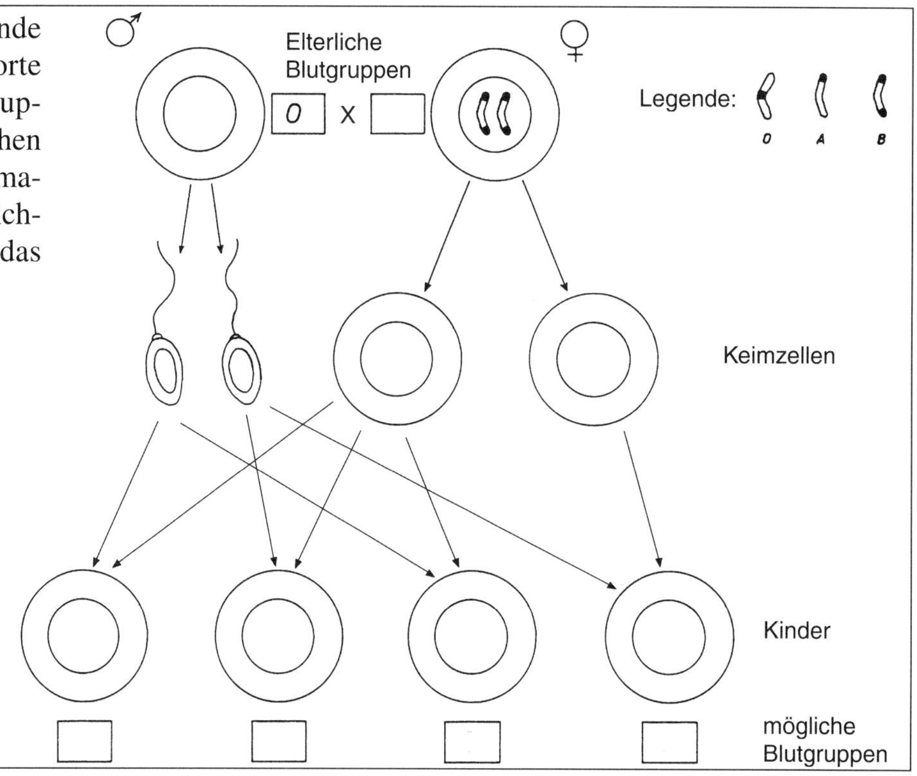

2 Eine Mutter hat die Blutgruppe B, ihre Tochter die Blutgruppe 0.

2.1 Trage in die zwei folgenden Erbschemata alle Geno- und Phänotypen möglicher Vater-Mutter-Kombinationen ein.

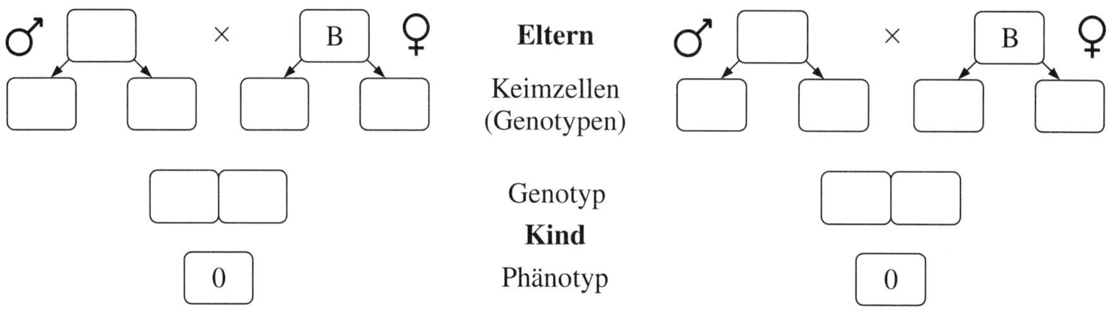

2.2 Gib alle Blutgruppen an, die der Vater haben kann. ....

2.3 Welche Blutgruppen kann der leibliche Vater auf **keinen** Fall haben? ....

3 Ergänze im Familienstammbaum die fehlenden Blutgruppen.

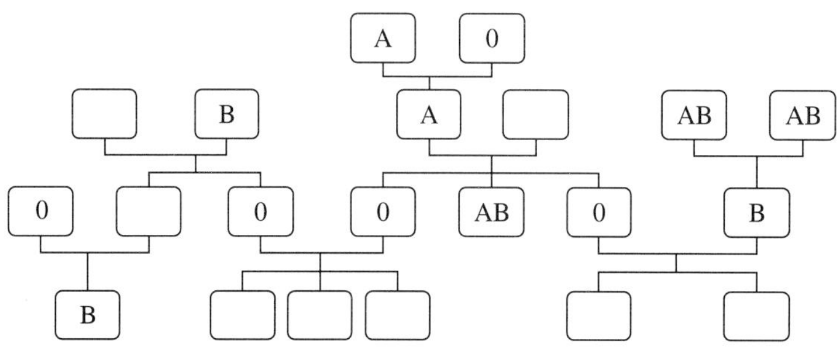

Methodisch-didaktische Hinweise:

Die Arbeitsvorlage kann zur Lernzielkontrolle, mit dem entsprechenden Punkte- und Notenschlüssel aber auch zur Leistungsmessung dienen. Die Aufgabenstellungen haben überwiegend Anwendungscharakter:
Bei Aufgabe 1 soll der Schüler aufgrund der vorgegebenen Blutgruppe des Vaters und der Allelkombination der Mutter das restliche Erbschema folgerichtig ergänzen.
Aufgabe 2 zeigt phänotypisch eine Mutter-Kind-Kombination, aus der der Schüler die möglichen Blutgruppen und Genkombinationen des Vater finden soll. Er kann erkennen, dass es hier theoretisch zwei Möglichkeiten gibt. Durch einen Transfer soll anschließend noch der Vaterschaftsausschluss durchgeführt werden.
Aufgabe 3 erfordert zunächst, dass der Schüler die möglichen Genkombinationen findet, um die entsprechenden Blutgruppen im Stammbaum ergänzen zu können.

Lösungen:

1

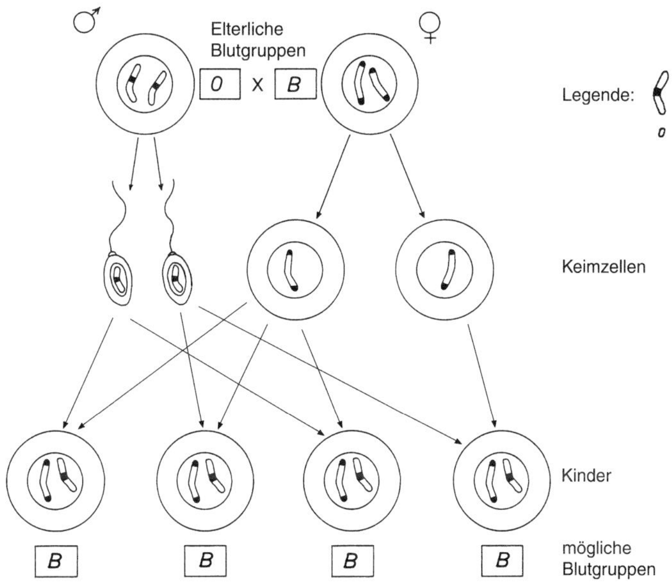

2.1

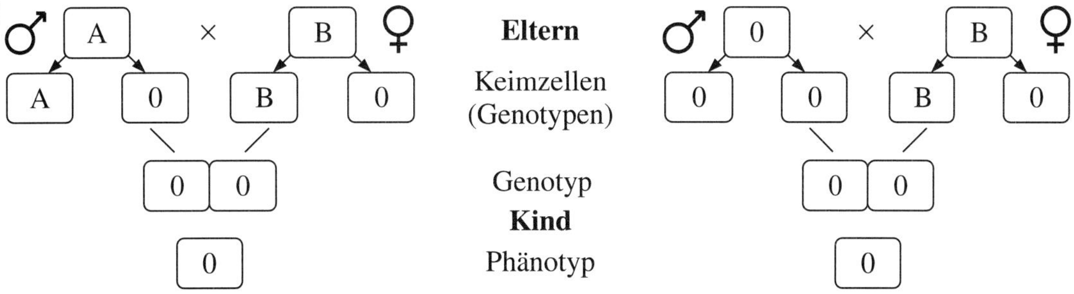

2.2 A0, B0, 00

2.3 Ein leiblicher Vater kann nicht die Blutgruppen AB, sowie A und B im reinerbigen Zustand haben.

3

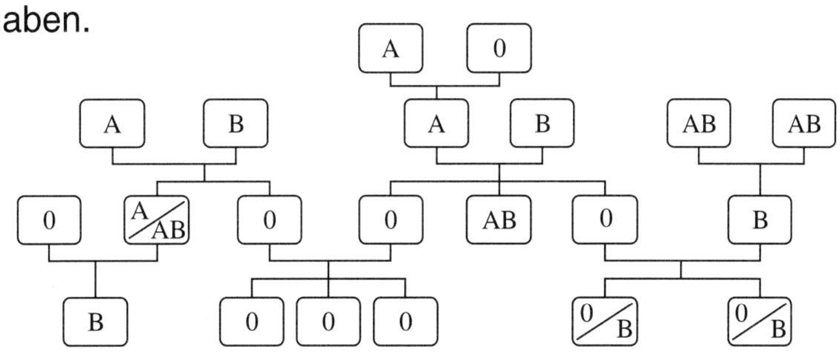

Vererbung des Geschlechtes

1.1 Trage die Anzahl der Chromosomen in die schematisch abgebildeten Körperzellen ein. Es soll dabei der Unterschied von Mann und Frau erkennbar sein.

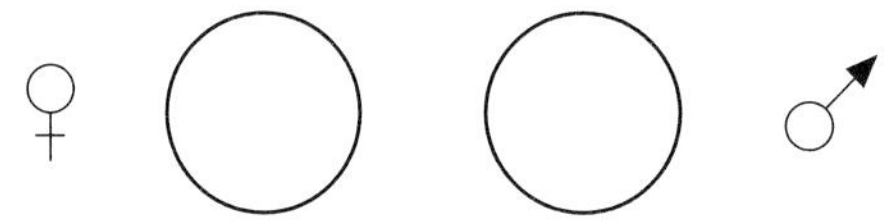

1.2 Ergänze das abgebildete Kreuzungsschema zur Vererbung des Geschlechtes. Trage dabei jeweils den Chromosomensatz und die Geschlechtschromosomen ein. Gib das mögliche Geschlecht der Kinder an.

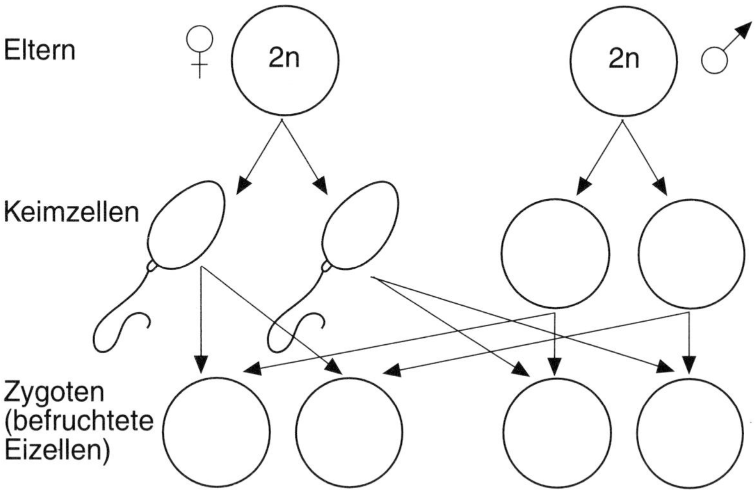

1.3 Wie groß ist die rechnerische Wahrscheinlichkeit für die Zeugung eines Jungen oder eines Mädchens? ....%

1.4 Welche der beiden Keimzellenarten ist für die Geschlechtsbestimmung verantwortlich?

.... Begründung: ....

....

2. Ein Ehepaar hat drei Töchter. Wie groß ist die Wahrscheinlichkeit, dass beim vierten Kind ein Sohn gezeugt wird?............%

Versuche zu erklären:..

....

3. Durch Mutation bei der Meiose sind die Geschlechtschromosomen der Frau in der 1. Reifeteilung nicht getrennt worden. Es ergeben sich somit zwei Keimzellen-Mutanten. Kreuze diese Mutanten mit normalen Spermazellen. Ergänze dazu das Schema.

Wertung des Ergebnisses: ....

....

....

....

....

♂ \ ♀	XX	O	Keim-zellen-mutanten
X			————
Y			————

Methodisch-didaktische Hinweise:

Die Vorlage dient zur Erarbeitung der Vererbung der Geschlechtschromosomen. Sie ist eine erste praktische Anwendung der Kenntnisse über den Ablauf der Meiose. Dabei wird vorausgesetzt, dass den Schülern der Zusammenhang von Geschlechtschromosomen (X / Y) und Geschlecht sowie die Tatsache, dass sich Geschlechtschromosomen bei der Meiose wie Autosomen verhalten, bekannt ist.
Die Aufgaben können in Einzel-, Partner oder Gruppenarbeit gelöst werden. Sie eignen sich auch als Hausaufgabe oder zur Ergebnissicherung. Der Schüler soll anhand der Aufgaben erkennen, dass sich die Geschlechtschromosomen bei der Meiose nicht anders verhalten als die 22 Autosomen-Paare. Nach der Aufstellung des Kreuzungsschemas kann der Schüler auf die rechnerische Wahrscheinlichkeit von Mädchen oder Junge schließen und folgern, dass die Spermien für die Geschlechtsbestimmung entscheidend sind. Aufgabe 3 ist als erweiterte Anwendung der erworbenen Kenntnisse gedacht. Sie leitet zum Themenkreis der gonosomalen Aberrationen über.

Lösungen:

1.1

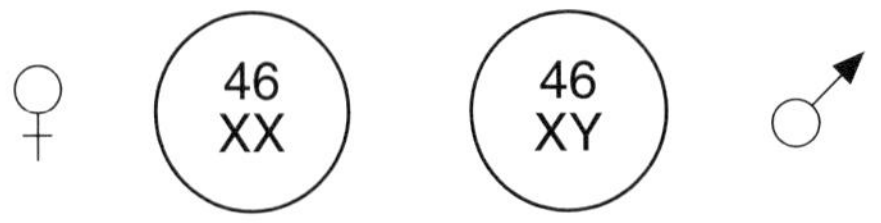

1.2

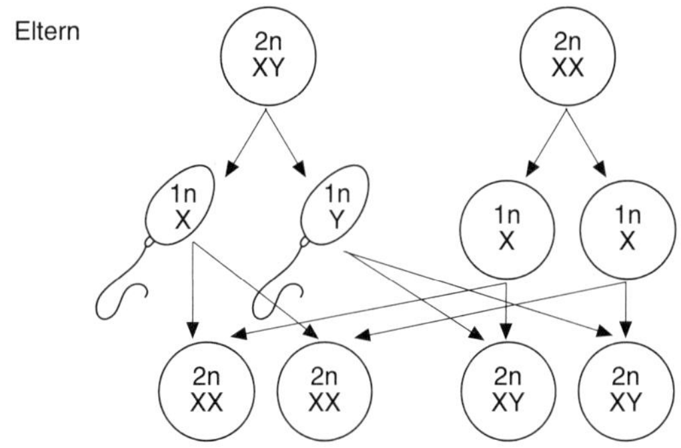

1.3 Wahrscheinlichkeit: 50%

1.4 Die Spermien bestimmen das Geschlecht, da sie unterschiedliche Chromosomen (X oder Y) enthalten, während die Eizellen nur X-Chromosomen besitzen.

2. 50%, denn die Kombination der Geschlechtschromosomen ist zufällig.

3. Alle befruchteten Eizellen sind als Zygoten mutiert und erbkrank. Sie zeigen bezüglich der Geschlechtschromosomen entweder Trisomien (XXX, XXY) oder Monosomien (X0, Y0). Kein gesundes Kind möglich.

♂ \ ♀	XX	O	Keim-zellen-mutanten
X	XXX	XO	Mutanten
Y	XXY	YO	Mutanten

Literatur:

Campbell, N. A.: Biologie. Spektrum Verlag. Heidelberg 1997.
Murken, J. / Cleve, H.: Humangenetik. Enke Verlag. Stuttgart 1996.

Vererbung des Geschlechtes

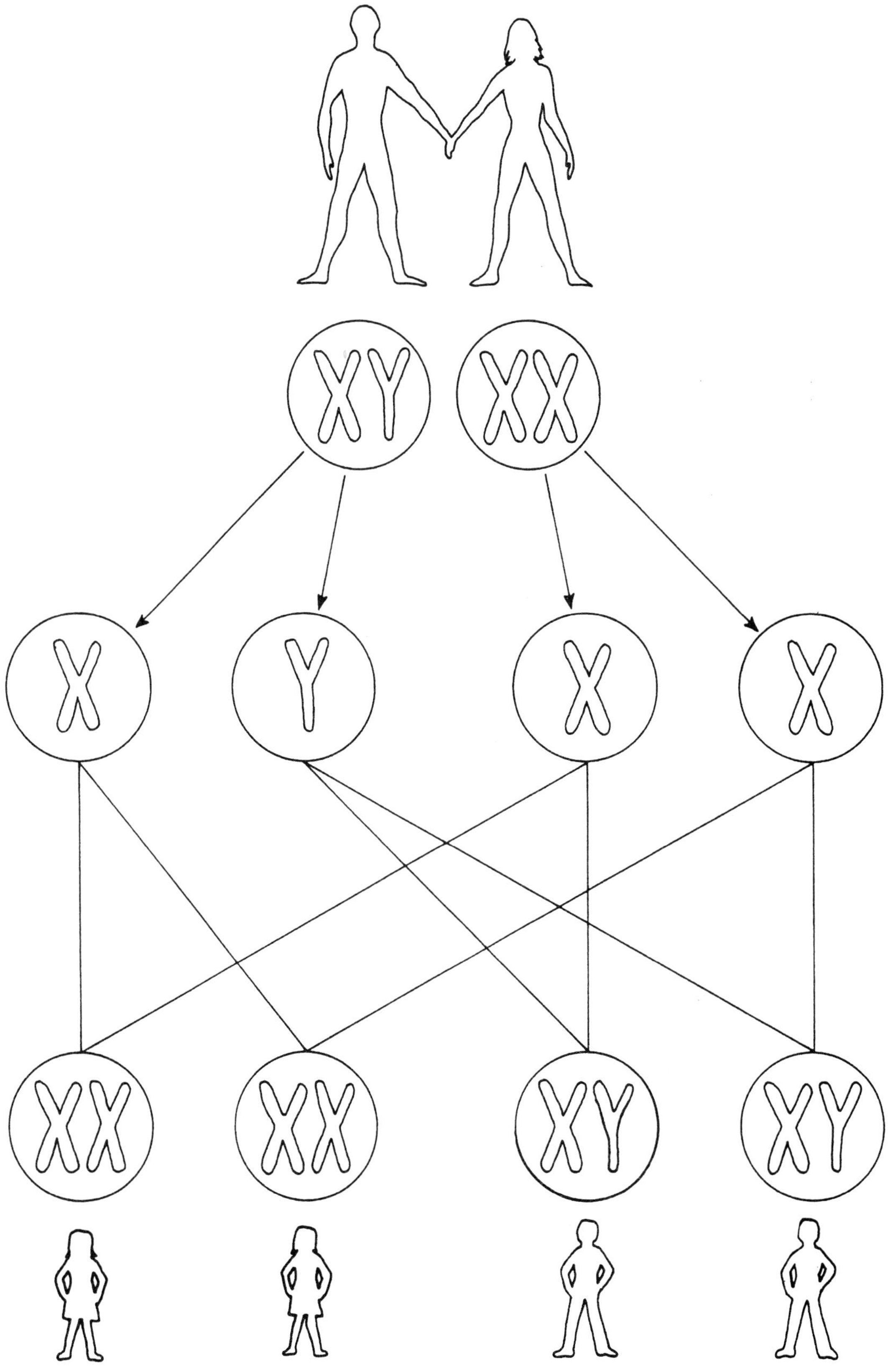

Aufgaben:

1. Wie hoch müßte statistisch gesehen der Anteil der Geburten von Mädchen sein?
2. Welche Geschlechtszellen tragen zur Bestimmung des Geschlechtes bei. Begründe.

Methodisch-didaktische Hinweise:

Diese Vorlage kann zum Erarbeiten der Vererbung von Geschlechtschromosomen als Folie eingesetzt werden. Zum schrittweisen Entwickeln lässt sich durch Zerschneiden daraus auch mühelos eine Overlay-Vorlage herstellen.
Die Abbildungen berücksichtigen nur die Geschlechtschromosomen und verzichten bewusst auf eine Darstellung der 22 Autosomen-Paare. Auf diese didaktische Reduktion muss der Schüler allerdings aufmerksam gemacht werden. Alternativ könnte man im Schema den diploiden und haploiden Chromosomensatzes (2n ➜ 1n) ergänzen, um damit zusätzlich die wesentlichen Vorgänge der Meiose zu wiederholen.
Die Bestimmung des Geschlechtes ist eine Anwendung der Kenntnisse, die der Schüler bei der Behandlung der Meiose erworben hat. Aus dem Kreuzungsschema kann der Schüler folgern, dass zur Bestimmung des Geschlechtes nur die Spermazellen beitragen, da ihre Gene hemizygot sind. Rein rechnerisch ist aus dem Schema auch erkennbar, dass sich die Gesamtzahl aller Geburten gleichmäßig auf beide Geschlechter verteilen müsste. Dem möglichen Einwand der Schüler, dass dem in der Wirklichkeit nicht so ist und die Anzahl der Mädchengeburten statistisch gesehen über 50% liegt, muss durch entsprechende Informationen begegnet werden. Hier ist zum einen die unterschiedlich Fortbewegungsgeschwindigkeit sowie die andere Lebensdauer der X- oder Y-tragenden Spermien zu erwähnen und zum anderen die vermutlich ungleiche Mortalität von männlichen und weiblichen Embryonen.
Die Kenntnis der Verteilung sowie der zufälligen Kombination der Geschlechtschromosomen bei der Zeugung stellt die Voraussetzung dar für die Erarbeitung der gonosomalen Aberrationen.

Lösungen:

1. 50%
2. Spermazellen, da ihre Gene hemizygot sind;

Literatur:

Gehendes, F.: Kopieratlas Biologie – Menschenkunde Humangenetik. Aulis Verlag Deubner. Köln 1992.
Murken, J. / Cleve, H.: Humangenetik. Enke Verlag. Stuttgart 1996.
Mörike, K. S. / Betz, E. / Mergenthaler, W.: Biologie des Menschen. Quelle & Meyer. Heidelberg 1989.

Aufgaben:

1. Ergänze die Tabelle.

	kein Y-Chrosmonen vorhanden		**ein Y-Chromosom vorhanden**	
Anzahl der Chromosomen	45	46	46	47
Gonosomen				
Geschlecht				
Phänotyp **(Name)**				

2. Erläutere anhand der Tabelle, inwiefern die Begriffe *dominant* und *rezessiv* auf die Allele der Gonosomen passen.

....

....

....

3. Ergänze die Skizze und zeige, dass durch die Spermien des Vaters das Geschlecht des Kindes bestimmt wird. Verwende für die Begriffe Äquations- und Reduktionsteilung die Abkürzung **A** und **R**.

Geschlecht	Meiose	Erklärung
	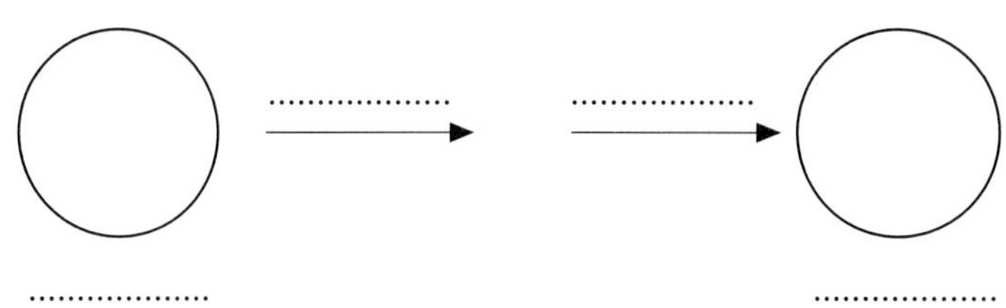	....
	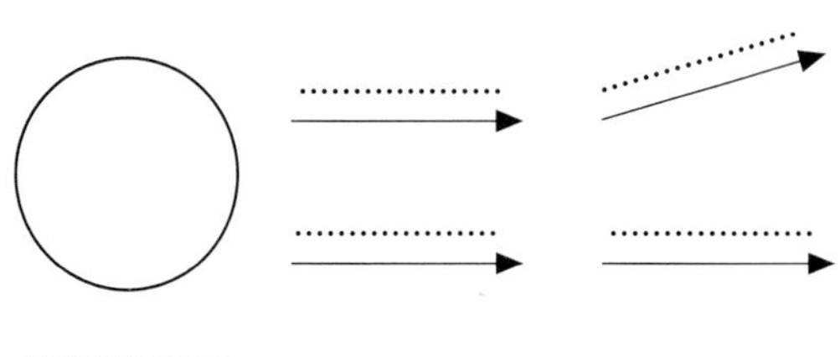	....

Methodisch-didaktische Hinweise:
Das Arbeitsblatt dient der Vertiefung und Überprüfung des Lerninhaltes „Vererbung des Geschlechtes“. Durch einen induktiven Ansatz (Tabellen) sollen die Schüler die Bedeutung des Y-Chromosoms erarbeiten.
Anhand der Aufgabe 3 wird außerdem die Funktion der Meiose wiederholt: aus einem diploiden Satz Zwei-Chromatid-Chromosomen wird ein haploider Satz Ein-Chromatid-Chromsomen. Dabei müssen den Schülern die Begriffe Äquations- und Reduktionsteilung bekannt sein.

Lösungen:
1.

	kein Y-Chrosmonen vorhanden		**ein Y-Chromosom vorhanden**	
Anzahl der Chromosomen	45	46	46	47
Gonosomen	X0	XX	XY	XXY
Geschlecht	w	w	m	m
Phänotyp (Name)	Turner-syndrom	normale Frau	normaler Mann	Klinefelter-Mann

2. Der Phänotyp „weiblich“ kommt nur homozygot (XX) bzw. im haploiden Zustand (X0) zur Ausprägung (➜ rezessive Allele),
der Phänotyp „männlich“ immer bei Anwesenheit eines Y-Chromosoms (➜ dominante Allele).

3.

Geschlecht	Meiose	Erklärung
♀	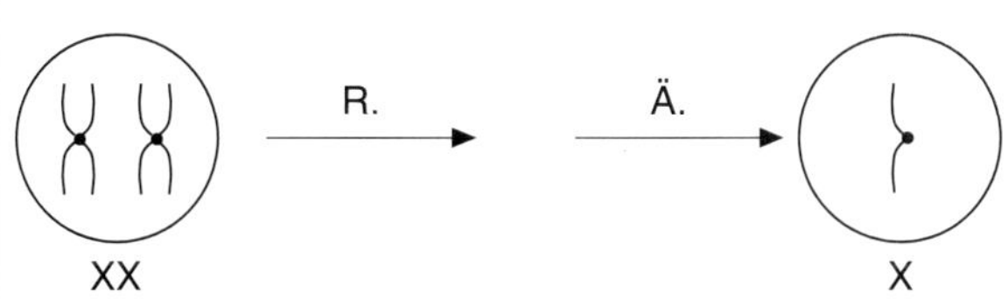	nur eine Möglichkeit: die Frau kann ausschließlich ein X-Chromosom beisteuern.
♂	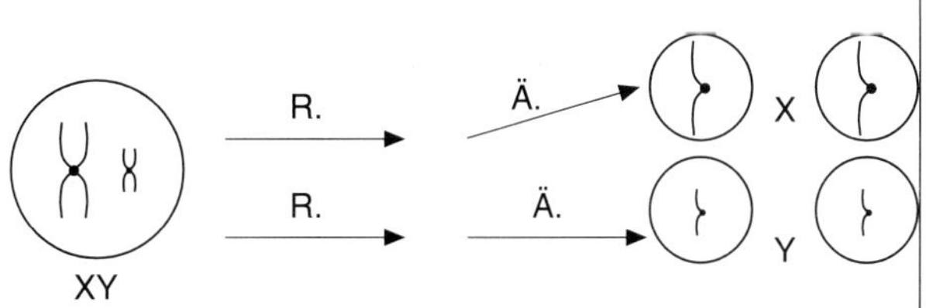	falls: • X-Spermium befruchtet: Mädchen • Y-Spermium befruchtet: Junge

2 Humangenetik

2.2 Mutationen

Schematische Darstellung der Mutationsursachen

Einschub von Benzpyren (B), z. B. aus Zigarettenrauch

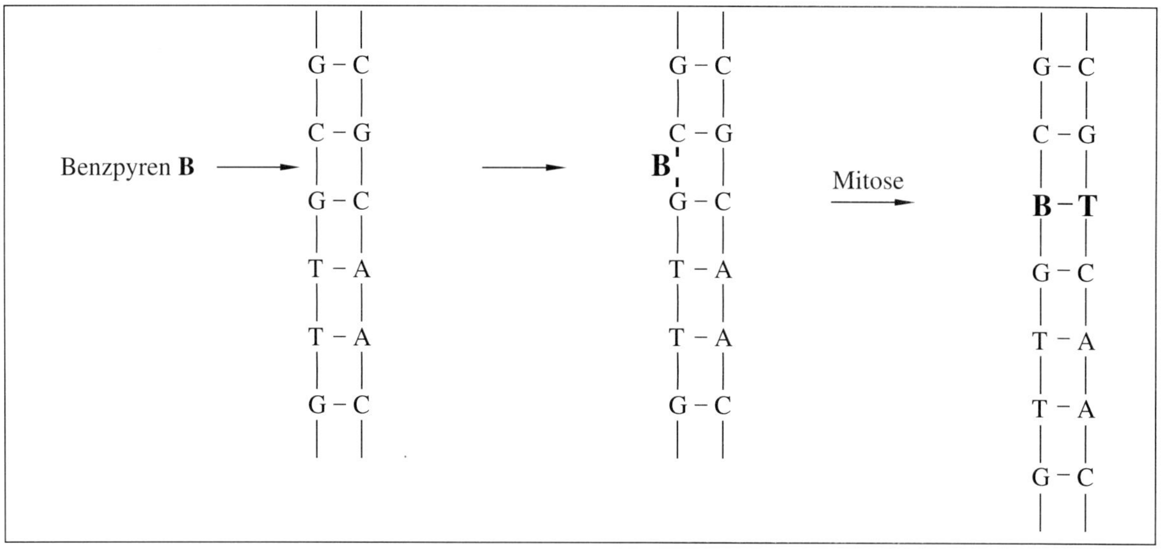

Umwandlung von Cytosin zu Uracil durch Nitrosamine
(z. B. aus Pökelsalz, belastetem Trinkwasser oder nitrathaltigem Gemüse)

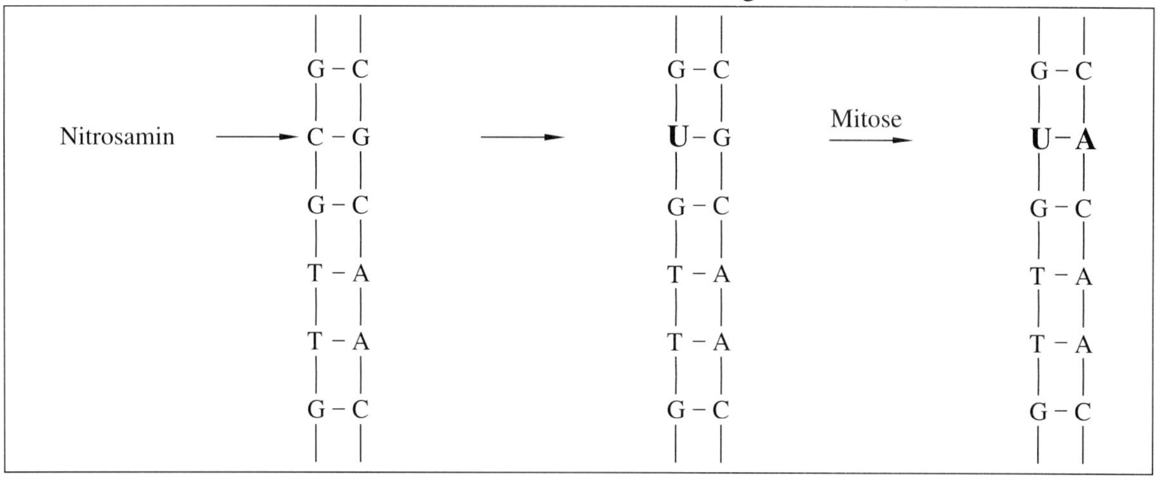

Dimer-Bildung durch energiereiche Strahlung
(z. B. Röntgen- oder radioaktive Strahlung sowie Sonnenlicht)

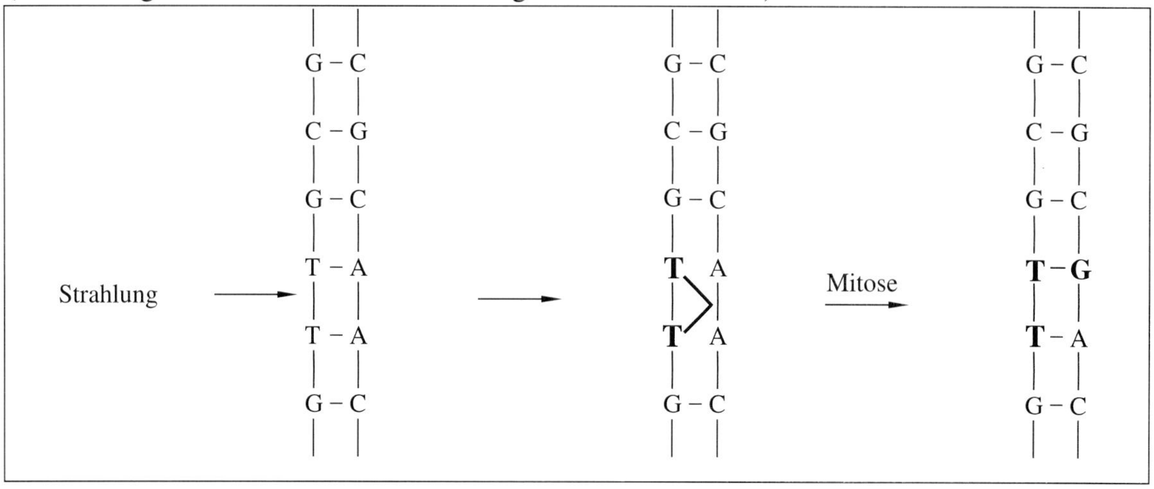

Methodisch-didaktische Hinweise:
Die angegebenen Mutationsursachen sind Beispiele für einige der bisher bekannten Formen.
Außer als Tafelbild lässt sich die Schülerseite ohne Schwierigkeiten auch als Bastelvorlage für einen handlungsorientierten Unterricht verwenden. Dazu benötigt man Scheren, Kleber, ein leeres Blatt Papier sowie zusätzlich die folgenden (ausgeschnittenen) Symbole:

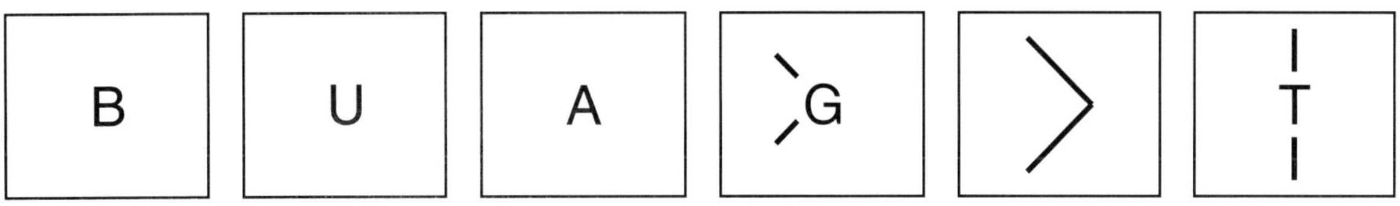

Die Schüler zerschneiden die Ausgangs-DNA in zwei Einzelstränge. Der linke Strang ist die Matrize. Der rechte Strang wird in seine einzelnen Teile zerlegt. Diese dienen bei der weiteren Arbeit zur Replikation der DNA. Dabei sind die Schüler darauf hinzuweisen, dass bei der realen Replikation der DNA während der Mitose diese ursprünglichen Bestandteile der Doppelhelix natürlich nicht zur Synthese des komplementären Stranges dienen können.
Günstig erscheint es, die jeweils durchgeführte Art der Mutation (Einfügen von B / Ersetzen von C durch U / Dimerbildung) mit Kleber auf einem Blatt Papier zu fixieren.

Sachinformationen:
Ursachen von Mutationen können sein:
1. Chemikalien
1.1 Teerstoffe des Zigarettenrauches (z. B. Benzpyrene) schieben sich zwischen Basen *(interkalierend)* und täuschen Basen vor *(Basenanaloga):*
➜ bei der nächster Replikation wird jede beliebige Base komplementär ergänzt. (Folge: Rasterverschiebung ➜ gesamte folgende Nukleotidkette sinnlos)
1.2 Nitrosamine (im Körper aus Pökelsalz bzw. aus nitrathaltigem Gemüse oder Trinkwasser gebildet):
➜ Cytosin wird in Uracil umgewandelt
➜ nach der nächsten Replikation: statt C-G-Paar nun U-A-Paar

2. Energiereiche Strahlung (UV-, Röntgen- und radioaktive Strahlung):
benachbarte Thymin-Moleküle binden im Strang *(Dimer)*;
die Bindung zum gegenüberliegenden Adenin wird jeweils aufgehoben:
➜ keine komplementäre Paarung bei der nächsten Replikation möglich
➜ nicht Adenin wird unbedingt ergänzt, sondern auch Guanin (ebenfalls lange Base)

Literatur:
Passarge, E.: Taschenatlas der Genetik. Georg Thieme Verlag. Stuttgart, New York 1994.
H.G.Schlegel, H. G.: Allgemeine Mikrobiologie. Georg Thieme Verlag. Stuttgart, New York 1985.
Lexikon der Biochemie und Molekularbiologie. Herder. Freiburg, Basel, Wien 1994.

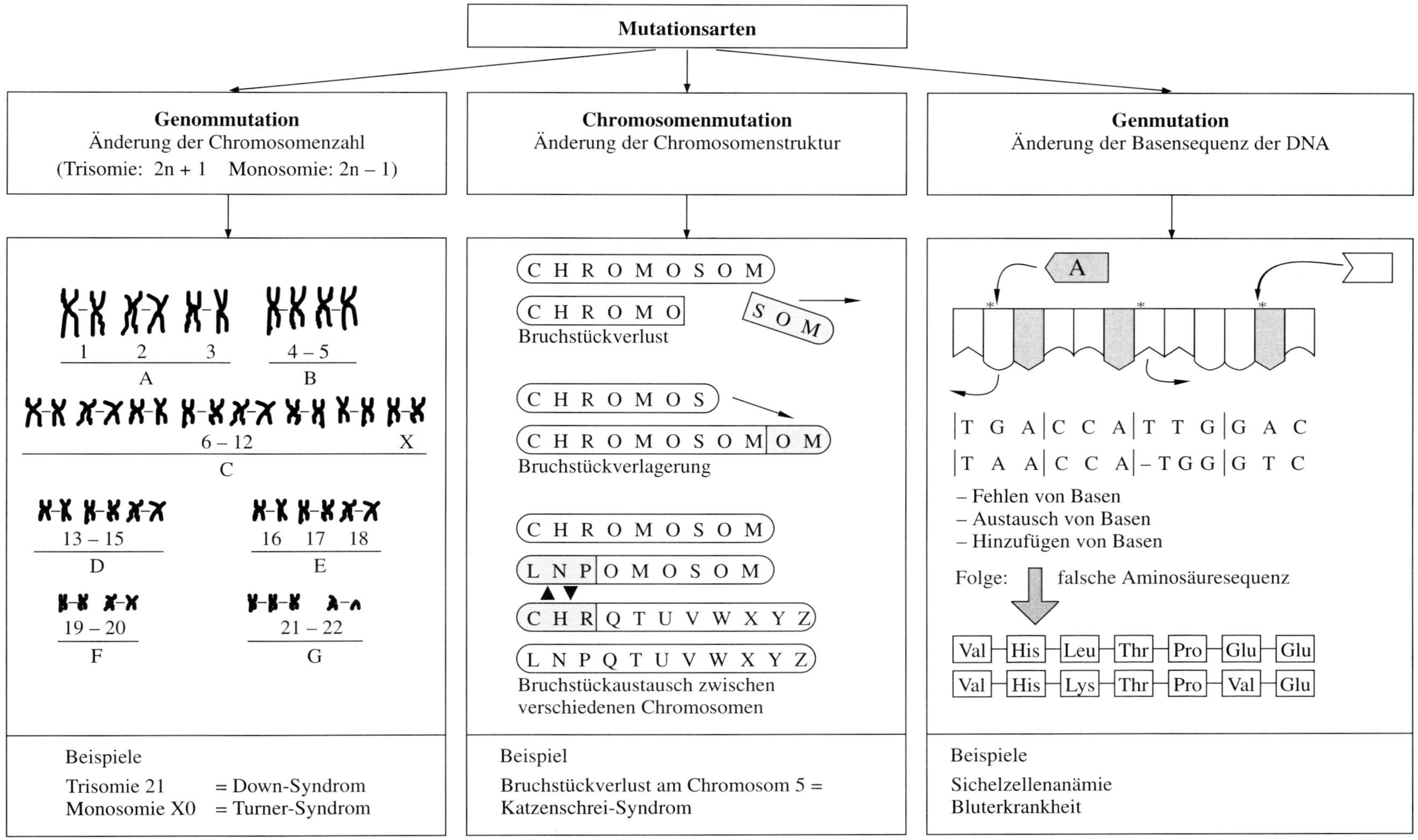

Aufgaben:

1. Zu welcher Mutationsart zählt das Klinefelter Syndrom (Chromosomenzahl: 47, XXY)?
2. Welche Chromosomen sind beim Klinefelter-Syndrom von der Mutation betroffen?
3. Das Down-Syndrom wird auch als Trisomie 21 bezeichnet. Erkläre.

Methodisch-didaktische Hinweise:

Die Folienvorlage zeigt eine zusammenfassende Übersicht über verschiedene Mutationsarten. Sie kann zur Erarbeitung der einzelnen Mutationsformen, aber auch zur Ergebnissicherung oder zur Wiederholung eingesetzt werden. Aus der Vorlage lässt sich ohne großen Aufwand auch eine Overlay-Folie herstellen.
Alle dargestellten Mutationsarten sollte man stets anhand phänotypischer Merkmale entwickeln. Zudem empfiehlt es sich, auch noch andere Beispiele zu erarbeiten. So können die Schüler etwa mit Hilfe von Karyogrammen selbst Genommutationen feststellen. Auch für die Genmutation empfiehlt es sich, ein konkretes Krankheitsbild anzusprechen, beispielsweise die Sichelzellenanämie. Ein methodischer Weg wäre hier – ausgehend vom Phänotyp – auf die veränderte Aminosäuresequenz zu schließen und deren Ursache in einer fehlerhaften Basensequenz der DNA zu finden. Dadurch würde auch das Wesentliche der Proteinsynthese wiederholt und die Umsetzung des genetischen Codes geübt.
Ein Hinweis auf die praktische Anwendung und Umsetzung dieser Kenntnisse bei der pränatalen Diagnostik und der genetischen Familienberatung sollte hier nicht fehlen. Obwohl die Vorlage auf Angaben zur statistischen Häufigkeit der verschiedenen Mutationsarten verzichtet, kann man im Unterricht natürlich darauf eingehen.

Lösungen:

1. Trisomie
2. Geschlechtschromosomen
3. Trisomie 21 bedeutet: Chromosom 21 ist dreimal vorhanden.

Literatur:

Murken, J. / Cleve, H.: Humangenetik. Enke Verlag. Stuttgart 1996.
Lenz, W.: Medizinische Genetik. Thieme Verlag. Stuttgart, New York 1990.

Arten von Mutationen

1. Die Abbildung zeigt einen Ausschnitt aus einem Gen (Basenfolge in Triplettschreibweise).

	A	A	C	T	C	G	G	C	C	C	G	A	A	A	A	G	A	T	T	T	C
①																					
②																					
③																					

1.1 Notiere für diesen Genabschnitt alle Mutanten mit folgenden Änderungen:
① Weglassen einer Base im 3. Triplett
② Austausch von Thymin gegen Cytosin
③ Einfügen einer Base im 4. Triplett

1.2 Welche dieser Mutanten führt zu einer (teilweise) falschen Aminosäuresequenz in dem entsprechenden Protein? ....

Begründung: ....

....

1.3 Um welche Mutationsart handelt es sich dabei? ....

2. Die Veränderung eines Buchstabens (einer Base) verändert auch den Sinn eines Wortes (der genetischen Information).
Bilde aus der vorgegebenen Buchstabenfolge (TOTE HASEN) durch Austausch einzelner Buchstaben neue Wörter mit veränderter Aussage.

T	O	T	E	H	A	S	E	N

3. Mutationen können sowohl in den Erbanlagen der Körperzellen erfolgen (somatische Mutationen) als auch in den Erbanlagen der Keimzellen.

3.1 Welche der beiden Mutationsarten ist folgenschwerer? ....

Erklärung: ....

3.2 Welche der beiden Mutationsarten trifft für den schwarzen Hautkrebs zu? ....

Begründung: ....

Methodisch-didaktische Hinweise:
Die Aufgaben der Vorlage können im Unterricht sowohl zur Wiederholung und Zusammenfassung als auch zur Lernzielkontrolle eingesetzt werden. Der Schwerpunkt der Aufgaben liegt mehr auf der Anwendung und dem Transfer vorhandenen Wissens als auf einer einfachen Reproduktion.
Notwendiges Vorwissen:
- Grundkenntnisse der DNA-gesteuerten Proteinsynthese
- Bedeutung des genetischen Codes

Die Aufgaben 1 und 2 sollen dem Schüler auf unterschiedliche Weise verdeutlichen, welche enormen Auswirkungen bereits kleinste Veränderungen in der Basensequenz – durch Verschiebung des genetischen Codes – haben können. Es muss dabei darauf hingewiesen werden, dass selbst eine einzige falsche Aminosäure schon erhebliche Veränderungen in der Proteinstruktur und der Proteinfunktion zur Folge haben kann (siehe Sichelzellenanämie oder Hämophilie).

Lösungen:
1.1

AAC	TCG	GCC	CGA	AAA	GAT	TTC	
AAC	TCG	GCC	GAA	AAG	ATT	TC■	
AAC	CCG	GCC	CGA	AAA	GAC	CCC	
AAC	TCG	GCC	CTG	AAA	AGA	TTT	C

1.2 Mutante 2: Die Triplettabfolge bleibt erhalten, es ändern sich jedoch drei Tripletts, was eventuell die Synthese von drei anderen Aminosäuren bedeutet.

1.3 Genmutation (Punktmutation)

2

T	O	T	E	H	A	S	E	N
R	O	T	E	H	A	S	E	N
T	O	T	E	H	**O**	S	E	N
R	O	T	E	**R**	O	S	E	N

3.1 Mutationen in Keimzellen: Sie werden an die Folgegenerationen weitervererbt.
3.2 somatische Mutation: nur Körperzellen betroffen, nicht vererbbar;

Literatur:
Murken, J. / Cleve, H.: Humangenetik. Enke Verlag. Stuttgart 1996.
Lenz, W.: Medizinische Genetik. Thieme Verlag. Stuttgart, New York 1990.

Arten von Mutationen

1 Betrachte das abgebildete Karyogramm eines Menschen.

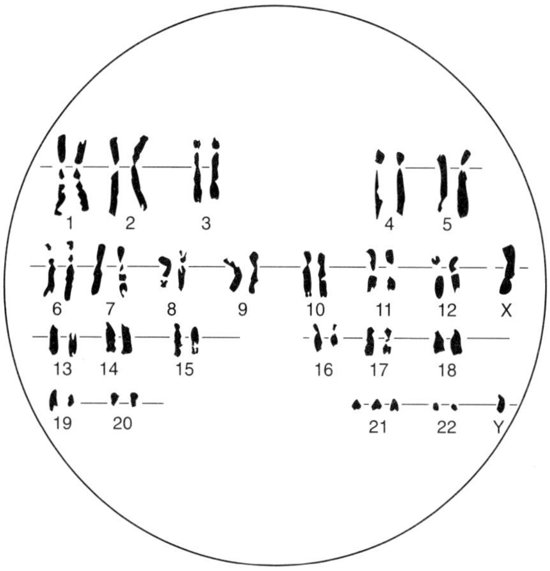

1.1 Beschreibe die Art der Mutation:

....

....

Name der Krankheit:

....

1.3 Zu welcher der folgenden Mutationsarten zählt diese Veränderung im Erbgut? Kreuze an.

❐ Chromosomenmutation

❐ Genmutation

❐ Genommutation

1.4 Was versteht man unter einer Monosomie? ....

Beispiel, das die Geschlechtschromosomen betrifft: ....

2 Beschreibe folgende Mutationsarten.

2.1 ....

....

....

....

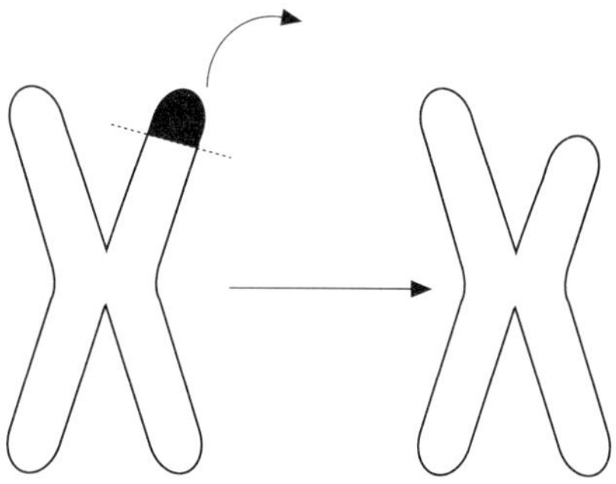

2.2 ....

....

....

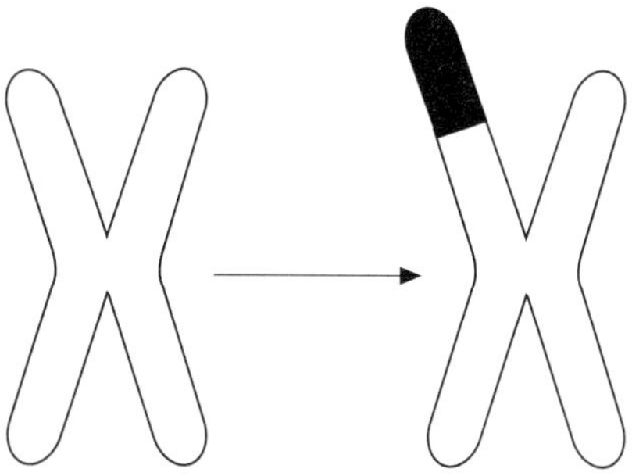

2.3 Wie nennt man diese Mutationsart allgemein? ....

3 Folgendes Wortbeispiel kann eine Mutationsart von Aufgabe 2 veranschaulichen.

| V | I | E | R | H | U | N | D | E | R | T |

| V | I | E | R | H | U | N | D | E | ➜ | R | T |

Erklären: ....

....

Methodisch-didaktische Hinweise:
Die Aufgaben behandeln die Genom- und Chromosomenmutationen. Sie sind auch zur Lernzielkontrolle oder zur Leistungsmessung sowie als Hausaufgabe einsetzbar. Die wichtigsten Aberrationen der Autosomen und der Gonosomen sowie deren Krankheitsbilder (z. B. Trisomie 21, Turner-Syndrom, Klinefelter-Syndrom) müssen dem Schüler bekannt sein.
Beim Down-Syndrom ist darauf zu achten, dass der Ausdruck Mongoloismus – wegen seines diskriminierenden Inhaltes – nicht verwendet wird. Eventuell kann man die Schüler darüber informieren, weshalb dieser Begriff gerade im Nationalsozialismus so beliebt war.

Lösungen:
1.1 Trisomie 21: Das Chromosom 21 liegt dreimal vor.
1.2 Down-Syndrom
1.3 Genommutation
1.4 ein Chromosom fehlt: 2n – 1
Beispiel: Turner-Syndrom: Frauen des Typs 45, X0

2.1 Chromosomenstückverlust (Deletion):
Von einem Chromosomenarm ist ein Teilstück abgebrochen (verloren gegangen).
2.2 Translokation eines Chromosomenstückes:
Ein Bruchstück eines Chromosoms ist auf ein anderes Chromosom übertragen worden.
2.3 Chromosomenmutation

3. Stückverlust bei Chromosomen (Deletion): Durch die verlorenen Buchstaben (Gene) ändert sich der Sinn des Wortes (die genetische Information).
Aus VIERHUNDERT wird VIER HUNDE.

Literatur:
Murken, J. / Cleve, H.: Humangenetik. Enke Verlag. Stuttgart 1996.
Lenz, W.: Medizinische Genetik. Thieme Verlag. Stuttgart, New York 1990.

Mutation durch Rauchen

Lest den folgenden Text genau durch. Bearbeitet dann innerhalb eurer jeweiligen Gruppe *gemeinsam* die gestellten Aufgaben!

Eine Zigarette führt zu 10 000 Mutationen

Neu entwickelte Messmethoden erlauben es, Veränderungen an der Erbinformation zu messen. Dabei können Schäden am eigentlichen Programmträger, ... (DNA), durch innere und äußere Faktoren hervorgerufen werden.

Die meisten Mutationen werden jedoch von körpereigenen Reparatursystemen in Windeseile beseitigt. So gibt es beispielsweise ein spezielles System für Schäden, die durch ultraviolettes Licht im Hautbereich entstehen. Dabei werden durch den Einfluss der energiereichen Lichtquanten stabile Verbindungen zwischen benachbarten DNA-Bausteinen geknüpft. Der DNA-Strang bildet dann an der solchermaßen veränderten Stelle eine Beule.

Das ist nicht weiter schlimm, denn das Reparatursystem tritt blitzschnell in Aktion, und die geflickte Stelle ist danach nicht mehr erkennbar. Dabei passiert aber bei jeder hundertmillionsten Reparatur ein Fehler. Obwohl die Fehler-Chance mit1zu 10^8 also verschwindend gering ist, addieren sich die Veränderungen zu beachtlichen Summen. [...] Durch das Rauchen einer einzigen Zigarette finden in den Körperzellen, vor allem im Lungenbereich, 10^{12} Brüche und Veränderungen im DNA-Strang statt. Die Reparatur erfolgt mit einer Fehlerwahrscheinlichkeit von $1:10^8$. Es entstehen also nach dem Rauchen einer Zigarette rund 10 000 Mutationen an den DNA-Strängen verschiedener Körperzellen ($10^{12}:10^8 = 10^4$). Schäden in großem Stil werden auch von Stoffen verursacht, die in unserer normalen, alltäglichen Nahrung vorhanden sind. Dazu gehören das Solanin in der Kartoffel. [...] Manche Mutation entpuppt sich als tumorig, bewirkt also die Entstehung von Krebs. Dies schlägt sich in umfangreichen Sterbestatistiken nieder. [...] Daraus resultiert, dass die meisten der tödlichen Tumoren, nämlich 35 %, durch Nahrungsbestandteile bedingt sind. Bereits an zweiter Stelle steht mit 30 % das Rauchen. Demgegenüber kann man den Einflüssen der Berufsausübung nur 4 % anlasten, 2 bis 3 % lassen sich direkt auf Umweltgifte zurückführen. [...]

Quelle: bild der wissenschaft 3-1985

Gruppe 1

① Wie wird der Begriff „Mutation“ im Text definiert?

② Um welche Art von Mutationen handelt es sich bei den im Text vorgestellten Beispielen? Begründet eure Meinung.

Gruppe 2

① Begründet, weshalb viele der Mutationen für uns nicht wirksam werden.

② Weshalb sind nicht alle Mutationen unwirksam?

Gruppe3

① Erklärt, wie die Zahl 10 000 in der Überschrift des Textes (von oben) zustande kommt.

② Manche dieser Mutationen führen zur Entstehung von Krebs. Welche Organe sind bei Rauchern besonders häufig von Krebs befallen? Erklärt.

Gruppe 4

① Sind Kartoffelknollen grünlich gefärbt, dann enthalten sie eine hohe Konzentration an *Solanin*. Weshalb sollte man solche Knollen nicht essen?

② Welche äußeren Faktoren können neben dem Rauchen noch zu Krebs (Tumoren) führen? Verdeutlicht die genannten %-Angaben mit Hilfe eines Säulendiagramms.

Methodisch-didaktische Hinweise:
Der Text eignet sich als Arbeits- und Informationsgrundlage für einen Gruppenunterricht. Er kann als Problemanwendung am Ende des Themas „Mutationen“ eingesetzt werden. Um eine möglichst effektive Präsentation der Gruppenergebnisse zu erzielen, wird der Gruppe 1 ein DNA-Modell zur Verfügung gestellt. Gruppe 2 soll ihr Rechenbeispiel an der Tafel erläutern. Gruppe 3 kann die Rauchstraße am Torso demonstrieren und Gruppe 4 zeichnet ihr Säulendiagramm auf eine Folie und erläutert es mit Hilfe des Tageslichtprojektors vor der Klasse.

Lösungen:
Gruppe 1
① Mutation = Veränderungen an der Erbinformation, die zu Schäden an der DNA führen können. Sie werden durch innere und äußere Faktoren hervorgerufen.
② Es handelt sich um Genmutationen, da die Veränderungen an den DNA-Bausteinen stattfinden.

Gruppe 2
① Die meisten Mutationen werden durch das körpereigene Reparatursystem wieder behoben. Außerdem sind die meisten der Veränderungen für die normalen Lebensvorgänge belanglos.
② Das körpereigene Reparatursvstem macht sehr wenige Fehler. Manche von ihnen können zu Krebs führen.

Gruppe 3
① Beim Rauchen einer Zigarette entstehen etwa 10^{12} Mutationen in Form von Brüchen des DNA-Strangs. Mit einer Fehlerwahrscheinlichkeit von $1:10^{8}$ bleiben 10^{4} = 10 000 Mutationen übrig.
② Raucher leiden auffallend häufig an Lungenkrebs, weil der Zigarettenrauch über Mund und Luftröhre in die Lunge gelangt und hier relativ lange verweilt. Neben der Lunge können auch die Mundhöhle, die Zunge und die Luftröhre von Tumoren befallen werden.

Gruppe 4
① Solanin gehört zu den Stoffen, die Veränderungen des DNA-Strangs hervorrufen können.
② Häufigkeit und Ursachen der tödlich verlaufenden Tumoren (Angaben in %)

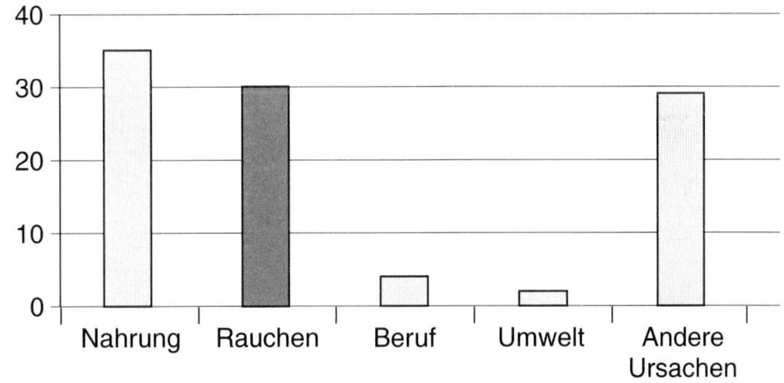

2 Humangenetik

2.3 Erbkrankheiten

Die Genkarte

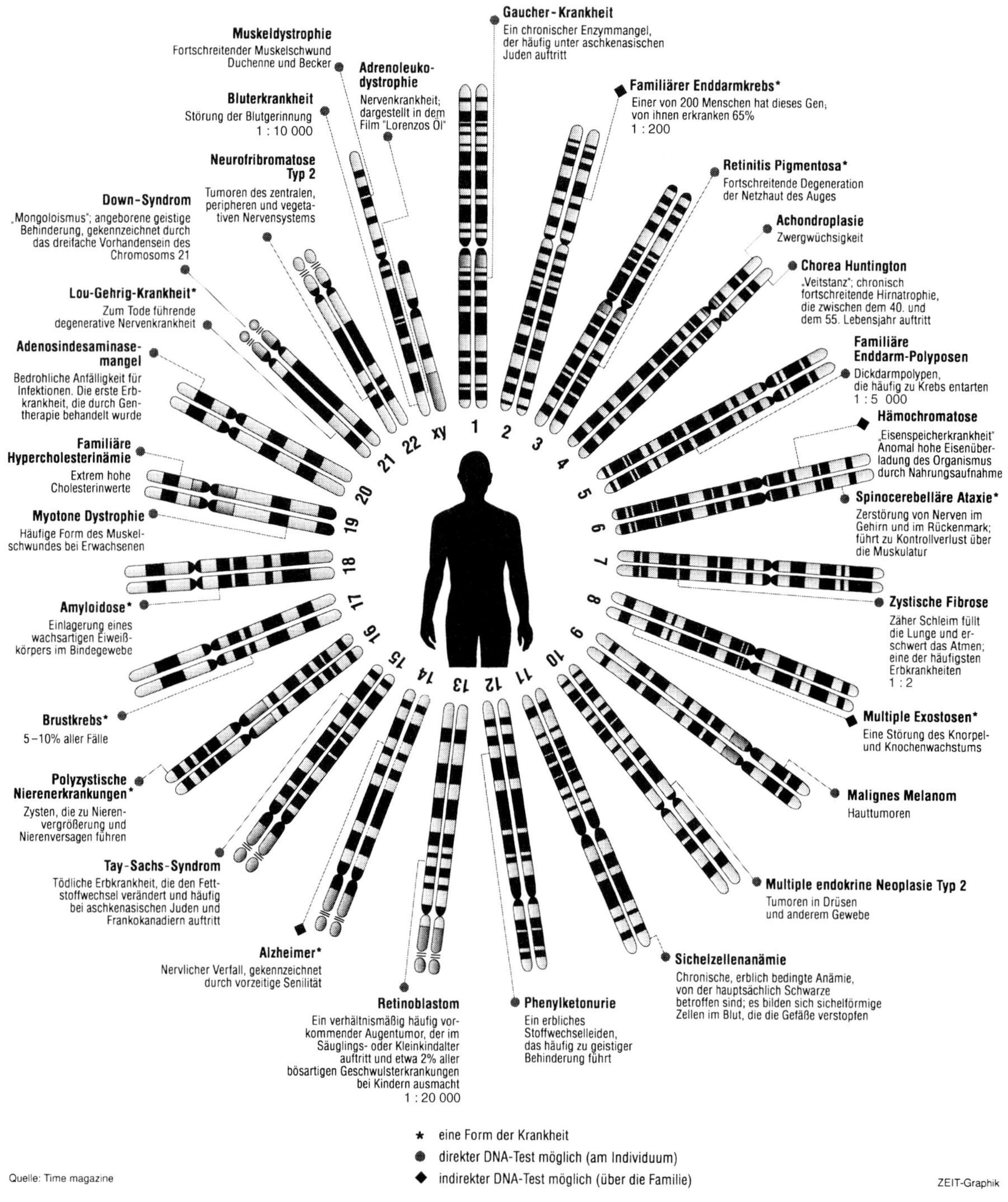

Quelle: Giesela Breuer in: ZEIT-Punkte No. 2/1995

Seit 1995 sind in Deutschland mindestens 200 DNA-Tests zur Ermittlung von Erbkrankheiten z. B beim Ungeborenen in Gebrauch. Die Verwendung dieser Tests bietet Chancen aber auch Risiken:

1. Suche Chromosomen, die mehrere Gene für das Auslösen einer Erbkrankheit enthalten.

2. Warum spielt das X-Chromosom eine besondere Rolle im Rahmen der DNA-Tests?

3. Notiere drei Gründe, die für einen DNA-Test sprechen.

4. Nenne vier Risiken (auch ethisch-moralischer Natur), die DNA-Tests in sich bergen.

Methodisch-didaktische Hinweise:
Die Entschlüsselung des menschlichen Genoms (die Kenntnis über die Lage einzelner Gene auf den Chromosomen) liefert die Grundlage für gentechnische Anwendungen im gesundheitlichen Bereich.
Die Schüler sollen erkennen, dass sich aus diesem Wissen nicht nur Vorteile, sondern auch existentielle Nachteile ergeben können. Dies erfordert eine kritische Auseinandersetzung mit diesem Thema. Dazu müssen die Schüler den Aufbau der Chromosomen und den Begriff Gen kennen.

Lösungen:
1. Chromosom Nr. 4, 6, 19, X
2. Auf dem X-Chromosom finden sich Gene für drei Erbkrankheiten. Beim Mann ist ein eventuelles Ausbalancieren durch das Y-Chromosom nicht möglich.
3. Gründe für einen DNA-Test
   - in begründeten Fällen (Personen mit Erbkrankheiten): Hilfe bei der Familienplanung
   - Diagnose schwerer Erbkrankheiten bereits vor der Geburt
   - Linderung von Krankheiten durch entsprechende Lebensweise
   - rechtzeitige Heilung
   - Medikamentendesign
4. Risiken, die DNA-Tests in sich bergen
   - Gefährdung des Ungeborenen (z. B. Fehlgeburt) bei der Zellentnahme zur DNA-Gewinnung)
   - Absinken der Toleranz gegenüber kranken Menschen
   - Ausweitung der Kenntnisse auf andere menschliche Merkmale (➜ Mensch nach Maß und auf Bestellung)
   - Missbrauch durch Versicherungen
   - Gesundheitskontrolle vor Berufseintritt (screening)
   - Patente auf Krankheiten und die entsprechenden Medikamente

Literatur:
Brandt, P.: Zukunft der Gentechnik. Birkhäuser Verlag. Basel - Boston - Berlin 1997.
Propping, P. / Kollek, R. / Wiesing, U.: Gesundheit und Krankheit (in: Gen-Welten: Katalog zum Gen-Welten-Projekt). Kunst- und Ausstellungshalle der Bundesrepublik Deutschland 1998.
Time magazine (Genkarte)
Zeit-Punkte No. 2 / 1995

1 Der unten abgebildete Stammbaum zeigt eine Familie mit der Erbkrankheit Albinismus. Bei diesem Leiden bildet die Haut keine Pigmente (Farbstoffe) aus.
- Ergänze die Genotypen entsprechend den folgenden Angaben.
- Kennzeichne die Merkmalsträger mit Farbe.

Folgende Daten sind gegeben:

1.1 Das Elternpaar erscheint gesund und hat drei Söhne, die auch gesund erscheinen.

1.2 Aus der Ehe des zweiten Sohnes gehen vier Kinder hervor. Davon sind ein Sohn und eine Tochter scheinbar gesund, zwei Töchter krank.

1.3 Nun heiratet eine dieser kranken Töchter ihren Onkel (erster Sohn des Ehepaars in 1.1). Aus dieser Ehe gehen sechs Kinder hervor:
- scheinbar gesund: eine Tochter und ein Sohn ,
- krank: zwei Töchter und zwei Söhne.

1.4 Aus der Ehe des dritten Sohnes von Ehepaar 1.1 mit einer gesunden Frau gehen sieben Kinder hervor, die alle gesund erscheinen.
Zwei Söhne heiraten eine gesunde Frau. Sie haben insgesamt sechs Kinder, die nicht krank sind.
Zwei Töchter heiraten ebenfalls gesunde Männer. Auch ihre Kinder erscheinen gesund.

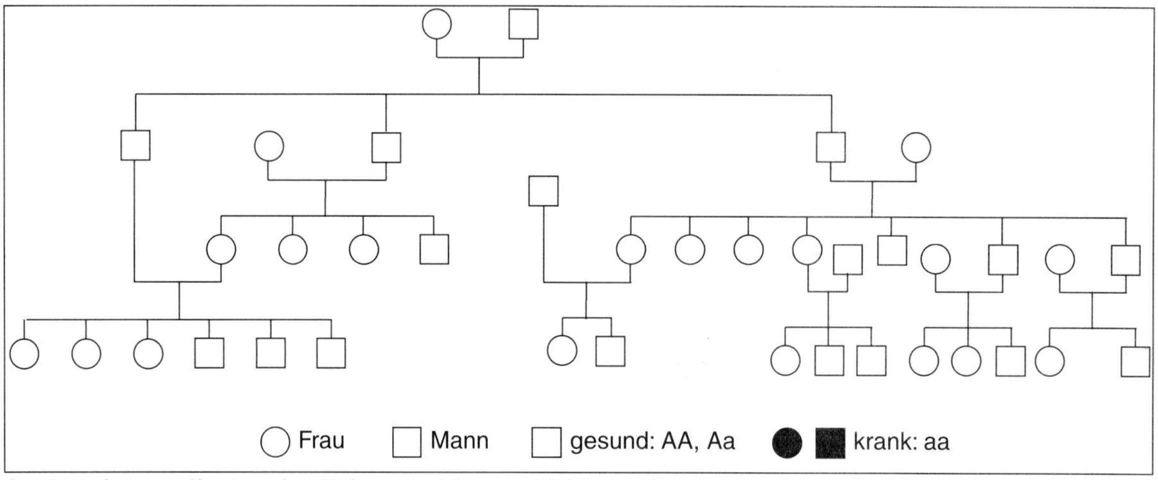

2 Bestimme die Art des Erbgangs! Kreuze hierzu die entsprechenden Antworten an.

2.1 Das Merkmal kommt zur Ausbildung, wenn der Genotyp ...		2.2 Bei 2.1 handelt es sich um ...	
... reinerbig rezessiv (aa) ist	❐	... ein dominant vererbtes Merkmal.	❐
... reinerbig dominant (AA) ist.	❐	... ein rezessiv vererbtes Merkmal.	❐
... mischerbig (Aa) ist.	❐	... ein intermediär vererbtes Merkmal.	❐

3 Nun will der dritte Sohn des Ehepaars aus 1.4, dessen Vorfahren alle gesund erscheinen, ein Mädchen heiraten. Auch sie wollen nach der Heirat Kinder bekommen.
Fall 1: Das Mädchen stammt aus einer anderen Gegend.
In ihrer Familie trat nie ein Fall von Albinismus auf.
Fall 2: Das Mädchen stammt aus der Ehe 1.3 und zeigt die Krankheit.
Bestimme die Wahrscheinlichkeit, mit der dieses Paar kranke Kinder bekommt.

Fall 1: ....

Fall 2: ....

Methodisch-didaktische Hinweise:
Die Aufgabe ist aus dem Bereich der angewandten Genetik, die den Schüler u. U. selbst betreffen kann. Zudem lernt er – etwa beim Themenkreis genetische Familienberatung – die Bedeutung von Familienstammbäumen kennen. Er erfährt, dass statistische Vorhersagen im Sinne der klassischen Genetik in der Realität nur begrenzt einsetzbar sind.
Die Vorlage eignet sich zur Ergebnissicherung und als Hausaufgabe.

Lösungen:
1 Stammbaum einer Familie mit der Erbkrankheit Albinismus

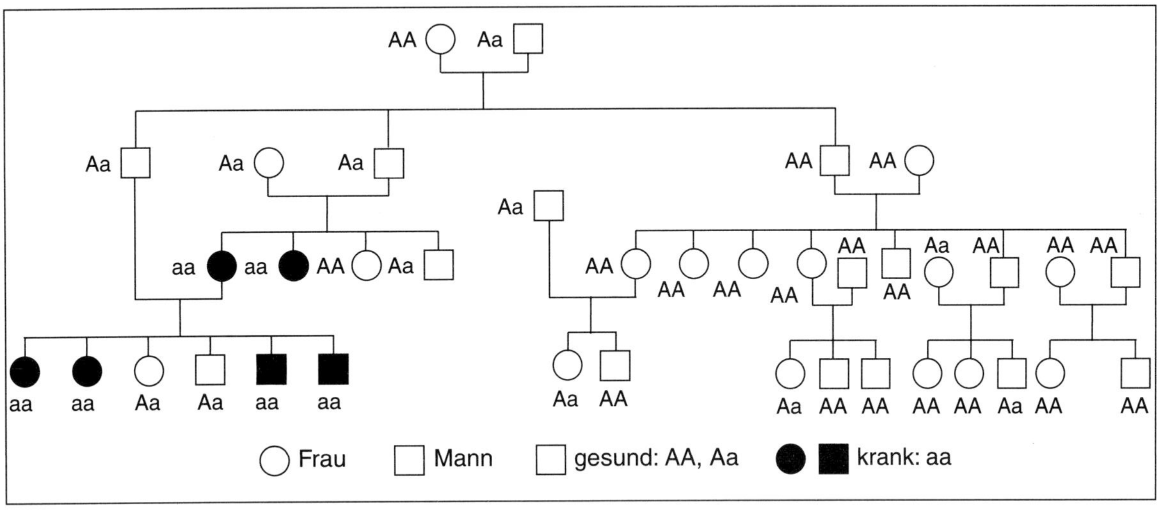

2.1 Genotyp: reinerbig rezessiv (aa)
2.2 rezessiv vererbtes Merkmal

3 Fall 1: Keine Wahrscheinlichkeit für kranke Kinder
Fall 2: Keine Wahrscheinlichkeit: Die Kinder sind in Bezug auf die Krankheit mischerbig.

Literatur:
Murken, J. / Cleve, H.: Humangenetik. Enke Verlag. Stuttgart 1996.

Albinismus

1.1 Nenne typische Symptome des Albinismus.

....

....

1.2 Erläutere kurz die Ursachen für diese Merkmalsänderung. ....

....

1.3 Welche Art von Mutation liegt beim Albinismus vor? Kreuze an.

❐ Genommutation ❐ Genmutation ❐ Chromosomenmutation

1.4 Albinismus wird rezessiv vererbt. Erkläre, was dies bedeutet.

....

....

1.5 Kreuze an, welcher der angegebenen Genotypen (phänotypisch) erkrankt ist.
(AA = gesunde Erbanlage a = mutierte Erbanlage)

❐ AA ❐ Aa ❐ aa

2.1 Welche Erbanlagen haben die Personen dieses Stammbaumes, in dem Albinismus (Personen mit Brille) auftritt?
Trage die Genotypen ein.
Tip: Gehe zuerst von den Merkmalsträgern aus und ziehe dann Rückschlüsse auf die jeweilige Elterngeneration.

....

....

....

....

....

2.2 In welcher Generation gibt es eine Verwandtenehe?

....

....

2.3 Warum treten rezessive Erbkrankheiten relativ selten auf?

....

....

Methodisch-didaktische Hinweise:
Mit dieser Vorlage werden wesentliche Merkmale der Vererbung autosomal rezessiver Krankheiten überprüft. Voraussetzung ist die Kenntnis der , schen Regeln, der Mutationsarten sowie der Begriffe homo- und heterozygot, dominant und rezessiv.
Aufgabe 1.2 wiederholt den Zusammenhang zwischen einem Gendefekt und dem Fehlen von Proteinen. In Aufgabe 2 soll der Schüler durch eine Stammbaumanalyse das Prinzip der rezessiven Vererbung anwenden können. Dabei stehen die mischerbigen, gesunden Überträger und die Bedeutung von Verwandtenehen im Vordergrund.

Lösungen:

1.1 Die Haut erscheint rötlich-weiß, die Iris rot und die Haare hellblond.
1.2 Die Pigmentzellen der Haut können kein Melanin bilden, da das dafür notwendige Gen mutiert ist.
1.3 Genmutation
1.4 Die Erbanlage kommt nur im reinerbigen, homozygoten Zustand zur Ausprägung (aa). Mischerbige Personen sind äußerlich (im Phänotyp) gesund. Sie stellen aber Genüberträger dar.

2.1

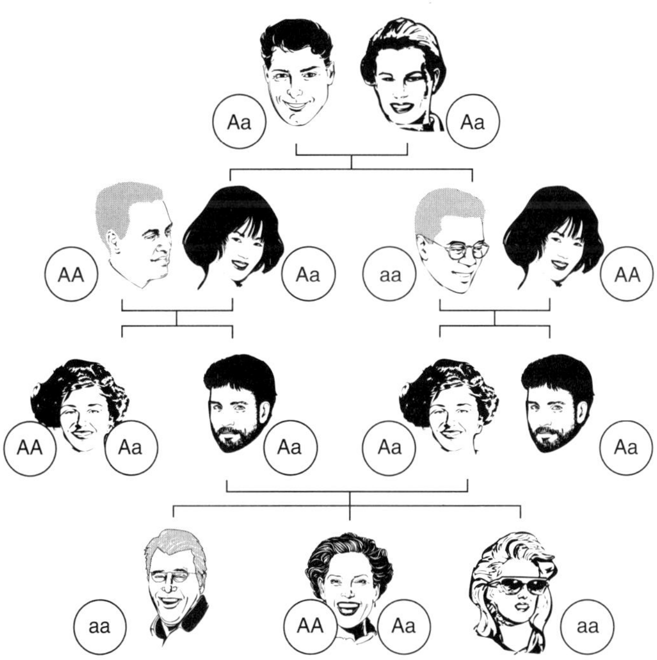

2.2 In der 3. Generation: Beide Partner sind gesund, aber mischerbig. Dadurch steigt in der Folgegeneration das Risiko für ein Auftreten der Krankheit (25%).

2.3 Die Wahrscheinlichkeit für das Zusammentreffen von zwei mischerbigen Genträgern ist (bei der meist niedrigen Mutationsrate) sehr gering. Dies trifft nicht bei Verwandtenehen zu.

Literatur:
Murken, J. / Cleve, H.: Humangenetik. Enke Verlag. Stuttgart 1996.

S V. 2.3.4 Bluterkrankheit

Die Bluterkrankheit wird durch ein defektes Gen verursacht, das seinen Sitz auf dem X-Chromosom hat. Infolge dieser Krankheit werden bestimmte Proteine (Eiweißstoffe), die zur Blutgerinnung notwendig sind, nicht produziert.

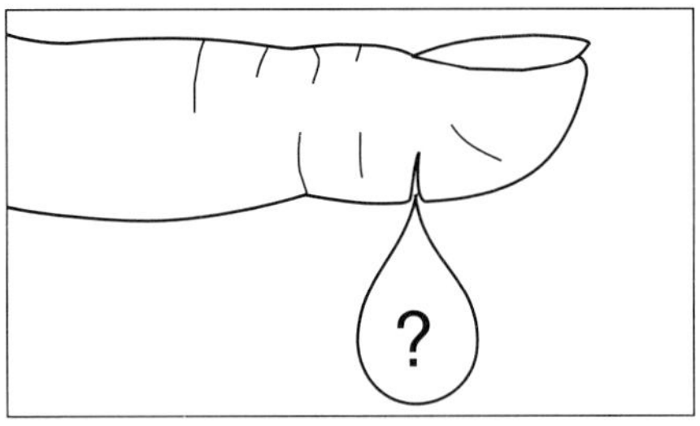

1. Wie funktioniert bei einem Gesunden die Blutgerinnung in einer Schnittwunde?

....

....

....

....

2. Welche Probleme treten bei einem Bluter auf?

....

....

3. Eine Frau mit dem defekten Bluter-Gen auf *einem* X-Chromosom ist phänotypisch Nichtbluterin.
Ein Mann mit dem defekten Bluter-Gen auf *dem* X-Chromosom ist dagegen Bluter. Wie kann man das erklären?

....

....

4. Entwirf einen Erbgang, bei dem ein phänotypisch gesundes Ehepaar einen Sohn hat, der Bluter ist.

X = Chromosom mit normalem Gen

Ⓧ = Chromosom mit defektem Gen

♀ \ ♂		

5. Ein Ehepaar, bei dem der Mann Bluter, die Frau phänotypisch Nichtbluterin ist,bekommt eine Tochter, die Bluterin ist.

5.1 Wie sieht der Genotyp einer Bluterin aus?

....

♀ \ ♂		

5.2 Wie sehen die Genotypen der Eltern aus?
Ergänze das Erbschema.

5.3 Beschreibe die Phänotypen, die bei den Kindern möglich sind.

....

....

Methodisch-didaktische Hinweise:
Voraussetzung für die Bearbeitung der Vorlage ist das Wissen um die Vererbung des Geschlechtes sowie Kenntnisse über die Blutgerinnung und die Bluterkrankheit. Sie lässt sich zur Übung und Vertiefung, aber auch zur Lernzielkontrolle einsetzen.
In der Aufgabe geht es nur am Rande um den Prozess der Blutgerinnung. Um den Aspekt „Vererbung" klarer hervortreten zu lassen, wird auf die Unterscheidung der Hämophilie A und B ebenso verzichtet wie auf den Begriff „hemizygot".

Lösungen:
1. Ausgefälltes Fibrin vernetzt die Wunde. Durch die Kontraktion der Fibrinfäden ziehen sich die Wundränder zusammen. Durch den Wundverschluss wird nicht nur die Blutung beendet, sondern auch das Eindringen von Fremdkörpern verhindert.
2. Bei Blutern dauert die Blutgerinnung (Normaldauer 5 bis 9 Minuten) länger als 15 Minuten mit folgenden Auswirkungen:
   • geringe Verletzungen bluten lange nach,
   • Prellungen führen zu ausgedehnten Blutergüssen im Gewebe,
   • am Ende der Menstruation erfolgt keine Gerinnung, sondern ein Verschluss der Gefäße durch Kontraktion.
3. Das zweite (gesunde) X-Chromosom der Frau gewährleistet die Blutgerinnung. Beim Mann fehlt das zweite X-Chromosom. Das Y-Chromosom trägt kein Gen für die Blutgerinnung.

4.

♀ \ ♂	X	Y
X	XX	XY
Ⓧ	Ⓧ X	Ⓧ Y

5.

♀ \ ♂	Ⓧ	Y
Ⓧ	ⓧⓍ	Ⓧ X
X	X Ⓧ	X Y

5.1 Genotyp der Bluterin: ⓍⓍ

5.2 Vater: Ⓧ Y Mutter: Ⓧ X

5.3 Tochter: Bluterin / Tochter: Überträgerin (phänotypisch gesund) / Sohn: Bluter / Sohn: geno- und phänotypisch gesund

Literatur:

Mörike, K. S./Betz, E./Mergenthaler, W.: Biologie des Menschen. Quelle & Meyer. Heidelberg 1989.
Murken, J./Cleve, H.: Humangenetik. Enke Verlag. Stuttgart 1996.

Der folgende Testbogen wurde von einem 18-jährigen Behinderten mit dem Down-Syndrom ausgefüllt.

Allgemeinwissen

Wie viele Tage hat das Jahr? ....365.... Wie viele Wochen hat das Jahr? ..../....

Wie heißt der amtierende Bundespräsident? ..../....

Welches Bundesland hat die meisten Einwohner? ....

Sportwissen

Welchen Spitznamen hatte der Fußballer Rudi Völler:	① Tante Emma	② Tante Käthe
Wie heißt die kleine schwarze Scheibe beim Eishockey ?	*Puk* (richtige Antwort mündlich gegeben)	
Wer ist die Tennis-Gräfin aus Brühl ?	*Steffi Graf* (richtige Antwort mündlich gegeben)	
In welcher Gewichtsklasse boxt Henry Maske?	① Schwergewicht	② Halbschwergewicht

Analogien finden

Wald zu Bäumen wie Wiese zu:	X) Gräser	b) Blumen	c) Grün	d) Weide	e) Heu
Klein zu groß wie kurz zu	a) schmal	b) breit	c) eng	d) weit	X) lang
Sportler zu Erfolg wie Manager zu:	X) Geld	b) Macht	c) Gewinn	d) Luxus	e) Umsatz
Reiben zu Klopfen wie Laufen zu:	X) Hüpfen	b) Tauchen	c) Schwimmen	d) Werfen	e) Fallen
Pflanze zu Maschine wie Eiche zu:	a) Auto	b) Haus	c) Vergnügen	d) Möbel	X) Geld
Eisen zu Eis wie Metall zu	a) Regen	b) Wasser	c) Flüssigkeit	X) rosten	e) trinken

Wortgleichungen finden

Schaf / Wolle gleich Vogel/	a) Flügel	b) Körner	X) Nest	d) Taube	e) Federn	f) Tier
Dach / Keller gleich Zimmerdecke	X) Fenster	b) Wand	c) Lampe	d) Fußboden	e)Teppich	f) Tür
Pfeffer / Zitrone gleich scharf/	X) bitter	b) sauer	c) würzig	d) beißend	e)aromatisch	
Melodie / Ton gleich Gemälde/	a) Kunstwerk	b) Helligkeit	c) Skala	X) Farbe	e) Form	
Leder / Eisen gleich zäh/	a) haltbar	b) weich	c) schwer	X) rostig	e) biegsam	f) hart
Alkohol / Arznei gleich berauschend/	a) beruhigend	b) vergiftend	c) heilend	d) überzeugend	X) bitter	
Vogel / fliegen gleich Fisch/	a) braten	b) füttern	c) schwimmen	X) fressen	e) sehen	

Gesichter unterscheiden

Welches der 3 Gesichter ist anders ?

Schätzaufgaben

83 + 55 + 11 = ? a) 208 b) 129 c) 149 d) 177 (*Lösung war nicht möglich!*)

Interview: Warum ich ein Bayern-München-Fan bin

Weil ich die neuen und die alten Fußballspieler auch kenne. Dass die alle immer vorne dran liegen – meist erste und zweite Plätze. *Welche Fußballer kennst Du?* Gerd Müller, die zwei Hoeneß, Basler, Janker. *Was spielt der Janker?* Der ist von Köln nach Österreich gewechselt und die Bayern haben ihn von Österreich geholt. *Was hältst Du von Beckenbauer?* Schon ein lustiger Mensch, wenn es aber drauf ankommt, gibt er zu wenig Gas. *Welches Fußballspiel hast Du als letztes gesehen?* Bundesligaspiel gegen Gladbach; war ein durchhängendes Spiel – mit Müh und Not gewonnen: 3:0.

Aufgaben:

1. Beantworte den Test nach bestem Wissen.
2. Vergleiche deine Lösung mit der Anzahl der richtigen Antworten des Behinderten.
3. Beurteile die Leistung des Behinderten.
4. Was kannst du aus dem Interview schließen?

Methodisch-didaktische Hinweise:
Die meisten Schüler haben zu Behinderten keinen persönlichen Kontakt, deswegen besteht bei vielen zunächst eine persönliche Hemmschwelle. Bei der Besprechung des Down-Syndroms sollten daher und nicht allein die Symptome der Krankheit im Vordergrund stehen, sondern auch die Menschen.
Ein Besuch in der Behindertenwerkstatt wäre sehr hilfreich, auch um kennenzulernen, wie kontakt-freudig und anhänglich Behinderte mit dem Down-Syndrom sind.
Ist ein solcher Besuch nicht möglich, empfiehlt sich der Einsatz des FWU-Videofilmes 4201959 / 1991 (Was mein Leben wert ist – mit geistig Behinderten leben).
Anhand des Interviews „Warum ich ein Bayern-München-Fan bin" und der Auswertung des Testbogens sollen sich die Schüler ein Bild machen von dem Leistungsvermögen eines Behinderten mit dem Down-Syndrom.
Der folgende Lebenslauf kann zusätzlich eingesetzt werden, um die Probleme eines Behinderten näher kennenlernen zu können:

Michael wurde 1951 in einem Dorf in Unterfranken geboren. Seine Geburt erfolgte einen Monat früher als erwartet. Der Hausarzt erklärte, dass Michael ein Spätentwickler sei, dem man Zeit lassen müsse. Erst ein verwandter Arzt klärte die Eltern darüber auf, dass Michael das Down-Syndrom habe. Im Vergleich zu seiner gesunden Schwester brauchte Michael für alles etwas länger: z. B. beim Trinken aus dem Fläschchen. Mit einem Jahr konnte er sitzen, mit 3 Jahren laufen.
Im Kindergarten des Dorfes (42 Kinder, 2 Nonnen als Betreuerinnen) erfolgte keine Frühförderung.
Mit 7 Jahren wurde er eingeschult. Obwohl er die geforderten schulischen Leistungen nicht erbringen konnte, blieb er im Klassenverband. Lesen und Schreiben (ohne Beachtung der Rechtschreibregeln) brachte ihm seine Mutter bei. Subtrahieren und Addieren von Zahlen lernte er nie.
Seit Michael 17 Jahre alt ist, arbeitet er in der Werkstatt für Behinderte bei der Lebenshilfe. Zunächst musste er einige Jahre täglich mit dem Zug nach Bamberg fahren. Später besuchte er die Werkstatt der Lebenshilfe im Nachbarort. In der Werkstatt zählt er 25 Metallstücke ab, die er in eine Plastiktüte verpackt. Für die Arbeit erhält er im Monat etwa 250.- DM sowie das tägliche Mittagessen. Seit kurzem bezieht er auch eine Rente.
Da Michaels Mutter inzwischen über 80 Jahre alt ist, hat er vor einiger Zeit einen Platz in einem Heim für Behinderte angenommen. Die Bewohner bereiten mit ihren Betreuern gemeinsam die Mahlzeiten und gestalten ihre Freizeit. Am Wochenende kann er seine Mutter besuchen. Seine Hobbys sind Fernsehen, Fußball und Volksmusiksendungen.

Lösungen des Tests:

Allgemeinwissen:	365 Tage / 52 Wochen / Johannes Rau / Nordrhein-Westfalen
Sportwissen:	②/ Puk / Steffi Graf / ①
Analogien finden:	a / e / c / a / a / b
Wortgleichungen:	e / d / b / d / f / c/ c
Gesichter unterscheiden:	c: ohne 2. Ohr
Schätzaufgaben:	149

Literatur:
Was mein Leben wert ist – mit geistig Behinderten leben. FWU-Video 4201959 / 1991.
Hesse / Schrader: Das neue Testprogramm. Goldmann 1990.

Trisomie 21 (Down-Syndrom)

1. Entstehung

Zeige, wie es in der 2. Reifeteilung bei der Frau zu Trisomie 21 kommen kann.

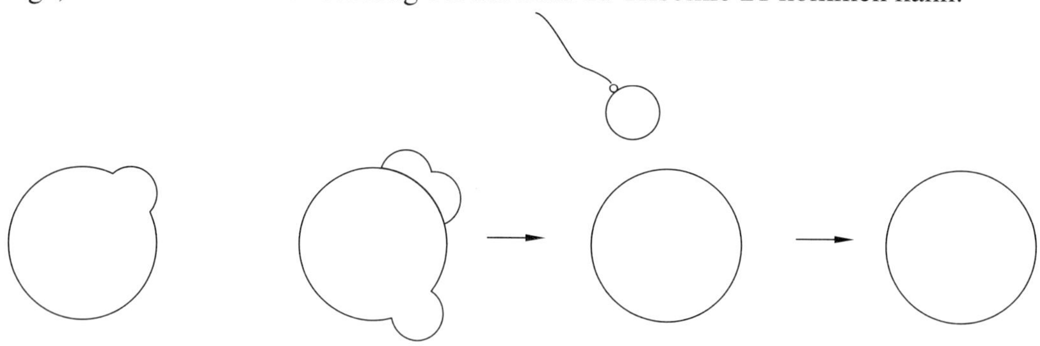

1. Reifeteilung 2. Reifeteilung Eizelle Zygote

2. Genotyp
Karyogramm: ....

3. Phänotyp
Typische Merkmale der betroffenen Kinder:

- ....
- ....
- ....
- ....
- ....
- ....

4. Wahrscheinlichkeit für Trisomie 21 und andere Aberrationen

4.1 Interpretiere die Graphik.
Häufigkeit von Trisomie 21 bei Neugeborenen

....
....
....
....

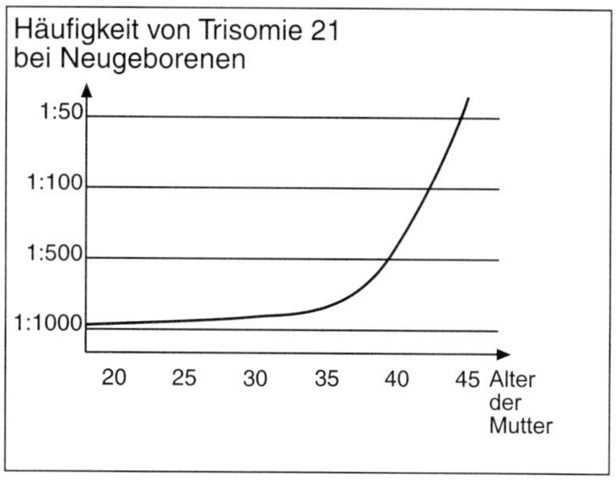

4.2 Gebe die mögliche Ursache für die Altersabhängigkeit von Meiosefehlern bei der Frau an.

....
....

Methodisch-didaktische Hinweise:
Die Schüler erfahren am Beispiel der Trisomie 21, wie ein bestimmter Meiosefehler zu einer numerischen Chromosomenaberration mit schweren Erbdefekten führen kann. Dabei wird das Phänomen der Translokations-Trisomie, die unabhängig vom Alter der Mutter auftreten kann, nicht berücksichtigt.
Die Schüler sollten in diesem Zusammenhang auch erfahren, dass das zunehmende Alter der Mutter möglicherweise nicht ausschließlich der Grund für die Entstehung der Trisomie 21 ist. Neuere Forschungsergebnisse weisen darauf hin, dass unter Umständen auch das Alter des Vaters eine Rolle spielen kann.
Der Ausdruck Mongoloismus wird im Unterricht auf alle Fälle vermieden, da er eine grobe Rassendiskriminierung darstellt.

Lösungen:

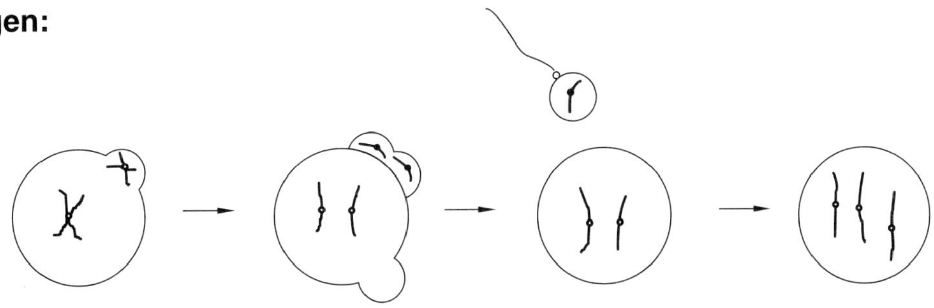

2. Genotyp: Karyogramm: 47, triple 21 (➜ autosomal)

3. Typisch für die betroffenen Kinder ist:
   - Muskelschwäche
   - Herzfehler ➜ hohe Sterblichkeit (bis zum 10. Lebensjahr: 50 %)
   - kleiner Wuchs, kurzer Hals
   - Augenlidfalte („Epikanthus")
   - geringe Intelligenz
   - Männer fast immer, Frauen oft steril

   ➜ Die meisten dieser Merkmale lassen sich abmildern durch bessere medizinische Versorgung, spezielle Förderung und Integration.

4.1 Die Wahrscheinlichkeit von Meiosefehlern steigt mit dem Alter der Frau (25a: 0,1%; 45a: > 2%)

4.2 Bei der Frau werden die Ur-Keimzellen im Gegensatz zum Mann schon vor der Geburt gebildet und von da an schädlichen Umwelteinflüssen (Strahlung, Alkohol, Umweltgiften) ausgesetzt.

Literatur:
Murken, J. / Cleve, H.: Humangenetik. Enke Verlag. Stuttgart 1992.
Selbsthilfegruppe für Menschen mit Down-Syndrom und ihre Freunde e. V., Erlangen; Hirschenau 10, 90607 Rückersdorf.

S V. 2.3.7 Rot-Grün-Sehschwäche

Rund 10% der männlichen Europäer leiden unter einer Rot-Grün-Sehschwäche. 3–4% können keine Rot- und Grüntöne voneinander unterscheiden (Farbenblindheit).

1. Nenne zwei Gefahrenquellen, die sich für rot-grünblinde Person im täglichen Leben ergeben.

   ....

2. Im Gegensatz zum normalen, dominant-rezessiven Erbgang handelt es sich bei der Vererbung der Rot-Grün-Sehschwäche um eine „Sonderform“, die du herausfinden sollst.

2.1 Trage in den folgenden Stammbaum einer Familie, in der die Rot-Grün-Blindheit vorkommt die Genotypen der Geschlechter (XX bzw. XY) ein.

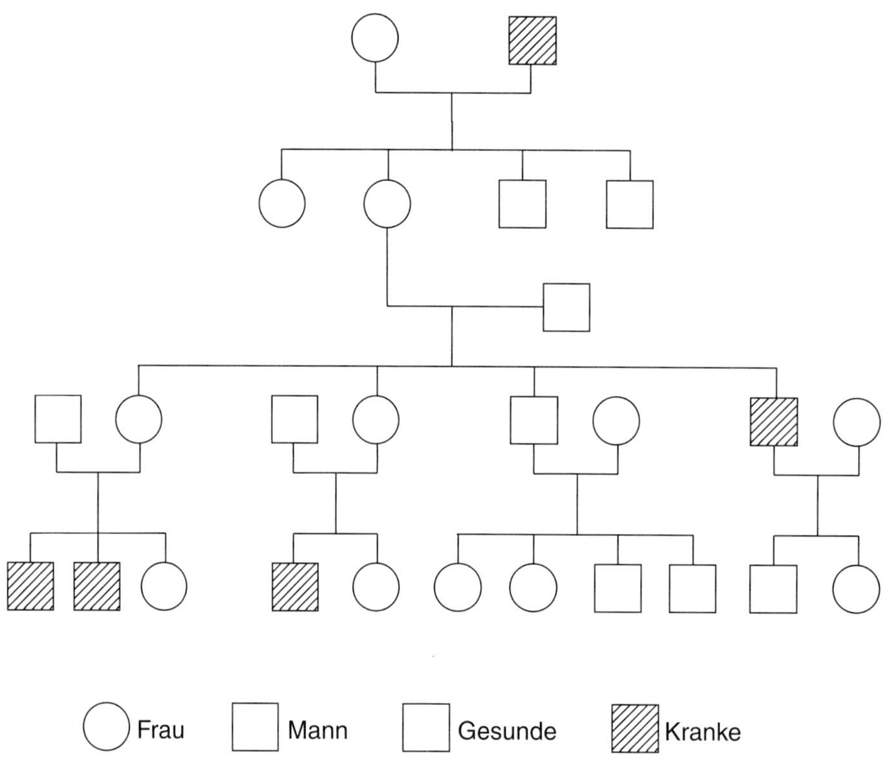

2.2 Wie könnte man diese Form der Vererbung nennen? ....

3. Da in der Regel nur Männer von der Rot-Grün-Sehschwäche betroffen sind, könnte man annehmen, dass das Merkmal auf dem Y-Chromosom liegt. Dies kann jedoch nicht zutreffen, da – zwar sehr selten – auch kranke Frauen auftreten.
   Finde einen zweiten Beleg dafür, dass die Krankheit nicht auf dem Y-Chromosom liegen kann.

   ....

4. Beweise oder widerlege folgende Aussagen in Bezug auf die Farbenblindheit.

4.1 Ist der Vater krank und die Mutter gesund, dann sind alle Söhne gesund.

❐ richtig ❐ falsch Begründung: ....

4.2 Ist der Vater gesund und die Mutter mischerbig, dann sind alle Söhne krank.

❐ richtig ❐ falsch Begründung: ....

Methodisch-didaktische Hinweise:
Die Aufgabe aus dem Bereich der angewandten Genetik, kann den Schüler u. U. selbst betreffen. Dabei lernt er die Bedeutung von Familienstammbäumen kennen. Er erfährt, dass statistische Vorhersagen im Sinne der klassischen Genetik in der Realität nur begrenzt einsetzbar sind.
Man kann die Aufgabe auch mit der Überprüfung der Sehtüchtigkeit der Schüler koppeln. Dazu eignen sich die bekannten Testtafeln für Farbsehtest, die es – auf Folie kopiert – erlauben, mit Hilfe des Tageslichtprojektors in kurzer Zeit die gesamte Klasse zu testen.

Lösungen:
1. Gefahren: Straßenverkehr, Signalanlagen (z. B. Ampel); rote Sicherheitslampen an Maschinen, rote Warnhinweise;

2.1

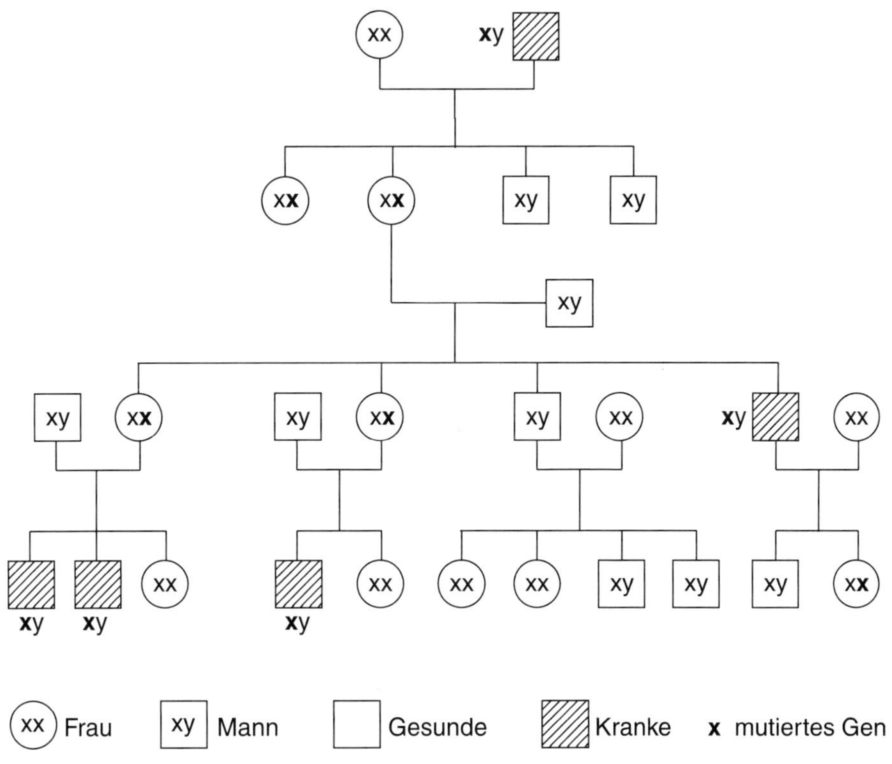

2.2 X-chromosomal gebundene Vererbung
3.1 Alle Söhne wären farbenblind.
4.1 Richtig: Das krankmachende X-Chromosom wird nur an Töchter weitergegeben.
4.2 Falsch: Die Wahrscheinlichkeit, das krankmachende X-Chromosom zu erhalten, ist 50%.

Literatur:
Murken, J. / Cleve, H.: Humangenetik. Enke Verlag. Stuttgart 1996.

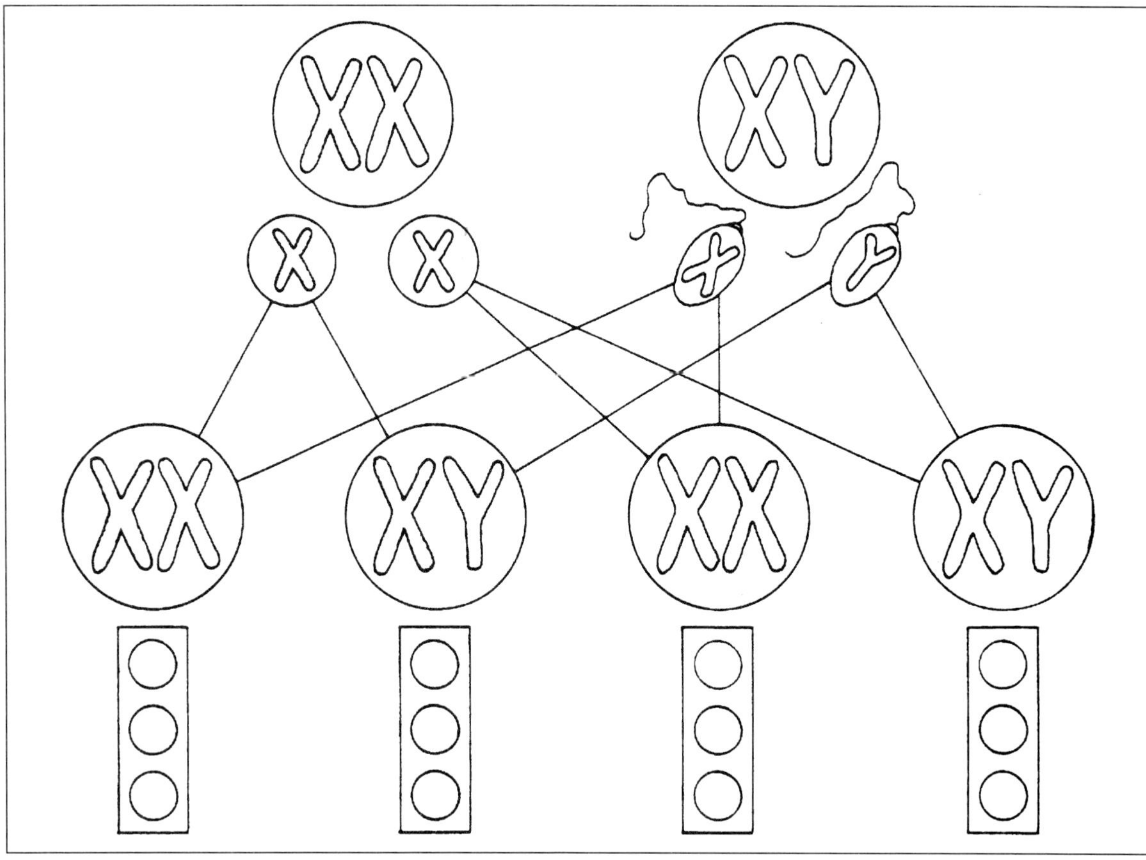

①

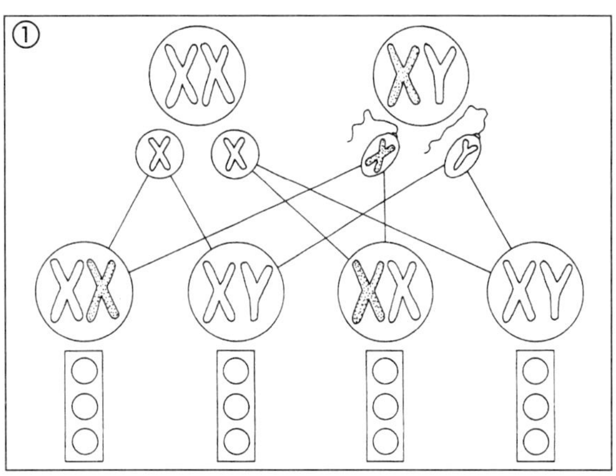

②

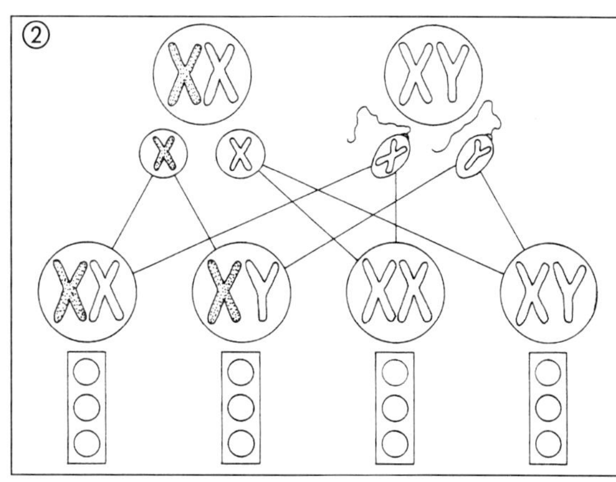

③

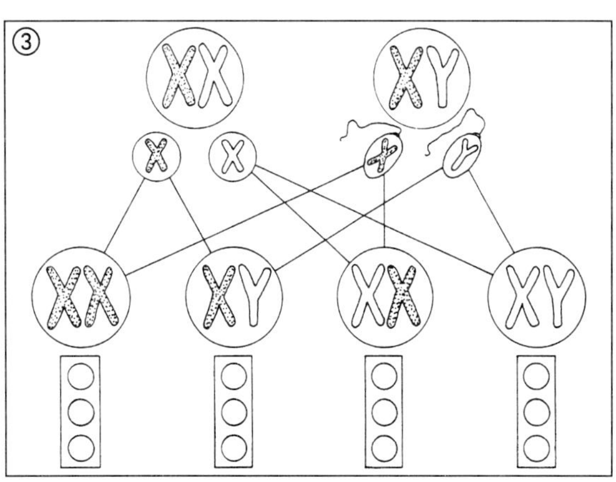

④

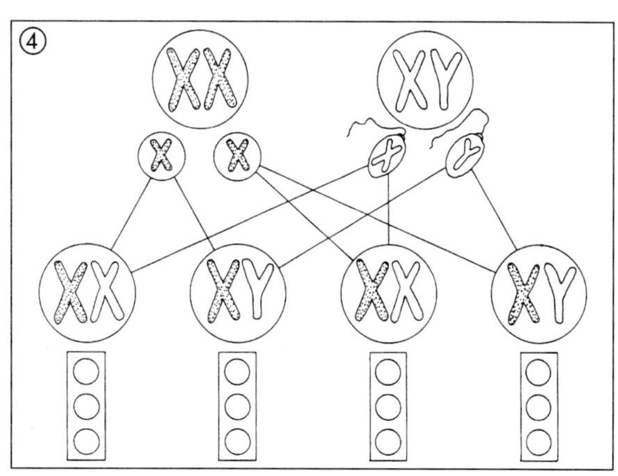

Methodisch-didaktische Hinweise:
Die Rot-Grün-Sehschwäche eignet sich zur Einführung des X-chromosomal gekoppelten, rezessiven Erbganges. Mit dem Leerschema kann man die Besonderheiten dieser Vererbung schrittweise erarbeiten. Es kann zusätzlich als Kopiervorlage für Übungsaufgaben oder zur Lernzielkontrolle dienen. Die vier (nummerierten) Kreuzungsschemata der Vorlage eigenen sich zur Darstellung möglicher Elternkombinationen. Zur eindeutigen Veranschaulichung empfiehlt sich eine farbige Gestaltung (siehe unten).
Nachdem das Prinzip des Erbganges bei der Rot-Grün-Sehschwäche mit den Schülern erarbeitet wurde, sollten die Schüler verschiedene Elternkombinationen zu lösen versuchen, um so selbst zu erkennen, dass Erbanlagen auf Geschlechtschromosomen (auf nicht homologen Chromosomen) anders zu betrachten sind als auf homologen Chromosomen. Hier lässt sich auch der Begriff hemizygot einführen, der dem Schüler zeigt, dass die oft gebrauchte Bezeichnung geschlechtsgebundene Vererbung eigentlich falsch ist, da sowohl Männer als auch Frauen von der Krankheit betroffen sein können.

Anmerkungen zur farbigen Gestaltung der Folie:
- Es empfiehlt sich, die punktiert vorgegebenen Chromosomen als Anlageträger farbig zu markieren.
- Die farbigen Ampelsymbole sollen den jeweiligen Zustand (Phänotyp) verdeutlichen. Dies kann folgendermaßen aussehen:

Merkmalsausprägung	obere Ampelfarbe	mittlere Ampelfarbe	untere Ampelfarbe
volle Farbentüchtigkeit	rot		grün
Rot-Grün-Sehschwäche	grau		grau
keine Krankheitsanlage	rot	gelb	grün
mischerbig, gesund (nur bei Frauen als Überträgerin)	rot	gelb mit zentralem schwarzem Punkt	grün
reinerbig, krank (nur bei Frauen)	grau	schwarz	grau

- Mit dieser Kennzeichnung kann man die Bedeutung der überdeckt vorliegenden Anlagen für bestimmte – auch später noch zu behandelnde – Krankheiten (etwa die Hämophilie) gut veranschaulichen.

Beispiele zur Gestaltung der Kreuzungsschemata

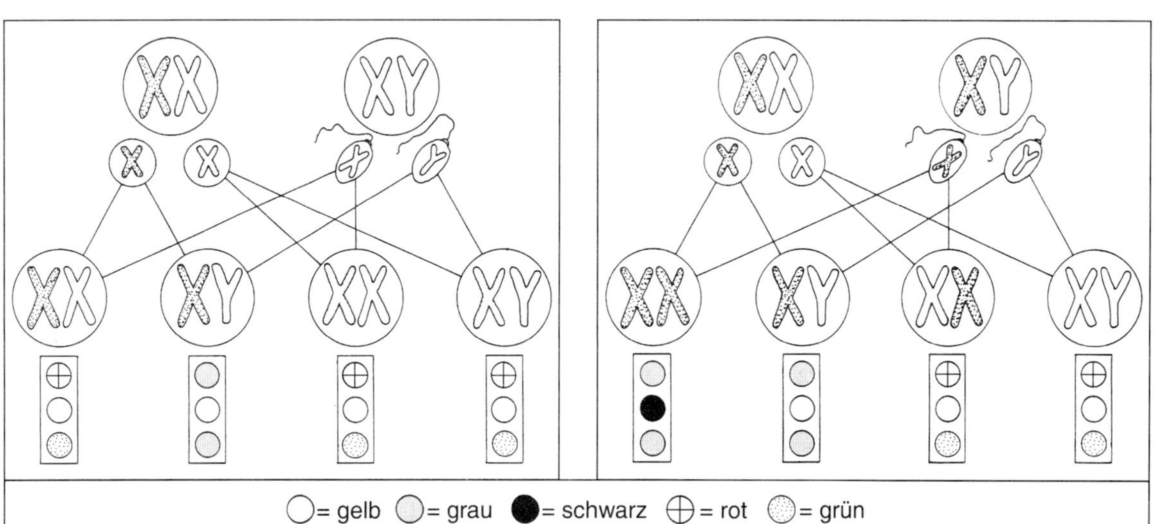

Literatur:
Murken, J. / Cleve, H.: Humangenetik. Enke Verlag. Stuttgart 1996.
Gehendes, F.: Kopieratlas Biologie – Menschenkunde Humangenetik. Aulis Verlag Deubner. Köln 1992.

S V. 2.3.9 Rot-Grün-Sehschwäche

1. Die Rot-Grün-Sehschwäche ist die Folge eines mutierten Gens auf dem X-Chromosom.

1.1 Erkläre kurz, nach welchen Gesetzmäßigkeiten die Rot-Grün-Sehschwäche vererbt wird.

....

1.2 Welche Erklärung gibt es dafür, dass von der Rot-Grün-Sehschwäche stets mehr Männer betroffen sind als Frauen?

....

....

1.3 Welche Rolle spielen Frauen bei der Vererbung der Rot-Grün-Sehschwäche?

....

2. Welche Kinder sind von der Rot-Grün-Sehschwäche betroffen? (Vervollständige – um dies zu zeigen – das jeweilige Kreuzungsschema. Kennzeichne die Chromosomen mit dem mutierten Gen entsprechend der Vorlage.)

2.1 gesunde Frau × Mann mit Rot-Grün-Sehschwäche

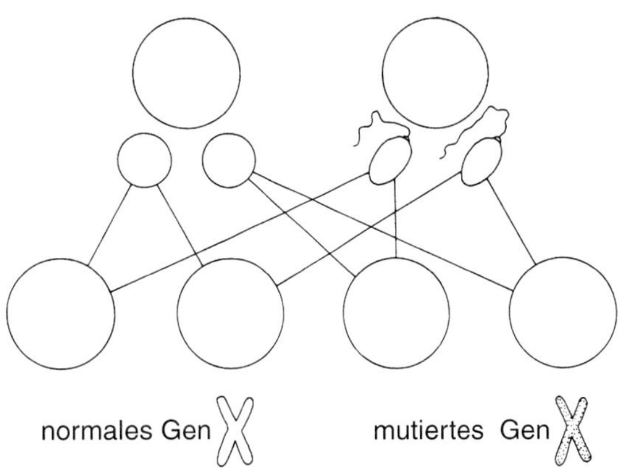

2.2 scheinbar gesunde Frau × Mann mit Rot-Grün-Sehschwäche

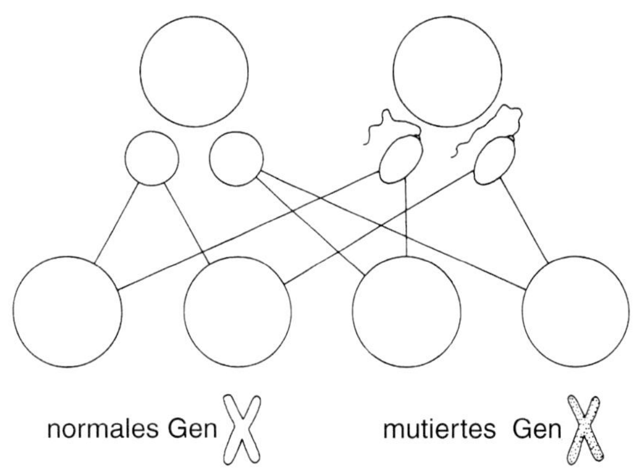

3. Suche in diesem Familienstammbaum die Ursache für das mehrfache Auftreten der Rot-Grün-Sehschwäche. Trage dazu die Chromosomen ein und kennzeichne jene mit einem mutierten Gen eindeutig (durch Ausmalen).

Ursache:

....

....

....

....

....

....

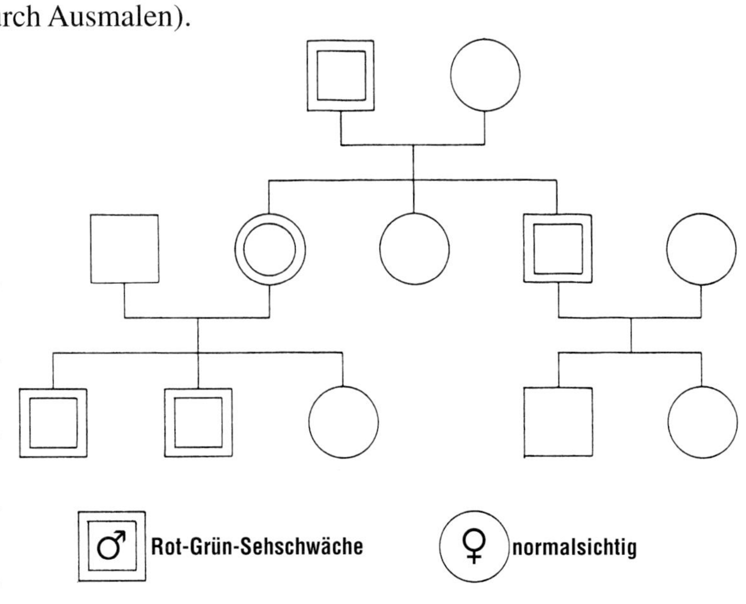

Methodisch-didaktische Hinweise:
Die Vorlage ist als Ergebnissicherung oder als Hausaufgabe der X-chromosomal-gebundenen, rezessiven Vererbung gedacht. Gleichzeitig werden dabei auch Vorkenntnisse der dominant-rezessiven Vererbung beim Menschen auf einer etwas höheren Anforderungsstufe angewendet.
Die Aufgabe 2 lässt sich durch zusätzliche Kombinationen erweitern:
- scheinbar gesunde Frau × gesunder Mann
- kranke Frau × gesunder Mann

Lösungen:
1.1 rezessiv, gebunden an das X-Chromosom
1.2 Männer haben kein zweites X-Chromosom, das das mutierte Gen ausbalancieren („unterdrücken") könnte.
1.3 Frauen sind Überträgerinnen, wenn ein Gen mutiert ist. Sie erkranken nur im homozygoten Zustand.

2.1 gesunde Frau × Mann mit Rot-Grün -Sehschwäche

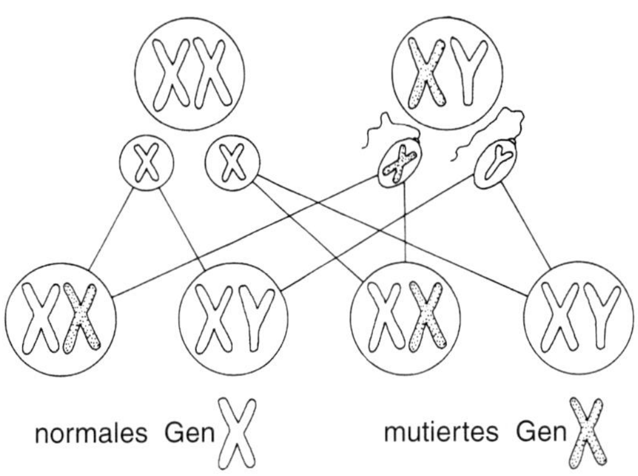

2.2 scheinbar gesunde Frau × Mannmit Rot-Grün-Sehschwäche

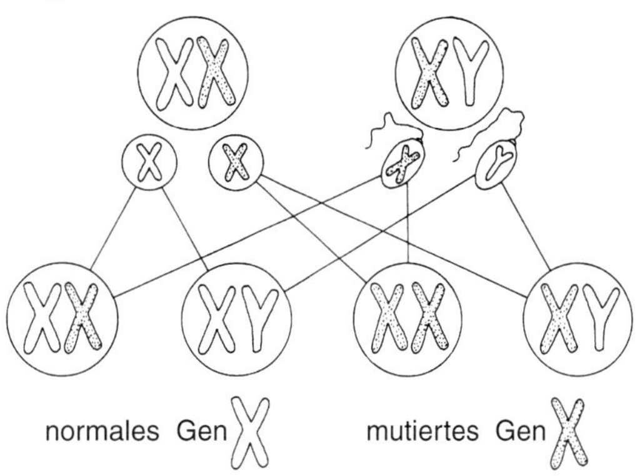

3. Ursache: Heirat zwischen einer Überträgerin und einem Kranken

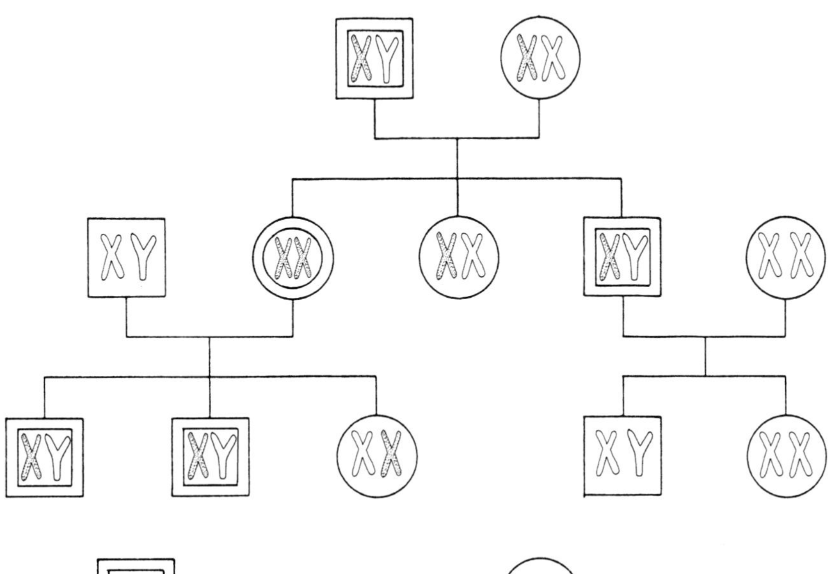

Sichelzellenanämie

Ergänze das Schema.
Beginne dazu bei der Abbildung des defekten Hämoglobins (HbS) und folge dann den Pfeilen.
Benutze dazu folgende Begriffe:
Zerstörung der Erythrozyten – wenig elastisch, wenig verformbar – Blutarmut – Lernbehinderung – Versagen – stark eingeschränkt – Infektionen – Sauerstoff

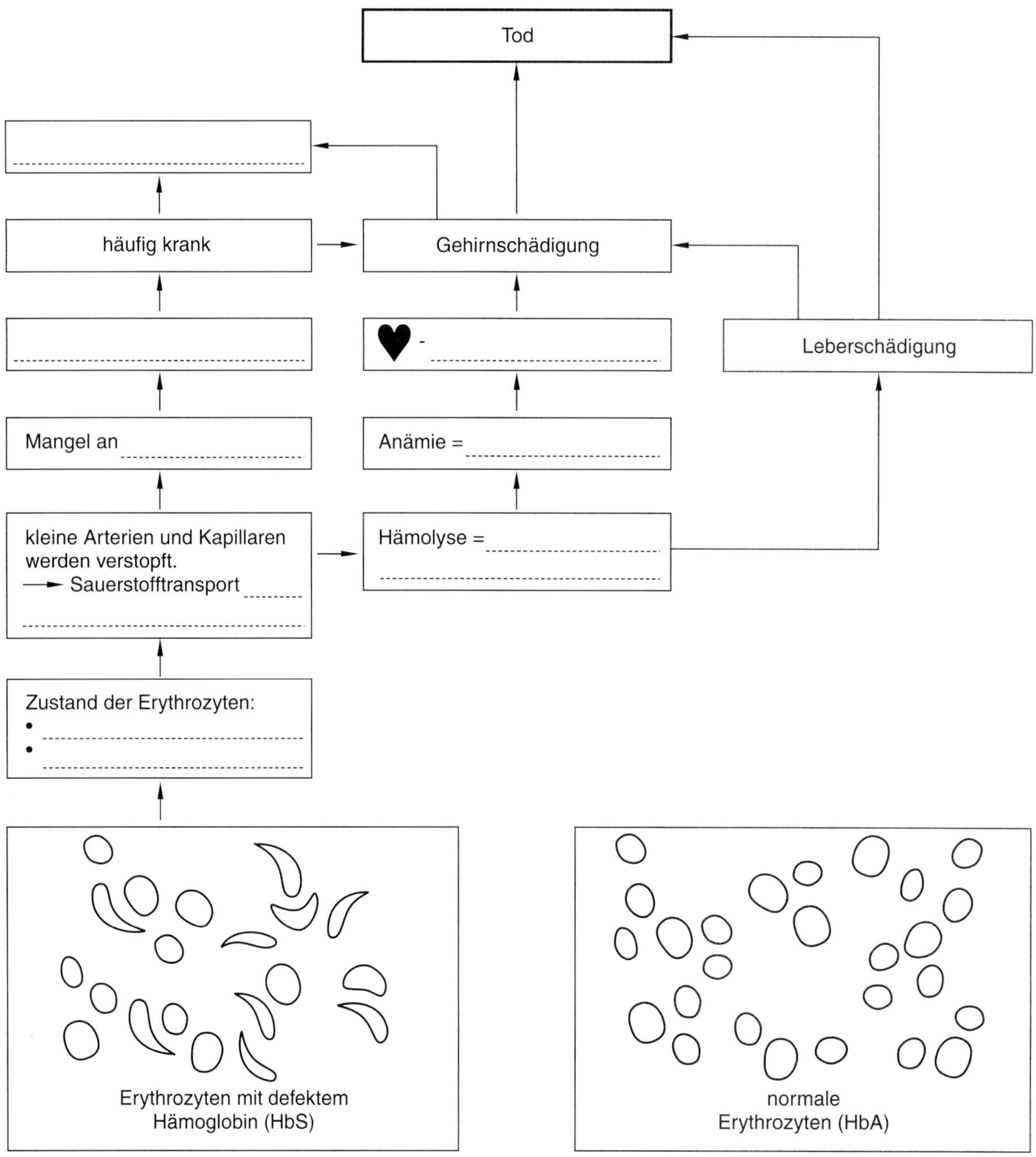

Methodisch-didaktische Hinweise:
Die Vorlage geht genauer auf die Folgen der Sichelzellanämie ein und eignet sich zur Vertiefung und gründlichen Klärung des Sachverhaltes.

Lösungen:

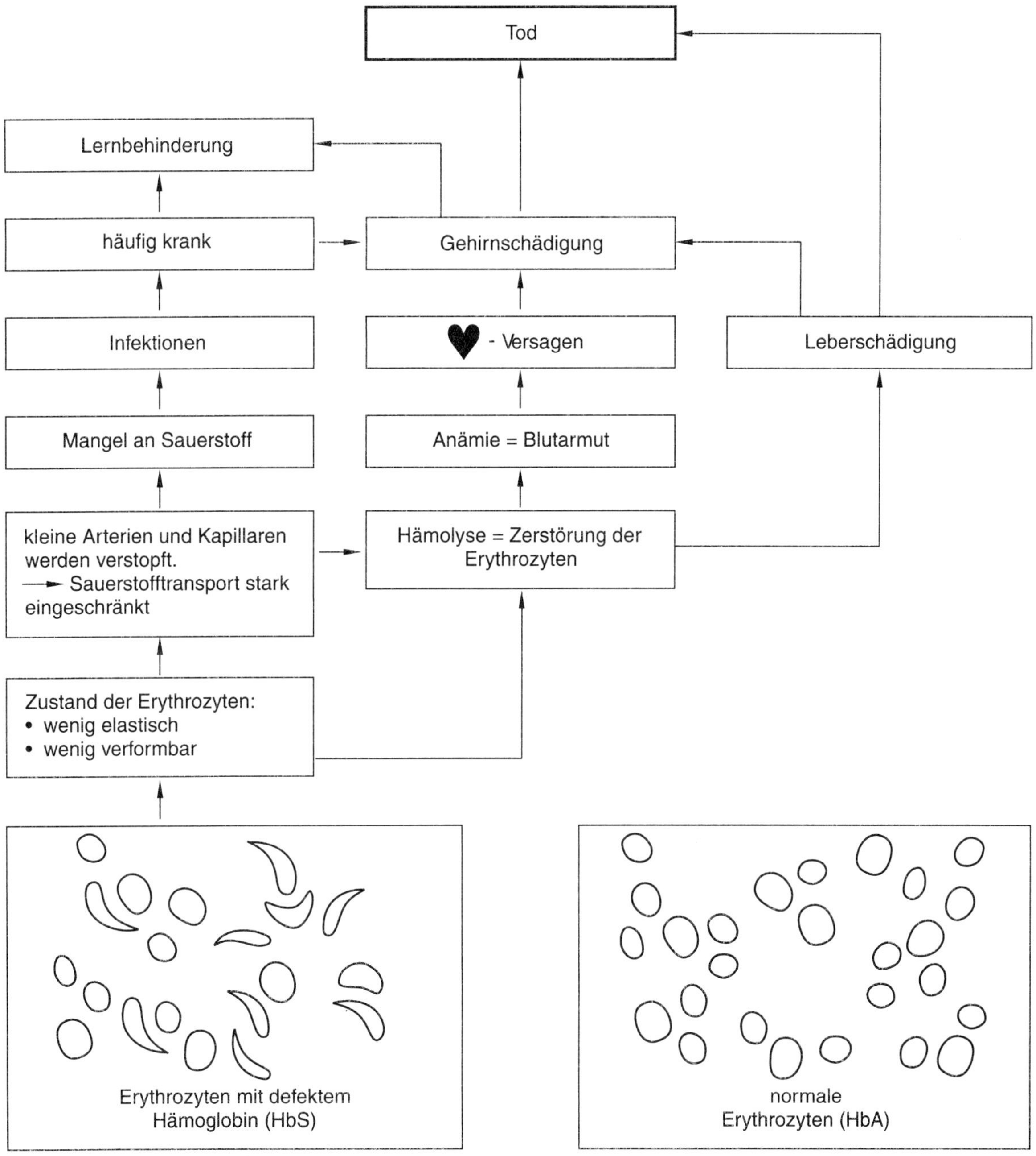

Literatur:
Passarge, E.: Taschenatlas der Genetik. Georg Thieme Verlag. Stuttgart, New York 1994.
Murken, J./Cleve, H.: Humangenetik. Enke Verlag. Stuttgart 1996.

S V. 2.3.11 | **Sichelzellenanämie**

Sichelzellenanämie

Information
Die Sichelzellenanämie (Anämie = Blutarmut) ist bei Homozygoten eine schwere Krankheit. Sie ist in Schwarzafrika und bei Schwarzen Nordamerikas in einem von 500 Todesfällen die Ursache. Die Krankheit geht auf eine Mutation im Eiweißbestandteil des roten Blutfarbstoffes Hämoglobin zurück, was sich auf Form und Eigenschaften der roten Blutkörperchen (Erythrozyten) auswirkt.

1. Ergänze die Tabelle.

Ausschnitt aus der DNA-Sequenz, die den Hämoglobin-Bestandteil codiert	**CTC**	**CAC**
m-RNA (Codon)	....	....
Aminosäure (+ Abkürzung)	............................(.........)	............................(.........)
Bezeichnung des resultierenden Hämoglobins	....	....
Seitenansicht eines roten Blutkörperchens	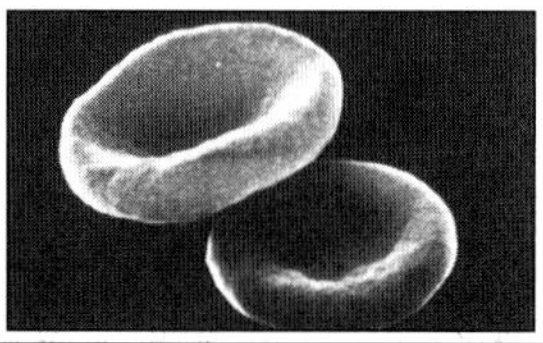	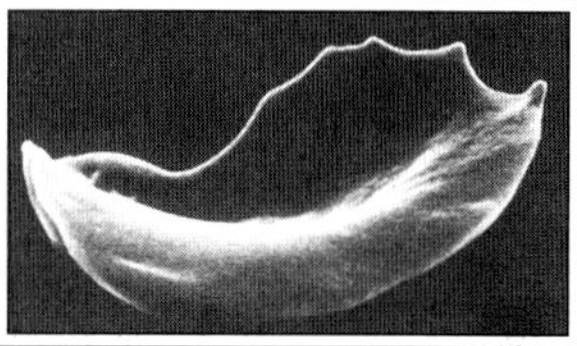
Form der roten Blutkörperchen	....	....
Sauerstofftransportfähigkeit	....	....

2. Die Sichelzellenanämie kann – je nach Genotyp – nicht nur negative, sondern auch positive Folgen haben. Ergänze die Tabelle.

Genotyp	Phänotyp	negative Folgen	positive Folgen
HbA / HbA	....	....	....
HbA / HbS	....	....	....
HbS / HbS	....	....	....

Methodisch-didaktische Hinweise:
Das Arbeitsblatt gibt einen Einblick in genetische Ursachen eines unter Umständen schweren Erbdefektes. Das Beispiel Sichelzellenanämie zeigt weiterhin, dass eine Mutation nicht nur Nachteile, sondern unter bestimmten Bedingungen auch Vorteile mit sich bringen kann.

Lösungen:

1. (Ursachen der Sichelzellenanämie)

Ausschnitt aus der DNA-Sequenz, die den Hämoglobin-Bestandteil codiert	**CTC**	**CAC**
m-RNA (Codon)	GAG	GTG
Aminosäure (+ Abkürzung)	Glutaminsäure (Glu)	Valin (Val)
Bezeichnung des resultierenden Hämoglobins	Hb A	Hb S
Seitenansicht eines roten Blutkörperchens	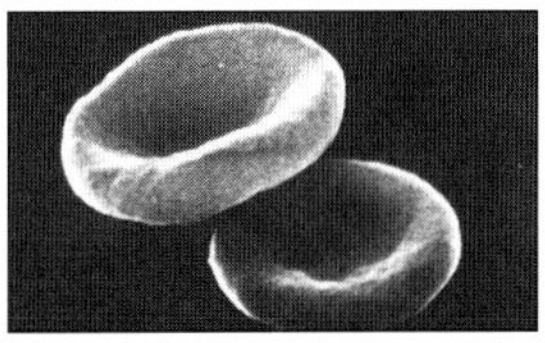	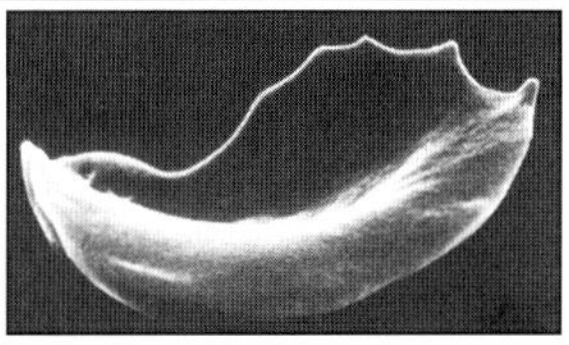
Form der roten Blutkörperchen	normal	Sichelzelle
Sauerstofftransportfähigkeit	normal	eingeschränkt

Quelle der beiden Fotos: Ch. de Duve: Die Zelle – Expedition in die Grundstruktur des Lebens Bd. 1, Spektrum Verlag, Heidelberg, 1986, S. 358

Genotyp	Phänotyp	negative Folgen	positive Folgen
HbA / HbA	homozygot gesund	anfällig gegenüber Malaria	normale Erythrozyten
HbA / HbS	Sichzellenmutation heterozygot	bei Heirat mit heterozygotem Partner: Kinder evtl. HbS/HbS	keine oder nur leichte Malaria (keine Sichelzellenanämie)
HbS / HbS	Sichzellenmutation homozygot	Blutarmut; eingeschränkter Sauerstofftransport; Tod	keine Malaria

Literatur:
Passarge, E.: Taschenatlas der Genetik. Georg Thieme Verlag. Stuttgart – New York 1994.

Angewandte Genetik am Beispiel der Muskeldystrophie

Die *Duchenne Muskeldystrophie (DMD)* ist eine geschlechtsgebundene, rezessiv vererbte Krankheit, die nur bei männlichen Nachkommen auftritt. Überträger der Krankheit sind die weiblichen Mitglieder einer Familie. Bei ihnen kommt die Krankheit aber nicht zum Ausbruch.

Die von der DMD befallenen Jungen scheinen bei der Geburt vollkommen gesund zu sein. Erst im Alter von drei bis vier Jahren treten die ersten Anzeichen der Krankheit auf. Mit zunehmendem Alter verschlimmern sich die Krankheitssymptome: die Betroffenen stürzen häufiger und können ohne fremde Hilfe nicht mehr aufstehen. Schließlich sind die Jungen an den Rollstuhl gefesselt. Ihre durchschnittliche Lebenserwartung liegt bei etwa 20 Jahren.

Überlege:

1. Ein gesunder Mann heiratet eine Frau, die DMD-Überträgerin ist.

1.1 Welche Genotypen haben die Eltern? Kennzeichne das krankmachende Gen durch einen Punkt auf dem entsprechenden Chromosom.

1.2 Ermittle die möglichen Genotypen der Kinder und ordne ihnen die richtigen Phänotypen zu. Schneide dazu die entsprechenden Bilder am Ende der Seite aus und klebe sie an die richtige Stelle.

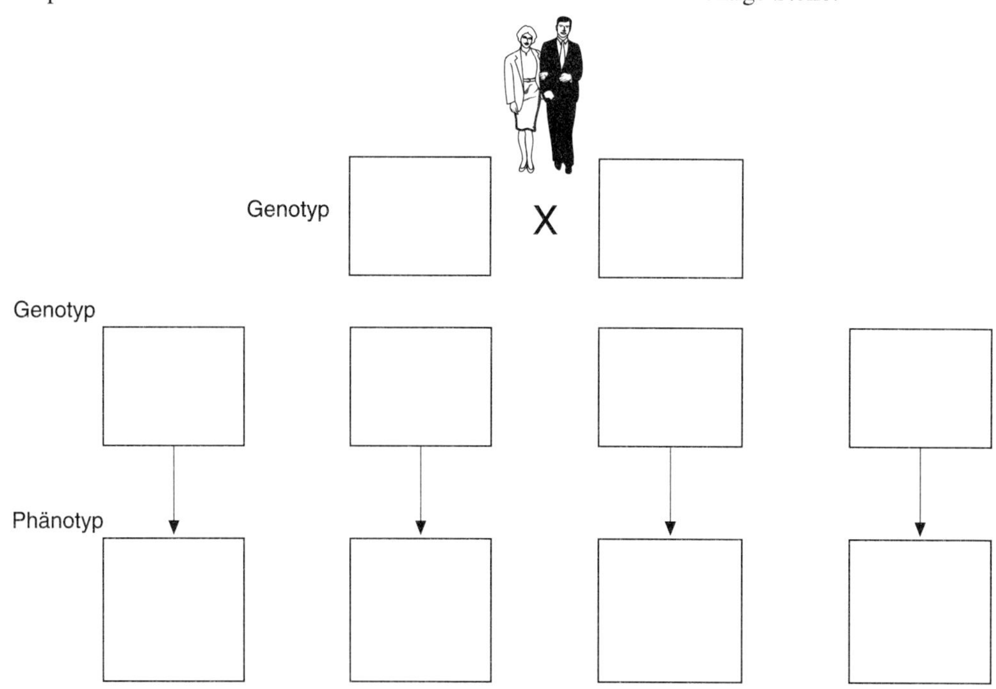

1.3 Wie groß ist die Wahrscheinlichkeit, dass die Eltern ein Kind bekommen das an DMD leidet?

1.4 Wie erklärst du dir, dass bei Überträgerinnen die Krankheit nicht ausbricht?

2. In den USA können Familien, in denen DMD gehäuft auftritt, mit Hilfe der Genanalyse verhindern, dass sie ein DMD-krankes Kind bekommen. Dies geschieht auf folgende Weise:
   - Durch Hormonbehandlung der Frau reifen mehrere Eizellen heran.
   - Mehrere reife Eizellen werden dem Eierstock entnommen.
   - In-Vitro-Befruchtung
   - Im 8-Zellenstadium wird jedem Embryo je 1 Zelle entnommen und genetisch untersucht.

   Beschreibe die weitere Vorgehensweise. Nimm kritisch Stellung dazu.

2.1 .... 2.2..

✂..

Methodisch-didaktische Hinweise:
Das Arbeitsblatt kann für eine Partnerarbeit, aber auch im Gruppenunterricht als Arbeitsauftrag für ein Team eingesetzt werden. Dabei sollen sich die Schülerinnen und Schüler selbständig mit dem vorgestellten Problem kritisch auseinandersetzen. Voraussetzung für die Lösung der Aufgabe 1 ist, dass den Schülerinnen und Schülern der Umgang mit den Kreuzungsschemata geläufig ist.
Aus der Krankheitsbeschreibung müssen die Schülerinnen und Schüler ableiten, dass das DMD-Gen auf den Geschlechtschromosomen und hier wiederum auf dem X-Chromosom liegen muss. Um die Lösung der Aufgabe 1 zu erleichtern, können die Phänotypen der Eltern auch vorgegeben werden.
Bei Aufgabe 2 sind die Schülerinnen und Schüler aufgefordert, Lösungsstrategien zu entwerfen, die sie auch kritisch hinterfragen sollen.
Hinweis: Die in der Lösung unten angegebene Form der Y-Chromosomen entspricht nicht der Realität. Das DMD-Gen ist durch einen schwarzen Punkt auf einem Arm des X-Chromosoms symbolisiert.

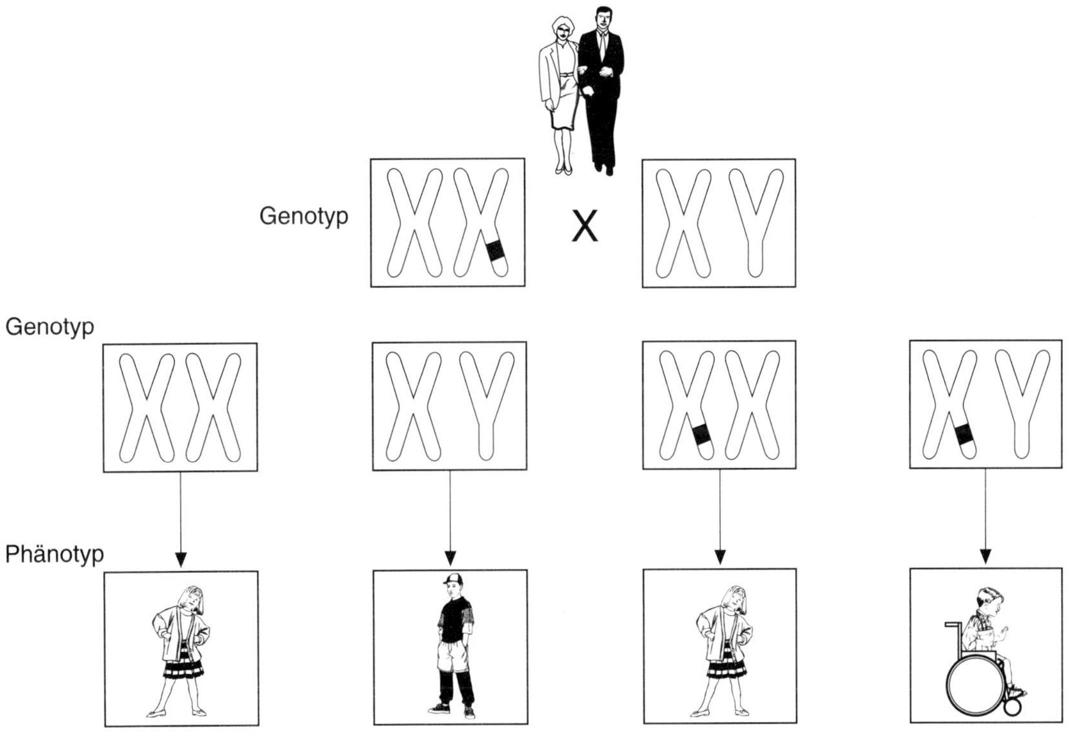

1.3 Die Wahrscheinlichkeit, ein erbkrankes Kind zu bekommen liegt bei 25 %.
1.4 Bei Überträgerinnen liegt auf dem zweiten X-Chromosom ein gesundes Gen, welches die Wirkung des defekten „ausgleicht". Jungen haben nur ein X-Chromosom. Liegt auf diesem das kranke Gen, dann kommt es zum Tragen.

2.1 Gesunde Embryonen werden ausgewählt.
2.2 Gesunder Embryo wird in die Gebärmutter der Frau eingepflanzt.

Es ergibt sich das Problem, was mit den nicht „benötigten" Embryonen geschieht. Zudem stellt sich die Frage, ob auch weibliche Embryonen eingepflanzt werden, die zwar Träger der Krankheit sind, bei denen sie aber nicht zum Ausbruch kommt.

S V. 2.3.13 Pränatale Diagnose - Anlässe und Möglichkeiten

1 Skizziere für die folgenden drei Anlässe ein charakteristisches Erbschema.
Verwende dazu die üblichen Symbole: ○ ● □ ■ ◇ ◆

ein Elternteil erbkrank	bereits ein erbkrankes Kind	erbkranker Verwandter

2. Nenne stichpunktartig vier weitere Anlässen für eine Gendiagnose.

① .... ② ....

③ .... ④ ....

3. Beschrifte die Skizze rechts.

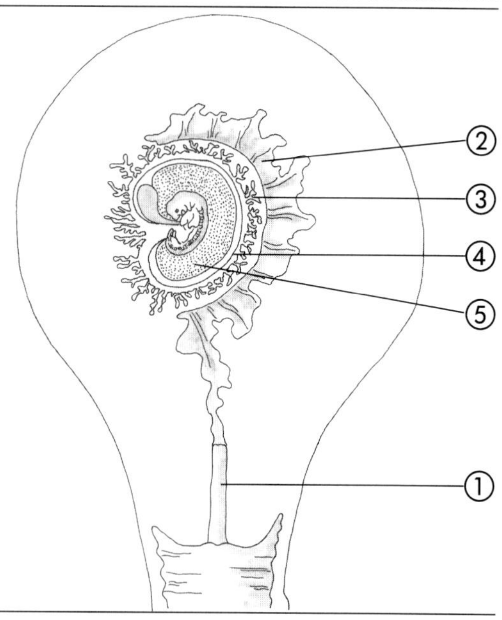

① ....

② ....

③ ....

④ ....

⑤ ....

4. Methoden der pränatalen Diagnose

4.1 nicht invasiv: ....

4.2 invasiv: Ergänze die Tabelle.

Methode	....	....
Wortbedeutung	....	....
Methode d. Zellgewinnung	Gewebsentnahme durch Scheide und Muttermund	Punktion des Amnions durch die Bauchdecke, Absaugen von Fruchtwasser
Zeitpunkt d. Untersuchung	.... Schwangerschaftswoche	.... Schwangerschaftswoche
Fehlgeburtsrate durch Eingriff	.... %	.... %

Methodisch-didaktische Hinweise:
Während der erste Teil des Arbeitsblattes weitgehend von den Schülern gelöst werden kann, tritt im zweiten Teil der Lehrer in den Vordergrund.

Für eine anschließende Diskussion bieten sich folgende Fragen an:
- Rechtfertigt das Risiko des Eingriffes die Diagnose ?
- Wie soll man sich verhalten, wenn ein Erbleiden diagnostiziert wird?
- Dauer der Chromosomenanalyse (Biopsie: 1–7 Tage; Amniozentese: 20 Tage)
- Dilemma: Frühes Ergebnis (11.–13. Woche bzw. 17.Woche) oder niedriges Abortrisiko ?

Lösungen:
1.

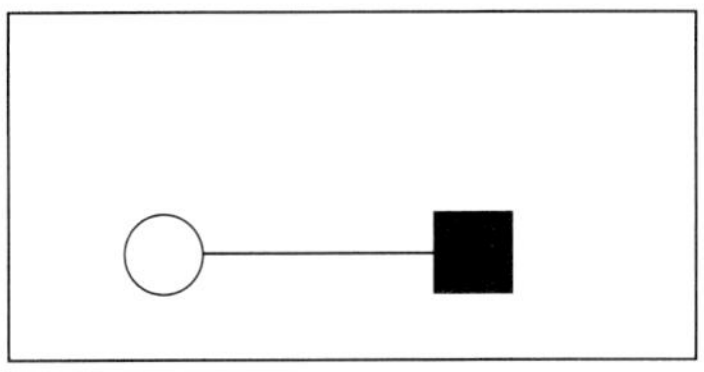
ein Elternteil erbkrank

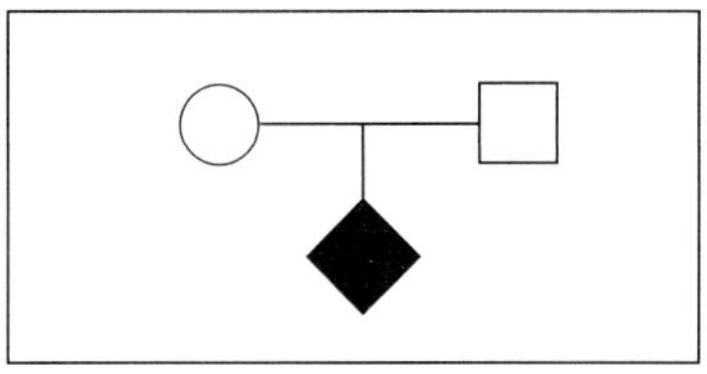
bereits ein erbkrankes Kind

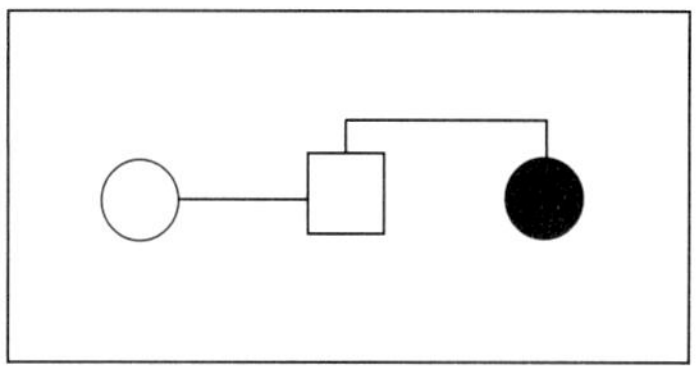
erbkranker Verwandter

2. ① werdende Mutter über 35 Jahre alt ② Embryo oder Fötus evtl. umweltgeschädigt ③ bereits Fehlgeburten aufgetreten ④ Ehepartner miteinander verwandt

3. ① Gebärmutterhals mit Schleimpfropf, ② Plazenta, ③ Chorion, ④ Amnion, ⑤ Fruchtwasser

4.1 nicht invasiv: Ultraschalluntersuchung (ab 3. Schwangerschaftswoche)

4.2 invasiv:

Methode	Chorionzottenbiopsie	Amniozentese
Wortbedeutung	Chorion: Zottenhaut = fötaler Anteil der Plazenta Biopsie: Untersuchung von Material aus lebendem Organismus	Amnion: „Schaf"- oder „Ei"-Haut, die die mit Fruchtwasser erfüllte Amnionhöhle begrenzt lat. scindere: zerschneiden
Methode d. Zellgewinnung	Gewebeentnahme durch Scheide und Muttermund	Punktion des Amnions durch die Bauchdecke, Absaugen von Fruchtwasser
Zeitpunkt d. Untersuchung	10.–12. Schwangerschaftswoche	14. Schwangerschaftswoche
Fehlgeburtsrate durch Eingriff	3 %	0,5 %

Literatur:
Murken, J./Cleve, H.: Humangenetik. Enke Verlag. Stuttgart 1988.

Methoden der pränatale Diagnose

1. Schaue das Bild genau an.

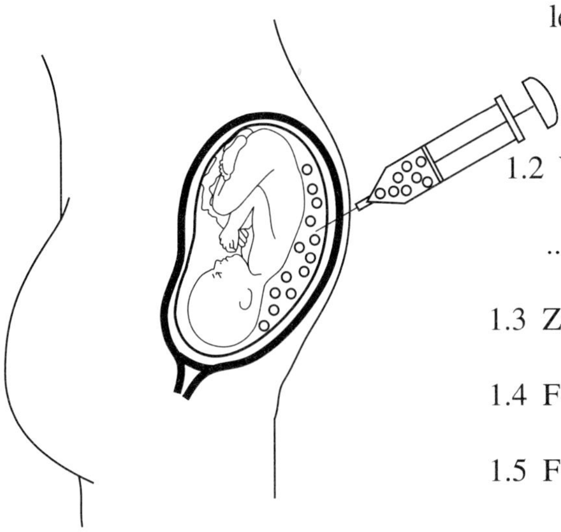

1.1 Um welche Untersuchungsmethode zum Feststellen eventueller Erbschäden handelt es sich? (6 P)

....

1.2 Was wird dabei untersucht?

....

1.3 Zeitpunkt der Untersuchung? ....

1.4 Fehlgeburtenrate: ....

1.5 Feststellbare Defekte: ....

....

....

2. Bei der Nabelschnurpunktion untersucht man ... (1 P)

- Gewebe vom Embryo................❒
- Blut vom Embryo......................❒
- Gewebe der Mutter ....❒
- Gewebe der Chorionzotten ......❒
- Fruchtwasser ....❒
- Hormone vom Embryo ....❒
- Blutsauerstoff vom Embryo......❒

3. Mit der Chorionzottenbiopsie kann man Folgendes schon vor der Geburt feststellen: ... (1 P)

- Missbildungen ....❒
- Stoffwechselstörungen..............❒
- Down-Syndrom ....❒
- Schwachsinn ....❒
- Geschlecht ....❒
- Augenfarbe ....❒

4. Nenne in Stichpunkten 3 Fälle, bei denen eine genetische Familienberatung sinnvoll ist: (3 P)

....

....

....

....

12 = 1   11/10 = 2   9/8 = 3   7/6 = 4   5/4 = 5   3/0 = 6

Methodisch-didaktische Hinweise:

Neben der Verwendung der Vorlage zur Leistungsmessung eignet sie sich auch zur Lernzielkontrolle ohne Benotung etwa in Form einer Hausaufgabe.
Voraussetzung ist, dass die Schüler die wesentlichen Formen der pränatalen Diagnose (Chorionzottenbiopsie, Amniozentese, Nabelschnurpunktion, Ultraschalluntersuchung) bereits kennen.
Die Leistungsmessung ist relativ kurz gehalten, da sie davon ausgeht, dass im Schuljahr insgesamt mindesten sechs Stegreifaufgaben geschrieben werden. Die Aufgaben sind in maximal 10 Minuten zu bearbeiten.
Bei der Gestaltung der Aufgaben wurde Wert gelegt auf eine Variabilität, die verschiedenen Schülertypen berücksichtigt.
Der Notenschlüssel geht von folgenden Bedingungen aus:
- die Hälfte der erreichbaren Punkte (6) = letzte Vier
- ein Drittel der Punkte (4) = letzte Fünf

Lösungen:

1.1 Amniozentese
1.2 Embryozellen aus dem Fruchtwasser
1.3 16. Schwangerschaftswoche
1.4 0,5 bis 1%
1.5 Chromosomenanomalien - Stoffwechselstörungen

2 Blut vom Embryo

3 Down-Syndrom

4
- ein Elternteil leidet an einer Erbkrankheit
- die Eltern haben bereits ein behindertes Kind
- Vater oder Mutter waren vor der Zeugung bestimmten Belastungen (z. B. Strahlung) ausgesetzt
- die Mutter war während der Schwangerschaft besonderen Belastungen (z. B. Medikamenten) ausgesetzt
- Mutter ist älter als 35 Jahre
- die Frau hatte bereits mehrere Fehlgeburten
- Vater und Mutter sind miteinander verwandt

Literatur:
Murken, J./Cleve, H.: Humangenetik. Enke Verlag. Stuttgart 1996.
Killermann, W.: Biologieunterricht heute. Auer Verlag. Donauwörth 1995.

3 Angewandte Genetik – Gentechnik

3.1 Biotechnologie und Klonen

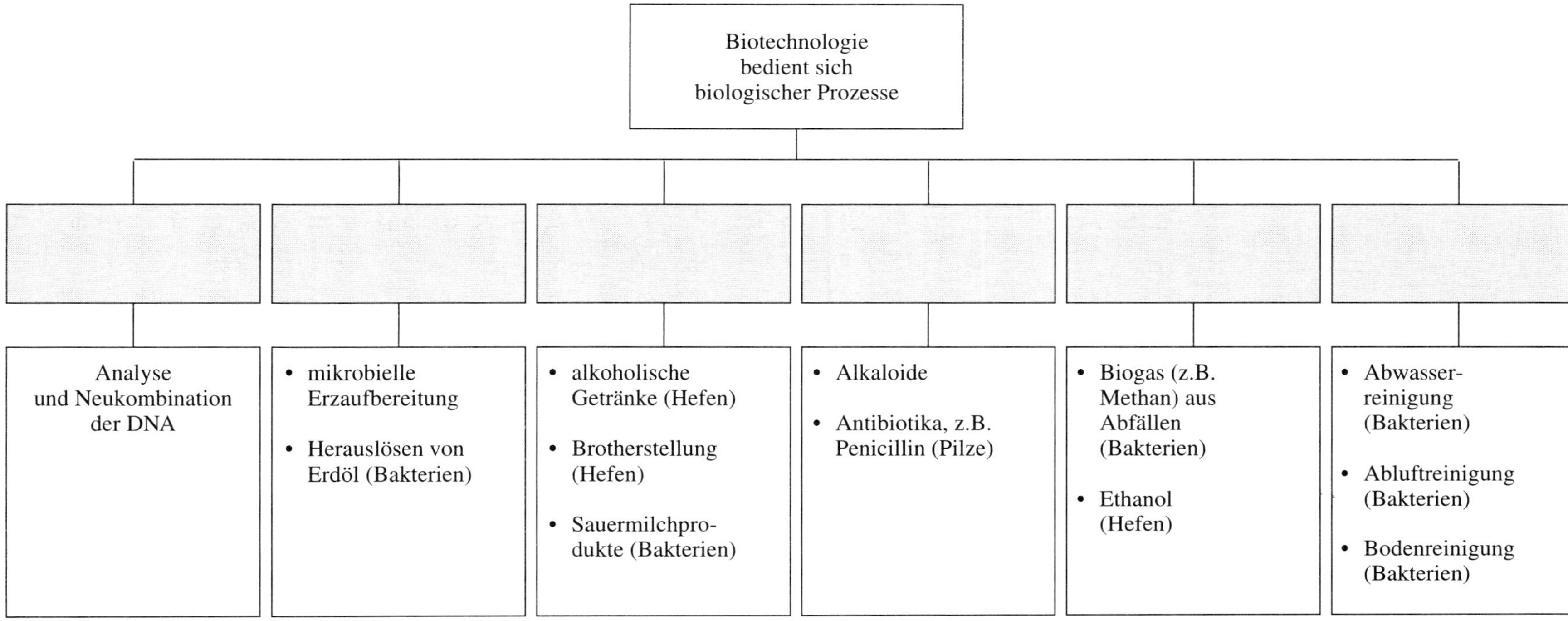

1. Ordne den leeren Kästchen zu: Energiegewinnung, Umweltschutz, Gentechnik, Biomassenproduktion, Rohstofferschließung, Arzneimittelherstellung;
2. Überlege, welcher Organismen sich die Biotechnologie vor allem bedient. Welchen Grund könnte das haben?

Methodisch-didaktische Hinweise:

Bevor man mit der unterrichtlichen Behandlung des Themas Gentechnik beginnt, ist es wichtig, eine klare Einordnung der Begriffe vorzunehmen. Die Biotechnologie und die Gentechnik werden oft nicht nur kontrovers diskutiert, sondern häufig miteinander verwechselt oder falsch angewendet.
So sind beispielsweise Anwendungsverfahren zur Herstellung von Wein und Bier, von Brot, Käse und Sauerkraut alt hergebrachte Verfahren der Biotechnologie. Auch die biologische Reinigung von Abwässern oder von Abluft, die Herstellung von Penicillin, Zitronensäure, Geschmacksverstärkern und Konservierungsstoffen zählen seit Jahrzehnten zu den biotechnologischen Selbstverständlichkeiten, wobei allen gemeinsam ist, dass biologische Prozesse lebender Zellen an den jeweiligen Vorgänge beteiligt sind.
Die Gentechnik als ein Teilgebiet der Biotechnologie erweitert diese Möglichkeiten, indem sie gezielt das Erbmaterial eines Organismus verändert.
Die Folienvorlage berücksichtigt nur eine Auswahl jener Biotechnologien, die mit Hilfe von Bakterien, Hefen und Pilzen ablaufen. Prozesse wie der Embryotransfer (bei Tieren) oder das Klonen mit Hilfe von Embryonalgewebe sind nicht berücksichtigt.

Lösungen:

1. Gentechnik – Rohstofferschließung – Biomassenproduktion – Arzneimittelherstellung – Energiegewinnung – Umweltschutz

2. Pilze, Hefen, Bakterien - leicht und schnell verfügbar, in großen Mengen zu züchten;

Literatur:

ZINF (Hrsg.): Grundlagen der Gentechnik. Verlag Andreas Reiner. Diespek 1997.
Brandt, P.: Zukunft der Gentechnik. Birkhäuser Verlag. Basel, Boston, Berlin 1997.
Gassen, H. G. u. a.: Gentechnik. G. Fischer verlag. Stuttgart 1985.
Jagnow, G. / Dawid, W.: Biotechnologie. dtv Wissenschaft. Enke Verlag. Stuttgart 1985.

V. 3.1.2 Klassische Pflanzenzüchtung

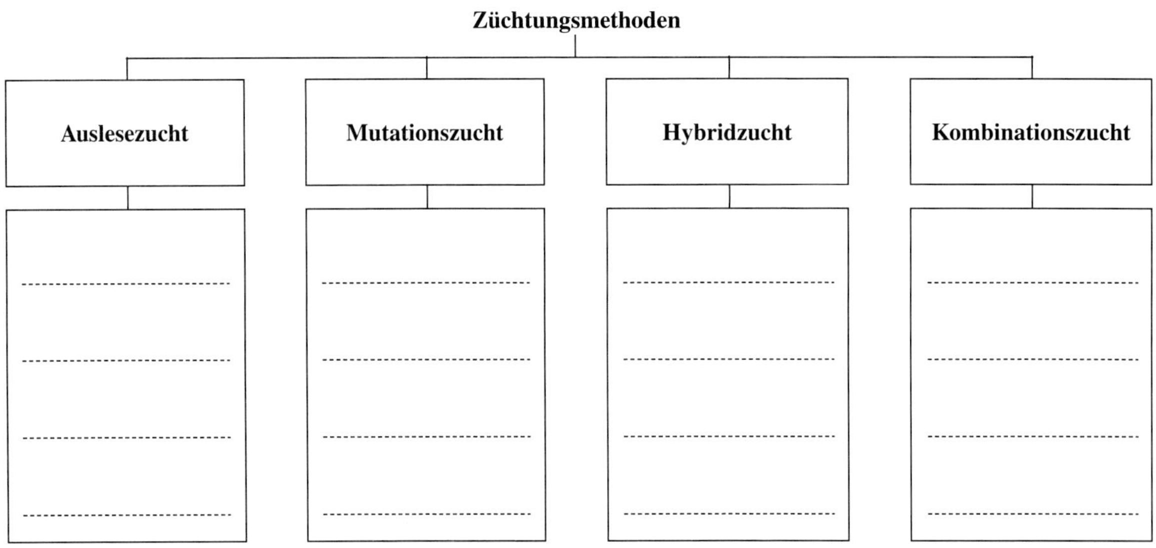

1. Ordne dem Schema folgende Ausdrücke zu: Kreuzung reinerbiger (homozygoter) Linien - Fortpflanzung von natürlichen oder künstlichen Mutanten - Selektion erwünschter Merkmale über viele Generationen - gezielte Kombination von erwünschten Merkmalen;

2. Führe im Folgenden alle möglichen Kombinationskreuzungen am Beispiel von zwei Weizensorten durch.
   Dabei bedeutet: G = großes Korn (erwünscht), g = kleines Korn,
   W = erwünschte Widerstandsfähigkeit (z. B. gegen Pilzbefall) hoch, w = Widerstandsfähigkeit (z. B. gegen Pilzbefall) gering;

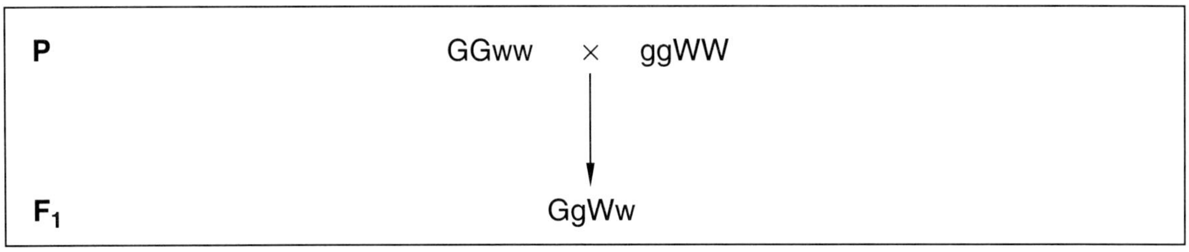

F_1	Gw	GW	gW	gw
Gw				
GW				
gW				
gw				

3. Wie hoch ist der Anteil der Pflanzen mit den erwünschten Eigenschaften (in homozygoter Form)? ....

4. Wie hoch ist der Anteil der Pflanzen, die phänotypisch die gewünschten Eigenschaften zeigen, die sich aber nicht zur Weiterzucht eignen? ....%

Methodisch-didaktische Hinweise:

Die Vorlage eignet sich zur Ergebnissicherung, als Hausaufgabe oder als Lernzielkontrolle.
Zerschneidet man die Zuordnungsaufgabe 1, lässt sie sich auch als Memory – etwa zum Einsatz bei der Freiarbeit – nutzen. Wegen der besseren Handlichkeit und der längeren Lebensdauer ist es in diesem Fall von Vorteil, die Teile auf dünnen Karton zu kleben oder in eine Folie einzuschweißen.

Lösungen:

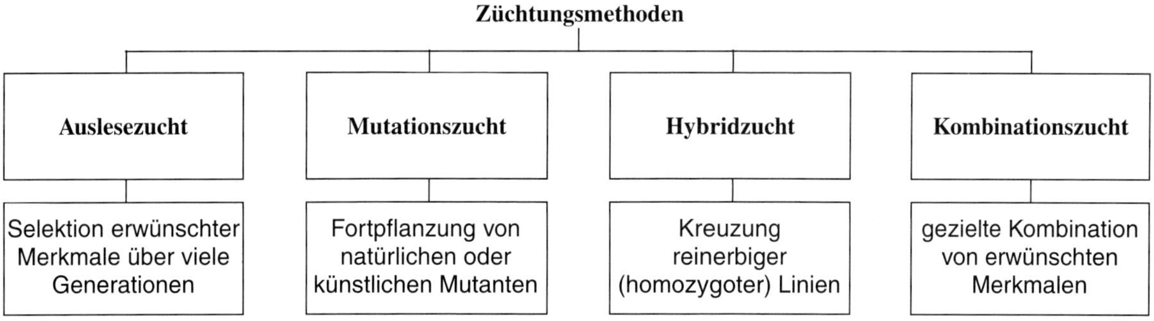

P GGww × ggWW

↓

F_1 GgWw

↓

F_1	Gw	GW	gW	gw
Gw	GGww	GGWw	GgWw	Ggww
GW	GGWw	**GGWW**	GgWW	GgWw
gW	GgWw	GgWW	ggWW	ggWw
gw	Ggww	GgWw	ggWw	ggww

Literatur:

Kuckuck, H./Kobabe, G./Wenzel, G.: Grundzüge der Pflanzenzüchtung. Walter de Gruyter. Berlin, New York 1985.

Wildart **Gartentomate** **Industrietomate** **Fleischtomate**

1. Vergleiche die verschiedenen Tomaten im Hinblick auf Größe und Form. Begründe, warum der Handel dem Verbraucher verschiedenartige Tomaten anbietet.

   ....

   ....

2. Bei der Züchtung von Nutzpflanzen spielen Gesichtspunkte eine Rolle, die dem Landwirt helfen sollen, Zeit zu sparen. Notiere sie in der Skizze **rechts** neben der Tomatenpflanze.

3. Überlege dir Eigenschaften, die eine Pflanze besitzen sollte, damit der Landwirt Kosten sparen kann. Notiere sie in der Skizze **links** neben der Tomatenpflanze.

4. Eine Nutzpflanze ist dann besonders zum Anbau geeignet, wenn sie keine großen Ansprüche an den Boden stellt. Nenne zwei Faktoren und trage sie in die stark umrandeten Kästchen ein.

• .... • .... •		• .... • .... • ....
....		....

Methodisch-didaktische Hinweise:

Ausgehend von der „Anti-Matsch-Tomate“ sollen die Schüler nach Gründen für die Veränderung der Eigenschaften bei Pflanzen suchen. Am Beispiel der Tomate kann die Problematik der Wunschvielfalt des Verbrauchers aufgezeigt werden (Form, Geschmack, Inhaltstoffe, Haltbarkeit z. B. von Fleisch- und Gartentomate).
Die Vielfalt an Wünschen kann nun auf die Ebene der eigentlichen Erzeuger projiziert werden. Sie werden im Unterrichtsgespräch konkretisiert und im Arbeitsblatt fixiert. Besonders motivierend kann es sein, den Schülern verschiedene Tomatensorten im Original zum Betrachten, Untersuchen und Erproben anzubieten.

Lösungen:

1. Das breit gefächerte Angebot kommt den verschiedenen Verwendungszwecken (zum Essen, Kochen, Lagern, Verfüttern) entgegen.

2/3/4

- Klimatoleranz
- Schädlings- und Krankheitsresistenz
- hoher Gehalt an Nährstoffen und Vitaminen
- platzsparender Transport

geringer Wasserbedarf

- Ertragssteigerung
- maschinelle Ernte
- industrielle Verarbeitung

Salztoleranz

Literatur:

Kuckuck, H./Kobabe, G./Wenzel, G.: Grundzüge der Pflanzenzüchtung. De Gruyter. Berlin – New York 1985.

1. Ungeschlechtliche Vermehrung einer Pflanze durch Stecklinge, Ableger oder Ausläufer

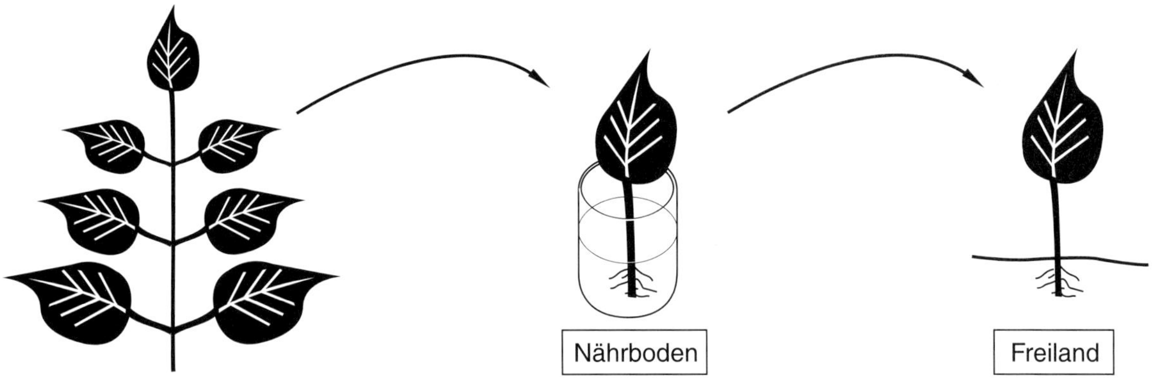

1.1 Wie kann man die oben dargestellte Form der ungeschlechtlichen Vermehrung bezeichnen?

....

1.2 Nenne drei weitere, unterschiedliche Möglichkeiten der ungeschlechtlich Vermehrung. Gib dazu jeweils eine passende Pflanze an.

① .... ② ....

③ ....

1.3 Erkläre, ob die Nachkommen der Mutterpflanze genetisch gleich sind oder nicht.

....

1.4 Warum kann man einen Steckling auch als Klon bezeichnen?

....

2. Klonen von genetisch veränderten Pflanzen

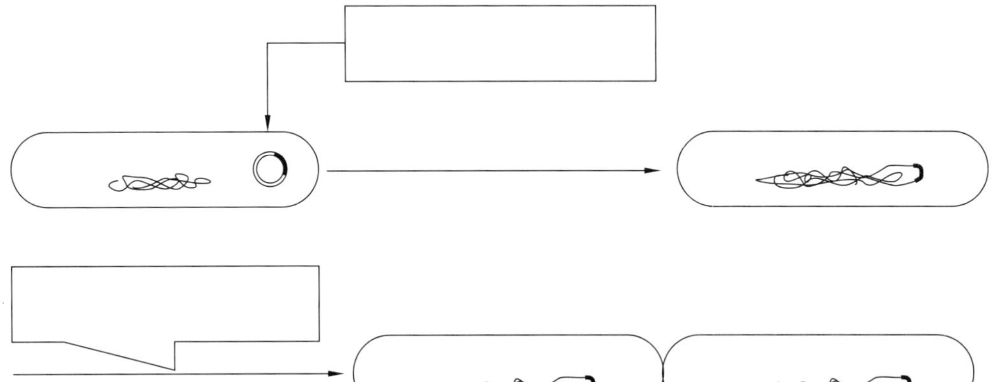

2.1 Ordne folgende Begriffe der Skizze zu: Klon 1, Klon 2, Bakterienzelle, neu kombinierte Zelle, mitotische Teilung, Plasmid mit Fremd-DNA;

2.2 Wie unterscheiden sich die Klone von der Ausgangszelle (Bakterienzelle)?

....

Methodisch-didaktische Hinweise:

Die Aufgabe ist als Ergebnissicherung oder zur Lernzielkontrolle in Form einer Hausaufgabe verwendbar. Die Aufgaben sollen dem Schüler verdeutlichen, dass Klonierung nicht nur ein gentechnischer Vorgang ist, sondern dass jede asexuelle Vermehrung – sowohl Ein- als auch bei Mehrzellern – so bezeichnet werden kann.

Lösungen:

1.1 Vermehrung durch Stecklinge

1.2 Ausläufer (Erdbeeren), Sprossknollen (Kartoffel), Brutknospen (Brutblatt)

1.3 Die Nachkommen sind genetisch identisch, denn es hat keine Befruchtung einer Eizelle stattgefunden.

1.4 Als Klon bezeichnet man alle durch ungeschlechtliche Vermehrung entstandenen Nachkommen.

2.1

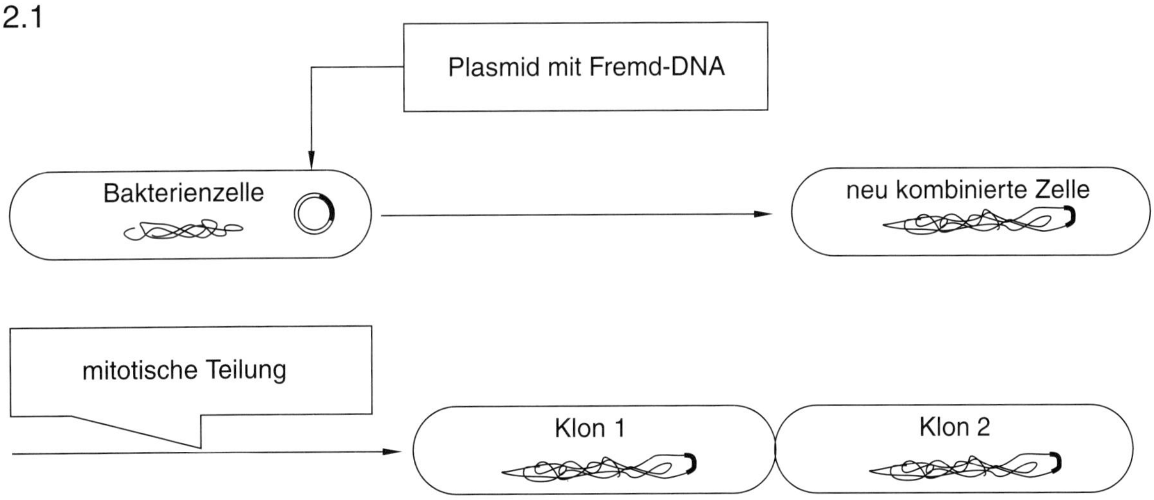

2.2 Gar nicht: Die Klone sind genetisch mit der Ausgangszelle identisch.

Literatur:

Buscher, Ch.: Pflanzen aus der Retorte. In: P.M. - Perspektive Biotechnik. 90/017.
Kuckuck, H./Kobabe, G./Wenzel, G.: Grundzüge der Pflanzenzüchtung. W. de Gruyter. Berlin, New York 1985.

S V. 3.1.5

Klonen bei Tieren
Klassische Methode

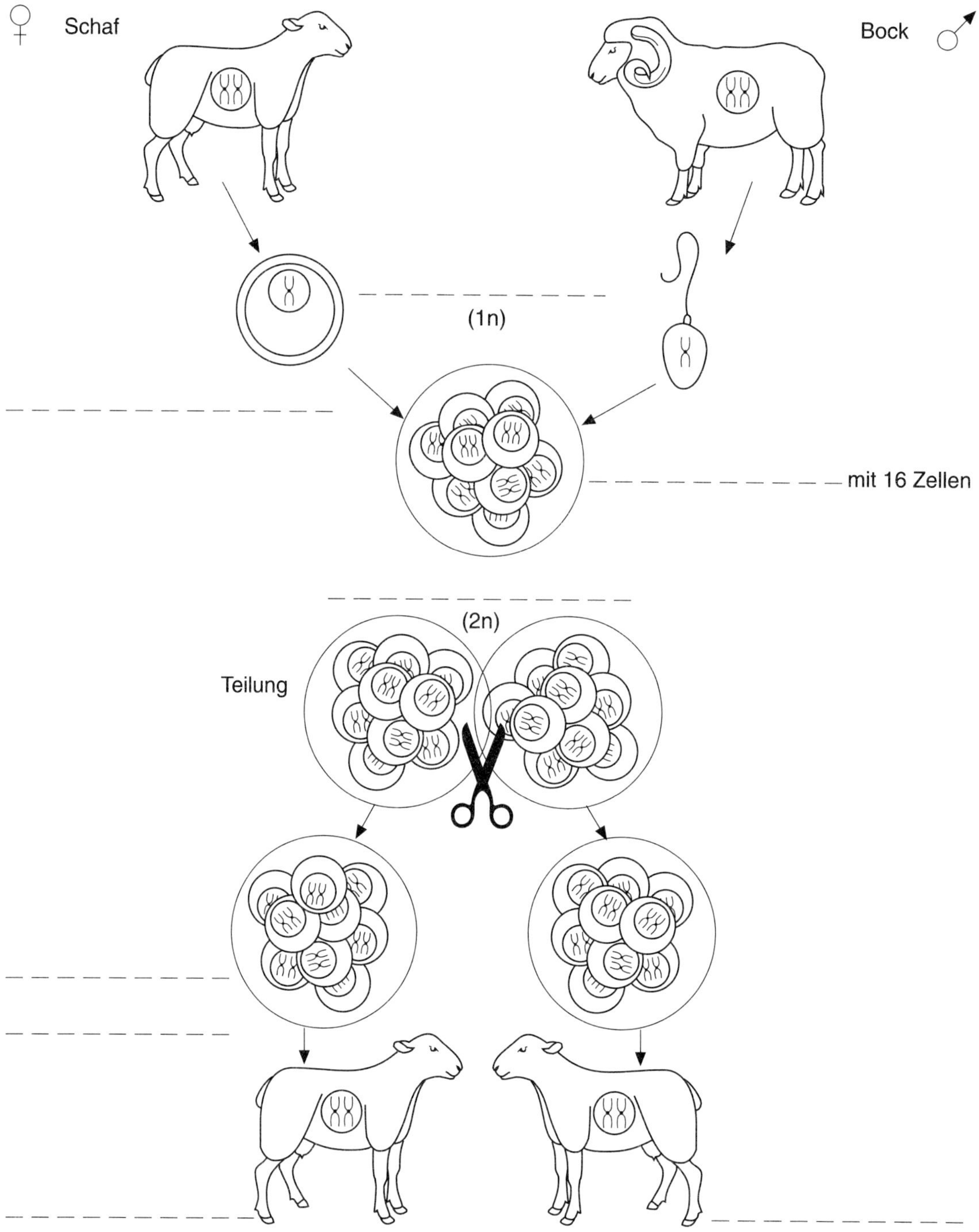

1. Ergänze die Skizze mit folgenden Begriffen:
   Embryotransfer in Leihmütter • Klon 1 • Klon 2 • Embryo • diploid • haploid • Befruchtung

2. Beschreibe mit eigenen Worten kurz den Vorgang des Klonens.

....

....

....

Methodisch-didaktische Hinweise:

Die Folienvorlage zeigt die klassische Methode der Züchtung identischer, erbgleicher Nachkommen auf. Sie ist möglich, seit man in der Lage ist, künstliche Besamung, In-vitro-Befruchtung, Teilung von Embryonen im frühen Stadium und Embryonentransfer in Ammenmuttertiere („Leihmütter") durchzuführen. Dafür notwendige Methoden moderner Fortpflanzungstechnologien in der Tierzucht müssen den Schülern in diesem Zusammenhang deutlich gemacht werden: In-vitro-Fertilisation, Chimärenbildung, Embryotransfer.
Die Schüler sollen erkennen, dass diese Methode „nur" die Bildung eineiiger Zwillinge künstlich nachahmt.
In jedem Fall sollte man im Unterricht auch auf den Nutzen und den möglichen Missbrauch solcher Fortpflanzungstechniken eingehen. Das mögliche Klonen von Menschen, das nach dieser Methode technisch durchaus machbar wäre, sollte man in einem fundierten Unterrichtsgespräch – in dessen Mittelpunkt die ethischen und moralischen Probleme (z. B. das Embryonenschutzgesetz) stehen – ausführlich erörtern.
Die Folie kann auch als Grundlage für die Behandlung neuerer Klonierungsmethoden dienen. Es empfiehlt sich deshalb, eine farbliche Gestaltung der Chromosomen vorzunehmen, um dadurch eine klare Unterscheidung des väterlichen und mütterlichen Erbgutes und deren Durchmischung bei Klon1 und Klon 2 deutlich zu machen.

Lösungen:

1. haploid (=1n) • Befruchtung • Embryo mit 16 Zellen • diploid (=2n) • Embryotransfer in Leihmutter • Klon 1 • Klon 2

2. Ein Embryo wird im 16-Zellstadium geteilt. Die Embryohälften überträgt man in Leihmütter. Zwei identische Tiere wachsen heran.

Literatur:

P. M. Magazin. Heft 8/97.
GEO-Wissen. Heft 3/91.

Geklonte Frösche

Der in im Süden Afrikas beheimatete **Krallenfrosch** *(Xenopus laevis)* wird in vielen Laboratorien gehalten und gezüchtet. An ihm wurden auch die ersten Klon-Experimente durchgeführt:

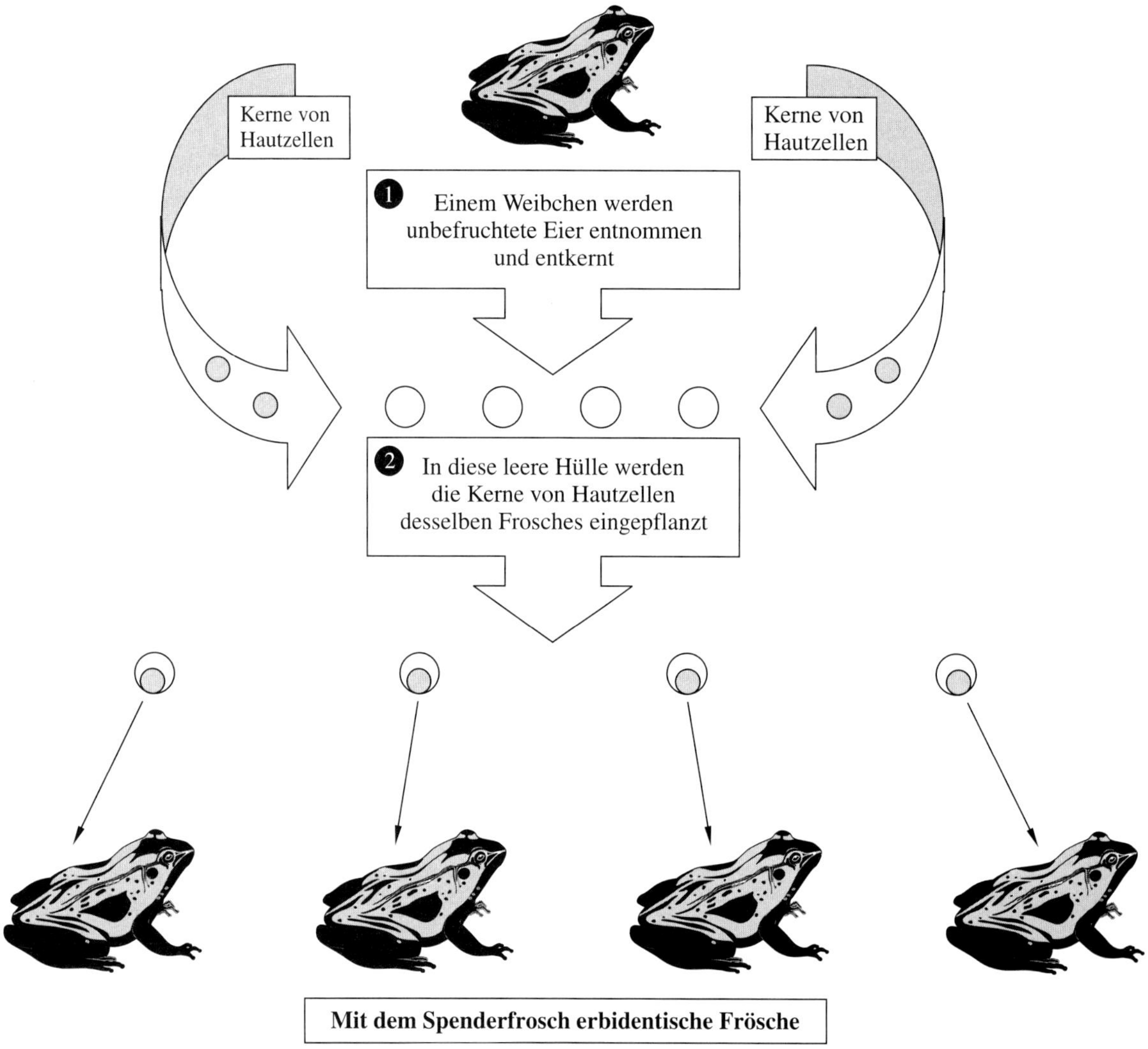

1. Beschreibe das Klon-Experiment mit eigenen Worten.
2. Begründe, weshalb sich aus den „manipulierten" Eizellen vollständige Frösche entwickeln können.
3. Definiere aufgrund dieses Experiments den Begriff „Klon".
4. Suche nach Gründen, weshalb man solche Experimente macht. Überlege dabei auch, welche Probleme sich ergeben könnten.

Methodisch-didaktische Hinweise:

Die Folienvorlage kann dazu verwendet werden, um den Schülerinnen und Schülern das Grundprinzip des Klonens von Lebewesen vorzustellen. Sie kann im Frontalunterricht eingesetzt werden, aber auch als Arbeits- und Informationsgrundlage im Gruppenunterricht dienen. Dabei sollen die Schülerinnen und Schüler das hier vorgestellte Experiment möglichst genau beschreiben und daraus selbständig die Definition des Begriffs „Klon“ ableiten.
Mit der Beantwortung der Aufgabe 4 sollen sich die Schülerinnen und Schüler der Bedeutung solcher Experimente bewusst werden. Sie sollen die Vor- und Nachteile des Klonens kritisch gegeneinander abwägen und in einer Diskussion ihre Meinungen äußern.

Zusatzinformationen:

Krallenfrösche wurden früher für Schwangerschaftsnachweise verwendet: Injiziert man einem Froschweibchen Urin einer schwangeren Frau, dann legt es innerhalb von 24 Stunden Eier.

Lösungen:

1. ...

2. Die Hautzellen enthalten wie alle anderen Körperzellen alle Erbinformationen eines Lebewesens. Diese werden bei der Befruchtung in der Zygote festgelegt und bei jeder Zellteilung identisch auf die Tochterzellen weitergegeben.

3. Klone sind erbidentische Nachkommen, die durch ungeschlechtliche Vermehrung aus einem einzigen Lebewesen hervorgegangen sind.

4. Derartige Experimente gehören zur Grundlagenforschung. Man versucht ein Verfahren zu finden, mit dessen Hilfe es möglich ist, Individuen (Pflanzen und Tiere) mit hervorragenden Eigenschaften identisch zu vermehren, um sie für den Menschen nutzen zu können.
   Probleme könnten sich u. a. daraus ergeben, dass durch die Bevorzugung geklonter Lebewesen die Artenvielfalt insgesamt abnimmt und dadurch der Genpool verarmt.
   Die Klontechnik ist theoretisch auch auf den Menschen übertragbar. Daraus ergeben sich eine Reihe ethischer, moralischer und rechtliche Fragestellungen.

S V. 3.1.7

Klonen bei Tieren
Neue Methoden (I)

1. Die nebenstehende Schemazeichnung beschreibt eine Form des Klonens, die man bei Mäusen angewandt hat.
   Ordne den folgenden Beschreibungen (der einzelnen Arbeitsschritte) die passenden Ziffern zu:

◯	Die Eizelle teilt sich.
◯	Mit einer Mikropipette wird der Kern aus einer Blastozystenzelle entnommen.
◯	Die genetischen Eltern sind reinerbig und schwarz.
◯	Aus der Eizelle einer weißen Maus wird der Kern durch Bestrahlung entfernt.
◯	entkernte Eizelle
◯	Die Blastozyste wird zerlegt.
◯	Den isolierten Blastozystenzellkern pflanzt man in die leere Eizelle ein.
◯	Die neue Blastozyste wird in eine weiße Ammenmaus implantiert.
◯	Eine weiße Maus bringt schwarze Junge zur Welt.
◯	Es entstehen erbgleiche Tiere.

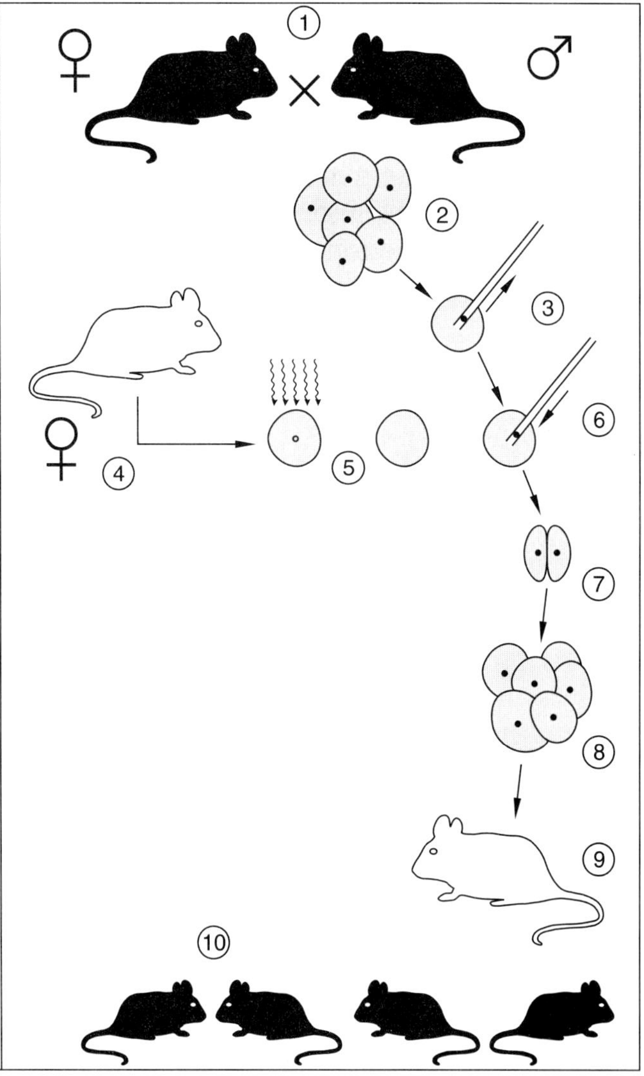

2. Welche Unterschiede bestehen zwischen der oben dargestellten Form des Klonierens von Mäusen und der klassischen Methode des Embrytransfers? Nenne typische Merkmale.

2.1 Klassische Methode des Klonens: ....

....

....

2.2 Klonen von Mäusen (siehe oben): ....

....

....

Methodisch-didaktische Hinweise:
Das Arbeitsblatt kann man auch zur Lernzielkontrolle oder Leistungsmessung einsetzen. Mit Hilfe der Vorlage soll der Schüler dabei die Abbildungen den Arbeitsschritten beim Klonen zuordnen. Dazu muss er wissen, dass natürlich entstandene Klone in der Natur das Ergebnis von ungeschlechtlicher Fortpflanzung sind. Hierzu sollte er bekannte Beispiele aus der Pflanzen- und Tierwelt (z. B. Ableger, Stecklinge, eineiige Zwillinge) kennen. Zusätzlich ist es notwendig, dass dem Schüler folgende Methoden der modernen Fortpflanzungstechnik bekannt sind: Entkernung von Zellen, Erbmaterialtransfer, künstliche Befruchtung, In-vitro-Fertilisation, Embryotransfer.
Das Arbeitsblatt vermittelt auch das nötige Hintergrundwissen zur vergleichenden Betrachtung und Bearbeitung des Originaltextes *Schöne neue Welt* von *A. Huxley* (siehe Materialie 3.1.11).

Lösungen:
1.

⑦	Die Eizelle teilt sich.
③	Mit einer Mikropipette wird der Kern aus einer Blastozystenzelle entnommen.
①	Die genetischen Eltern sind reinerbig und schwarz.
④	Aus der Eizelle einer weißen Maus wird der Kern durch Bestrahlung entfernt.
⑤	entkernte Eizelle
②	Die Blastozyste wird zerlegt.
⑥	Den isolierten Blastozystenzellkern pflanzt man in die leere Eizelle ein.
⑧	Die neue Blastozyste wird in eine weiße Ammenmaus implantiert.
⑨	Eine weiße Maus bringt schwarze Junge zur Welt.
⑩	Es entstehen erbgleiche Tiere.

2.1 Klassische Methode: Embryonen im 16-Zell-Stadium werden zerteilt und in eine Leihmutter transferiert (Embryotransfer).
2.2 Klonen bei Mäusen: Diploides Erbmaterial aus Embryonalgewebe wird in eine entkernte Eizelle eines anderen Tieres eingepflanzt.

Literatur:
McKinnell, R. G.: Cloning - Leben aus der Retorte. Verlag G. Braun. Karlsruhe 1989.
GEO: Heft 6 / 1990.
GEO-Wissen: Heft 3 / 1991.

Klonen bei Tieren
Neue Methoden (II)

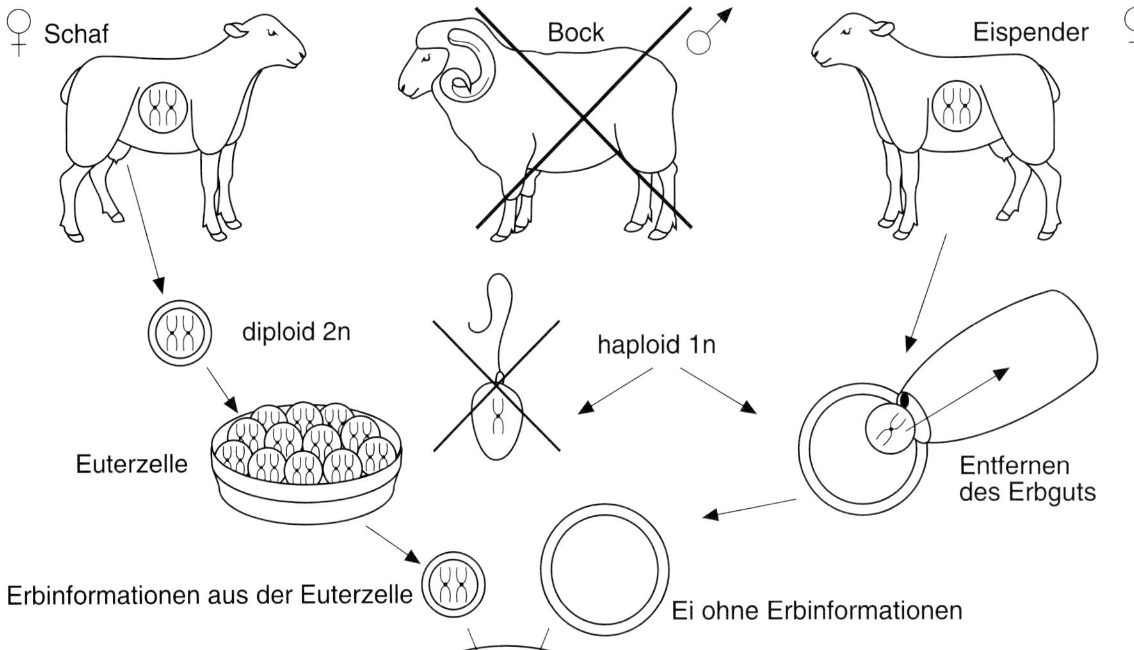

▼ Künstliche Befruchtung; ICSI Methode; Menschliche Eizelle am Halter (rechts) Nadel mit 1 Spermafaden (links) hat eingestochen

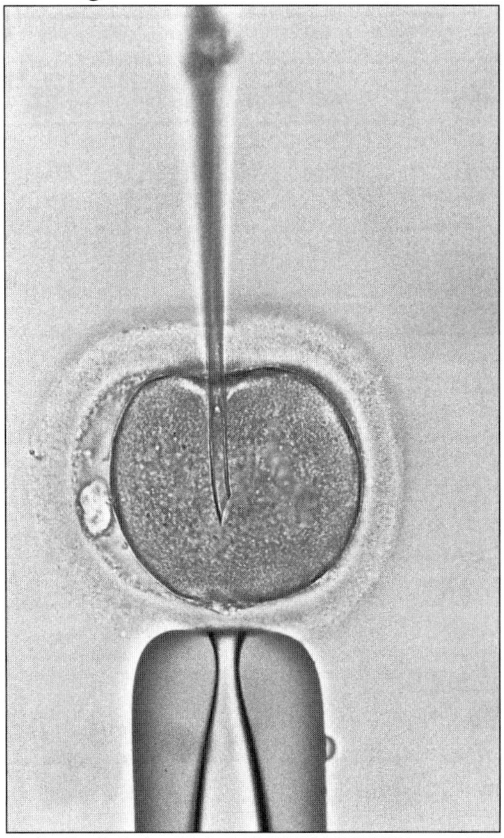

▲ *Quelle: © Jochen Tack, DAS FOTOARCHIV, Essen, 2000*

Methodisch-didaktische Hinweise:

Die Folienvorlage dient zum Erarbeiten der wesentlichen Arbeitsschritte beim sogenannten neuen Klonen. Die Schüler sollen dabei die Einsicht gewinnen, dass bei dieser Methode im Gegensatz zum klassischen Klonen

- ein erwachsenes Tier kopiert wird, da man von einer diploiden, differenzierten Körperzelle ausgeht,
- an den Keimzellen manipuliert wird, ohne aber in die Erbinformation einzugreifen,
- das männliche Geschlecht nicht mehr unbedingt zur Fortpflanzung notwendig ist.

Um die Unterschiede der beiden Methoden eindeutig veranschaulichen zu können, ist eine farbliche Differenzierung der Chromosomen hilfreich. So kann man besser erkennen, dass es sich bei dem Klon (Dolly) um eine identische Kopie des Schafes handelt, das den Zellkern gespendet hat.

Eine der wesentlichen technischen Voraussetzungen bei der neuen Methode des Klonens ist die Mikroinjektion, mit deren Hilfe man Erbmaterial aus Eizellen entfernen oder in sie einschleusen kann. Aus diesem Grund ist diese grundlegende Arbeitstechnik noch zusätzlich durch ein Foto dargestellt.

Im Unterricht sollte nicht unerwähnt bleiben, dass durch das Fehlen eines natürlichen Befruchtungsvorganges elektrische Impulse zur Verschmelzung des Zellkerns mit der entkernten, fremden Eizelle notwendig sind. Auch die Hinweise, dass das Experiment wissenschaftlich zunächst umstritten war und dass man zu seinem Gelingen 277 künstlich erzeugte Embryonen benötigte, dürfen keineswegs fehlen. Dies kann zur grundsätzlichen Diskussion über den Sinn und die ethischen Probleme solcher Züchtungsmethoden anregen. Ebenso muss eine mögliche Übertragbarkeit der Methode auf den Menschen mit den Schülern ausführlich erörtert werden.

Literatur:

P. M. Magazin. Heft 8 / 97.
GEO-Wissen. Heft 3 / 91.

Klonen bei Tieren

1.

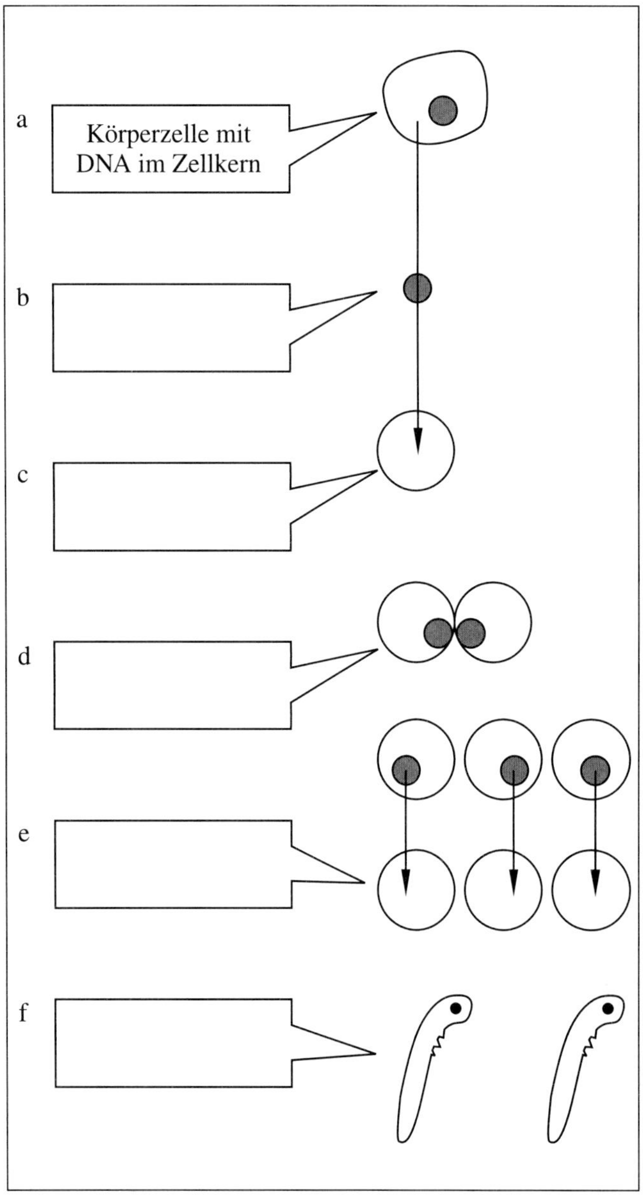

2.

a ....

....

b ....

....

c ....

....

d ....

....

....

e ....

....

....

f ....

....

....

1. Füge in die Kästchen des Schemas auf der linken Seite die folgenden Begriffe ein: Zellteilung, entkernte Eizelle, Embryonen, Eizelle, Kerntransplantation.
2. Beschreibe im Kasten auf der rechten Seite den Vorgang des Klonens.
3. Erkläre, warum die durch Klonen entstandenen Lebewesen (f) genetisch identisch sind mit dem Lebewesen (a), von dem die Körperzelle stammt.

....

....

....

Methodisch-didaktische Hinweise:
Das Schema der Klonierung bei Tieren stellt die Kerntransplantation von Körperzellen dar, wie sie bereits im Jahre 1962 von englischen Wissenschaftlern mit Haut- und Darmzellen der Kaulquappen von Krallenfröschen (*Xenopus laevis*) durchgeführt wurde. Das im Jahre 1997 vorgestellte Experiment mit dem Klon-Schaf Dolly, das aus Euterzellen entstanden sein soll – und das erst nach 276 Versuchen gelang – wird heute nicht mehr angezweifelt. Dennoch braucht Dolly nicht im Mittelpunkt des Unterrichts stehen, sondern kann gut zum Einstieg in das Thema dienen.

Lösungen:
1.

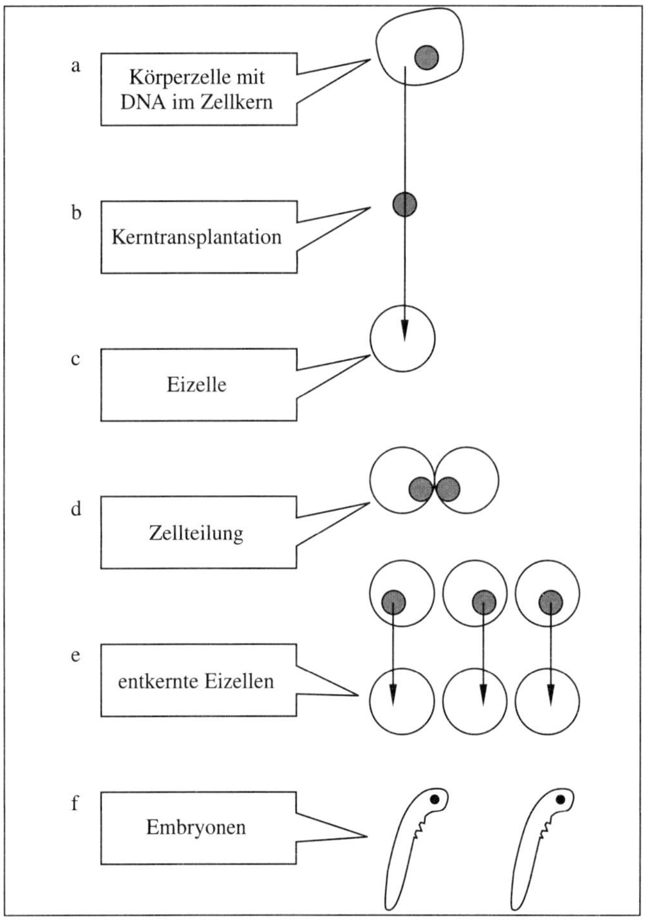

a. Ein Zellkern mit vollständigem diploidem Chromosomensatz (2n) in einer Körperzelle
b. Zellkern wird aus der Körperzelle in eine entkernte Eizelle übertragen.
c. Eizelle mit Zellkern einer Körperzelle
d. Eizelle teilt sich und mit ihr der eingepflanzte Zellkern (Mitose).
e. Die bei der Zellteilung entstandenen Zellkerne werden in weitere (entkernte) Eizellen eingepflanzt.
f. Klone des Lebewesens, von dem die Körperzelle stammt.

3. Die Eizellen (e), aus denen die Lebewesen (f) entstanden sind, besitzen die unveränderte Erbinformation von a.

Literatur:
ZINF (Hrsg.): Grundlagen der Gentechnik. Verlag Andreas Reiner. Diespek 1997.
Brandt, P.: Zukunft der Gentechnik. Birkhäuser Verlag. Basel, Boston, Berlin 1997.
Gassen, H. G. u. a.: Gentechnik. G. Fischer Verlag. Stuttgart 1985.

Dolly-vaterloses Schaf mit drei Müttern

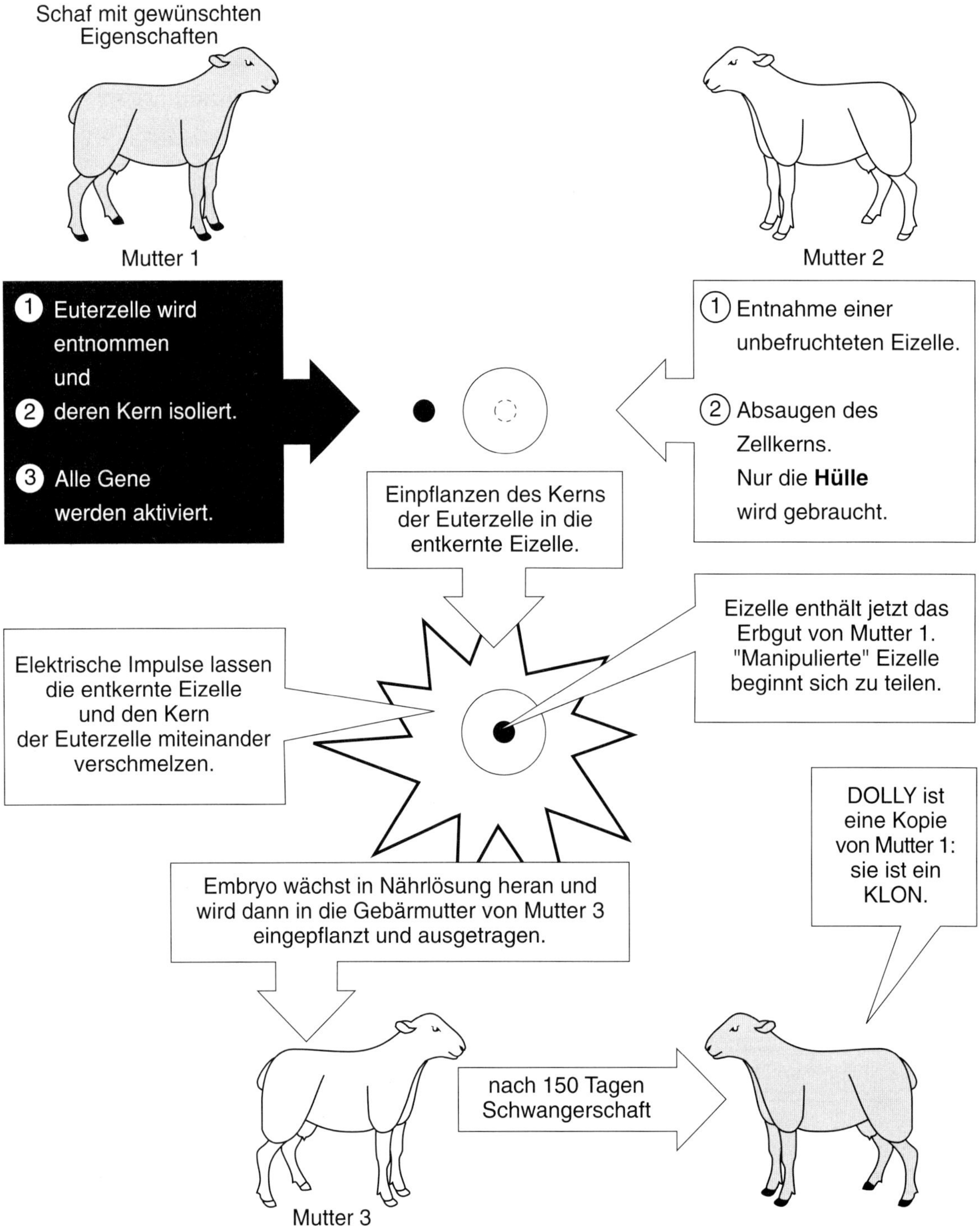

1. Ordne den 3 Müttern die richtigen Namen zu: Leih-, Ei- und genetische Mutter.
2. Erläutere die Überschrift.
3. Wo glaubst du, haben die schottischen Forscher, die dieses Experiment durchführten, die größten Probleme gehabt? Begründe deine Meinung.
4. Welche der drei Mütter steht Dolly verwandtschaftlich am nähesten? Begründe.

Methodisch-didaktische Hinweise:
Mit Hilfe der Folienvorlage soll den Schülerinnen und Schülern das vereinfachte Grundprinzip veranschaulicht werden, das allen Klon-Experimenten zugrunde liegt. Dabei sollte deutlich hervorgehoben werden, dass es hier vermutlich zum ersten Male gelang, aus somatischen, nicht embryonalen Säugerzellen Klone herzustellen.
Beim Einsatz der Folienvorlage kann man sich darauf beschränken, nur die ersten Schritte des Experimentes vorzustellen. Die übrigen Schritte können dann im arbeitsgleichen Gruppenunterricht durch Entwickeln von Lösungsstrategien ergänzt werden. Dabei ist stets darauf zu achten, dass die Schüler ihre vorgeschlagenen Lösungsschritte auch begründen. Ihre Ergebnisse können die Gruppen je auf einer Folie festhalten, um sie mit Hilfe des Tageslichtprojektors vor der Klasse zu erläutern.
Wenn man den Text aus einigen der Kästchen entfernt und durch die Schülerinnen und Schüler ergänzen lässt, eignet sich die Folienvorlage auch als Ergebnissicherungsblatt oder als Hausaufgabe.

Fakten zum Thema Dolly
Das Besondere an Dolly ist, dass sie nicht aus einer embryonalen, sondern aus einer bereits differenzierten Körperzelle, stammt. Bis zur Geburt Dolly's (Febraur 1997) ging man davon aus, dass sich nur aus embryonalen Säugerzellen der gesamte Organismus entwickeln kann. Aus diesem Grunde wurde *Ian Wilmuts* Experiment heftig angezweifelt.
Die von *Ian Wilmut* verwendete Methode des Klonierens war noch sehr störanfällig. Bei 277 Verschmelzungsversuchen entstanden nur in 29 Fällen Embryonen, die auch heranwuchsen. Davon konnten 13 auf Leihmütter übertragen werden. Aber nur eine einzige dieser Schwangerschaften verlief erfolgreich. Sie führte zur Geburt von Dolly.

Lösungen:
1. Leihmutter = Mutter 3; Eimutter = Mutter 2; genetische Mutter = Mutter 1
2. Bei Dolly's „Zeugung" fand keine Befruchtung im biologischen Sinne statt. Sie ist nicht aus dem Verschmelzungsprodukt der männlichen mit der weiblichen Geschlechtszelle, der Zygote, hervorgegangen.
3. Das größte Problem bestand darin, die in den hochspezialisierten Euterzellen bereits ausgeschalteten Gene wieder zu aktivieren, so dass die Erbsubstanz der Euterzelle wieder zur Erbvorlage für ein vollständiges, neues Schaf dienen konnte. *Hinweis: Der Sinn dieser Aufgabe liegt darin, sich noch einmal mit der hier vorgestellten Problematik zu beschäftigen. Deshalb können, abweichend von der Musterlösung, auch andere Probleme genannt werden. Wichtig ist, dass die Schülerinnen und Schüler diese auch begründen.*
4. Die Genmutter steht Dolly verwandtschaftlich am nähesten. Auf die Bedeutung der Mitochondrien-DNA, die von der Eimutter stammt, kann, muss aber in diesem Zusammenhang nicht eingegangen werden.

„Bokanowskyverfahren", wiederholte der Direktor, und die Studentlein unterstrichen das Wort in ihren Heftchen. Ein Ei – ein Embryo – ein erwachsener Mensch: das Natürliche. Aber ein bokanowskysiertes Ei knospet und sproßt und spaltet sich. Acht bis sechsundneunzig Knospen – und jede Knospe entwickelt sich zu einem vollausgebildeten Embryo, jeder Embryo zu einem vollausgebildeten Menschen. Sechsundneunzig Menschenleben entstehen zu lassen, wo einst nur eins wuchs: Fortschritt.

„Das Bokanowskyverfahren besteht im Wesentlichen aus einer Reihe von Unterbrechnungen des Entwicklungsverlaufs. Wir hemmen das normale Wachstum, und, so paradox es klingt, das Ei reagiert darauf durch Knospung."

Der Direktor wies auf ein sehr langsam laufendes Band, auf dem soeben ein volles Reagenzgläsergestell in einem großen Metallkasten befördert wurde; ein anderes Gestell verließ ihn soeben. Der Mechanismus surrte leise. Der Durchgang der Röhrchen dauerte acht Minuten, wie der Direktor erklärte. Acht Minuten starker Röntgenbestrahlung waren ungefähr das Äußerte, was ein Ei aushalten konnte. Einige gingen zugrunde; die am wenigsten empfänglichen spalteten sich in zwei; die meisten trieben vier Knospen; manche acht. Alle wurden in die Brutöfen zurückgebracht, wo sich die Knospen zu entwickeln begannen. Dann, nach zwei Tagen, wurden sie plötzlicher Kälte ausgesetzt und so im Wachstum angehalten. Nun trieben die Knospen ihrerseits zwei, vier oder acht Knospen. Wenn es so weit war, erhielten sie eine fast tödliche Menge Alkohol zugesetzt, trieben daher abermals Knospen, KKK, und dann, wenn eine Knospe aus der Knospe der Knospe entsprungen war, ließ man sie sich in Ruhe weiter entwickeln, da nochmalige Hemmung meist verhängnisvoll wirkte. Unterdesssen war das ursprüngliche Ei bereits auf dem besten Weg, zu acht bis sechsundneunzig Embryos zu werden, – doch gewiss eine gewaltige Verbesserung der Natur! Identische Simultangeschwister, aber nicht lumpige Zwillinge oder Drillinge wie in den alten Zeiten des Lebendgebärens, als sich ein Ei manchmal zufällig teilte, sondern Dutzendlinge, viele Dutzendlinge auf einmal.

„Dutzendlinge", wiederholte der Direktor mit weit ausholender Armbewegung, als verteilte er Almosen. „Viele Dutzendlinge."

Ein Student war töricht genug zu fragen, wo da der Vorteil liege.

„Aber, lieber Freund!" Der Direktor drehte sich mit einem Ruck nach ihm um. „Begreifen Sie nicht? Ja, begreifen Sie denn das nicht?" Er hob den Zeigefinger mit feierlicher Miene. „Das Bokanowskyverfahren ist eine der Hauptstützen menschlicher Beständigkeit. Menschen einer einzigen Prägung in einheitlichen Gruppen. Ein einziges bokanowskysiertes Ei lieferte die Belegschaft für einen ganzen kleineren Fabrikbetrieb.

„Sechsundneunzig völlig identische Geschwister bedienen sechundneunzig völlig identische Maschinen!"

▲ *Quelle: Huxley, A.: Schöne neue Welt, Fischer Verlag, Frankfurt/M. 1982*

1. Vergleiche den Text, den *A. Huxley* schon im Jahre 1932 verfasste, mit den dir bekannten Klonierungsmethoden bei Tieren.
   Versuche in einigen Sätzen zu erläutern, welche Verfahren und Zielvorstellungen in Bezug auf das Klonen bei Huxley noch als Utopie beschrieben werden, die heute dem Wissenschaftsstand jedoch schon sehr nahe sind.

2. Überlege, welche Utopie *Huxleys* bisher nicht Wirklichkeit geworden ist. Nimm dazu Stellung.

Methodisch-didaktische Hinweise:

Der Originaltext stammt aus dem schon im Jahre 1932 verfassten Roman von *A. Huxley*. Er ist als Ergänzung zu den Materialien über die verschiedenen Methoden des Klonens gedacht.
Der unterrichtliche Einsatz des Textes könnte auf zweierlei Wegen erfolgen:
- als Einstieg und Motivation in das Thema Klonen bei Tieren,
- als Ergänzung und Vertiefung des Themas Klonen, nachdem bereits Grundkenntnisse vorhanden sind.

Im ersten Fall müssten die Arbeitsaufgaben zunächst noch zurückgestellt und die wesentlichen Inhalte und Aussagen des Textes herausgearbeitet werden. Die folgenden Informationen zum heutigen Stand des Klonens können dann in beeindruckender Weise die vielen Übereinstimmungen der Utopien *Huxleys* mit den inzwischen eingetretenen Realitäten deutlich machen.
Im zweiten Fall wird die Bearbeitung der Aufgaben im Anschluss an den zu lesenden Text dieses Lernziel ebenso erreichen können.

Lösungen:

1. Im Text sind bereits folgende Verfahren, Methoden und Zielvorstellungen des Klonens von Lebewesen beschrieben:
   - gezielte Teilung von Embryonen zur Gewinnung identischer Kopien,
   - Simulation der Befruchtung,
   - Auslösen der Zellteilung durch Bestrahlung,
   - In-vitro-Befruchtung,
   - Embryonalentwicklung im Reagenzglas,
   - Erzeugen identischer Mehrlinge.

2. Utopie geblieben ist bisher das Klonen von Menschen. Dagegen sprechen moralische, ethische und juristische Gesichtspunkte.

Literatur:

Huxley, A.: Schöne neue Welt. Fischer Verlag. Frankfurt/M. 1982.

3 Angewandte Genetik – Gentechnik

3.2 Gentechnik

Was ist Gentechnik?

Gentechnik	*keine Gentechnik*
....	....
....	....
....	....
....	....
....	....
....	....
....	....
....	....
Beispiele	**Beispiele**
....	....
....	....
....	....
....	....

1. Trage die folgenden Begriffe in den jeweils richtigen (der beiden oberen) Kasten ein:

Befruchtung in vitro, Proteinherstellung, Klonen, Gendiagnostik, klassische Züchtungen, somatische Gentherapie, tierische Hybriden, Neukombination von Nukleinsäuren, pflanzliche Hybriden, Embryoteilung und Embryotransfer bei Nutztieren, Transgene Tiere und Pflanzen;

2. Ordne die folgenden Beispiele aus der Biotechnologie den beiden anderen Kasten zu:

genetischer Fingerabdruck, Nektarine, Hybridschwein, Insulinproduktion durch Bakterien, Transfer von Herbizidresistenzen, Retortenbaby, Flavr-Savr-Tomate;

3. Begründe: Gentechnik oder keine Gentechnik?

   Foto: transgene Maus (im Vergleich zu einer Maus mit Normalgröße); Maus mit dem Gen für das Wachstumshormon des Menschen

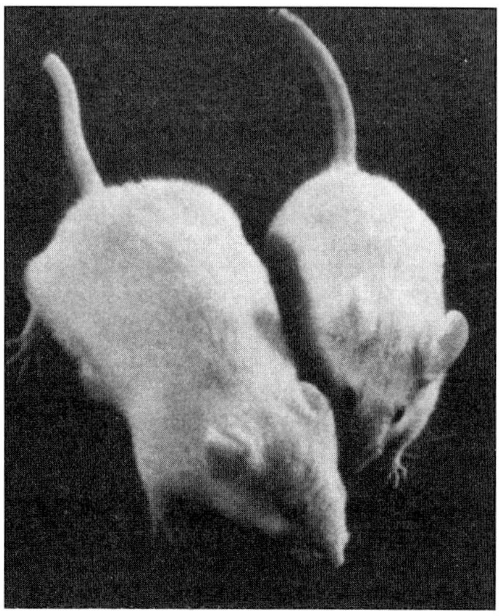

► *Quelle: Ch. de Duve: Die Zelle – Expedition in die Grundstruktur des Lebens Bd. 1, Spektrum Verlag, Heidelberg, 1986, S. 370*

Methodisch-didaktische Hinweise:

Nachdem die Gentechnik als ein Teilgebiet der Biotechnologie gesehen werden kann, geht es bei dieser Folienvorlage um die Abgrenzung des Begriffs Gentechnik von anderen biotechnischen Verfahren. Die sehr intensive Diskussion über das Für und Wider der Gentechnik setzt voraus, dass die Schüler die gentechnischen von anderen biotechnischen Verfahren klar unterscheiden können. Dabei sollte vor allem auch klar werden, dass Klonen genau das Gegenteil der Gentechnik ist.

Lösungen:

1 / 2

Gentechnik	keine Gentechnik
• Neukombination von Nukleinsäuren • Proteinherstellung • transgene Tiere • transgene Pflanzen • Gendiagnostik • somatische Gentherapie	• Befruchtung in vitro • Klassische Züchtungen • Tierische Hybriden • Pflanzliche Hybriden • Klonen • Embryoteilung und Embryotransfer bei Nutztieren
Beispiele	**Beispiele**
genetischer Fingerabdruck, Flavr-Savr-Tomate, Transfer von Herbizidresistenzen, Insulinproduktion durch Bakterien	Nektarine, Hybridschwein, Retortenbaby

3. transgene Maus: Gentechnik, da der Maus das Gen für das Wachstumshormon des Menschen übertragen wurde;

Literatur:

ZINF (Hrsg.): Grundlagen der Gentechnik. Verlag Andreas Reiner. Diespek 1997.
Brandt, P.: Zukunft der Gentechnik. Birkhäuser Verlag. Basel, Boston, Berlin 1997.
Gassen, H. G. u. a.: Gentechnik. G. Fischer Verlag. Stuttgart 1985.

V. 3.2.2 Natürlicher Gentransfer bei Bakterien

Experiment von *J. Lederberg* und *E. L.Tatum* (1946)
Die Forscher verwendeten „Mangelmutanten“ des Darmbakteriums *Escherichia coli*, welche bestimmte Aminosäuren (Eiweißbausteine, z. B. Methionin) nicht selbst herstellen können.

1. Definiere
   auxotroph: ....
   ....
   prototroph: ....
   ....
2. Gebe die Abkürzungen der Aminosäuren an und ergänze diese mit „+“ bzw. „ -“.

Bakterienstamm A	Bakterienstamm B
auxotroph für Methionin u. Biotin, prototroph für Leucin u. Tyrosin	auxotroph für Leucin u. Tyrosin, prototroph für Methionin u. Biotin
➜	➜ ....

3. Ergänze die Versuchsskizze (Petrischalen) und beschrifte sie.

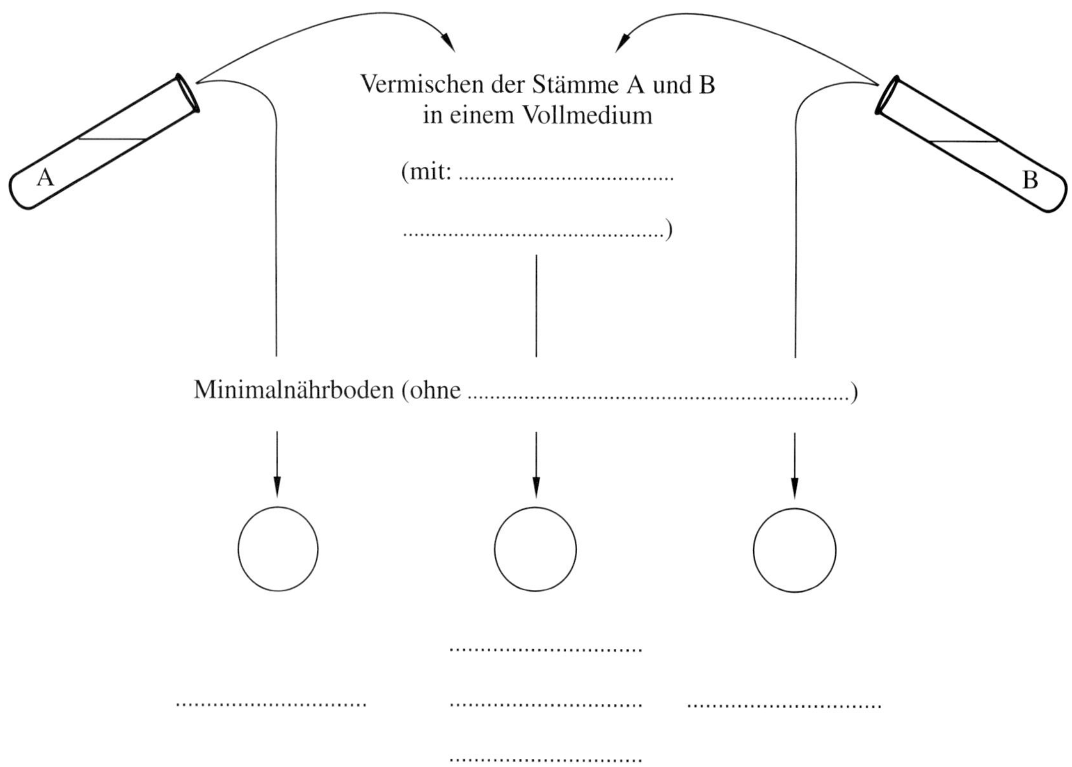

4 Beschreibe das Ergebnis des Versuches (B) und erkläre es stichpunktartig (E).

B: ....
....
E: ....
....

Methodisch-didaktische Hinweise:
Für das Verständnis dieses Themas ist es hilfreich, wenn die Schüler bereits mit Bakterienkolonien auf Agarplatten gearbeitet haben. Die Vorlage kann zur Ergebnissicherung des betreffenden Lehrerexperimentes oder zum entdeckenden Lernen im themengleichen Gruppenunterricht eingesetzt werden.

Lösungen:

1. auxotroph: Ein Lebewesen kann bestimmte Nahrungsstoffe nicht selbst herstellen, sondern muss sie mit der Nahrung aufnehmen, z. B. Methionin (met $^-$).
   prototroph: Ein Lebewesen kann bestimmte Nahrungsstoffe selbst herstellen und muss sie nicht mit der Nahrung aufnehmen, z. B. Methionin (met $^+$).

2. **Bakterienstamm A**

   auxotroph für Methionin u. Biotin,
   prototroph für Leucin u. Tyrosin

   ➜ met $^-$, bio $^-$, leu $^+$, tyr $^+$

   Bakterienstamm B

   auxotroph für Leucin u. Tyrosin,
   prototroph für Methionin u. Biotin

   ➜ met $^+$, bio $^+$, leu $^-$, tyr $^-$

3.

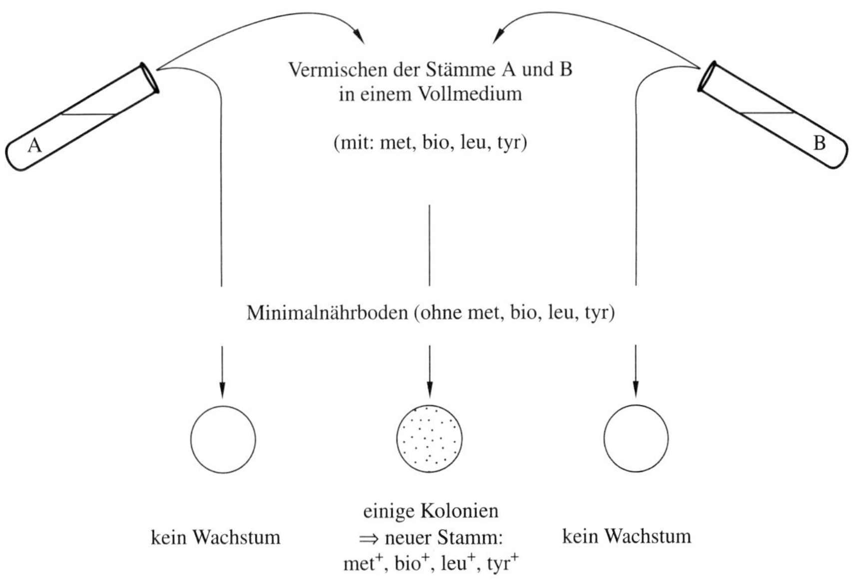

4. B: Während die auxotrophen Stämme A und B auf Mangelnährboden nicht wachsen können, gelingt dies einem Gemisch aus beiden Stämmen.
   E: Zwischen den Stämmen A und B muss also ein Transfer genetischer Information und somit eine Art Sexualität stattgefunden haben: Rekombination

Literatur:
Passarge, E.: Taschenatlas der Genetik. Georg Thieme Verlag. Stuttgart, New York 1994.
Schlegel, H. G.: Allgemeine Mikrobiologie. Georg Thieme Verlag. Stuttgart, New York 1985.
Old, R. W. / Primose, S. B.: Gentechnologie. Georg Thieme Verlag. Stuttgart, New York 1992.
Daumer, K.: Genetik – Handbuch zur Unterrichtsvorbereitung. Aulis Verlag. Köln 1984.

Zelluläre Vorgänge bei der Rekombination: Konjugation

Im Gegensatz zur Verschmelzung von zwei Gameten, z. B. bei Säugetieren, erfolgt der Gentransfer bei Bakterien nur in einer Richtung. „Männliche“ und „weibliche“ Zellen von *Escherichia coli* unterscheiden sich durch die Anwesenheit eines Fertilitätsfaktors „F“.

1. Beschrifte das Schema der Konjugation.

	F^+-Zelle	F^--Zelle	
....	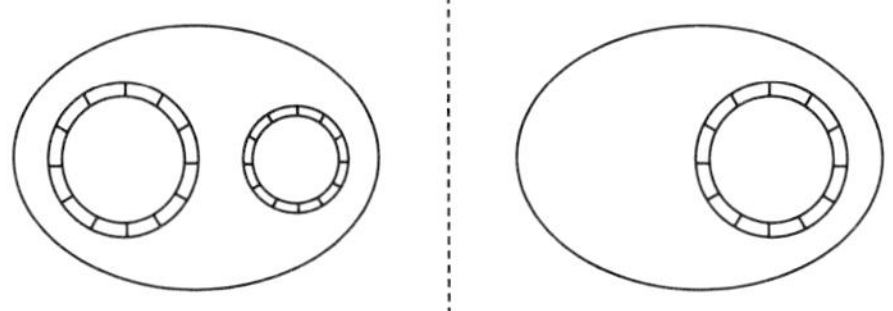		....
....	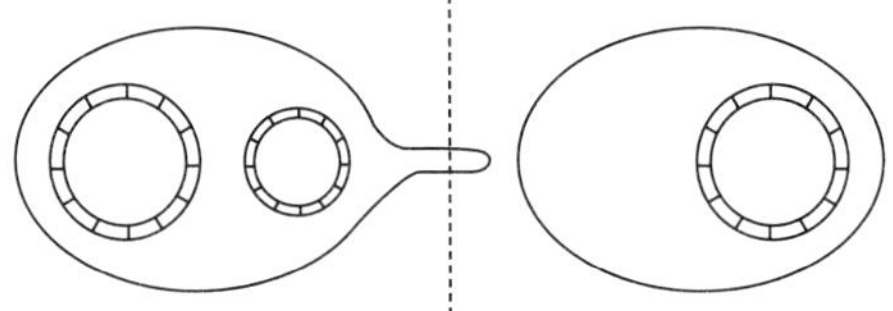		
....	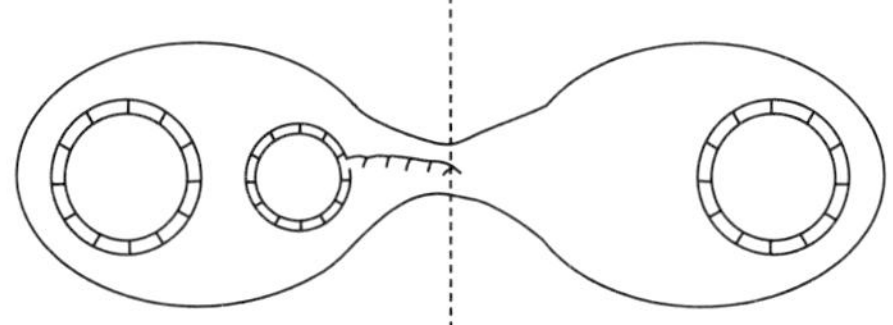		
....	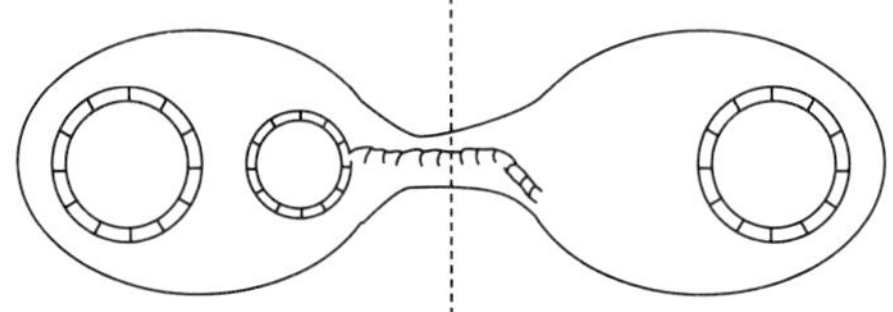		....
....	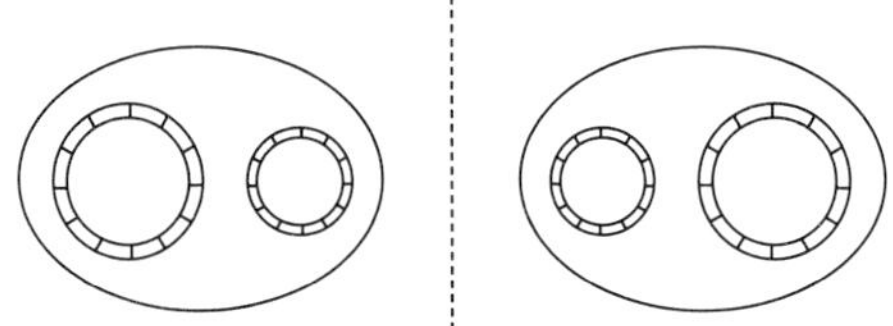		....
Resultat:	....	....	

2. Charakterisiere den F-Faktor stichpunktartig.

Aufbau: ....

Gene: ① ....

② ....

3. Fasse die Vorgänge bei der Konjugation auf einem Notizzettel kurz zusammen .
(Verwende dabei folgende Stichworte: Empfänger, F^+, F^-, gerichtete Übertragung von genetischem Material, männlich, mit F-Faktor, ohne F-Faktor, Spender, weiblich.)

Methodisch-didaktische Hinweise:
Die Vorlage kann nicht nur zur Lernkontrolle, sondern auch zur Ergebnissicherung eingesetzt werden. Sie soll dem Verständnis der zellulären Vorgänge bei der Rekombination dienen. Man kann sie dann entweder vor der Behandlung der Rekombination oder danach einsetzen: Im ersten Fall dient sie als Grundlage, im zweiten als Erklärung.

Lösungen:

	F^+-Zelle	F^--Zelle	
enthält F-Faktor ➜ „männlich“	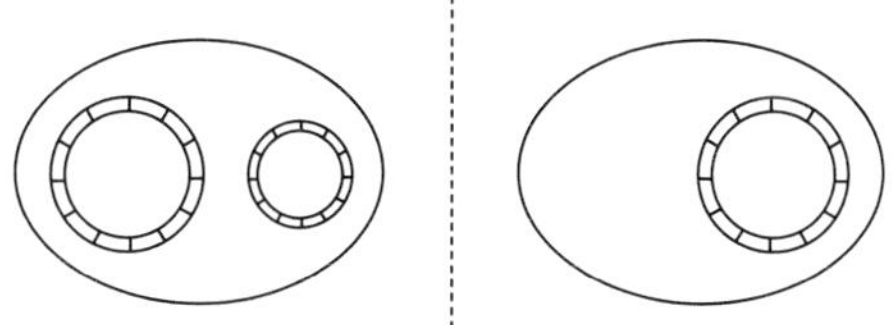		ohne F-Faktor, ➜ „weiblich“
bildet Verbindungsschlauch aus: „Sex-Pilus“ (pl. Pili)	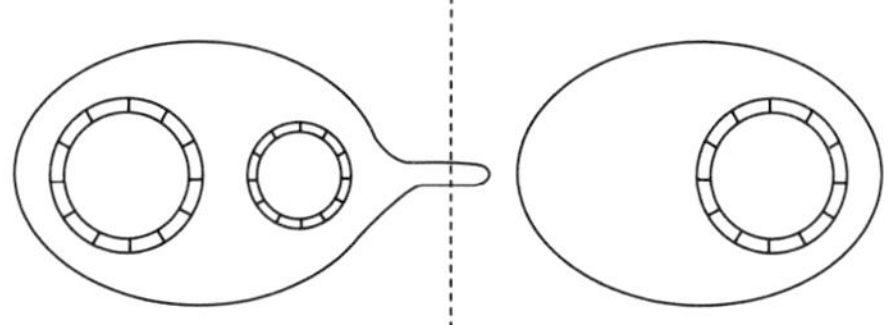		
Transfer eines F^+-Einzel- Stranges in die F^--Zelle	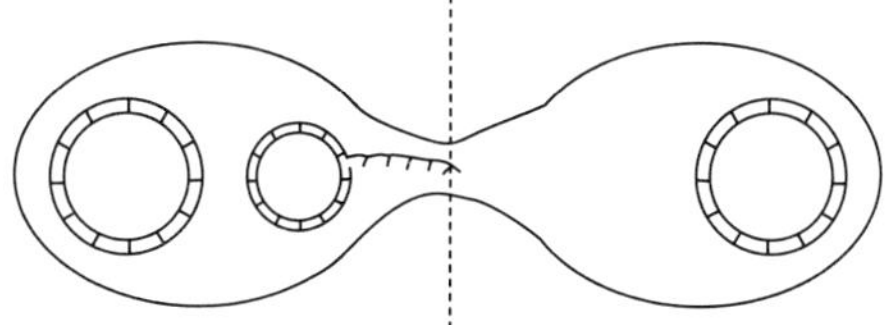		
Synthese des komple- mentären Stranges	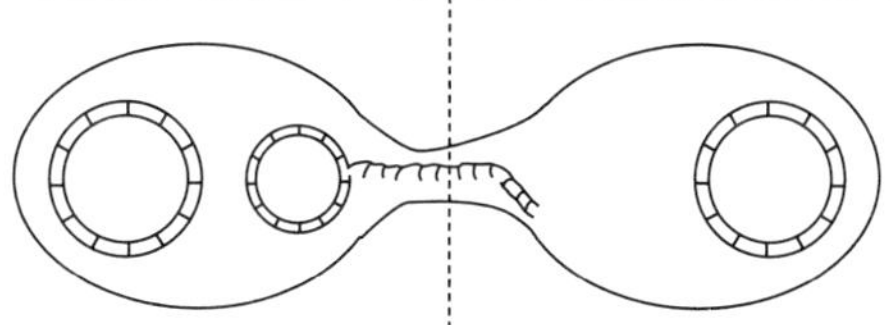		Synthese des komplementären Stranges
Transfer beendet, Trennung	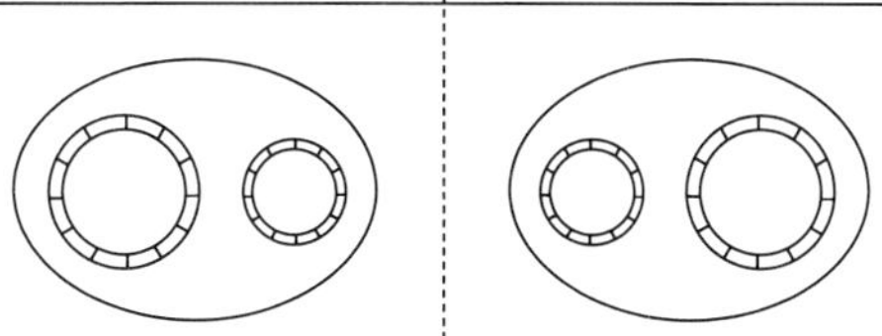		Trennung
Resultat:	F^+-Zelle	F^+-Zelle	

2. Aufbau: ringförmig geschlossener, extrachromosomaler DNA-Doppelstrang (Plasmid)
   Gene: (1) ermöglichen Konjugation (z. B. Ausbildung des Sex-Pilus) ➜ „männlich“
   (2) allgemeine Merkmale, z. B. Fähigkeit, best. Nahrungsstoffe selbst herzustellen
3. gerichtete Übertragung von genetischem Material: Spender (mit F-Faktor, F^+, „männlich“) ➜ Empfänger (ohne F-Faktor, F^-, „weiblich“)

Literatur:
Passarge, E.: Taschenatlas der Genetik. Thieme. Stuttgart 1994.
Schlegel, H. G.: Allgemeine Mikrobiologie. Thieme. Stuttgart 1985

So arbeitet die Gentechnik

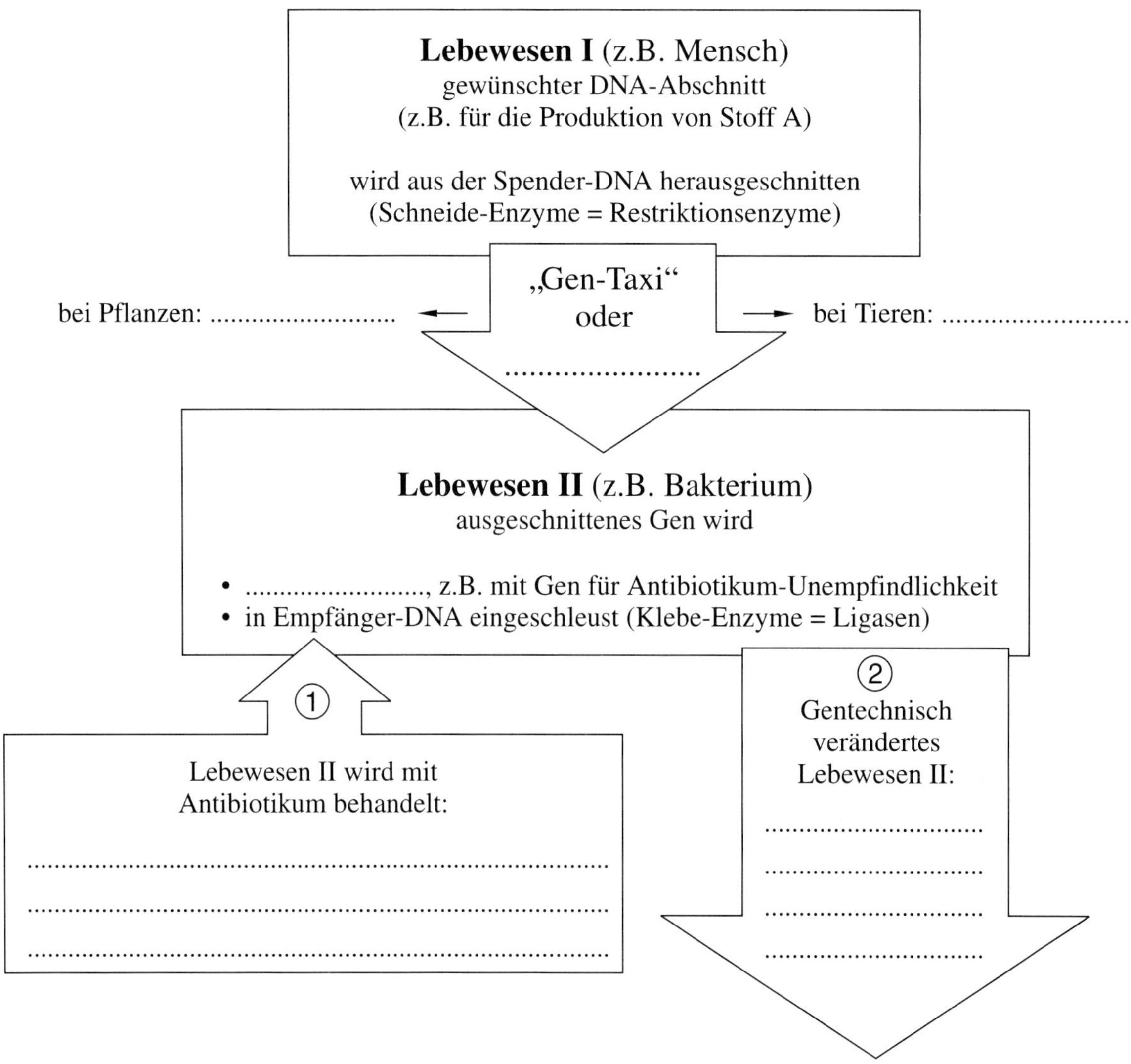

1. Vervollständige das Schema oben.
2. Begründe, weshalb es möglich ist, dass das Lebewesen II die „Befehle“ (die „Sprache“) von Lebewesen I „versteht“.
3. Erkläre, weshalb die Gentechniker das Spender-Gen markieren.

Methodisch-didaktische Hinweise:
Die Aufgabe kann als Ergebnissicherung oder als Hausaufgabe, aber auch als Kombination von beiden eingesetzt werden, wenn man den ersten Teil zur Ergebnissicherung in der Schule nutzt und den zweiten Teil als Hausaufgabe ergänzen lässt.
Mit der Bearbeitung dieser Aufgabe sollen sich die Schülerinnen und Schüler das Grundschema vor Augen führen, das allen gentechnischen Verfahren zugrunde liegt.

Lösungen:
1.

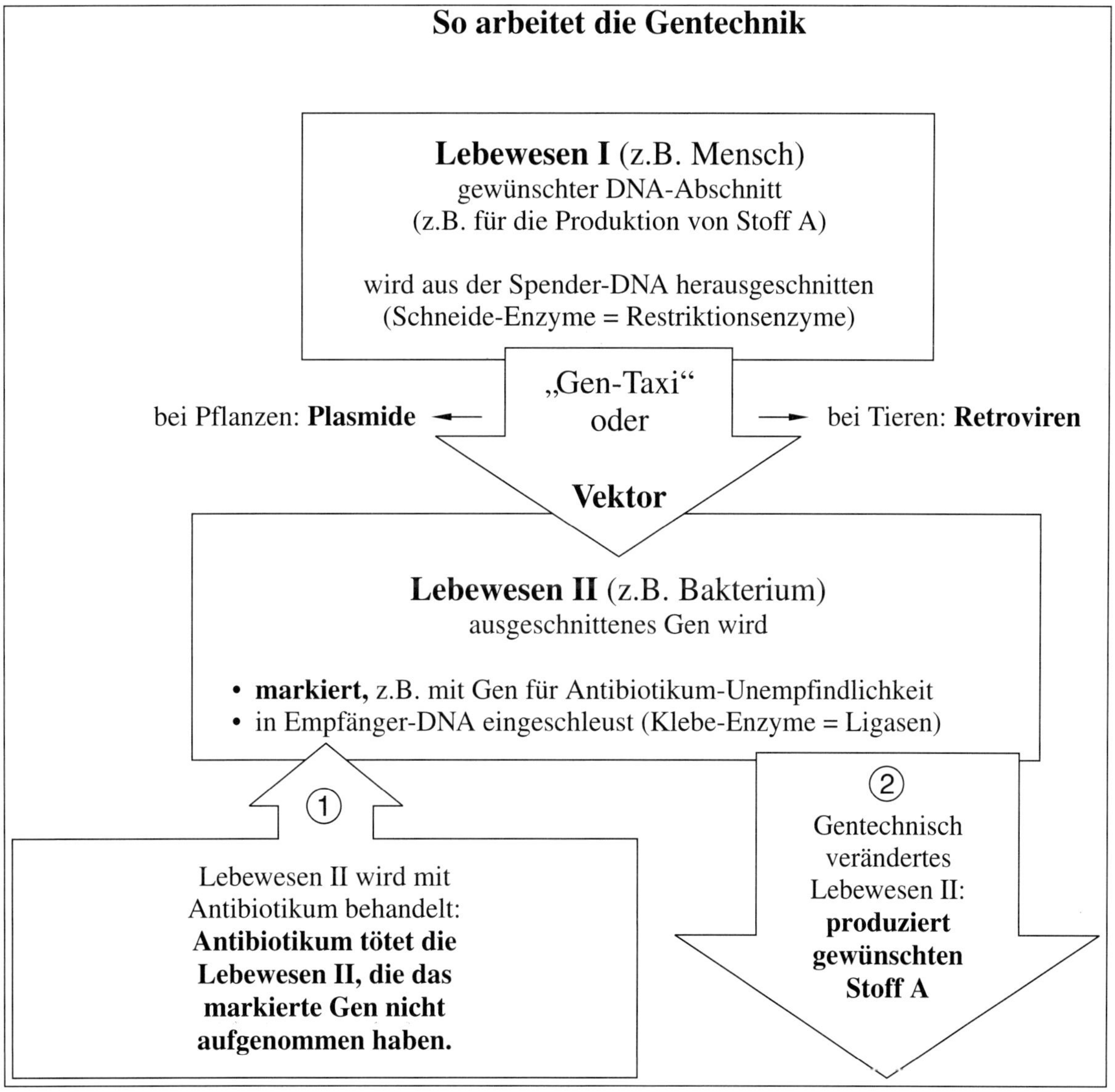

2. Alle Lebewesen verwenden den gleichen genetischen Code. Die in der DNA verschlüsselten Informationen können deshalb von allen Lebewesen „gelesen“ und „verstanden“ werden.

3. Mit Hilfe der Markierung erkennt der Gentechniker die Lebewesen, die das neue Gen (Spender-Gen) eingebaut haben.

Grundprinzip der Gentechnik

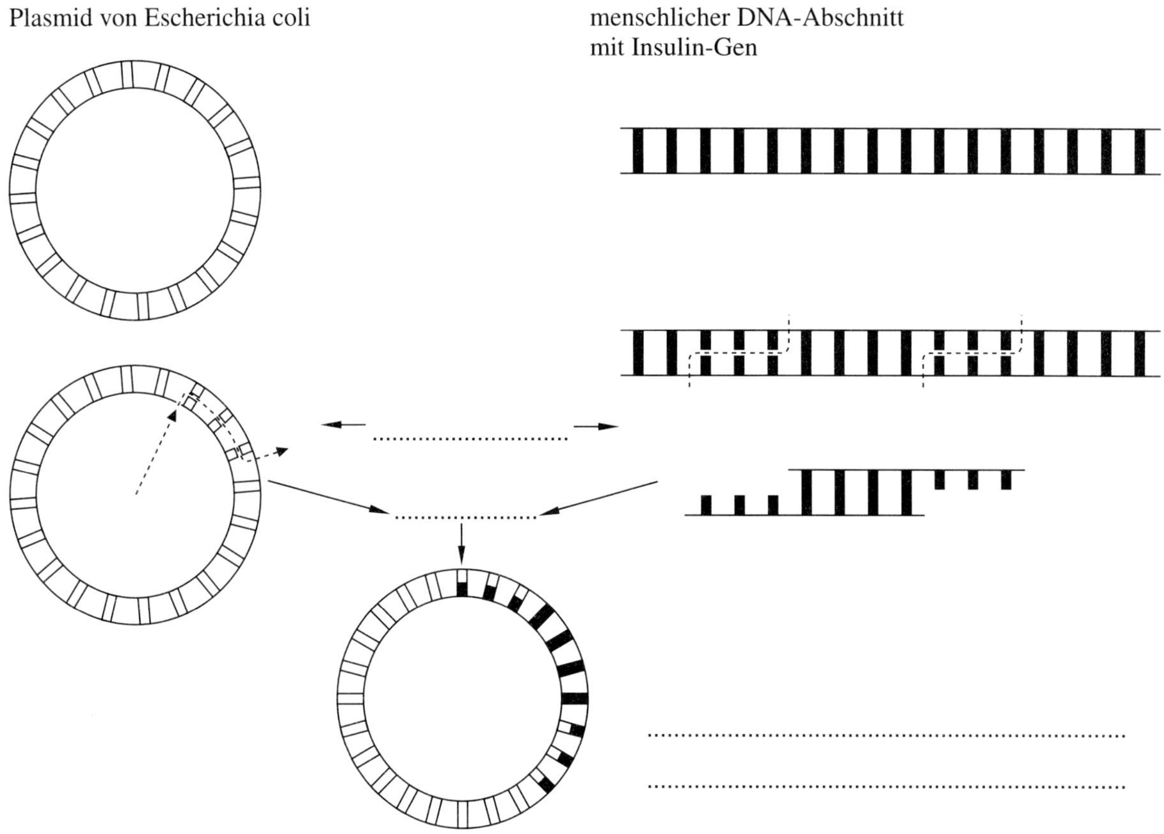

1. Beschrifte die Skizze.

2. Beschreibe möglichst einfach das Prinzip der Gentechnik am Beispiel der Insulinproduktion durch Bakterien.

3. Erkläre kurz, was man unter einem Plasmid versteht.

4. Welche Aufgaben haben Restriktionsenzyme?

5. Beschreibe kurz die Aufgabe der Ligasen.

6. Welche Vorteile hat das dargestellte gentechnische Verfahren?

7. Welche Einwände lassen sich gegen das dargestellte Verfahren anführen?

Methodisch-didaktische Hinweise:
Am Beispiel der gentechnischen Produktion von Humaninsulin wird das Prinzip der Gentechnik vorgestellt. Es bietet sich an, das Schülerblatt als Overlay-Folie zu kopieren und schrittweise mit den Schülern zu erarbeiten. Aufgrund der leicht zu verstehenden schematischen Darstellung kann die Vorlage aber auch zur Stillarbeit (z. B. zur Wiederholung) oder als Hausaufgabe eingesetzt werden. Im Anschluss sollten unbdedingt ethische Fragen, die in diesem Zusammenhang auftauchen, in der Klasse diskutiert werden.

Lösungen:
1.

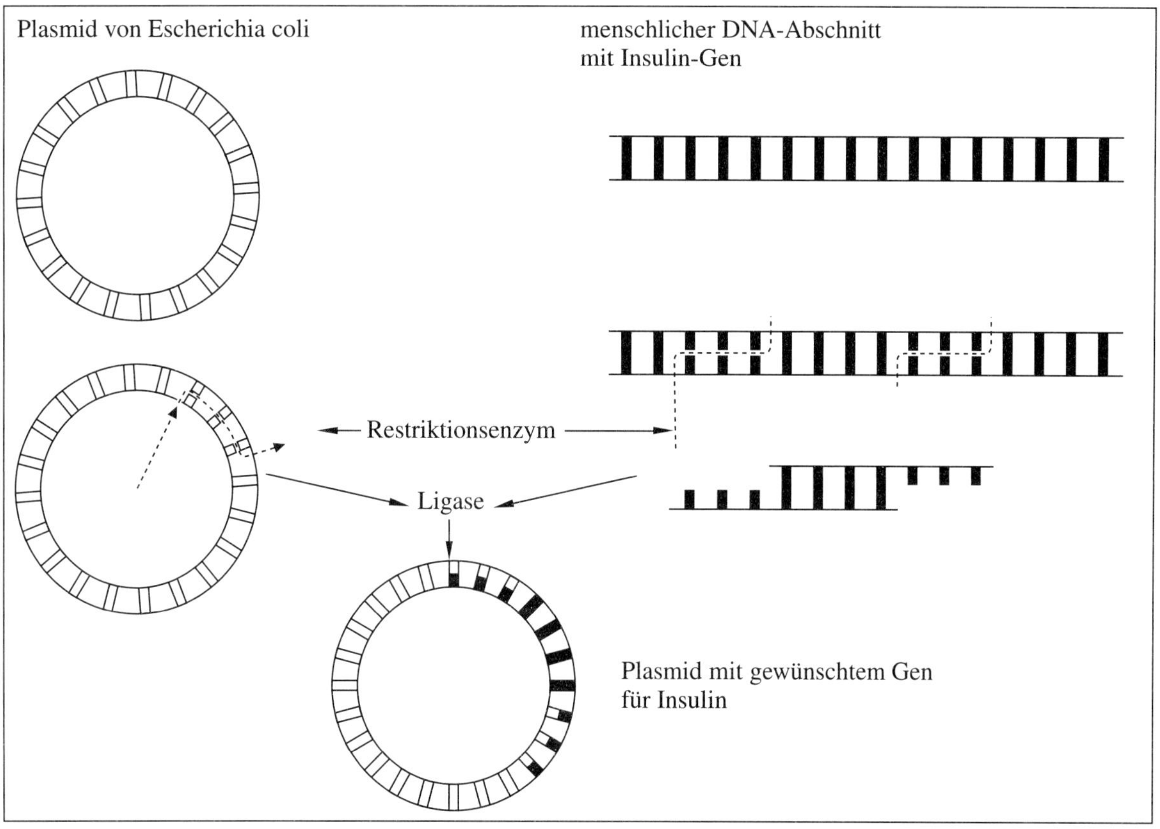

2. In ein Bakterien-Plasmid wird das menschliche Gen für Insulin eingebracht. Das Plasmid mit dem menschlichen Gen produziert in E. coli Insulin.
3. Plasmide sind kleine DNA-Ringe, die zusätzlich zum Bakterienchromosom vorliegen.
4. Restriktionsenzyme erkennen bestimmte DNA-Sequenzen und schneiden sie aus dem Genom (genetische Scheren).
5. Ligasen verbinden die Nukleotide von DNA-Einzelsträngen (genetischer „Klebstoff").
6. Vorteile: aufwändige und teuere Isolierung aus Schweinebauchspeicheldrüsen entfällt; billiger; für jedermann verfügbar (ab 1982); Insulin ist Humaninsulin.
7. Einwände: verändertes Bakterium evtl. mit weiteren, auch gefährlichen neuen Eigenschaften; ethische Frage: Mensch als Schöpfer neuer, transgener Organismen;

Literatur:
ZINF (Hrsg.): Grundlagen der Gentechnik. Einführung in Theorie und Methodik für Lehrer an Gymnasien. Diespeck 1997.

V. 3.2.6 Grundprinzip der Gentechnik

So wird es gemacht:
Die beiden Abbildungen stellen schematisch einen DNA-Abschnitt einer menschlichen Zelle (links) und die Plasmid-DNA einer Bakterienzelle (rechts) dar.

1. Male zunächst die Seitenstränge („Holme“) der DNA in verschiedenen Farben aus (z. B. menschliche DNA: blau – Plasmid-DNA: rot).

2. Gestalte dann die vier Basen in vier unterschiedlichen Farben.

3. Besorge dir zwei unterschiedlich geformte Schachteln. Sie sollen eine menschliche Zelle und eine Bakterienzelle darstellen. Beschrifte sie mit M und B.

4. Schneide die DNA-Vorlagen aus.

5. Klebe die Enden der Plasmid-DNA so zu einem Ring zusammen, dass die bemalte Seite außen ist.

6. Lege die menschliche DNA in die Schachtel M. Der Plasmid-Ring kommt in die Schachtel B. Gib in diese noch einen längeren, verknäulten Wollfaden, der die Bakterien-DNA darstellen soll.

7. Entnimm der Schachtel M (der menschlichen Zelle) die DNA und zertrenne sie mit einer Schere an den eingezeichneten Schnittstellen.

8. Entnimm der Schachtel B (Bakterienzelle) den Plasmid-Ring und trenne diesen an der vorgegebenen Schnittstelle ebenfalls auf.

9. Füge nun das mittlere Fragment der menschlichen DNA in die Schnittstelle der Plasmid-DNA ein. Verklebe die Teile auf der Innenseite mit Tesafilm (oder mit Etiketten).

10. Gib die neukombinierte Plasmid-DNA wieder in die Bakterienzelle zurück (Schachtel B).

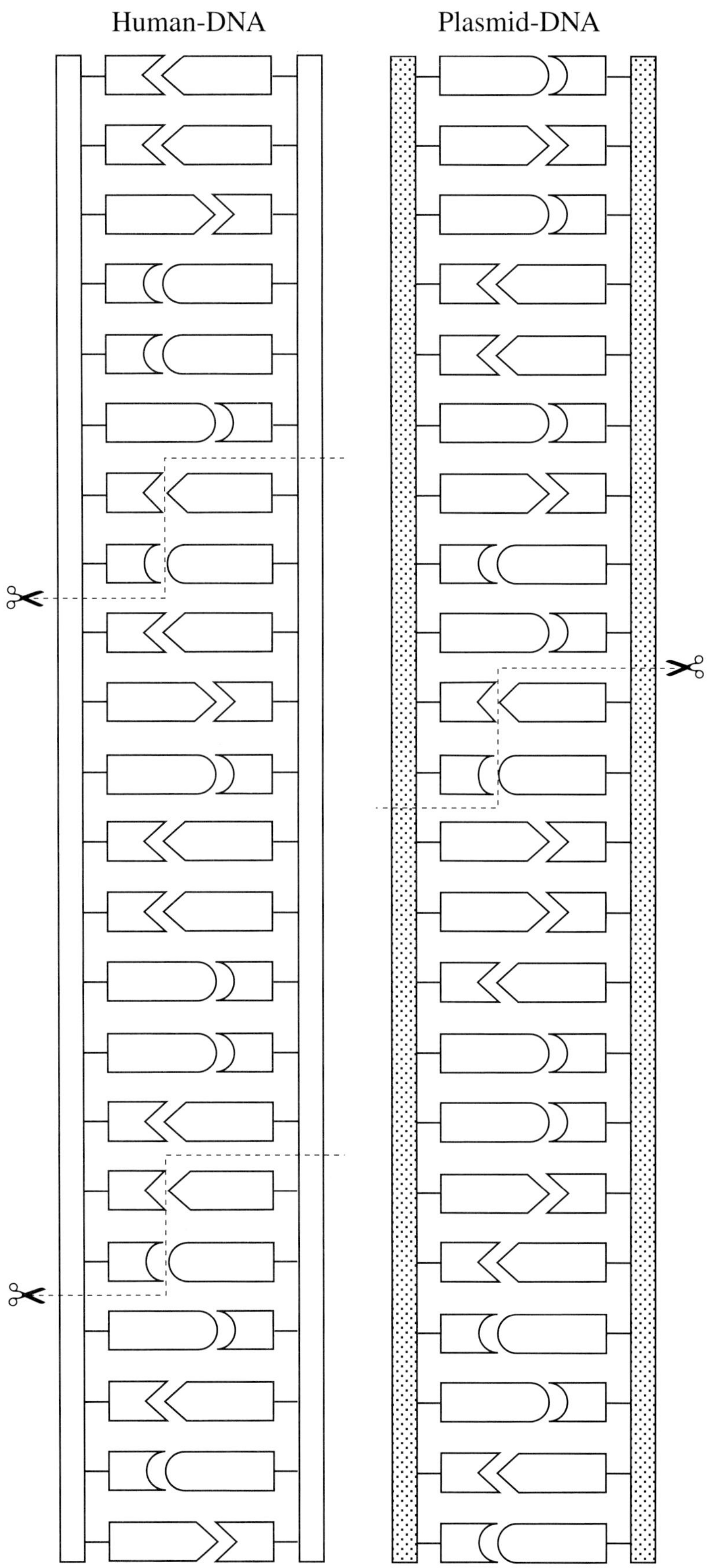

Methodisch-didaktische Hinweise:
Mit der Bastelvorlage kann der Schüler die im Unterricht erworbenen Kenntnisse über das Grundprinzip der Gentechnik praktisch anwenden. Dadurch ist es ihm möglich, wesentliche Schritte gentechnischen Arbeitens modellhaft nachzuvollziehen. Dabei kann er erfahren,

- dass die Gentechnik im Prinzip eine Neukombination von Nukleinsäuren darstellt,
- dass Gentechnik nur möglich ist, weil der genetische Code, die Transkription und die Translation für alle Lebensformen Gültigkeit besitzt.

Die Durchführung der Aufgabenstellung ist vor allem als Partner- und Gruppenarbeit gedacht. Hier ist allerdings darauf zu achten, dass die Schüler jeweils die richtigen Analogien vom Modell zu den entsprechenden (realen) Verhältnissen herstellen (z. B. Schere = Schneideenzym, Kleber = Ligase).
Will man zudem den Vorgang des Klonens verdeutlichen, kann man vor dem Zusammenkleben des Plasmid-Ringes die neukombinierte DNA mehrfach kopieren. Dann bräuchte man allerdings auch mehrere „Bakterienzellen“, in die man die neukombinierten und amplifizierten Plasmide geben kann. Leere Patronenhülsen für Kleinbildfilme sind dafür gut geeignet.

Material:
Tesafilm (günstig sind auch selbst haftende Etiketten)

- Schere
- Farbstifte
- unterschiedlich geformte Schachteln (z. B. Schuh- und Käseschachteln)
- Wollknäuel
- eventuell leere Patronenhülsen für Kleinbildfilme

Lösungen:

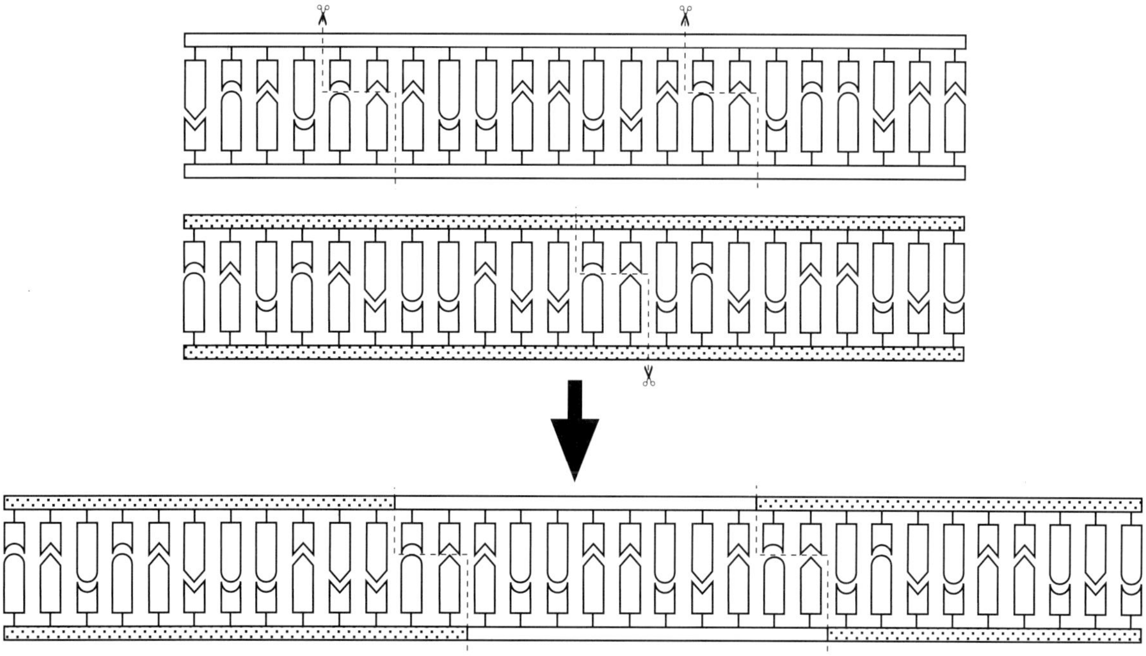

Literatur:
ZINF (Hrsg.): Grundlagen der Gentechnik. Einführung in Theorie und Methodik für Lehrer an Gymnasien. Diespeck 1997.

Grundprinzip der Gentechnik

1. Neukombination von DNA

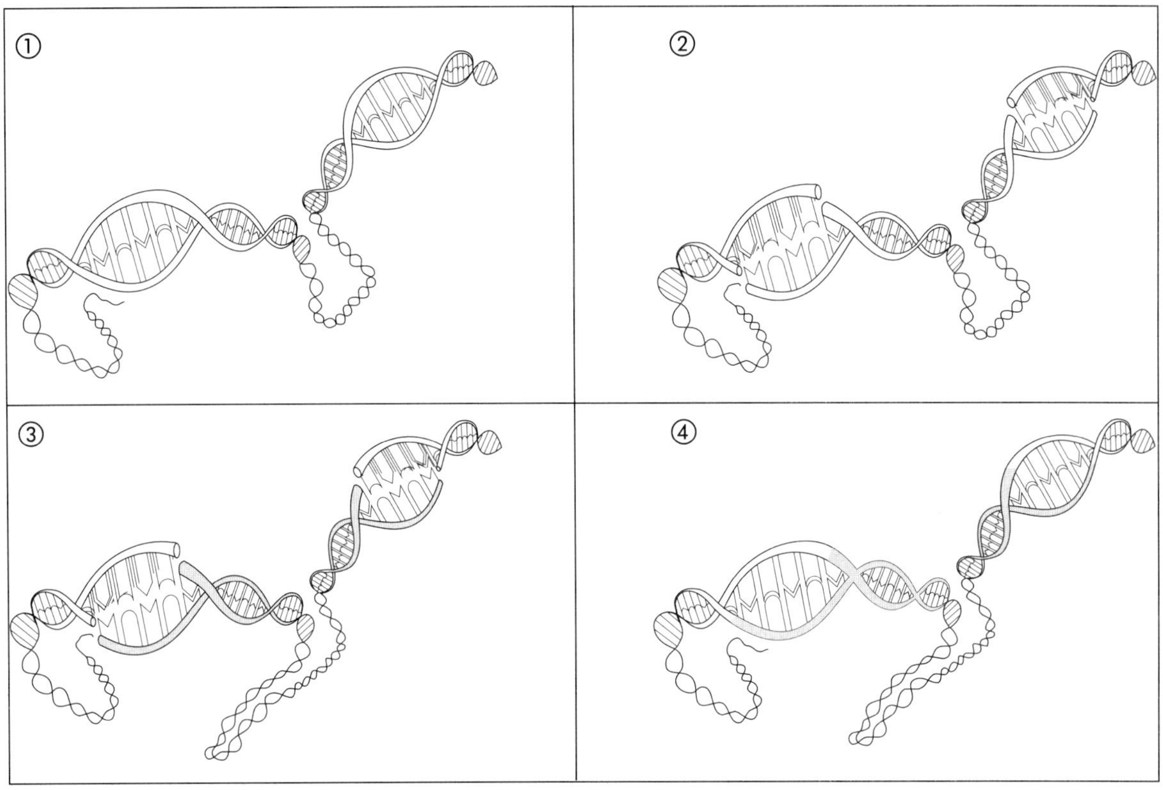

2. Neukombination und Klonierung von DNA

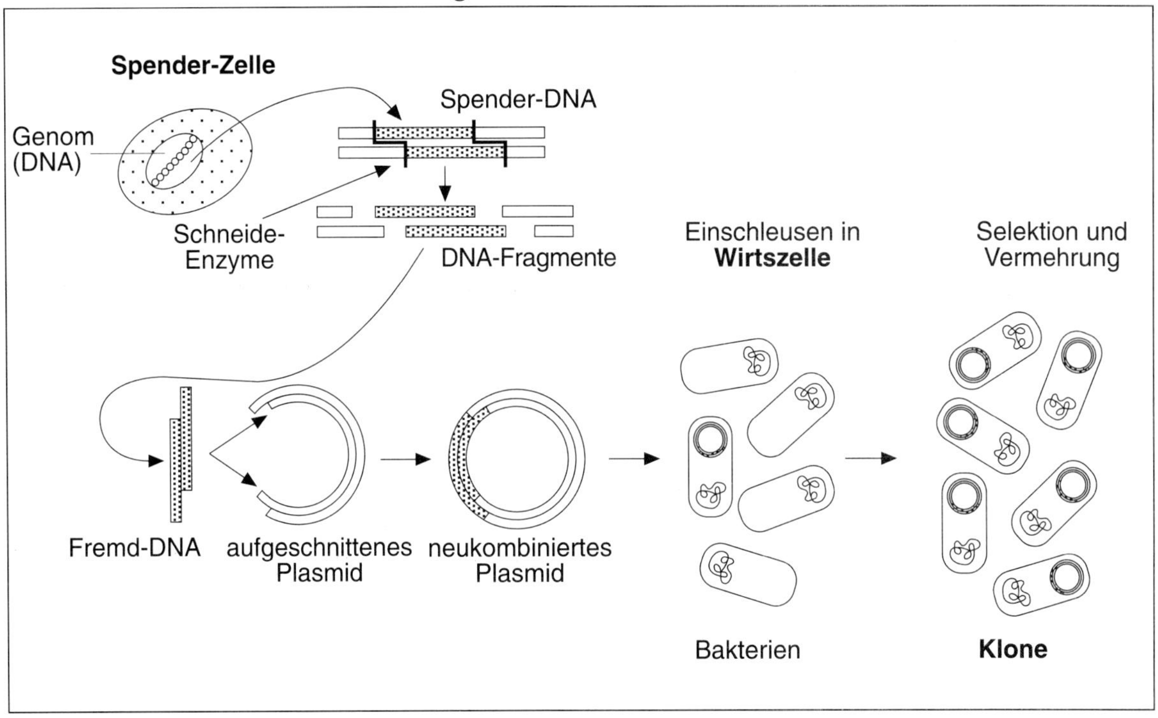

Aufgabe:
Ordne der Abbildung 1 (Neukombination von DNA) folgende Überschriften zu:
Neu kombinierte DNA • Spender-DNA • Einfügen eines DNA-Fragmentes • Schneiden der DNA

Methodisch-didaktische Hinweise:

Da der Schwerpunkt von Teil 1 der Vorlage auf der Darstellung des Prinzips der Gentechnik liegt, wird dabei bewusst auf einzelne Arbeitsschritte, auf die Herkunft der DNA, auf die Enzyme usw. verzichtet. Es lässt sich damit auch die Grundvoraussetzung für die Gentechnik erarbeiten: die Universalität des genetischen Codes. Die vier Abbildungen der Vorlage ergeben nur einen Sinn, wenn der Aufbau der DNA sowie die Vorgänge bei der Transkription und Translation für alle Lebewesen gültig sind und von allen Lebensformen gleich verstanden werden. In diesem Zusammenhang kann man daher auch die Grundsätze der Molekulargenetik nochmals wiederholen und festigen.
Zur besseren Unterscheidung und Veranschaulichung der Spender- und Empfänger-DNA sowie des eingesetzten DNA-Fragmentes ist es zweckmäßig, die verschiedenen DNA-Stränge farbig zu kennzeichnen.
Teil 2 der Vorlage zeigt die wichtigsten Arbeitsschritte der Gentechnik. Hier liegt der Schwerpunkt auf einer zusammenfassenden Darstellung ohne ein konkretes Anwendungsbeispiel wie bei Materialie 3.2.14 (Insulinherstellung).
Es ist denkbar, Teil 2 der Vorlage den Schülern als Zusammenfassung vorzulegen und sie aufzufordern, die Graphiken verbal zu erläutern, denn der Umsetzung von modellhaften Darstellungen in Sprache muss gerade bei dieser Thematik ein hoher Stellenwert beigemessen werden.

Lösungen:

1. Spender-DNA
2. Schneiden der DNA
3. Einfügen eines Fragmentes
4. Neu kombinierte DNA

Literatur:

Gassen, H. G. / Martin, A. / Sachse, G.: Der Stoff aus dem die Gene sind. J. Schweitzer Verlag. München 1986.
Old, R. W. / Primrose, S. B.: Gentechnologie. Thieme Verlag. Stuttgart, New York 1992.
ZINF (Hrsg.): Grundlagen der Gentechnik. Einführung in Theorie und Methodik für Lehrer an Gymnasien. Diespeck 1997.
Fond der Chemischen Industrie: Folienserie Nr. 20. Biotechnologie – Gentechnik. Frankfurt/Main 1992.

S V. 3.2.8 Grundprinzip der Gentechnik

1 ....
....

2 ....
....

3 ....
....

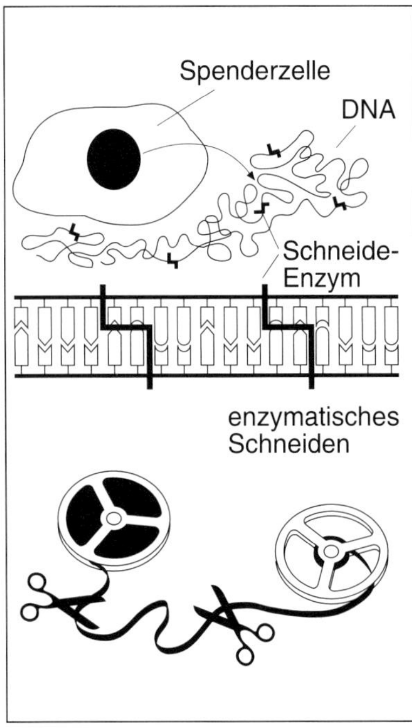

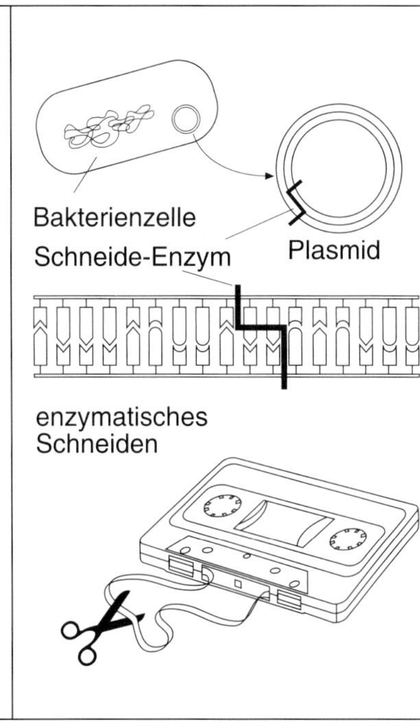

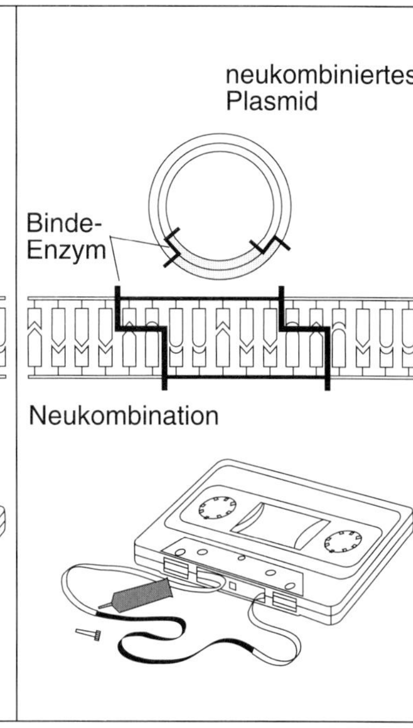

4 ....
....

5 ....
....

6 ....
....

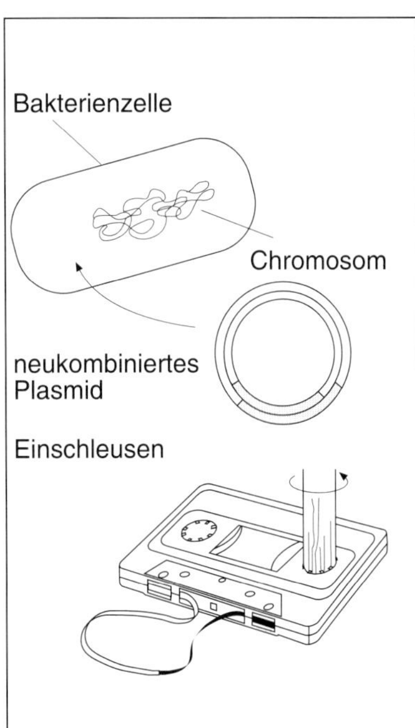

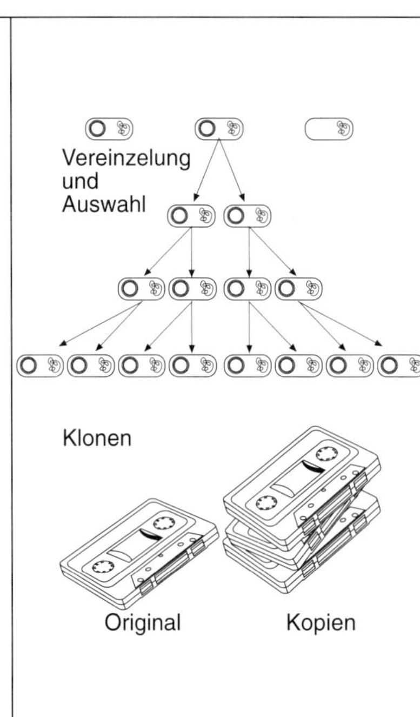

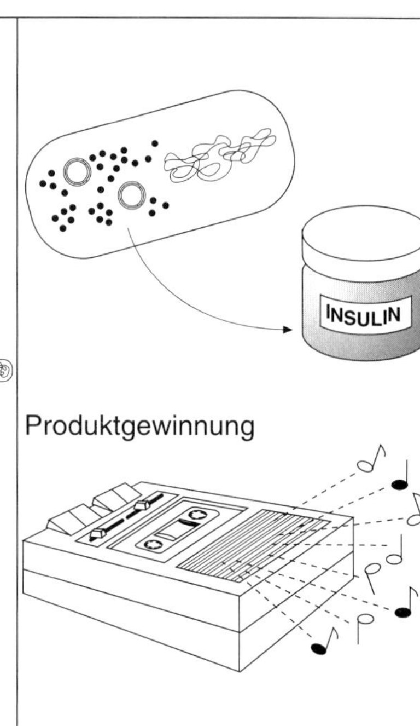

Aufgabe:
Ordne folgende Überschriften den entsprechenden Bildern zu:
Produktgewinnung in Bakterien • Zerlegen der Spender-DNA • Einsetzen des DNA-Fragmentes • Aufschneiden der Plasmid-DNA • Klonierung und Selektion • Einschleusen in eine Bakterienzelle

Methodisch-didaktische Hinweise:

Die Folienvorlage bringt in sechs schematischen Abbildungen eine Übersicht und Zusammenfassung der wesentlichen Arbeitsschritte der Gentechnik. Diese werden jeweils durch einen modellhaften Vergleich aus dem Bereich der Technik zusätzlich veranschaulicht.
Methodisch kann man bei der Erarbeitung des Themas unterschiedlich verfahren: Man geht von dem – den meisten Schüler geläufigen – Beispiel des Überspielens und Kopierens eines Tonbandes aus. Durch das Übertragen der Arbeitsschritte auf den Gentransfer wird das Prinzip der Gentechnik entwickelt. Daneben kann man – etwa bei Schülern des Gymnasiums – auch sofort mit den gentechnischen Arbeitsschritten beginnen und erst am Ende den modellhaften Vergleich zur Veranschaulichung einsetzen.
Entsprechend dem methodischen Weg wird man die Vorlage teilweise abdecken oder als Overlay-Folie gestalten. Es empfiehlt sich zudem, zur Unterscheidung von Spender-DNA und Plasmid-DNA sowie zum besseren Erkennen des neu kombinierten DNA-Fragmentes die Graphik verschiedenfarbig zu gestalten.

Lösungen:

1. Spender-DNA wird zerlegt
2. Plasmid-DNA wird aufgeschnitten
3. Einsetzen des DNA-Fragmentes
4. Einschleusen in eine Bakterienzelle
5. Klonierung und Selektion
6. Produktgewinnung in Bakterien

Literatur:

Gassen, H. G./Martin, A./Sachse, G.: Der Stoff aus dem die Gene sind. J. Schweitzer Verlag. München, 1986.
Old, R. W./Primrose, S. B.: Gentechnologie. Thieme Verlag. Stuttgart, New York 1992.
ZINF (Hrsg.): Grundlagen der Gentechnik. Einführung in Theorie und Methodik für Lehrer an Gymnasien. Diespeck 1997.
De Rosnay, J.: Der Biokitt. 3. Schweitzer Verlag. München 1986.

Grundprinzip der Gentechnik

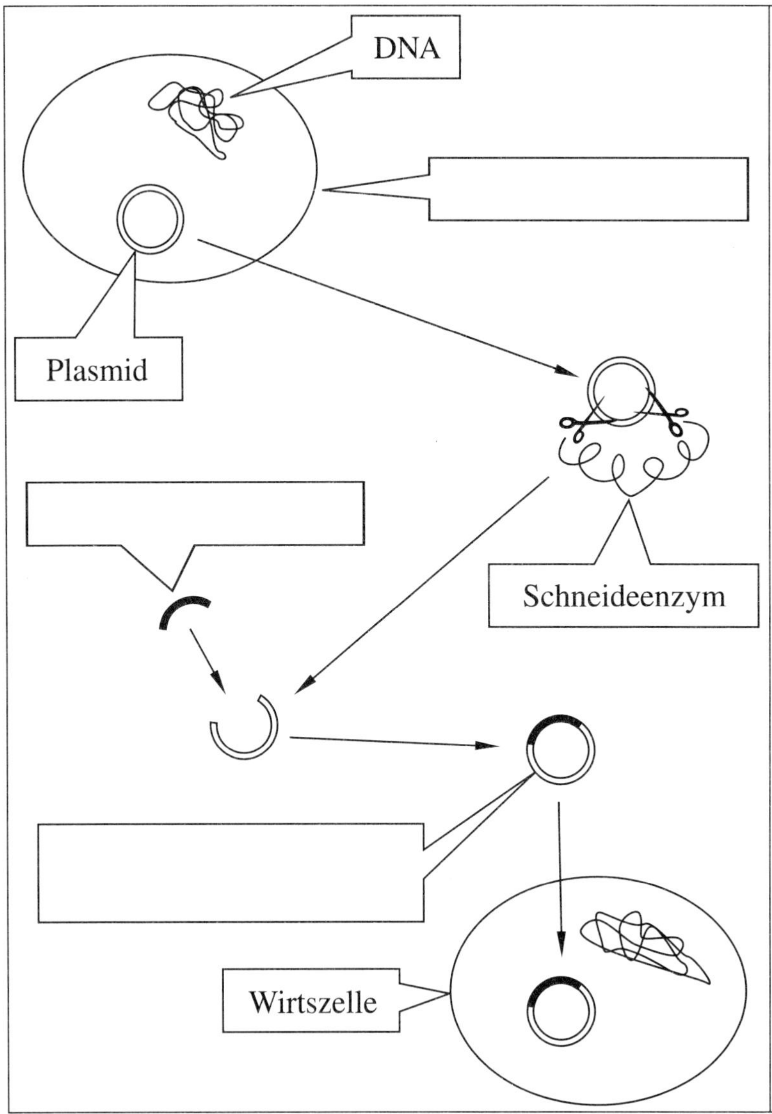

- ....

....

- ....

....

....

- ....

....

....

- ....

....

....

....

1. Die Skizze im linken Kasten stellt das Prinzip der Gentechnik dar. Vervollständige die Beschriftung mit folgenden Begriffen:
   neukombiniertes Plasmid • Bakterienzelle • fremdes Gen;
2. Versuche, im rechten Kasten das Prinzip der Gentechnik zu beschreiben.
3. Was versteht man unter einem Plasmid?
4. Was bewirkt das in die Wirtszelle eingeschleuste, veränderte Plasmid?

....

....

....

....

Methodisch-didaktische Hinweise:
Die Vorlage eignet sich als Zusammenfassung, Lernzielkontrolle oder als Hausaufgabe. Zum Verstehen des Prinzips der Gentechnik ist es nötig zu wissen, dass genetischer Code (die DNA), Überschreibung (Transkription) der genetischen Information (m-RNA) und Übersetzung (Translation) der genetischen Information bei allen Lebewesen im Prinzip gleich sind.

Lösungen:
1 / 2

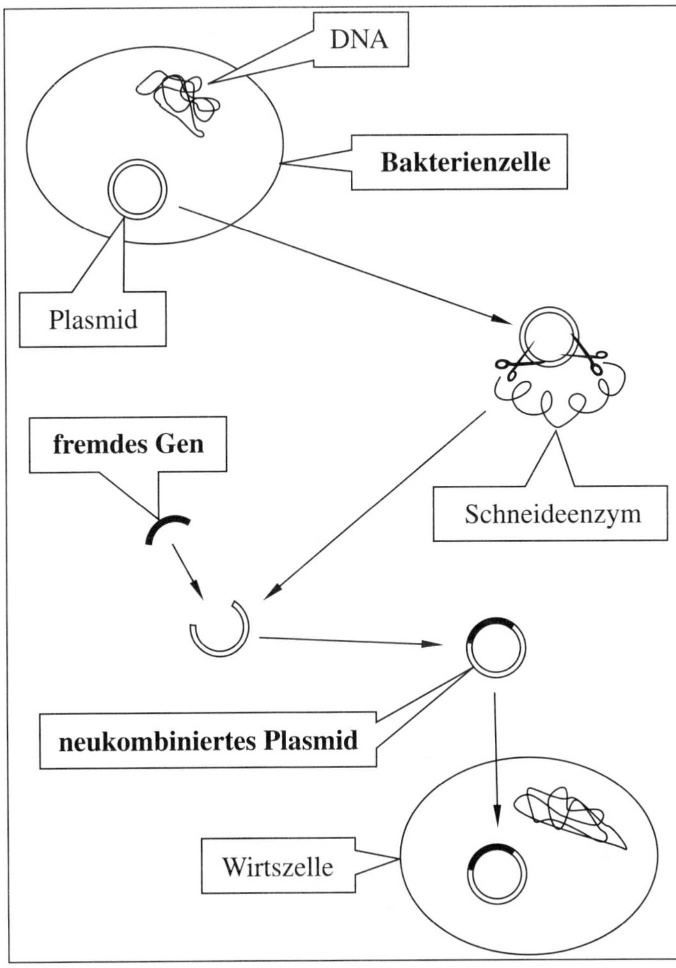

- Einer Bakterienzelle wird ein Plasmid entnommen.
- Das Plasmid dient als Transportvehikel (Vektor) für ein fremdes Gen.
- Mit Hilfe von Schneideenzymen (Restriktionsenzymen) wird das Plasmid geöffnet.
- In die Schnittstelle setzt man ein fremdes Gen ein. Es entsteht eine neu kombinierte DNA.
- Das neu kombinierte Plasmid kann in eine andere Bakterienzelle (oder eine pflanzliche, tierische sowie menschliche Wirtszelle) eingeschleust werden.

3. ringförmige DNA, die in Bakterien neben der üblichen DNA vorkommt;
4. Es veranlasst die Wirtszelle, den neuen – vom Plasmid eingeschleusten – genetischen Befehl auszuführen. Neben eigenem Protein (Eiweiß) wird auch fremdes Protein (Eiweiß) produziert.

Literatur:
ZINF (Hrsg.): Grundlagen der Gentechnik. Verlag Andreas Reiner. Diespek 1997.
Brandt, P.: Zukunft der Gentechnik. Birkhäuser Verlag. Basel, Boston, Berlin 1997.
Gassen, H. G. u. a.: Gentechnik. G. Fischer Verlag. Stuttgart 1985.

Modell zur Veranschaulichung des Gentransfers

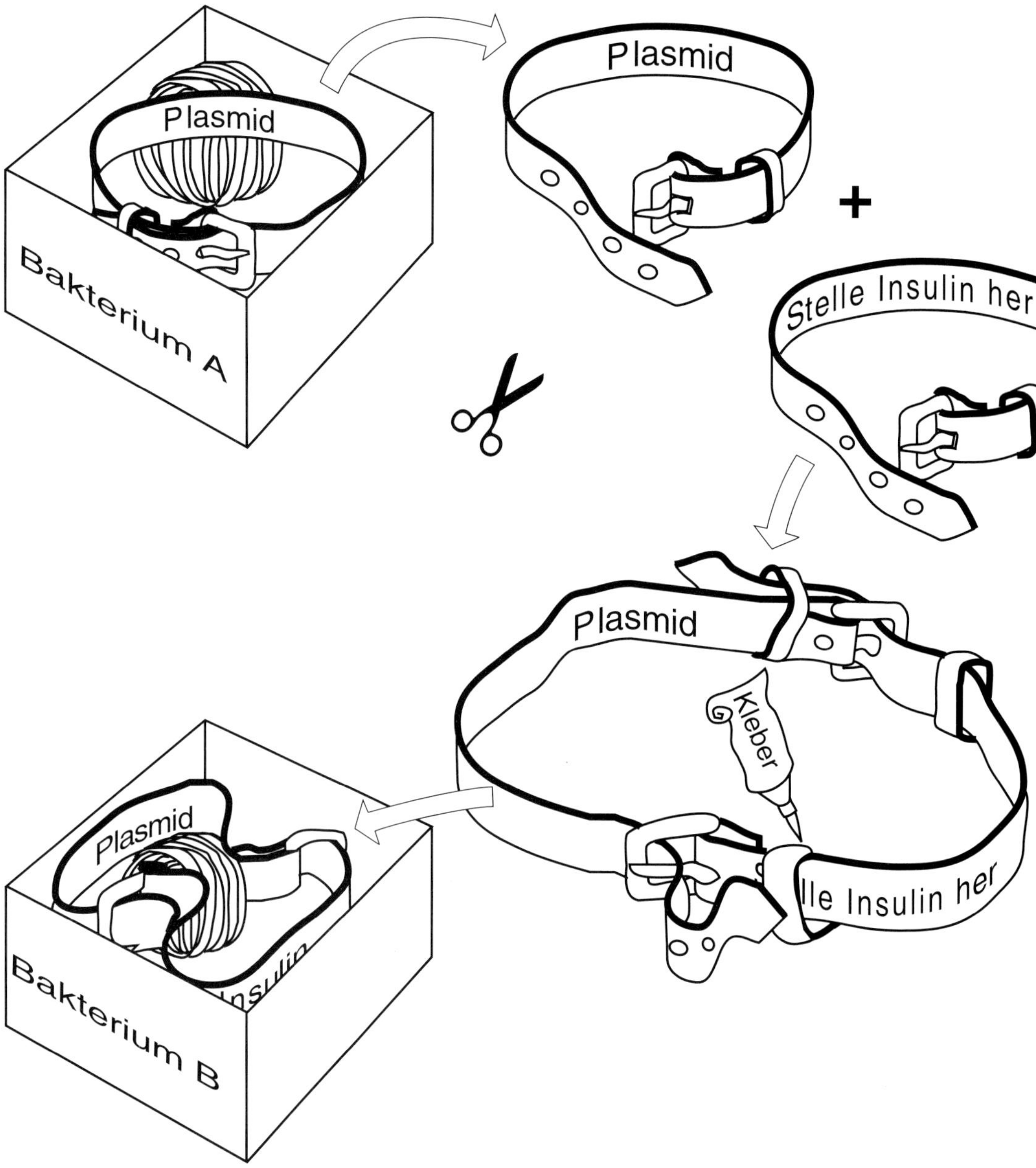

Aufgaben:

1. Ordne den Teilen des Modells den jeweils entsprechenden Begriff in der Wirklichkeit zu.
2. Beschreibe, wie man mit Hilfe von Plasmiden ein Lebewesen gentechnisch verändern kann.

Methodisch-didaktische Hinweise:
Das im Wesentlichen aus zwei unterschiedlich langen Gürteln bestehende Modell kann man zur Veranschaulichung der „Plasmid-Methode“ einsetzen. Das Modell kann im Frontalunterricht unter möglichst intensiver Einbeziehung der Schülerinnen und Schüler verwendet werden. Mit einer entsprechenden Arbeitsanweisung (siehe unten) ist es auch im Gruppenunterricht, in Partnerarbeit oder als Teil einer Freiarbeit verwendbar.

Benötigt werden:
1 langer und 1 kurzer Gürtel, die gleich breit sind und die über ihre Schnallen miteinander verbunden werden können; 2 Plastikkörbe (oder größere Schachteln); Schere; Kleber; Wollknäuel o. ä.

Einsatz des Modells:
- Im Plastikkorb A befinden sich ein
  ➜ großer, geschlossener Gürtel (mit der Aufschrift: *Plasmid*),
  ➜ langes, vielfach verschlungenes Band oder Wollknäuel.

- Neben dem Korb liegt der zweite, kleine Gürtel. Er ist geöffnet und trägt die Aufschrift: *Gen*: Stelle *Insulin* her!

- Im Plastikkorb B befindet sich ein Wollknäuel (Bakterien-DNA).

In der Realität	*Im Modell*
• Das Plasmid wird dem Bakterium entnommen	• *Gürtel aus dem Korb A nehmen.*
• Mit Hilfe von Schneideenzymen (Restriktionsenzymen) wird das Plasmid an einer bestimmten Stelle geöffnet.	• *Gürteischnalle mit Schere (symbolisch) öffnen.*
• Nun fügt man das vom Menschen stammende Gen in den geöffneten Plasmidring ein.	• *Kleinerer Gürtel ist an der gleichen Stelle wie der erste Gürtel geöffnet. Beide Gürtel werden nun mit den Schnallen gegenseitig verbunden.*
• Klebeenzyme (Ligasen) verbinden die Bakterien-DNA und die vom Menschen stammende DNA fest miteinander, so dass wieder ein geschlossener Plasmidring entsteht.	• *Kleber (symbolisch) heftet die beiden Gürtel zusammen. Die beiden überstehenden kurzen Gürtelstücke werden in die Gürtelschlaufen gesteckt, so dass ein geschlossener Gürtelring entsteht.*
• Das Plasmid („Gen-Taxi“) wird in ein Bakterium eingeschleust.	• *Dieser Gürtelring wird in Korb B gelegt.*
• Das gentechnisch veränderte Bakterium vermehrt sich und stellt Insulin her.	• *Zusammengesetzter Gürtelring trägt nun Bakterien- und menschliche DNA. Anweisung „Insulin herstellen“ wird befolgt.*

Die Flavr-Savr-Tomate, die nicht matschig wird

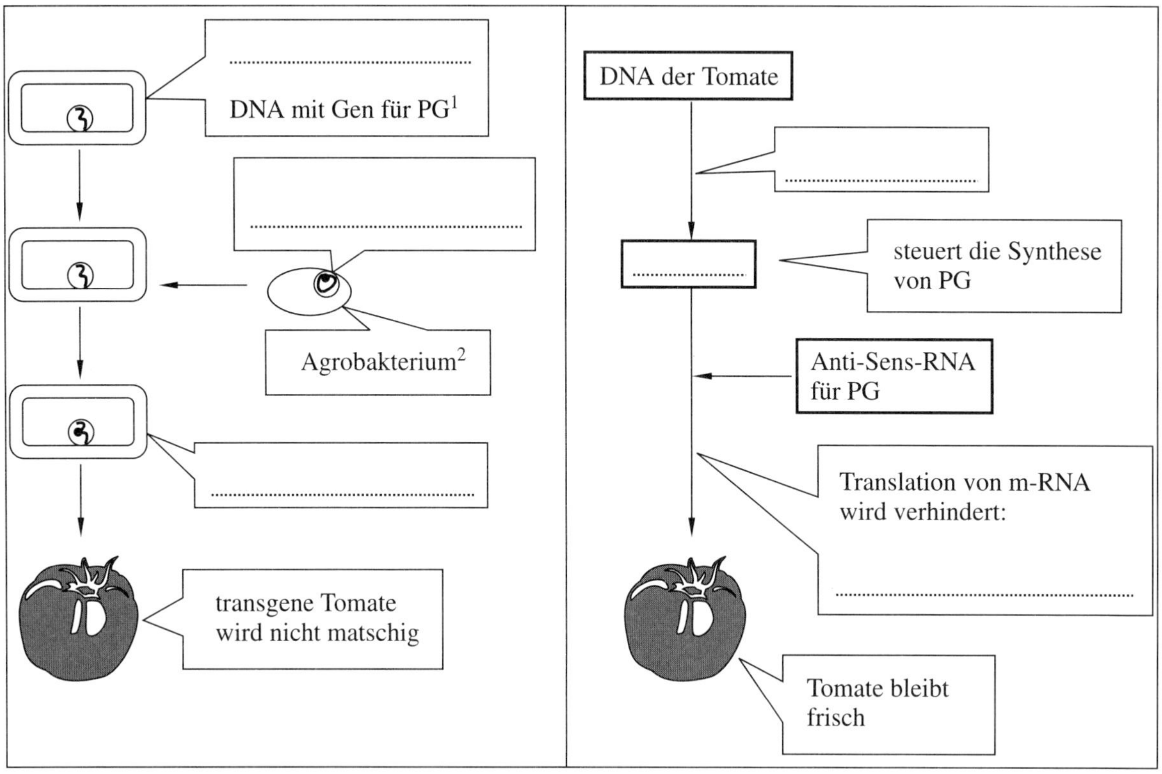

[1] PG = Abkürzung für das pektinabbauende Enzym Polygalacturonase, das die Pektinschichten der Zellwände der reifen Tomaten auflöst und sie dadurch matschig macht.

[2] Das Bakterium *Agrobacterium tumefaciens* kann ein vorher gentechnisch verändertes Plasmid in den Zellkern von Pflanzen transportieren.

1. Ordne der Skizze im linken Kasten folgende Ausdrücke zu: transformierte Zelle • Tomatenzelle • Plasmid mit Gen für Anti-PG;

2. Ordne der Skizze im rechten Kasten folgende Begriffe zu: m-RNA • keine Synthese von PG • Transkription;

3. Erkläre anhand der Skizzen die einzelnen Schritte des Gentransfers, die dazu führen, dass lagerstabile Tomaten gezüchtet werden können.

....

....

....

....

....

Methodisch-didaktische Hinweise:
Die Aufgabe kann der Ergebnissicherung oder als Hausaufgabe dienen. Dabei soll der Schüler auch versuchen, die einzelnen Schritte des Gentransfers auf der zellulären und der molekularen Ebene zu verbalisieren. Zur Bearbeitung der Aufgaben müssen die Schüler die Begriffe *Sens-RNA* und *Antisens-RNA* kennen.
Für das pektinabbauende Enzym *Polygalakturonase* kann die Abkürzung PG, die auf der Schülerseite erklärt ist, verwendet werden.

Lösungen:

1.

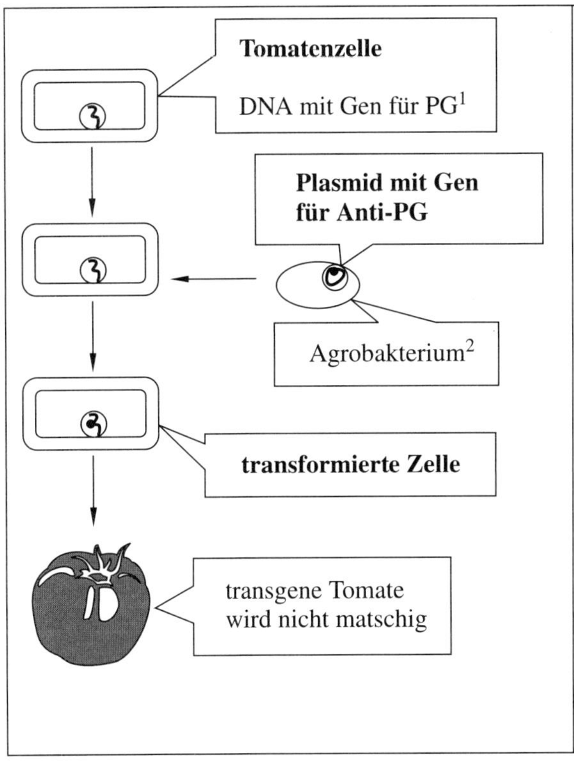

2.

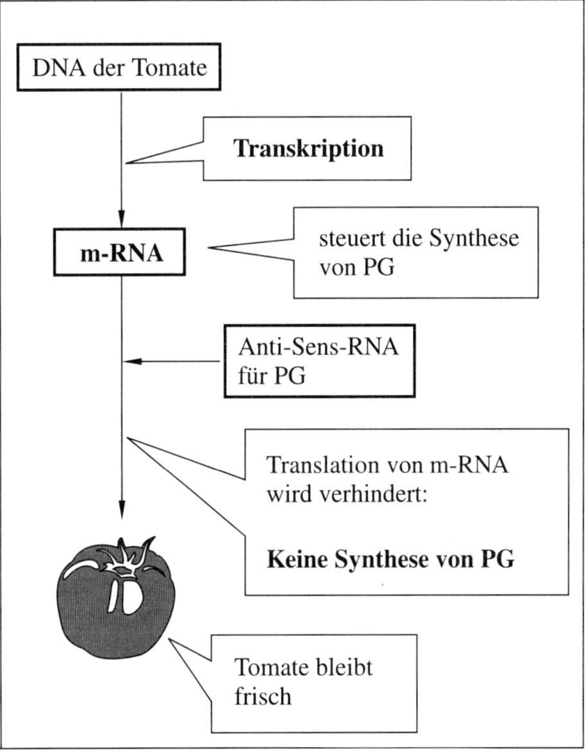

3. Die ursprüngliche Tomatenzelle enthält in ihrer DNA ein Gen für das pektinabbauende Enzym *Polygalacturonase* (Abk.: PG). Dieses Enzym verursacht das Matschigwerden der reifenTomate. Ein mit dem Gen für Anti-PG neukombiniertes Plasmid aus *Agrobacterium tumefaciens* wird in die DNA der Tomate eingebaut. Die bei der Transkription der Tomaten-DNA entstandene m-RNA bildet mit der m-RNA des eingeschleusten Plasmids (Anti-Sens-RNA) einen Doppelstrang. Eine Translation der m-RNA (der Tomate) wird durch diese Doppelstrangbildung verhindert. PG kann nicht synthetisiert werden. Die reife Tomate bleibt frisch und wird nicht matschig.

Literatur:
ZINF (Hrsg.): Grundlagen der Gentechnik . Einführung in Theorie und Methodik für Lehrer an Gymnasien. Diespek 1997.

Supernahrung aus dem Genlabor?

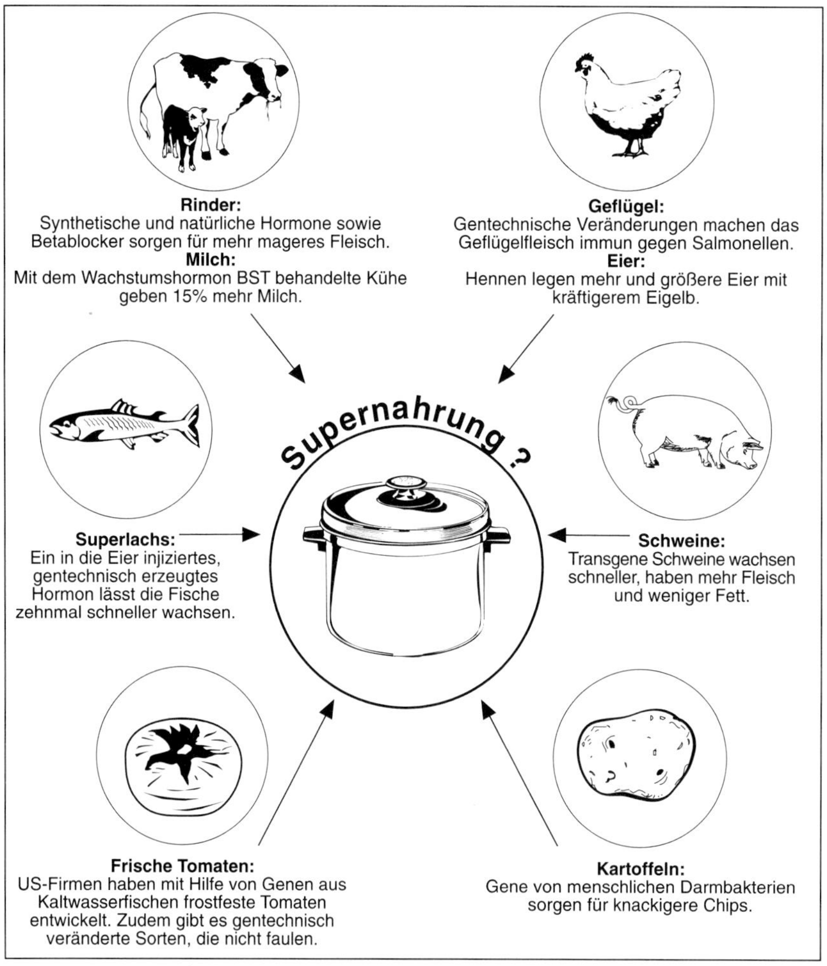

1. Definiere den Begriff *Novel Food.* Nimm ein Englischwörterbuch zu Hilfe.

2. In mehr als 20 000 Lebensmitteln sind gentechnisch veränderte Sojaprodukte enthalten. Was bedeutet dies für den Konsumenten?

3. Notiere vier Bereiche der Nahrungsmittelproduktion, in denen die Gentechnik zur Anwendung kommt.

4. Notiere je drei Vor- und Nachteile der „gentechnischen“ Produktion von Nahrungsmitteln.

Vorteile	Nachteile

Methodisch-didaktische Hinweise:

Gentechnik gewinnt immer mehr an Bedeutung. Deshalb sollte der Schüler nicht nur mit den theoretischen Grundlagen sondern auch mit möglichen Auswirkungen auf sein eigenes Leben konfrontiert werden. Ausgehend von der einleitenden Aufgabe ist es sinnvoll, die Schüler über einen gewissen Zeitraum hinweg Artikel zum Thema aus Zeitungen und Zeitschriften sammeln und auswerten zu lassen. Damit lässt sich auch ein Schaukasten interessant gestalten.
Die Vorlage eignet sich zum Einsatz in der Motivationsphase, wobei in einer sich anschließenden
Diskussion die Problematik der Gentechnik aufgearbeitet werden sollte.

Lösungen:

1. Novel Food: neuartige bzw. ungewöhnliche Nahrung;

2. Lebensmittel, in denen gentechnisch veränderte Sojaprodukte enthalten sind, kann der Konsument nur schwer oder gar nicht von anderen Nahrungsstoffen unterscheiden.

3. Wachstumsbeschleunigung bei Tieren, Steigerung der Milch und Fleischproduktion, Resistenzen gegen Krankheiten und Frost, Herabsetzung der Reifungsgeschwindigkeit bei Tomaten ...

4. Vorteile: ausgereifte Früchte mit erhöhtem Vitamingehalt, lange Haltbarkeit von Obst und Gemüse, qualitativ hochwertigere Nahrung ....;
   Nachteile: Auslösen von Allergien, Nahrungsmittelunverträglichkeiten (z. B. durch Fischeiweiß in Obst), Resistenzen bei Mensch und Tier gegen Antibiotika, Resistenzen gegen Pestizide bei Pflanzenschädlingen ...;

Literatur:

Süddeutsche Zeitung vom 9/10. 11. 1996
Passauer Neue Presse vom 14.3. 1996
ZINF (Hrsg.): Grundlagen der Gentechnik. Einführung in Theorie und Methodik für Lehrer an Gymnasien. Diespeck 1997.

Gentechnik in der Medizin
Insulinherstellung

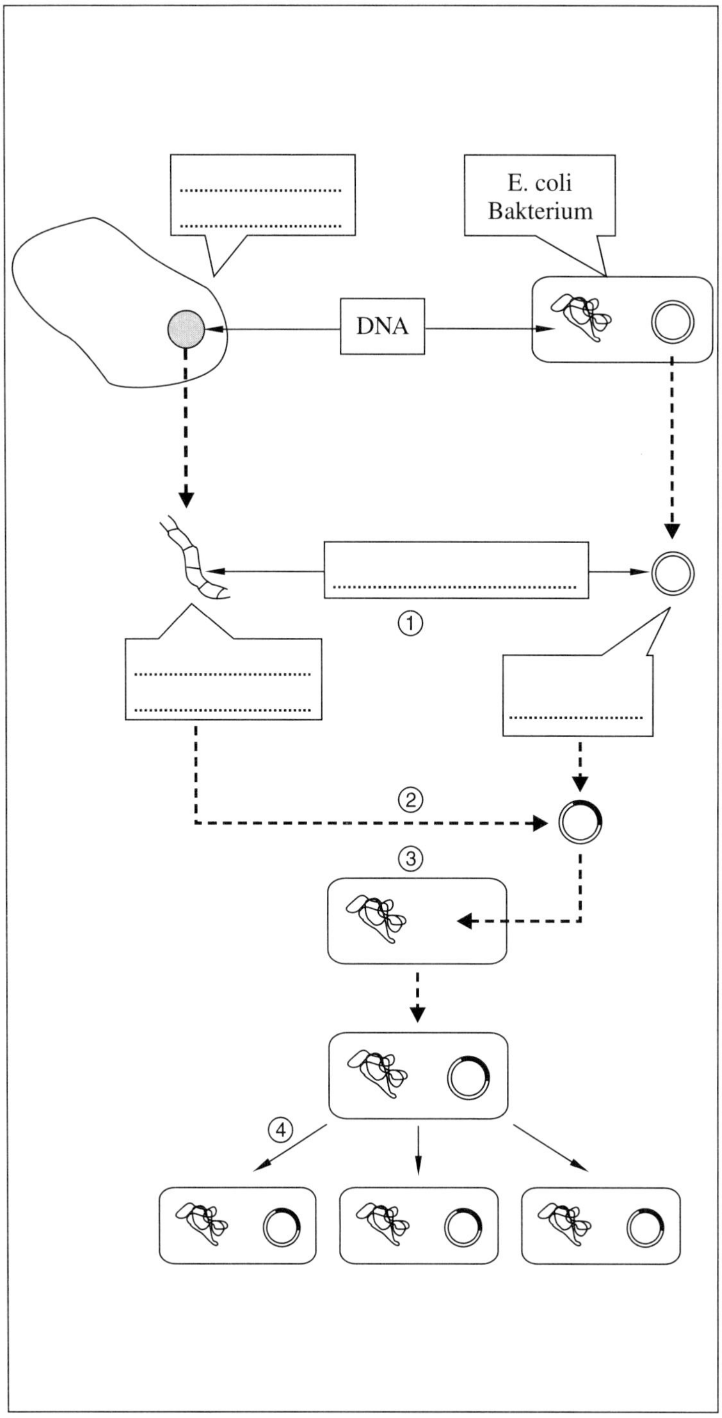

① ....

....

....

....

② ....

....

....

....

③ ....

....

....

....

④ ....

....

....

....

....

....

Aufgaben:

1. Füge im linken Kasten den jeweils fehlenden Begriff ein: Schneideenzyme, Plasmid, Insulin-Gen aus DNA, menschliche Zelle;

2. Beschreibe im rechten Kasten vier wichtige Arbeitsschritte zur gentechnischen Herstellung von menschlichem Insulin durch Bakterien.

Methodisch-didaktische Hinweise:
Die Vorlage eignet sich als Lernzielkontrolle oder zur Ergebnissicherung (Hefteintrag). Es erscheint sinnvoll, vor der Behandlung der gentechnischen Herstellung von Insulin den Zuckerhaushalt und die Regulation des Blutzuckerspiegels im menschlichen Körper zu wiederholen. Das Beispiel wurde gewählt, da menschliches Insulin das erste zugelassene (USA 1982), gentechnisch hergestellte Arzneimittel war.

Lösungen:

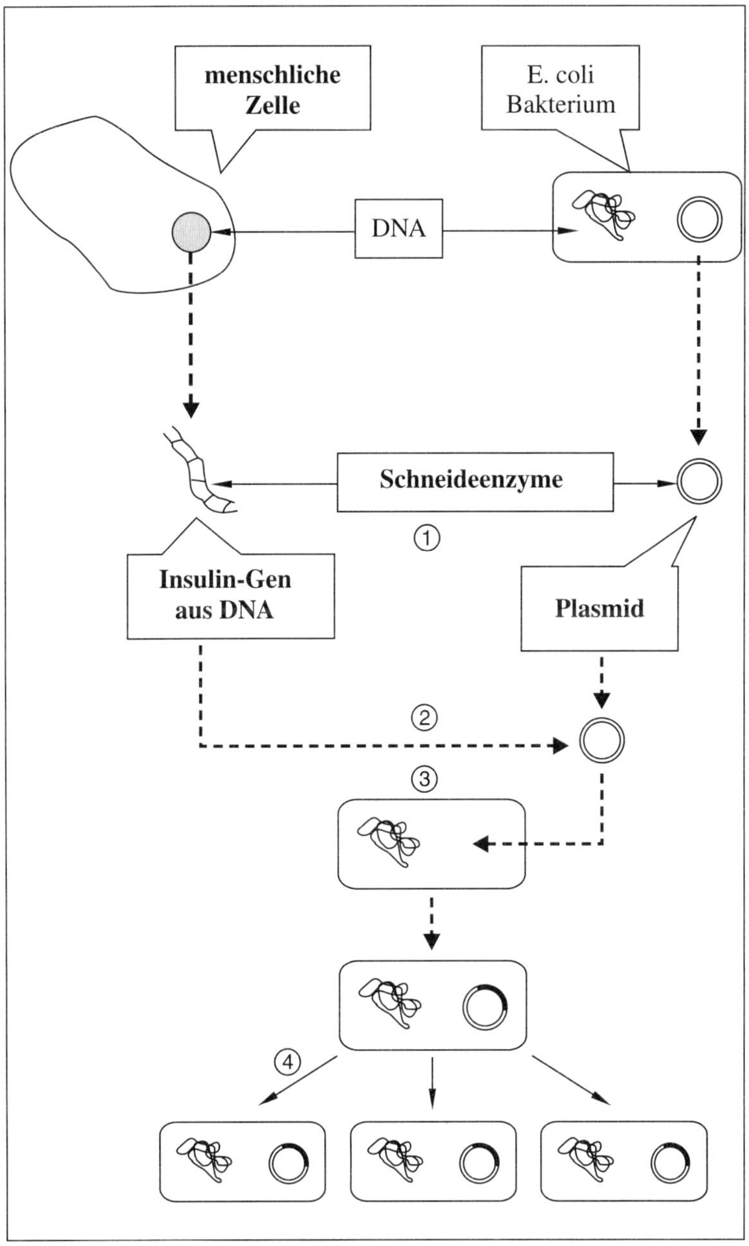

① Mit Hilfe von Schneideenzymen wird das Insulin-Gen aus der menschlichen DNA isoliert. Ein Plasmid aus E. coli schneidet man ebenfalls mit Enzymen auf.

② Das Gen für Insulin aus der menschlichen Zelle wird in das Plasmid eingeschleust.

③ Das genetisch veränderte Plasmid bringt man in eine weitere Bakterienzelle ein.

④ Die gentechnisch veränderten Bakterienzellen werden vervielfacht. Das von ihnen produzierte Insulin kann man extrahieren und als Medikament für Zuckerkranke nutzen.

Literatur:

ZINF (Hrsg.): Grundlagen der Gentechnik. Verlag Andreas Reiner. Diespek 1997.
Brandt, P.: Zukunft der Gentechnik. Birkhäuser Verlag. Basel, Boston, Berlin 1997.
Gassen, H. G. u. a.: Gentechnik. G. Fischer Verlag. Stuttgart 1985.

Insulingewinnung

Die Bilder stellen wichtige Arbeitsschritte der Gentechnik dar. Sie sind aber leider durcheinander geraten.

1. Schneide die nummerierten Abbildungen aus und bringe sie in die richtige Reihenfolge.
2. Schneide die mit Buchstaben versehenen Modellvergleiche ebenfalls aus und ordne sie den nummerierten Abbildungen zu.
3. Klebe deine Lösung auf ein Blatt Papier (jeweils drei Kombinationen nebeneinander).
4. Finde zu jedem Bildinhalt eine passende Überschrift.

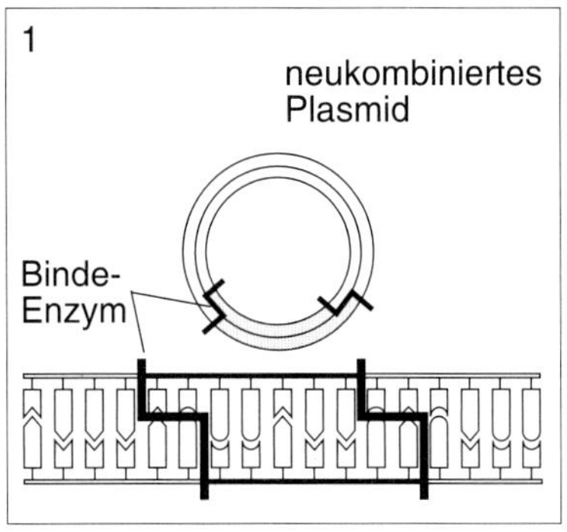

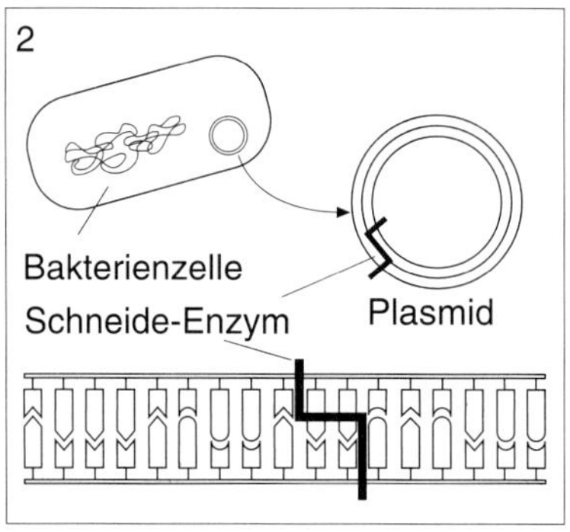

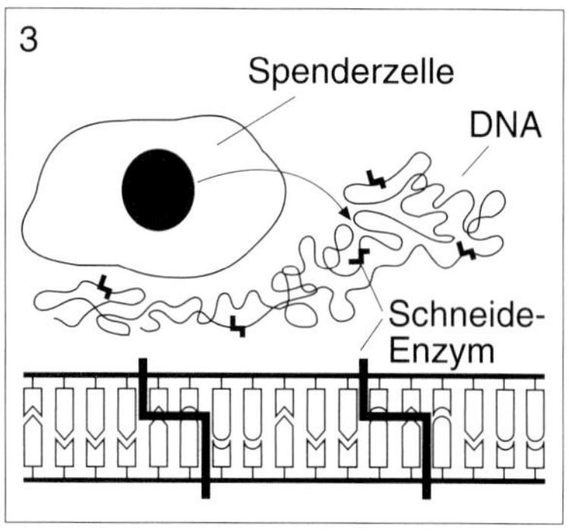

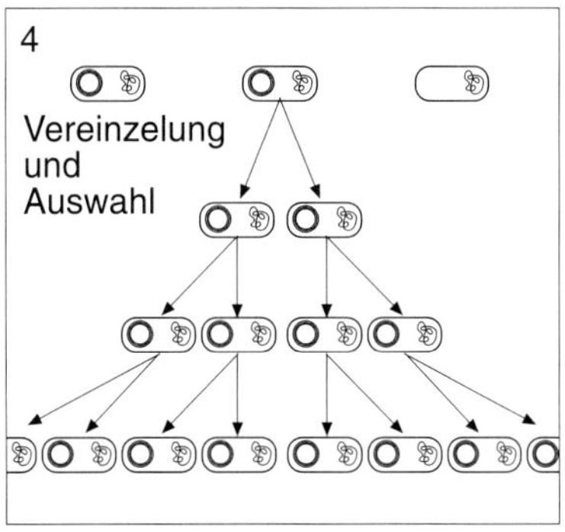

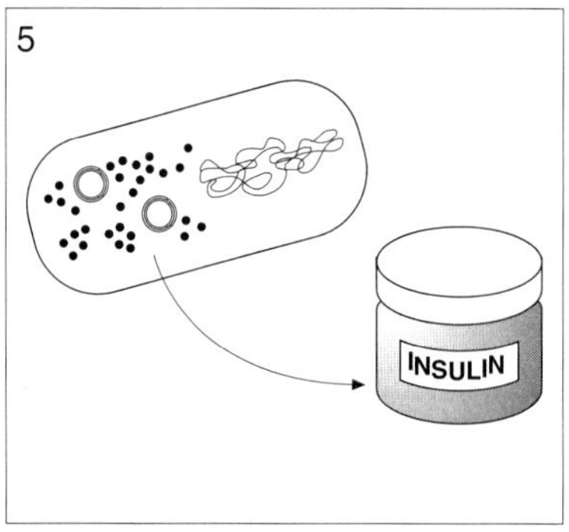

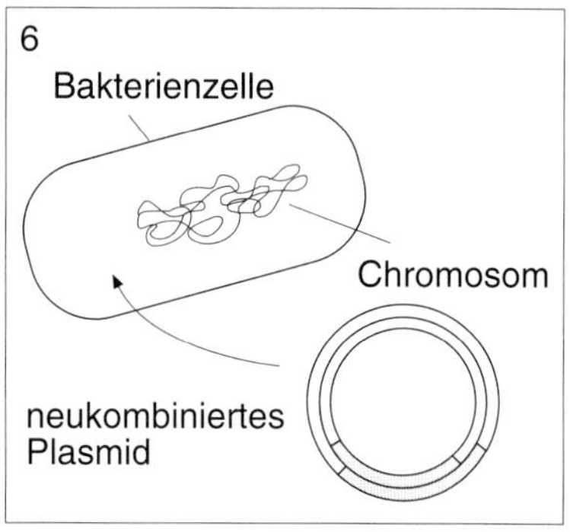

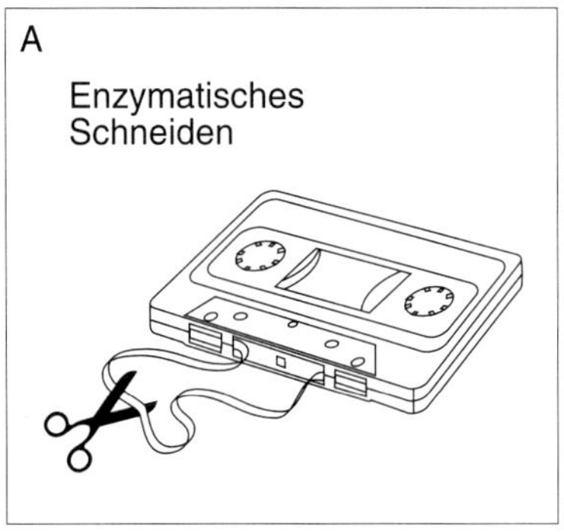

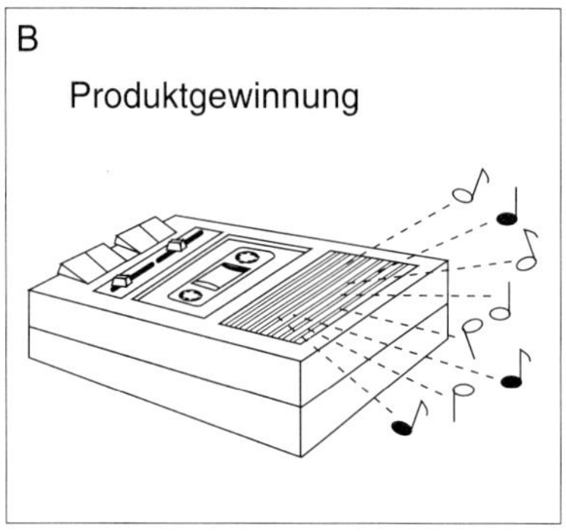

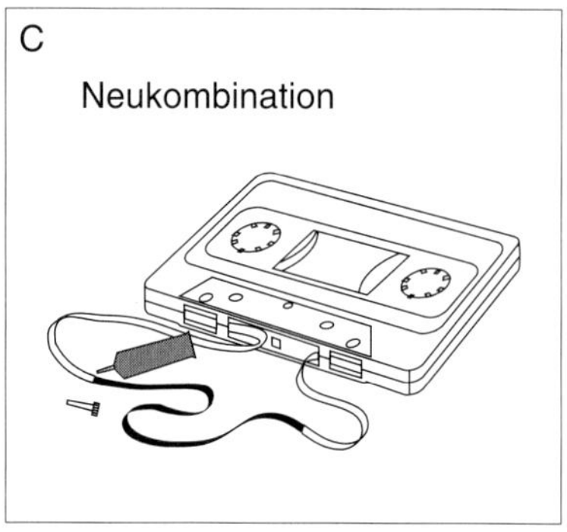

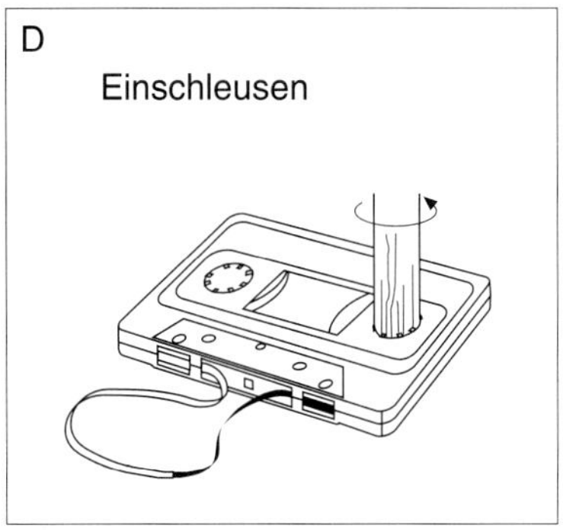

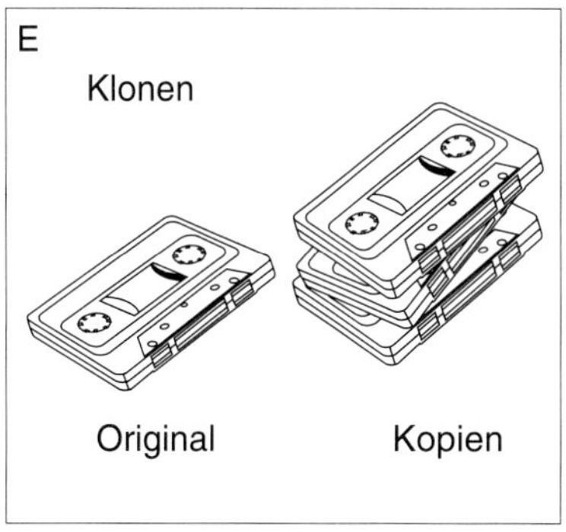

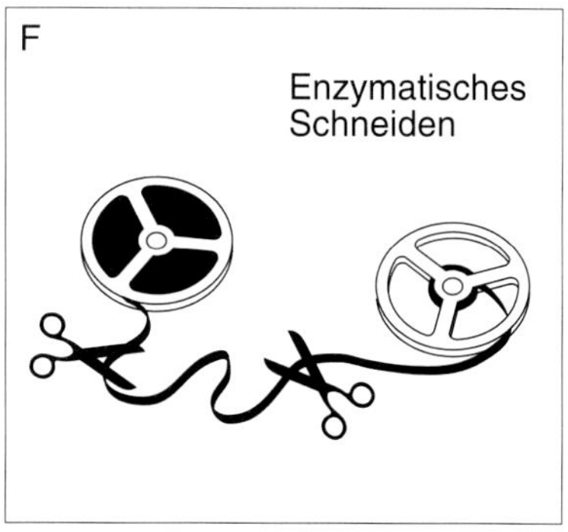

Methodisch-didaktische Hinweise:
Die Aufgabe dient zur spielerischen Wiederholung und Vertiefung des Grundprinzips der Gentechnik. Gewisse dabei geforderte Transfer- und Kombinationsleistungen sollen das handlungsorientierte Arbeiten im Unterricht fördern.
Auf eine Folie kopiert, kann man die Vorlage auch zur Demonstration auf dem Tageslichtprojektor einsetzen.

Material:
- Schere
- Papierkleber (günstig Fixogum, weil damit verklebte Papiere wieder gelöst werden können)

Lösungen:
1./2. 3F • 2A • 1C • 6D • 4E • 5B
4. Zerlegen der Spender-DNA (3F)
Aufschneiden der Plasmid-DNA (2A)
Einsetzen des DNA-Fragmentes in das Plasmid (1 C)
Einschleusen des veränderten Plasmids in eine Bakterienzelle (6D)
Klonierung und Selektion (4E)
Produktgewinnung in Bakterien (5B)

Literatur:
Gassen, H. G./Martin, A./Sachse, G.: Der Stoff aus dem die Gene sind. J. Schweitzer Verlag. München 1986.
Old, R. W./Primrose, S. B.: Gentechnologie. Thieme Verlag. Stuttgart, New York 1992.
ZINF (Hrsg.): Grundlagen der Gentechnik. Einführung in Theorie und Methodik tür Lehrer an Gymnasien. Diespeck 1997.
De Rosnay, J.: Der Biokitt. 3. Schweitzer Verlag. München 1986.

Gerichtsmediziner von zwei Universitäten untersuchten das Blut des geheimnisvollen Findelkindes, das 1828 in Nürnberg auftauchte

▲ *Foto: Fechter/epd, Frankfurt*

Die Gerichtsmediziner Wolfgang Keil, Gottfried Weichthold und John Bark (v. l.) mit dem Gegenstand Ihrer Untersuchung, einer Unterhose von Kaspar Hauser. (Foto: dpa)

Text und unteres Foto: Deutsche Presse-Agentur, Frankfurt/Main. 1996

Der Gen-Test beweist: Kaspar Hauser war nicht der vertauschte Erbprinz

„Er war das Rätsel seiner Zeit, unbekannt seine Herkunft, geheimnisvoll sein Tod". So steht es auf dem Grabstein von Kaspar Hauser – und so wird es vorerst bleiben, denn auch eine DNA-Analyse konnte das Geheimnis um das Findelkind nicht lüften. Der Gen-Test ergab, daß Kaspar Hauser nicht, wie oft vermutet, der Erbprinz des Hauses Baden war.

Ein Blutfleck in einer Unterhose des geheimnisvollen Findelkindes war das Beweisstück, das die gerichtsmedizinischen Institute der Universität München und Birmingham unter die Lupe nahmen und mit der Gen-Struktur von zwei Frauen aus dem Haus Baden verglichen. Das Ergebnis ist eindeutig: „Es besteht kein genetischer Zusammenhang", erklärte Prof. Wolfgang Keil, stellvertretender Leiter der Rechtsmedizin an der Uni München. Die Stadt Ansbach und das Hamburger Nachrichtenmagazin „Der Spiegel" hatten die Untersuchungen in Auftrag gegeben.

Damit bricht die liebste Theorie der Kaspar-Hauser-Forschung zusammen: Der 15jährige Findling, der am 26. Mai 1828 in den Straßen von Nürnberg auftauchte, kaum sprechen und gehen konnte, seine Kindheit offensichtlich in einem dunklen Raum bei Wasser und Brot verbracht hatte und dessen Schicksal halb Europa beschäftigte, war nicht der Erbprinz von Baden, war nicht das Opfer von Intriganten am Herrscherhaus, die ihn als Kind in einen Kerker verbannten, um die Erbfolge einer Nebenlinie zu sichern.

„Das Mysterium bleibt erhalten", erklärte Ralf Felber, Oberbürgermeister der Stadt Ansbach, bei einer Pressekonferenz. In Ansbach war Kaspar Hauser am 14. Dezember 1933 niedergestochen und so schwer verwundet worden, daß er drei Tage später starb. Wer Hauser ermordete, konnte nie geklärt werden.

Reichlich Stoff also für weitere Kaspar-Hauser-Wochen, die die Stadt seit 1990 alle zwei Jahre veranstaltet und bei der die verschiedenen Theorien im „Fall Hauser" diskutiert werden. Mehr als 2 000 Besucher und 15 000 Aufsätze hat die Kaspar-Hauser-Forschung bislang hervorgebracht.

1. Beschreibe kurz, wer Kaspar Hauser war.
2. Warum soll er der Überlieferung nach in einem Kerker gehalten worden sein?
3. Aufgrund welcher wissenschaftlicher Methoden konnte festgestellt werden, dass Kaspar Hauser nicht der Erbprinz von Baden war.
4. Welches Untersuchungsmaterial stand den Wissenschaftlern zur Verfügung?
5. Welche Einsatzmöglichkeiten bieten sich für diese Untersuchungsmethode noch an?

Methodisch-didaktische Hinweise:

Die Auseinandersetzung mit dem Zeitungsartikel kann stark zur Diskussion anregen und problematisierend wirken, zumal sich die Schüler von der Person des Kaspar Hausers in der Regel persönlich angezogen fühlen.
Das Arbeitsblatt eignet sich zur Einführung oder zur Vertiefung der Begriffe Gen und genetischer Code.
Bei entsprechenden Latein-Kenntnissen kann man den gesamten Text des Grabsteines auch übersetzen lassen: Hier ruht – Caspar Hauser – ein Rätsel – seiner Zeit – unbekannt seine Herkunft – geheimnisvoll sein Tod – 1833

Lösungen:

1. Er war ein Findelkind, das im Mai 1828 in Nürnberg auftauchte und weder richtig reden noch schreiben konnte.

2. Die Erbfolge einer Nebenlinie im Hause Baden sollte gesichert werden.

3. DNA-Analyse: Man verglich die DNA von Caspar Hauser mit der DNA von Mitgliedern aus dem Hause Baden.

4. Man hatte Blut, das man an der Kleidung des Findelkindes fand.

5. Täterermittlung in der Kriminalistik, Vaterschaftsnachweis, Aufklärung verwandtschaftlicher Beziehungen

Literatur:

Passauer Neue Presse Nr. 272 vom 25.11.96
Brockhaus: Band 9. Mannheim 1989, S. 539.

Der genetische Fingerabdruck

Die Aufeinanderfolge der Abbildungen zeigt, wie ein genetischer Fingerabdruck hergestellt wird. Vervollständige den Text. Die Begriffe am Ende der Seite können dir dabei helfen.

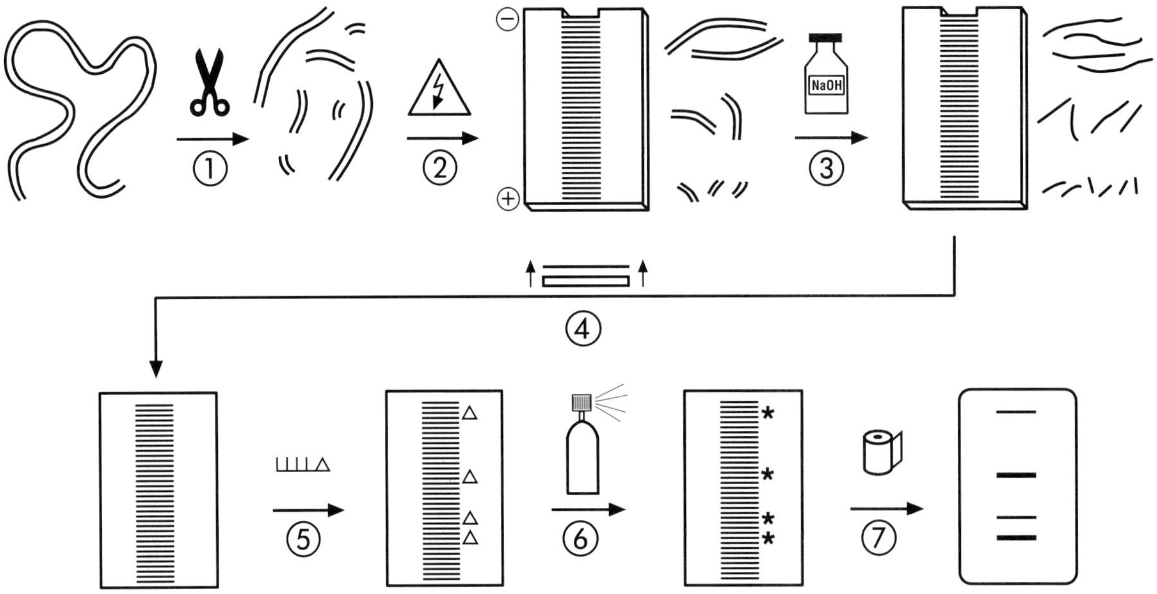

① Die Riesenmoleküle der .... werden zunächst mit einem .... in kleine Stücke zerschnitten.

② Die erhaltenen DNA-............................. unterwirft man einer .... Dabei werden die Teilstücke nach ihrer .... sortiert.

③ Bei der anschließenden Behandlung mit Natronlauge teilen sich die bis jetzt vorliegenden DNA-Doppelstränge in .... auf. Diesen Vorgang nennt man .... oder ....

④ Entsprechend ihrer Länge auf dem Elektrophorese-Gel überträgt man die Einzelstrang-Fragmente auf eine .... und fixiert sie dort.

⑤ Hier erfolgt das so genannte .... mit einer speziellen DNA-.., welche mit einem Enzym verknüpft ist und sich an die gesuchten komplementären DNA-Abschnitte anlagert.

⑥ Nach dem Auswaschen überschüssigen Sondenmaterials wird die Membran mit einem .... behandelt. Überall dort, wo sich die Sonde mit dem Enzym befindet, tritt jetzt .... auf.

⑦ Die Membran lässt man mehrere Stunden lang auf einen .... einwirken. An den Stellen, an denen die Sonde gebunden hat, wird der Film schwarz. Das entstandene .... zeigt ein charakteristisches Bandenmuster.

Chemolumineszenz • Denaturieren • Desoxyribonukleinsäure (Erbsubstanz) • Einzelstränge • Elektrophorese • Fragmente • Hybridisieren • Länge (Größe) • Luminogramm • Membran • Restriktionsenzym • Röntgenfilm • Schmelzen • Sonde • Sprühreagens

Methodisch-didaktische Hinweise:
Die Vorlage bietet verschiedene Einsatzmöglichkeiten. Man kann mit ihr die Herstellung eines genetischen Fingerabdruckes – das DNA-Fingerprinting – durch die Schüler erarbeiten lassen. Aber auch zur Wiederholung und Wissensfestigung sowie zur Lernzielkontrolle ist sie gut geeignet.
Das Verfahren zur Herstellung des genetischen Fingerabdrucks (das *Jeffrey* bereits 1985 veröffentlichte) findet erst allmählich Eingang in die Schulbücher. Die folgenden Grundlagen dieser gentechnischen Untersuchungsmethode sollten die Schüler dennoch kennen lernen:

- Von den aus genomischer DNA mit Hilfe von Restriktionsendonukleasen gewonnenen Fragmenten erfasst man solche mit Längen zwischen etwa 1 kb und 20 kb.
- Die in den Fragmenten enthaltenen einfachen, repetitiven Sequenzabschnitte von Introns werden dargestellt. Diese repetitiven Sequenzen sind hypervariabel und erblich. In ihnen sind keine genetischen Informationen codiert. (Dies muss man den Schülern klar machen, um Missverständnissen und Fehlinterpretationen vorzubeugen.)
- Anfangs verwendete man zum Auffinden und Kennzeichnen der repetitiven Sequenzen sehr kurze, radioaktiv markierte DNA-Sonden wie etwa $(GATA)_4$ oder $(CAC)_5$. Seit Beginn der 90er Jahre des 20. Jahrhunderts setzt man deutlich längere Sonden ein, die zudem nicht mehr radioaktiv, sondern in anderer Weise gekennzeichnet sind. Durchgesetzt hat sich vor allem die Chemolumineszenz-Methode.Das dabei verwendete Sprühreagens enthält eine Verbindung, die durch die mit der Sonde verknüpfte, alkalische Phosphatase gespalten wird. Die Spaltung verläuft exotherm und geht mit Chemolumineszenz einher. Weitere Markierungsverfahren, beispielsweise solche auf Antikörperbasis, wurden mittlerweile entwickelt.
- Beim Übertragungsverfahren vom Gel auf die Membran handelt es sich um das (von *Southern* 1975 entwickelte) Southern Blotting.

Eine praktische Anwendung des genetischen Fingerabdrucks wird in der Materialie 3.2.17 aufgezeigt.

Lösung:

① Desoxyribonukleinsäure (Erbsubstanz) • Restriktionsenzym

② Fragmente • Elektrophorese • Länge (Größe)

③ Einzelstränge • Denaturieren • Schmelzen

④ Membran

⑤ Hybridisieren • Sonde

⑥ Sprühreagens • Chemolumineszenz

⑦ Röntgenfilm • Luminogramm

Literatur:
Hentze, M. W. u. a.: Einführung in die Medizinische Molekularbiologie. Springer Verlag. Berlin 1990.
Knippers, R.: Molekulare Genetik. Thieme Verlag. Stuttgart 1995.
Körner, H./Witkowski, R.: Humangenetik systematisch. UNI-MED Verlag. Bremen 1997.

S V. 3.2.17 Der genetische Fingerabdruck als Vaterschaftsnachweis

Genetische Fingerabdrücke ermöglichen zweifelsfreie Abstammungsnachweise. In der Kriminalistik werden sie zur Verbrechensaufklärung verwendet.
Im Folgenden sind genetische Fingerabdrücke wiedergegeben, mit denen Vaterschaftsnachweise geführt wurden. (DNA-Fingerprints bieten gegenüber Blutgruppenbestimmungen den Vorteil, dass sie eine vermutete Vaterschaft nicht nur ausschließen, sondern auch beweisen können.)
Die vier Spuren von Abbildung 1 zeigen die genetischen Fingerabdrücke einer Mutter, ihres Kindes sowie von zwei Männern, die als Vater in Frage kommen.
Abbildung 2 gibt einen beweiskräftigen Ausschnitt aus einem Luminogramm wieder. Auch in diesem Fall konnte die Vaterschaft bei einem der beiden so genannten Putativväter festgestellt werden. (Die beiden äußeren Spuren sind für den Nachweis unbedeutend. Sie stammen von einem Längenstandard, der stets mitläuft.)

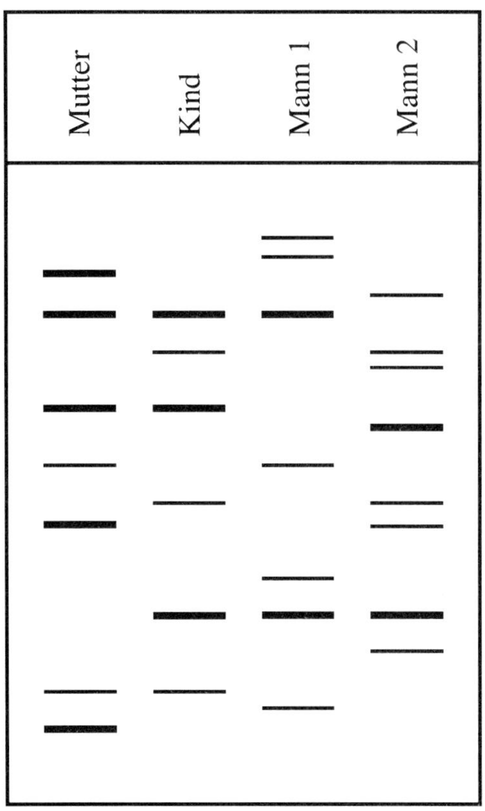

Abbildung 1

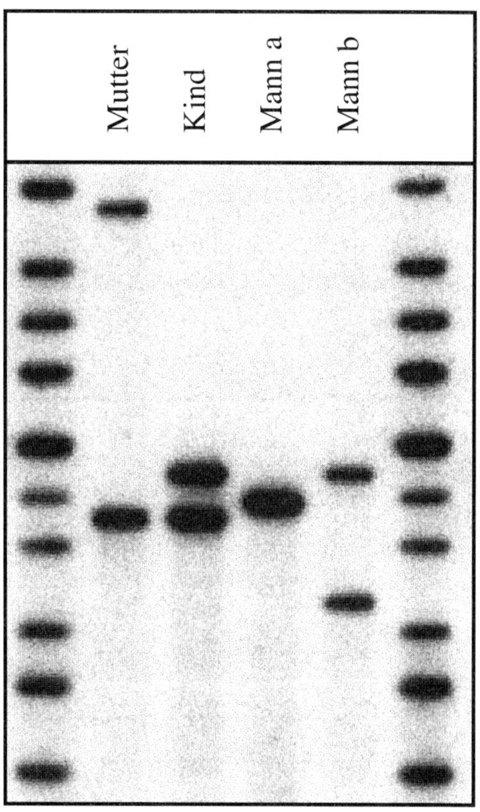

◀ *Quelle: Zehner, R. Zentrum der Rechsmedizin der J.-W.-Goethe-Universität, Frankfurt / Main*

Abbildung 2

1. Welcher Mann ist der leibliche Vater des Kindes?
2. Welche Banden belegen die Vaterschaft?
3. Worauf beruht die Auswertungsmethode beim genetischen Fingerabdruck?
4. Erkläre, was die Banden darstellen.

1. Was ist ein Luminogramm?
2. Begründe, warum Mann a nicht der leibliche Vater des Kindes sein kann.
3. Warum ist es unwesentlich, dass die entscheidende Bande bei Mann b schmaler ist als beim Kind?

Methodisch-didaktische Hinweise:
Die biologischen und experimentellen Grundlagen des DNA-Fingerprintings müssen den Schülern bekannt sein, um die Abbildungen auswerten zu können. Die Materialie 3.2.16 gibt die wesentlichen Arbeitsschritte zur Herstellung eines genetischen Fingerabdrucks wieder.
Bei der Erarbeitung der Thematik ist es besonders wichtig herauszustellen, dass der genetische Fingerabdruck zwar *personenspezifisch*, aber dennoch *persönlichkeitsneutral* ist. Die auf der Membran dargestellten repetitiven Sequenzen genomischer DNA stammen von Introns und enthalten demzufolge keine genetische Information.
Außer bei der Klärung von Verwandtschaftsverhältnissen (Vaterschaftsnachweise, Überprüfung einer behaupteten leiblichen Kindschaft) findet das DNA-Fingerprinting auch bei der Verbrechensaufklärung (Täter / Nichttäter) Anwendung. Die medizinische Literatur nennt außerdem die Überprüfung des Erfolges bei Knochenmarktransplantationen.
Bei Vaterschaftsnachweisen werden in schwierig zu analysierenden Fällen vier Parallelversuche mit vier verschiedenen DNA-Sonden durchgeführt. Nur wenn alle vier Analysen das gleiche Ergebnis zeigen, gilt in der forensischen Medizin die Vaterschaft als erwiesen und zwar mit einer Vaterschaftswahrscheinlichkeit von 99,9 %.

Lösungen:

Abbildung 1	Abbildung 2
1. Mann 2 ist der leibliche Vater des Kindes. 2. Von den Banden 2, 4, und 5 des Kindes (von oben gezählt), die im Bandenmuster der Mutter nicht vorkommen, sind die Banden 2 und 4 verwertbar (ausschlaggebend). 3. Die Banden werden von den Eltern an die Kinder vererbt. Banden, die das Kind nicht von der Mutter ererbt haben kann, müssen vom Vater stammen. 4. Es handelt sich um sichtbar gemachte, einfache repetitive Basensequenzen von Introns der Einzelstrangfragmente. (Die Fragmente wurden bei der Elektrophorese nach ihrer Länge sortiert.)	1. Es ist ein genetischer Fingerabdruck, der durch Chemolumineszenz auf einem Röntgenfilm sichtbar gemacht wurde. 2. Mann a scheidet als Vater aus, weil sein genetischer Fingerabdruck die obere Bande in der Spur des Kindes – die bei der Mutter nicht vorkommt – ebenfalls nicht enthält. (Falsch wäre hier die Antwort: Er scheidet aus, weil seine Bande beim Kind nicht vorkommt.) 3. Die unterschiedlichen Breiten der Banden rühren von unterschiedlichen Mengen des aufgetragenen Untersuchungsmaterials her.

Literatur:
Hentze, M. W. u. a.: Einführung in die Medizinische Molekularbiologie. Springer Verlag. Berlin 1990.
Knippers, R.: Molekulare Genetik. Thieme Verlag. Stuttgart 1995.
Murken, J./Cleve, H.: Humangenetik. Enke Verlag. Stuttgart 1996.

Künstliches Chromosom

Biologen finden einen neuen Weg, genetische Information in die Zelle zu schleusen

Von Natur aus hat der Mensch im Kern jeder Körperzelle 46 Chromosomen. Sie bilden die Bibliothek seiner Erbinformation. Chromosom Nummer 47 hat er sich jetzt selbst gebastelt: Amerikanische Humangenetiker haben erstmals ein künstliches Chromosom konstruiert. Es wächst in lebendem Material mit, das heißt, es kopiert und teilt sich in menschlichen Zellen wie jedes andere Chromosom und wird an Tochterzellen weitergegeben.

Die zunächst seltsam anmutende Erfindung könnte vor allem der Gentherapie Aufschwung bringen: Das künstliche Chromosom wäre ein neues Vehikel, auf dem eine schier unbegrenzte Anzahl von Genen in menschliche Zellen geschleust werden könnte. Die Gruppe um *Hunting F. Willard* an der Case Western Reserve University in Cleveland und Forscher der benachbarten Pharmafirma *Athersys* wollen ihre Schöpfung bereits in sechs Monaten an Tieren erproben. Später sollen etwa Babys, die an Erbkrankheiten leiden, über künstliche Chromosomen die heilenden Gene erhalten. Doch bis zur Realisierung ist es noch ein langer Weg, die Amerikaner haben nur den ersten Schritt hin zum heilenden Kunstchromosom vollzogen – falls es überhaupt soweit kommt. [...]

Für die vergleichsweise primitive Bierhefe haben Forscher bereits vor zehn Jahren künstliche Chromosomen konstruiert. Sie enthalten drei Bestandteile, ohne die sich kein Chromosom teilen kann: Einerseits werden bestimmte DNA-Sequenzen an den Enden der [...] Erbmoleküle, sogenannte *Telomere*, für eine ordnungsgemäße Verdoppelung gebraucht. [...]

Zudem hat jedes Chromosom ungefähr in der Mitte eine dünne Stelle mit einer spezifischen Abfolge von DNA-Bausteinen. Hier, an diesem *Centromer*, werden bei der Teilung die bereits verdoppelten Chromosomen in die entstehenden Tochterzellen gezogen, was sich mit dem Mikroskop beobachten läßt. [...]

Schließlich fehlte nur noch ein Abschnitt gewöhnlicher DNA für den Zusammenbau von Nummer 47. [...]

Willard und seine Kollegen [...] schleusten ihre Ingredienzen kurzerhand in eine menschliche Zelle, die in einer Kulturschale schwamm, [...].

Tatsächlich baute die zelluläre Maschinerie die drei DNA-Teile zu einem zusätzlichen Chromosom zusammen. Der Fremdling überlebte sechs Monate und wurde etwa 240 Zellgenerationen lang ebenso bereitwillig wie die 46 natürlichen Chromosomen verdoppelt und weitergegeben, [...]. Zumindest theoretisch ließe sich auf ihm eine beliebige Anzahl von Genen und dazugehörigen Steuerelementen in defekte menschliche Körperzellen schleusen – das zumindest ist das übliche Ziel der Gentherapie. [...]

▲ *Quelle: Jörg Blech in: Die Zeit vom 11.04.97*

1. Aus welchem Material bestehen die Teile des Kunstchromosoms? ....

2. Beschrifte die Bausteine eines Kunstchromosoms.

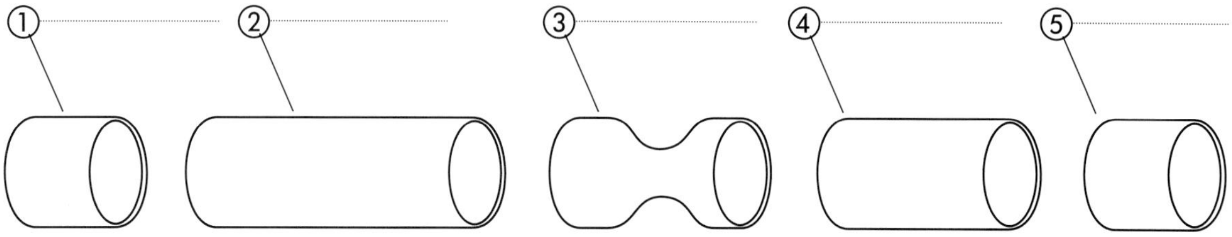

3. Welche Möglichkeit eröffnen künstliche Gene der Humanmedizin?

....

....

....

Methodisch-didaktische Hinweise:

Der Originaltext bietet sich zur Vertiefung der Kenntnis des Chromosomenbaues an. Außerdem lernen die Schüler eine vielversprechende Methode der Gentechnik kennen, die als Alternative der Gentherapie mit Retroviren anzusehen ist.
Der Text eignet sich dazu, als Hausaufgabe bearbeitet zu werden. Wird er jedoch direkt im Unterricht eingesetzt, sollte man bedenken, dass zum Lesen und Verstehen sowie zur Bearbeitung der Aufgaben einige Zeit notwendig ist.

Lösungen:

1. DNA

2.

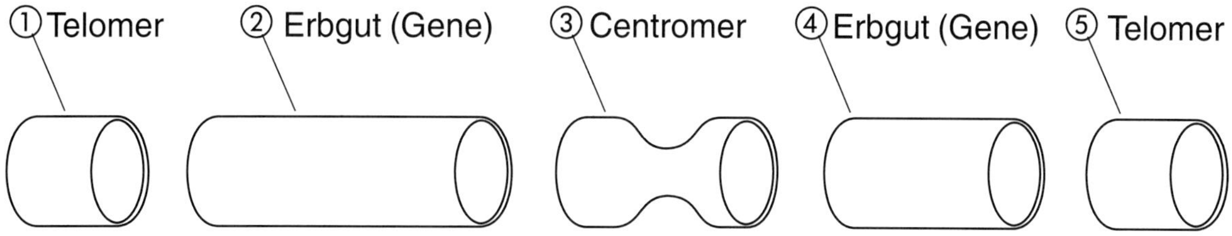

3. Gentherapie: Einschleusen gewünschter Gene ins menschliche Erbgut; Heilung von z. B. Stoffwechseldefekten (wie Mucoviscidose);

Literatur:

ZINF (Hrsg.): Grundlagen der Gentechnik. Verlag Andreas Rainer. Diespeck 1997.

Gentechnik in der Praxis

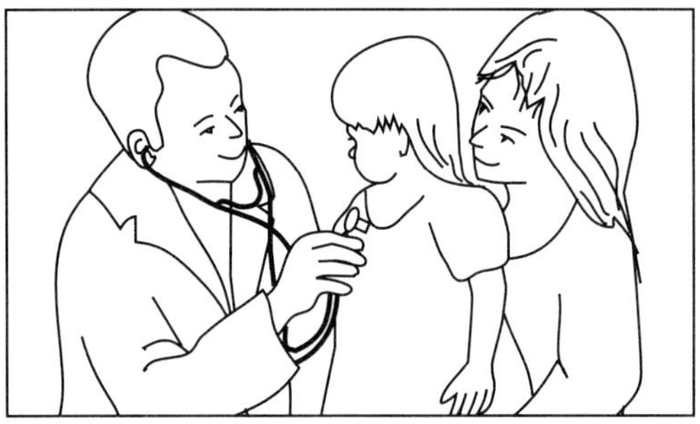

Mensch

Gentherapie zur Verbesserung gestörter Zellfunktionen

Entwicklung verträglicher Impfstoffe mit Hilfe gentechnisch veränderter Mikroorganismen, (z. B. gegen Hepatitis B oder Cholera)

Umwelt

Schadstoffabbau und Abfallbeseitigung durch transgene Mikroorganismen.

Verwendung geringerer Mengen an Dünger und Herbiziden durch genetisch stabilisierte Pflanzen (z. B. „BASTA-Mais“)

Gen-Transfer
ermöglicht

Pflanzenzucht

Schaffen resistenter Pflanzen (z. B. gegen Viren, Schädlinge, Herbizide)

Erzeugung marktorientierter Produkte (z. B. fettarme „Pommes“, nicht matschende Tomaten)

Tierzucht

Züchtung leistungsfähigerer Nutztiere (z. B. Hochleistungsmilchkühe)

Produktion von Medikamenten (Genepharming) mit Hilfe von transgenen Mikroorganismen oder von Säugetieren)

Aufgaben:

1. Welche Anwendungsbereiche der Gentechnik sollten deiner Meinung nach weiterentwickelt werden? Begründe.
2. Sammle Pro- und Kontra-Argumente für die Anwendung der Gentechnik zur Diagnose von Krankheiten beim Menschen.

Methodisch-didaktische Hinweise:
Die Folienvorlage kann den Schülerinnen und Schülern einen kurzen Ein- oder Überblick über die Hauptanwendungsbereiche der Gentechnik und die dabei angewandten Verfahren geben. Die entsprechenden Fachausdrücke sollten aus früheren Stunden bereits bekannt sein.
Es ist darauf zu achten, dass die verschiedenen Nutzungsbereiche der Gentechnik wertneutral vorgestellt werden. Dennoch sollte man klarstellen, dass die gentechnischen Methoden innerhalb ihrer Anwendungsbereiche durchaus kontrovers diskutiert werden können.
Die Folie eignet sich auch für den Gruppenunterricht. In diesem Falle bietet es sich an, die Folie so zu zerschneiden, dass jede Gruppe einen Anwendungsbereich als Arbeitsgrundlage erhält. Die Aufgabe besteht darin, den jeweiligen Anwendungsbereich der übrigen Klasse kurz vorzustellen und die auf den Folien genannten Verfahren zu erläutern. Diese müssen den Schülerinnen und Schülern natürlich bereits bekannt sein. Wenn nicht, dann muss man den einzelnen Gruppen entsprechend aufbereitetes Informationsmaterial zur Verfügung stellen. Beim Vorstellen der Ergebnisse legen die Schüler ihr Folienstück auf den Tageslichtprojektor, so dass am Ende der Besprechung die gesamte Folie wieder zusammengefügt und im Überblick zu sehen ist. An dieser Stelle bietet es sich an, die möglichen Auswirkungen, die die Gentechnik auf die einzelnen Teilbereiche und damit auch auf uns haben könnte, kritisch zu hinterfragen.

Lösungen:

1. ....
2. Pro: frühzeitige Erkennung und Behandlung von Erkrankungen; Linderung von Erkrankungen;

   Kontra: Schwierigkeiten beim Finden eines Arbeitsplatzes; möglicher Ausschluss vom Versicherungsschutz;

Literatur:

Brand, P.: Transgene Pflanzen. Birkhäuser Verlag. Basel 1995.
Domdey, H.: Risiken der Anwendung der Gentechnik in der Tierproduktion: Biologische Sicherheit. Züchtungskunde 63/3.
Glodek, P.: Wunsch und Wirklichkeit. Der Tierzüchter. 9/95.
Günther, S.: Gentechnische Veränderungen in Lebensmitteln. LVT 42, 1997.
Old, R. W./Primrose, S. B.: Gentechnologie. Thieme, Stuttgart 1992.
Sill, B. (Hrsg.): Bio- und Gentechnologie in der Tierzucht: ethische Grund- und Grenzfragen im interdisziplinären Dialog. Verlag E. Ulmer. Stuttgart 1996.
ZINF (Hrsg.): Grundlagen der Gentechnik. Andreas Rainer Verlag. Diespeck 1997.

3 Angewandte Genetik – Gentechnik

3.3 Genetik in der Diskussion

Gesucht wird ein Begriff aus der Gentechnik

1. Fachausdruck für den Vorgang, bei dem am Ende ein haploider Chromosomensatz entstanden ist.

   .... ❒

   (Notiere den 3. Buchstaben.)

2. Gesucht ist ein Wissenschaftsbereich, der gezielt die Erbinformationen von Lebewesen verändert. Er kann sogar Gene von artverschiedenen Lebewesen zusammensetzen oder rekombinieren.

   .... ❒

   (Notiere den 1. Buchstaben.)

3. Bezeichnung für die 1. mendelsche Regel.

   .... ❒ ➜

   (Notiere den 2. Buchstaben.)

4. So nennt man eine zufällige, ungerichtete Veränderung des Erbgutes

   .... ❒

   (Notiere den 3. Buchstaben.)

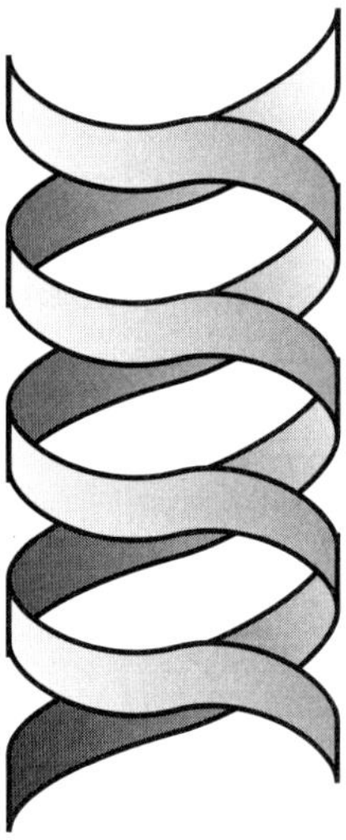

5. Bezeichnung der von Watson und Crick entdeckten Struktur dieses Moleküls:

   .... ❒ ➜

   (Notiere den letzten Buchstaben.)

6. Bei Bakterien vorkommende, ringförmige, nur wenige Gene umfassende DNA.

   .... ❒

   (Notiere den 3. Buchstaben.)

7. Dieser Forscher, entdeckte die Grundlagen der Vererbungslehre an der nebenan abgebildeten Pflanze. Seine Erkenntnisse wurden damals allerdings noch nicht beachtet. Nenne den Familiennamen.

   .... ❒ ➜

   (Notiere den 2. Buchstaben.)

Die richtige Anordnung der einzelnen Buchstaben ergibt das Lösungswort:

❒ ❒ ❒ ❒ ❒ ❒ ❒

Erkläre, was man darunter versteht.

....

....

Methodisch-didaktische Hinweise:

Das Rätsel kann am Ende der Behandlung des Themas Genetik stehen und im Rahmen einer abschließenden Zusammenfassung eingesetzt werden. Da seine Lösung relativ wenig Zeit in Anspruch nimmt, kann man die einzelnen Ergebnisse noch einmal
- diskutieren,
- zueinander in Beziehung setzen,
- problematisieren.

Dabei sollen jedoch die Schülerinnen und Schüler im Mittelpunkt der Unterrichtsaktivitäten stehen.
Das genetische Rätsel eignet sich auch als Hausaufgabe oder zur Bearbeitung in Vertretungsstunden.

Lösungen:

1. ME **I** OSE
2. **G** ENTECHNIK
3. U **N** IFORMITÄTSREGEL
4. MU **T** ATION
5. DOPPELHELI **X**
6. PL **A** SMID
7. M **E** NDEL

Die Buchstaben, in die richtige Reihenfolge gebracht, ergeben das Lösungswort:
GENTAXI

Bei der Gentechnik muss die Spender-DNA in die Empfänger-DNA eingebaut werden. Dies geschieht mit Hilfe von Vektoren oder Gen-Taxis. Das können Retroviren oder Plasmide sein.

1865	**Gregor Johann Mendel** erläutert die Ergebnisse seiner Forschungen über Gesetzmäßigkeiten bei der Verebung im Naturforscher-Verein in Brünn. Seine Erkenntnisse finden keine Beachtung.
1879	**Walther Flemming** entdeckt das Chromatin in Tier- und Pflanzenzellen während der Zellteilung. Er prägt den Begriff Mitose.
1900	**C. Correns, H. de Vries** und **E. Tschermak** bestätigen unabhängig voneinander die Richtigkeit der mendelschen Gesetze.
1910	In New York wird der erste Lehrstuhl für Genetik eingerichtet.
1915	**Thomas Hunt Morgan** (Columbia University) entdeckt, dass Gene auf den Chromosomen liegen und für die Vererbung verantwortlich sind (Taufliegen). ➜ Nobelpreis für Medizin (1933)
1926	**Hermann Muller** beweist an Taufliegen, dass Röntgenstrahlen zu Mutationen führen.
1944	**Oswald Avery** erkennt die Bedeutung der DNA als genetisches Material.
1953	**James Watson** und **Francis Crick** stellen ein räumliches Modell der DNA vor (Watson-Crick-Modell). ➜ Nobelpreis für Medizin (1962)
1953	**Frederick Sanger** beweist mit der Ermittlung der Aminosäurensequenz von Insulin, dass Eiweißstoffe aus Aminosäuren bestehen. ➜ Nobelpreis für Chemie (1958)
1956	Es wird der Nachweis erbracht, dass das Genom des Menschen aus 46 Chromosomen besteht.
1959	Fremde DNA wird in Plasmide eingeschleust.
1962	Man entdeckt, dass bestimmte Krankheiten auf Veränderungen der Chromosomen oder ihrer Anzahl zurückzuführen sind (*Down-Syndrom*);
1966	Der genetische Code (*Triplett*) wird entschlüsselt.
1968	Bestimmte Genorte werden lokalisiert.
1970	In Retroviren wird das Enzym „Reverse Transkriptase" entdeckt. Ab jetzt kann man die RNA künstlich kopieren.
1973	DNA-Abschnitte verschiedener Lebewesen werden miteinander verbunden (*chimäre DNA*). Das Memorandum über mögliche Gefahren der In-vitro-DNA-Neukombination wird verabschiedet.
1975	Richtlinien zur Sicherheit im Umgang mit genveränderten Mikroorganismen werden erlassen.
1977	Die erste gentechnische Firma (*Genentec*) zur Herstellung von Arzneimitteln wird gegründet.
1980	Insulin wird gentechnisch in industriellem Maßstab produziert.
1986	Die ersten Freisetzungsversuche gentechnisch behandelter Pflanzen werden erlaubt.
1990	Das Gentechnikgesetz wird in Deutschland verabschiedet.
1994	Die ersten gentechnisch veränderten Nahrungsmittel (*USA: Tomaten)* kommen in den Handel.
1995	Christiane Nüsslein-Volhard entdeckt Entwicklungsgene (*Taufliege*). ➜ Nobelpreis für Medizin (1996)
1997	Das erste geklonte Schaf (*Dolly*) wird in Schottland geboren.
1998	Zwei geklonte und gentechnisch veränderte Kälber (*Charly und George*) werden in den USA erzeugt. Sie sollen zur Zucht von Kühen dienen, aus deren Milch man Medikamente für den Menschen gewinnen will.
.....	
.....	
.....	

Aufgaben:

1. Vergleiche die Zeitintervalle am Anfang und am Ende der Tabelle miteinander. Was kannst du feststellen? Suche nach einer Erklärung.
2. Auffallend häufig werden die Erkenntnisse aus dem Gebiet der Genetik mit dem Nobelpreis für *Medizin* gewürdigt. Begründe.
3. In der Tabelle sind Daten und Fakten enthalten, die auf mögliche negative Folgen der Gentechnik hinweisen. Nenne sie. Suche nach Begründungen.
4. Ergänze die Tabelle, wenn inzwischen neue Ergebnisse aus dem Gebiet der Gentechnik hinzugekommen sind.

Methodisch-didaktische Hinweise:

Die Folienvorlage kann am Ende der Unterrichtssequenz „Genetik - Gentechnik“ eingesetzt werden. Sie gibt einen zusammenfassenden Überblick über den Themenkreis und verdeutlicht die rasante Entwicklung, die die Gentechnik gerade in unseren Tagen erlebt.

Bei der Lösung der Aufgaben, z. B. als Hausaufgabe, setzen sich die Schülerinnen und Schüler noch einmal intensiv mit der Thematik auseinander. Sie werden dabei merken,

- dass die Erkenntnisse, auf denen der Fortschritt in der Gentechnik beruht, noch relativ jung sind,
- dass jeder Fortschritt auch Probleme und Gefahren mit sich bringt. Dazu sollen die Schülerinnen und Schüler kritisch Stellung nehmen und ihre eigene Meinung nicht nur äußern, sondern auch begründen.

Lösungen:

1. Die Zeitintervalle verkürzen sich. Mit zunehmendem Wissensstand können immer neue und präzisere Fragen gestellt und auch beantwortet werden. Die Antworten sind das Fundament für neue Problemlösungen. Moderne Untersuchungsmethoden und Techniken führen zu neuen Erkenntnissen und noch genaueren Ergebnissen, die es ermöglichen, ein Problem gleichzeitig von verschiedenen Seiten zu betrachten und einer Lösung näher zu bringen.
2. Viele der Erkenntnisse kann man schon zur Therapie von Krankheiten oder ganz allgemein zum Nutzen des Menschen einsetzen. Einen Nobelpreis für Biologie gibt es nicht.
3. Auf Ängste vor den Auswirkungen der Gentechnik weisen die Jahre 1973, 1975 und 1990 hin. Man fürchtet, dass die Gentechnik zu sehr in die Schöpfung eingreifen könnte.

Literatur:

Buckel, P./Fischer, E. P./Nord, D.: Das Handwerk der Gentechnik. Serie Pieper. München 1991.
H. G. Schlegel, H. G.: Allgemeine Mikrobiologie. Thieme Verlag. Stuttgart1985.
Prowald, K.: Gentechnik - Abenteuer Zukunft. Südwest-Verlag. München 1995.
Winnacker, E.-L.: Das Genom – Möglichkeiten und Grenzen der Genforschung; Eichborn; Frankfurt am Main, 1996

Erfolge der Gentechnik auf dem Gebiet der Medizin

Adenoleukodystrophie:
angeborene Fettspeicherkrankheit, die das Gehirn irreparabel schädigt.
➜ *Gendiagnose möglich*

Phenylketonurie:
Störung des Eiweißstoffwechsels, die das Gehirn schädigt; Behandlung mit besonderer Diät.
➜ *Gendiagnose möglich*

Retinoblastom:
Geschwulst der Retina bei Kindern, die zur Erblindung führt.
➜ *Gendiagnose möglich*

Hämophilie:
geschlechtsgebundene Bluterkrankheit.
➜ *Gendiagnose und Gentherapie möglich*

Mukoviscidose:
zäher Schleim, der Drüsen in der Lunge und der Bauchspeicheldrüse verstopft.
➜ *Gendiagnose und Gentherapie möglich*

Akuter Herzinfarkt:
Verstopfung der Herzkranzgefäße.
➜ *Gentherapie möglich*

Brustkrebs:
bösartige Geschwulst in der Brust
➜ *Gendiagnose möglich*

Malignes Melanom:
durch UV-Strahlen verursachter Hautkrebs.
➜ *Gendiagnose und Gentherapie möglich*

Chorea Huntington:
Funktionsstörungen im Gehirn, die den Verlust der Bewegungskontrolle bewirken.
➜ *Gendiagnose möglich*

Duchenne Muskeldystrophie:
Muskelschwäche und Muskelabbau bei Jungen.
➜ *Gendiagnose möglich*

Nierenkrebs:
u. a. durch Rauchen verursachter Krebs.
➜ *Gentherapie möglich*

Hypercholesterinämie:
extrem hohe Blutfettwerte
➜ *Gendiagnose möglich*

Dickdarmkrebs:
genetisch bedingte Veranlagung kann zur Krebsbildung führen.
➜ *Gendiagnose möglich*

Aufgaben:

1. Erkläre den Unterschied zwischen Gentherapie und Gendiagnose.
2. Vergleiche das Zahlenverhältnis von möglicher Gentherapie und Gendiagnose. Zu welchem Ergebnis kommst du?
3. Das angestrebte Ziel der Medizin ist, Krankheiten zu heilen. Inwiefern kann die Gendiagnose dem Patienten bereits helfen?

Methodisch-didaktische Hinweise:

Die Folienvorlage soll den Schülerinnen und Schülern einen kurzen Überblick über den derzeitigen Stand der medizinischen Forschung auf dem Gebiet der Gentechnik geben.
Sie kann auch als Information im Gruppenunterricht oder zur Freiarbeit eingesetzt werden.

Lösungen:

1. Gendiagnose: Erkennen von Gendefekten.
   Gentherapie: Behandlung von Krankheiten mit Hilfe gentechnischer Verfahren.
2. Zur Zeit können wesentlich mehr Krankheiten durch Gendiagnose erkannt, als durch die Gentherapie behandelt oder gar geheilt werden.
3. Durch die Gendiagnose lassen sich Erbkrankheiten eindeutig erkennen und – wenn auch noch keine Heilung möglich ist – entsprechend behandeln. Dies führt häufig zu einer Linderung der Leiden.
   Mithilfe der pränatalen Diagnostik kann man Gendefekte frühzeitig erkennen und die werdende Mutter (bzw. die Eltern) beraten. Ein Beispiele hierfür ist die Duchenne Muskeldystrophie.

Zusatzinformation:

In den USA ist es möglich, dass Mütter, die Träger des Gendefektes für Muskeldystrophie sind, mit Hilfe der Gendiagnose die Gefahr minimieren, einen kranken Jungen zur Welt zu bringen. Dabei erfolgen
- Superovulation durch Hormonbehandlung,
- In-Vitro-Befruchtung,
- Gendiagnose der Embryonen,
- Auswahl und Implantation eines gesunden Embryos.

Literatur:

Brand, P. : Zukunft der Gentechnik. Birkhäuser Verlag; Basel 1997
Winnacker, E.-L. : Das Genom - Möglichkeiten und Grenzen der Genforschung. Eichborn; Franktürt am Main 1996
Spektrum der Wissenschaft: Gene und Genome. Digest, Sondernummer 2 /1997

Gedanken von Biologen, Theologen, Philosophen und Medizinern zum Thema Gentechnologie

❍ Die Gentechnologie gaukelt uns vor, dass Natur berechenbar sei. Natur ist aber auch Schönheit, Individualität, Vielfalt, Schöpfung.

❍ Nebenwirkungen der Gentechnologie sind ausgeschlossen, da Forscher mit Genen arbeiten, deren Information sie ganz genau kennen.

❍ Wir haben die Macht, durch die Gentechnologie in die Natur einzugreifen und sie zu beherrschen. Aber wir kennen die langfristigen Wirkungen der Gentechnologie nicht. Wir wissen aber, dass der Mensch sich irren kann. Wir können somit kein Handeln verantworten, wenn wir die Wirkung nicht überschauen können.

❍ Transgene Pflanzen unterscheiden sich von der ursprünglichen Pflanze nur dadurch, dass ein Gen verändert wurde. Es ist nicht einzusehen, warum dies z. B. beim Verrotten von Bedeutung sein sollte.

❍ In der Gentechnik werden besondere technische Sicherheitsmaßnahmen ergriffen. Dies ist im Gentechnikgesetz geregelt.

❍ Der Mensch versucht, Organismen nach seinen Vorstellungen oder seinem Nutzen umzugestalten. Er weiß jedoch nicht, welche Auswirkungen dies hat.

❍ Der Mensch verdrängt, dass die Natur auch menschenfeindlich ist, daher neigt er dazu, die Natur gewähren zu lassen. Jeden Eingriff – wie z. B. durch die Gentechnologie – betrachtet er als Verletzung der ersehnten Harmonie.

❍ Im Schöpfungsbericht der Bibel steht: „Siehe es war gut". Eine Nachbesserung des Menschen durch die Gentechnologie ist also nicht nötig.

❍ Wer die genetischen Eigenschaften von Embryonen verändert, legt zwangsläufig den Grundstein zur Menschenzucht.

❍ Die Gentechnologie schafft neue Medikamente, neue Impfstoffe, bessere Diagnostik von Krankheiten. Sie verbessert die Heilungschancen durch die Gentherapie.

❍ Meldung aus der Süddeutschen Zeitung vom 6.12.1997:
200 m von einem Feld mit gentechnisch verändertem Raps entfernt hat man Rapspflanzen entdeckt, auf die (durch Pollen) diese veränderte Eigenschaft übertragen wurde.

❍ Die Gentechnologie verbessert die Ernährung der Menschheit z. B. durch schnellere Züchtung, besseren Nährwert, höheren Ertrag und billigere Produktion.

1. Zerschneidet das Blatt in die 12 Textstreifen.
2. Zeichnet in den Kreis vor jedem Text ein ⊕ oder Minus ⊖, je nachdem ob das Argument für oder gegen die Gentechnologie spricht.
3. Ordnet die Streifen entsprechend ihrer Wichtigkeit von oben nach unten an.
4. Gemäß ihrer Wichtigkeit erfolgt nun eine Bepunktung: Der oberste Textstreifen – somit das wichtigste Argument – erhält 6 Plus oder 6 Minus-Punkte. (Der 2. Textstreifen von oben 5 Plus oder 5 Minus-Punkte usw.)

Methodisch-didaktische Hinweise:

Mit der Frage, ob Gentechnik zu befürworten sei oder nicht, beschäftigten sich zunächst nur Biologen, später auch Theologen und Philosphen. Diese Problematik ist mittlerweile aber zu einer gesellschaftspolitische Angelegenheit geworden. Sie wird inzwischen auch unter dem Aspekt der möglichen Schaffung von Arbeitsplätzen diskutiert.

Im Unterricht eignet sich die Vorlage für eine handlungsorientierte Gruppenarbeit. Nachdem jede Gruppe ihre Aufgaben gemeinsam gelöst hat, werden die Ergebnisse miteinander verglichen und diskutiert. Die Schüler sollen dabei erkennen, dass es sehr vielfältige Meinungen zur Gentechnologie gibt und dass sowohl die Gegner als auch die Befürworter schlüssige Argumente haben.

Im Einzelnen ist folgender Gang denkbar:
1. Jede Gruppe zerschneidet das Blatt in die 12 Textstreifen.
2. Im Kreis werden die Argumente mit ⊕ oder ⊖ markiert, je nachdem ob sie für oder gegen die Gentechnologie sprechen.
3. Die Streifen mit ⊕ bzw. ⊖ werden nach ihrer Wichtigkeit von oben nach unten angeordnet.
4. Nun sollen die Schüler versuchen, aus den mit ⊕ oder ⊖ gekennzeichneten Texten eine gemeinsame Rangordnung aller Gruppen aufzustellen.
   - Der oberste Textstreifen – somit das wichtigste Argument – erhält dazu 6 Plus- oder 6 Minus-Punkte. (Der 2. Textstreifen von oben 5 Plus- oder 5 Minus-Punkte usw.)
   - Aus den Gesamtpunktzahlen, die jedes Argument von den einzelnen Gruppen erhalten hat, lässt sich eine Gesamtrangordnung erstellen und werten.

Lösungen:

⊕ bei den Textstreifen Nr. 2,4, 5, 7, 10, 12.
⊖ bei den Textstreifen Nn 1, 3, 6, 8, 9, 11.

Literatur:

Gentechnik – spielen die Wissenschaftler Gott? FWU-Video (42 01814). Grünwald 1995.
Genmanipulierter Raps gibt Erbmaterial weiter. Süddeutsche Zeitung vom 06.12.1997.

Standpunkt zur Anwendung der Genetik

[...] Gentechnische Methoden versetzen uns in die Lage, Erbinformationen über Artgrenzen hinweg auszutauschen. Diese Möglichkeit ist [...] eindeutig neu. Es wird zwar zu Recht darauf hingewiesen, dass der Mensch seit jeher die genetische Ausstattung von Tieren, Pflanzen und Mikroorganismen zu seinen Gunsten verändert hat. Diese Veränderungen fanden aber fast ausschließlich innerhalb einer Art statt. Die Gentechnik erlaubt nun, Merkmale verschiedener Arten miteinander zu kombinieren. [...]

Längst haben sich die überzogenen Risikobehauptungen, die im Zusammenhang mit der Gentechnik formuliert worden sind, als falsch erwiesen. Längst hat sich die Gentechnik in der biologischen und medizinischen Forschung unverzichtbar gemacht. Längst dienen gentechnisch hergestellte Impfstoffe der Vorbeugung, längst werden gentechnisch hergestellt Medikamente millionenfach zur Bekämpfung schwerer Krankheiten eingesetzt. Wer heute noch gegen Gentechnik argumentiert, muss sich fragen lassen, warum wir kranken Menschen dringend benötigte Medikamente verweigern sollten.[...]

Rückkoppelung mit der Gesellschaft

In einer arbeitsteiligen Gesellschaft kommt der Wissenschaft eindeutig die Aufgabe zu, durch neue Erkenntnisse neue Handlungsmöglichkeiten für die Gemeinschaft zu eröffnen. [...] Ob aus diesen Einsichten dann Anwendungen werden, entscheidet nicht die Wissenschaft allein, sondern die Gesellschaft in ihrer Gesamtheit. [...]

„Grüne" Gentechnik

Gerade beginnen sich gentechnische Anwendungen im Agrobereich einen Platz zu erobern. Und erneut gibt es in Deutschland Gegenwind. [...]

Bei gentechnisch veränderten Pflanzen handelt es sich bislang vorwiegend um solche, die gegen Totalherbizide oder Insekten geschützt sind.

Damit werden ökologisch wie ökonomisch sinnvolle und seit langem angestrebte Ziele verwirklicht. Wenn eine Pflanze nicht mehr von Schadinsekten befallen und deshalb auf den Einsatz von Insektiziden verzichtet werden kann, dann ist der Vorteil offensichtlich. Wenn geringere Mengen an neuen, besser umweltverträglichen Herbiziden eingesetzt werden könne, dann liegt der Vorteil auf der Hand. [...]. Der Ertrag gentechnisch veränderter Pflanzen ist um 10–15% höher als der bislang üblicher Sorten.

Lebensmittel und Allergien

Gentechnische Anwendungen im Agrobereich berühren schnell auch unsere Lebensmittel. Wir haben das im Zusammenhang mit der Diskussion um Sojaöl erlebt, bei deren Herstellung auch gentechnisch veränderte Sojapflanzen verwendet werden sollen. [...] Im Zusammenhang mit der Gentechnik wird immer wieder die Forderung laut, jeder Missbrauch müsse ausgeschlossen und jedwede nachteilige Entwicklung vorausschauend erkannt und verhindert werden. Das ist schlicht unmöglich. Der Mensch wird immer gezwungen sein, in Zeiten der Unsicherheit zu entscheiden und keine Technik kann für sich beanspruchen, nur positive Seiten zu haben.

Zukunftsmarkt Biotechnologie

Als Industrienation steht Deutschland in einem immer härter werdenden internationalen Wettbewerb um Investitionen und Arbeitsplätze. Ein umsichtiger Einsatz moderner Techniken, [...] ist nötig, will man sich in diesem Wettbewerb behaupten. [...]

Quelle: Rüdiger Marquardt, Verband Deutscher Biologen e. V., München 1997

1. Was ist mit folgendem Satz gemeint?
   Es wird zwar zu Recht darauf hingewiesen, dass der Mensch seit jeher die genetische Ausstattung von Tieren, Pflanzen und Mikroorganismen zu seinen Gunsten verändert hat.

2. Nimm Stellung zu folgender Meinung des Autors:
   Ob aus diesen Einsichten dann Anwendungen werden, entscheidet nicht die Wissenschaft allein, sondern die Gesellschaft in ihrer Gesamtheit.

3. Rechtfertigt die folgende Ansicht des Autors die Gentechnik? Begründe.
   Der Mensch wird immer gezwungen sein, in Zeiten der Unsicherheit zu entscheiden und keine Technik kann für sich beanspruchen, nur positive Seiten zu haben.

4. Welche Argumente für und gegen die Gentechnik erscheinen dir am wichtigsten?

Methodisch-didaktische Hinweise:

Der vorliegende, gekürzte Text, der vom Vorsitzenden der Sektion Biotechnologie im Verband Deutscher Biologen stammt, wurde sowohl als persönlicher Standpunkt als auch als Anstoß zu einer grundsätzlichen Diskussion unter Biologen veröffentlicht.
Er eignet sich als Diskussionsgrundlage in der Klasse, da viele Aspekte (Medizin, Landwirtschaft, Ernährung, Wirtschaft) angesprochen werden.
Folgendes ist dabei zu bedenken:

- Begriffe wie Agrotechnik oder Totalherbizid müssen vorher geklärt sein.
- Da es um eine Diskussion geht, bei der weder ideologisiert noch indoktriniert werden soll, ist es nicht sinnvoll, Lösungsvorschläge für die Aufgaben des Schülerblattes zu geben. Vielmehr sei in diesem Zusammenhang an die einschlägige Literatur erinnert.

Für eine weiterführende Diskussion oder für Schülerreferate wären auch noch folgende Themen denkbar:

- Als Industrienation steht Deutschland in einem immer härter werdenden internationalen Wettbewerb um Investitionen und Arbeitsplätze. Wie wichtig ist der globale Wettbewerb für Deutschland ?
- In welchen Bereichen könnte man den Einsatz von Gentechnik gutheißen, in welchen Bereichen sollte er keinesfalls erlaubt sein?

Literatur:

Brandt, P.: Zukunft der Gentechnik. Birkhäuser. Basel-Boston-Berlin 1997.
Jacob, F.: Die Maus, die Fliege und der Mensch – Über die moderne Genforschung. Berlin Verlag. Berlin 1998.
Nagl, W.: Gentechnologie und Grenzen der Biologie. Wissenschaftliche Buchgesellschaft. Darmstadt 1987.
Wuketits, F. M.: Gene, Kultur und Moral. Wissenschaftliche Buchgesellschaft. Darmstadt 1990.

Pränatale Diagnostik:
„Mindestens 60 Krankheiten können die humangenetischen Institute in Deutschland und der Schweiz durch Gen-Analysen ausfindig machen. Für die vorgeburtliche Diagnose werden schwangeren Frauen Zellen des Fötus entnommen und untersucht. Wird ein „Gendefekt“ festgestellt, muss die Frau entscheiden, ob sie die Schwangerschaft abbrechen lässt oder nicht. Denn eine Therapie gibt es meist nicht. Auch Aussagen über die Schwere der Krankheit und zum Zeitpunkt, an dem sie auftreten wird, sind in der Regel nicht möglich. ...“

Quelle nach: Gen-ethisches Netzwerk e.V. (Hrsg.): Genomanalyse und Gen-Tests.Berlin 1995

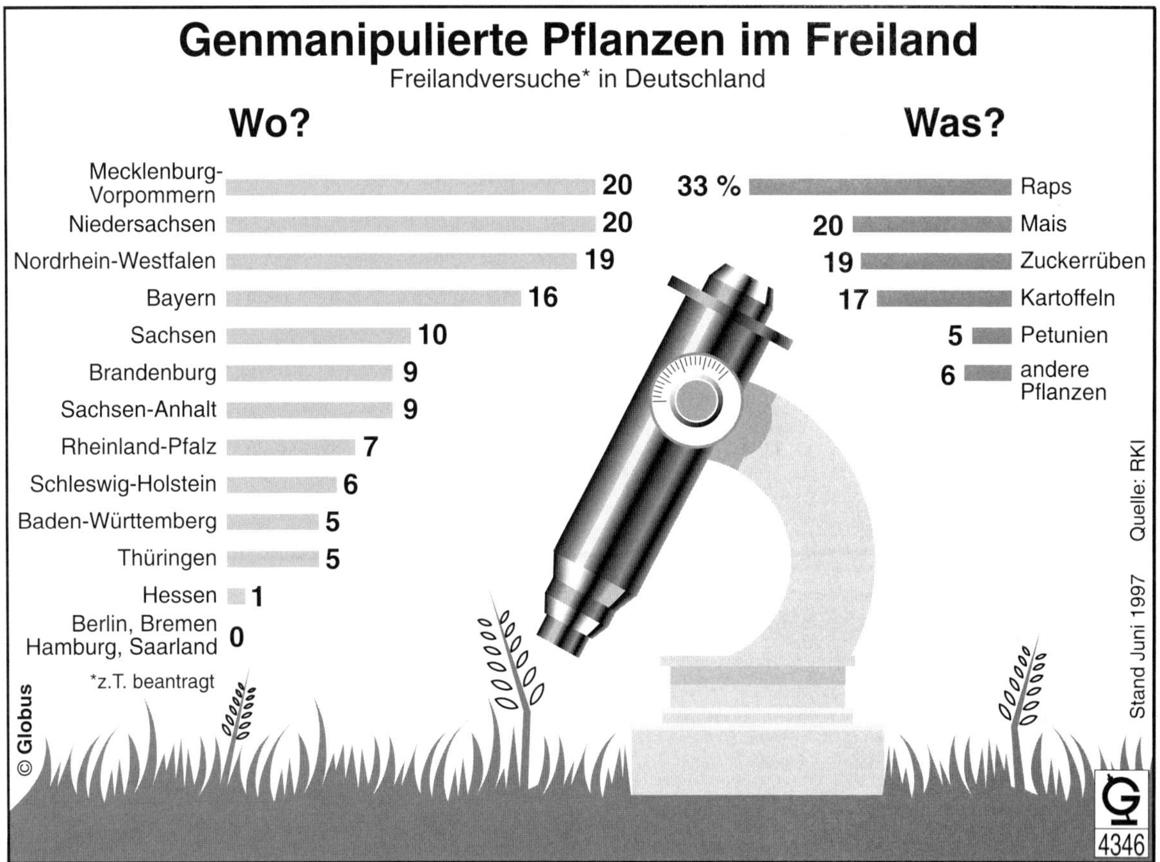

Nutzpflanzen, wie Zuckerrüben, Kartoffeln oder Raps werden durch gentechnische Eingriffe widerstandsfähig gegenüber Krankheitserregern, Schädlingen und Unkrautvernichtungsmitteln. Bei der Freisetzung dieser Pflanzen besteht grundsätzlich die Gefahr, dass sie ihre neuen Gene auch auf Wildpflanzen übertragen und diese mehr und mehr zurückdrängen. Das kann unabsehbare Auswirkungen auf das Ökosystem haben.
Viele Verbraucher befürchten, dass sich mit der Nahrung aufgenommene, veränderte Gene (z. B. für eine Antibiotika-Resistenz) durch horizontalen Gentransfer über Darmbakterien im Menschen anreichern können.

Quelle, Globus Infografik, Hamburg

1. Welche Bedeutung hat die pränatale Diagnostik?
2. Welche Gefahr besteht beim Anbau von gentechnisch veränderten Pflanzen für das Ökosystem?
3. Erkläre wie der Mensch unter Umständen durch gentechnisch veränderte Pflanzen geschädigt werden könnte.
4. Nenne Nahrungsmittel in denen gentechnisch veränderte Pflanzen enthalten sein können.
5. Finde eine Erklärung, warum die Anzahl der angebauten, gentechnisch veränderten Pflanzen so verschieden ist.

Methodisch-didaktische Hinweise:
Diese Vorlage kann sowohl im Frontal- als auch im Gruppenunterricht eingesetzt werden. Zum Arbeiten in Gruppen kann man in kleineren Klassen drei, in größeren sechs Gruppen bilden, wobei im zweiten Fall jeweils zwei arbeitsgleich sind. Die Vorlage soll Anlass geben, sich kritischen und unvoreingenommenen mit der Gentechnik im Allgemeinen auseinander zu setzten, aber auch darüber zu diskutieren, wie sich Gentechnik in unserem Alltag auswirken kann bzw. bereits auswirkt. Dabei sollte großer Wert darauf gelegt werden, dass die verschiedenen Argumente nicht bloß eine Schwarz-Weiß-Malerei darstellen. So ist z. B. beim Thema „pränatale Diagnostik“ unbedingt zu diskutieren:
- Ist Pränatale Diagnostik eine Garantie für ein normales, gesundes Kind?
- Ab wann spricht man von einer Behinderung?
- Wer definiert, was eine Behinderung ist?
- Rechtfertigen „unerwünschte“ Eigenschaften des Kindes eine Abtreibung?

Die Worte des früheren deutschen Bundespräsidenten *Roman Herzog* „Die Welt wartet nicht auf Deutschland“ weisen deutlich auf die Gefahr hin, ins wissenschaftliche Abseits zu geraten. In der Diskussion um die Genehmigung von Freilandversuchen mit genmanipulierten Pflanzen wird allerdings auch die Sicherheitsproblematik dieser Versuche deutlich. Wegen der Komplexität aller hier angesprochenen Themen bietet sich eine fächerübergreifende bzw. fächerergänzende Zusammenarbeit mit Religion / Ethik, Erdkunde oder Deutsch an.

Zusatzinformationen:
Seit 15. Mai 1997 gilt in allen Mitgliedsstaaten der EU die „Novel-Food-Verordnung“ (Verordnung über neuartige Lebensmittel und neuartige Lebensmittelzutaten).

Kennzeichnungspflicht	Keine Kennzeichnungspflicht
Produkt ist ein GVO*: Antimatsch-Tomate	**Produkt ist kein GVO***: Tomatenketchup aus Antimatsch-Tomaten
Produkt enthält GVO*: Käse und Joghurt mit GVO*; Rapsöl aus gentechnisch verändertem Raps mit veränderter Ölsäurezusammensetzung	**Produkt enthält kein GVO***: Joghurt aus Milch von Kühen, die mit GVO* gefüttert wurden; Rapsöl aus gentechnisch verändertem Raps mit unveränderter Ölsäurezusammensetzung

GVO = gentechnisch veränderter Organismus*

Lösungen:
1. Durch Genanalysen lassen sich heute vorgeburtlich schon mindestens 60 Krankheiten diagnostizieren.
2. Die neuen Gene können – etwa durch Pollenflug – auf Wildpflanzen übertragen werden. Dadurch werden Wildpflanzen unter Umständen aus einem Ökosystem verdrängt.
3. Durch die Aufnahme veränderter Gene (z. B. für die Antibiotikaresistenz) mit der Nahrung können sich diese eventuell im menschlichen Körper anreichern.
4. Popcorn, Kartoffelchips, Maisbrot (nicht in Zucker oder Rapsöl).
5. Die landwirtschaftliche Anbaufläche ist unterschiedlich groß.

Einige Fragen zum Thema GENTECHNIK

1. **Alter:**
   bis 20 Jahre ❐ 21–30 Jahre ❐ 31–40 Jahre ❐ 41–50 Jahre ❐ älter ❐

2. Der Begriff *Gentechnik* ist mir bekannt: ja ❐ nein ❐
   wenn ja: Wie würden Sie ihn **kurz** definieren?

   ....

   ....

   Nennen Sie ein Beispiel aus dem Bereich der Gentechnik: ....

3. Würden Sie Ihr Erbgut untersuchen lassen (= Genomanalyse)? ja ❐ nein ❐
   Begründen Sie Ihre Entscheidung.

   ....

   ....

   Zusatzfrage, wenn Sie mit ja geantwortet haben: Nehmen wir an, Ihr Arbeitgeber würde von Ihnen eine Genomanalyse verlangen. Wie würden Sie darauf reagieren? Begründung.

   ....

   ....

4. Was sagt Ihnen der Begriff „Novel Food“?

   ....

5. Finden Sie es richtig, dass gentechnisch veränderte Lebensmittel gekennzeichnet werden?
   ja ❐ nein ❐

   Begründung: ....

   ....

6. Gentechnik gehört zu unserer Zukunft. Welche **Vorteile** sehen Sie darin?

   ....

   ....

   Welche **Nachteile** können Sie erkennen?

   ....

   ....

   Entscheiden Sie sich nun. Überwiegen für Sie die ❐ Vorteile oder die ❐ Nachteile?

   Begründung:..

   ....

Methodisch-didaktische Hinweise:

Der vorgestellte Fragebogen ist lediglich ein Grundraster, der sich durch Schülervorschläge ergänzen lässt.
Die Fragebogenaktion eignet sich als Abschluss des Themenkreises Gentechtnik. Dabei sollen die Meinungen und die Einstellungen von Personen außerhalb der Schule (Familien- und Bekanntenkreis) über die Gentechnik eingeholt und statistisch ausgewertet werden. Es ist unbedingt darauf hinzuweisen, dass das Ausfüllen freiwillig und das Auswerten anonym geschieht. Auf keinem der Fragebögen darf ein Name oder Zeichen stehen, mit dessen Hilfe sich der Befragte nachträglich wieder ermitteln lässt.
Ziel der Aktion soll es sein, dass sich die Schülerinnen und Schüler noch einmal mit der Thematik, jetzt aber unter einer mehr öffentlichkeitsbezogenen Orientierung auseinandersetzen. Dabei werden sie auf Meinungen und Ansichten stoßen, die ihnen vom Unterricht her bereits bekannt sind, aber auch auf solche, die ihnen bisher noch nicht geläufig waren. Auf diese Weise kann eine vertiefte, problemorientierte Auseinandersetzung mit der vielschichtigen Thematik erfolgen
Bei der Auswertung der Fragebögen sollte man mit dem Fach Mathematik zusammenarbeiten. Das Ergebnis kann als Ausstellung – beispielsweise in einem Schaukasten – präsentiert werden.

Rechtliche Bestimmungen:

Fragebogenaktionen, die
- nicht innerhalb der Klasse erfolgen, in der man unterrichtet,
- nicht in unmittelbarem Zusammenhang mit dem Unterricht stehen, müssen in verschiedenen Bundesländern von der beaufsichtigenden Schulbehörde bzw. vom Kultusministerium genehmigt werden.

3 Angewandte Genetik – Gentechnik

3.4 Begriffe

Grundbegriffe der Genetik I

Verbinde jeden Grundbegriff durch einen Strich mit der passenden Definition.

1	Chromosom	**A**	Keimzellenbildung (2 n Dichromatid ➜ 1 n Einchromatid)
2	DNA	**B**	Erbgang wird in Bezug auf ein Merkmal betrachtet.
3	Mitose	**C**	Nachkomme = Bastard
4	Meiose	**D**	Sitz der genetischen Information; jede Art mit bestimmter Zahl; fädige Strukturen aus zwei identischen Längseinheiten (Chromatiden), welche am Centromer zusammenhängen.
5	Hybride	**E**	Abkürzung für **D**esoxyribo**n**ukleins**ä**ure (engl. -**a**cid); aufgrund linearer Verknüpfung von vier Bausteinen in schriftartiger Reihenfolge Träger der genetischen Information; Hauptmenge in den Chromosomen lokalisiert.
6	monohybrid	**F**	Erbgang wird in Bezug auf zwei Merkmale betrachtet
7	dihybrid	**G**	„Zustandsformen" eines Gens; Abk. für „allele Gene"; Gene besetzen entsprechende Abschnitte auf homologen Chromosomen.
8	P-Generation	**H**	Erbinformation (DNA-Abschnitt); bestimmt zusammen mit der Umwelt ein Merkmal.
9	$F_1, F_2, \ldots$	**I**	Zellteilung (2 n Dichromatid ➜ 2 n Einchromatid)
10	Gen	**J**	Gesamtheit aller Gene einer Zelle (einschließlich Plastiden- und Mitochondrien-DNA).
11	Genom	**K**	Filial- = Tochtergenerationen
12	Allele	**L**	Parental- = Elterngeneration

Grundbegriffe der Genetik II

Verbinde jeden Grundbegriff durch einen Strich mit der passenden Definition.

1 multiple Allele
2 gekoppelte Gene
3 Crossing over
4 Genort
5 Phänotyp
6 Genotyp
7 Zygote
8 homozygot
9 heterozygot
10 hemizygot
11 haploid
12 diploid

A Gene liegen auf demselben Chromosom.
➜ Rekombination eingeschränkt.

B Allelkombination, Erbbild

C die Allel eines Gens sind gleich (Reinerbigkeit).

D mehr als 2 Zustandsformen eines Gens existieren.

E Chromatiden-Stückaustausch zwischen Nicht-Schwesterchromatiden; bei Eukaryoten während der Prophase I der Meiose (Homologenpaarung); erkennbar durch Auftreten von Rekombinanten gekoppelter Gene; Austauschhäufigkeit zwischen zwei Genen = Maß für die relative Lage.

F Chromosomen paarweise ➜ je 2 Allele pro Merkmal (2 n)

G = Genlocus; genaue Lage eines best. Gens auf einem Chromosom; Reihenfolge bzw. relative Abstände von Genorten wird durch die Crossing-over-Rate ermittelt.

H Erscheinungsbild; Merkmalsausprägung durch Gene und Umwelt.

I nur auf einem Chromosom existiert ein bestimmtes Allel (z. B. auf X-Chromosom beim Mann)

J Chromosom nur 1 x vorhanden,
➜ je 1 Allel pro Merkmal (1 n).

K die Allele eines Gens sind verschieden (Mischerbigkeit).

L befruchtete Eizelle

V. 3.4.2 Grundbegriffe der Genetik III

Verbinde jeden Grundbegriff bzw. jedes Symbol durch einen Strich mit der passenden Definition.

1 dominant

2 rezessiv

3 kodominant

4 intermediär

A Phänotyp ist Mischung von (heterozygoten) Allelen (z. B. Blütenfarbe).

B Allel kommt nur homozygot oder haploid zur Ausprägung.

C Allel kommt stets zur Ausprägung (bestimmt Phänotyp)

D mehrere Allele kommen unabhängig voneinander zur Ausprägung (z. B. AB0-System der Blutgruppen)

Symbole für Stammbäume

5 

6 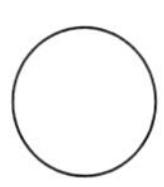

7 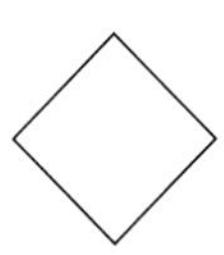

8 

9 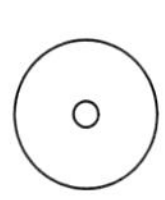

10 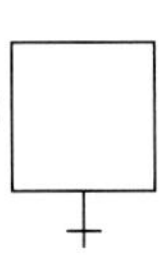

11 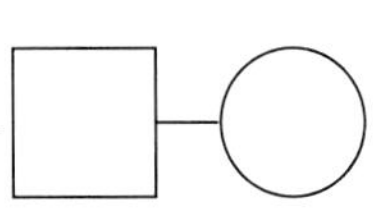

12 

13 

E Merkmalsträger -in

F weiblich

E verstorben

F Keimzelle

G Ehepaar

H männlich

I Geschlecht unbekannt oder unbedeutend

J Überträgerin

K Geschwister

Methodisch-didaktische Hinweise:

Die Arbeitsblätter enthalten eine Zusammenstellung der wichtigsten Begriffe und Symbole aus dem Bereich der Genetik und eignen sich für die Schüler daher besonders zur Wiederholung oder zur Prüfungsvorbereitung.
Sie können sukzessive an den betreffenden Stellen des Unterrichtes oder abschließend nach einer Einheit ausgefüllt werden.
In Folie eingeschweißt und in die Einzelbestandteile zerschnitten lässt sich die Vorlage bestens zum Memory-Spielen einsetzen. Vor allem bei der Freiarbeit oder in Vertretungsstunden kann man damit das spielerische Lernen gut unterstützen.

Literatur:

Lexikon der Biochemie und Molekularbiologie. Herder Verlag. Freiburg, Basel, Wien 1994.

Lösungen:

Grundbegriffe der Genetik I	Grundbegriffe der Genetik II	Grundbegriffe der Genetik III
1 ↔ D	1 ↔ D	1 ↔ C
2 ↔ E	2 ↔ A	2 ↔ B
3 ↔ I	3 ↔ E	3 ↔ D
4 ↔ A	4 ↔ G	4 ↔ A
5 ↔ C	5 ↔ H	5 ↔ H
6 ↔ B	6 ↔ B	6 ↔ F
7 ↔ F	7 ↔ L	7 ↔ I
8 ↔ L	8 ↔ C	8 ↔ E
9 ↔ K	9 ↔ K	9 ↔ J
10 ↔ H	10 ↔ I	10 ↔ E
11 ↔ J	11 ↔ J	11 ↔ G
12 ↔ G	12 ↔ F	12 ↔ K
		13 ↔ F

Register

Im Regelfall ist für jedes Stichwort nur die Schülerseite angeführt, es sei denn, es wird speziell im Text der L-Seite erläutert.

A

B

C

D

E

F

G

H

I

K

L

M

Register